Zwischenmenschliches Design

Martina Fineder · Johannes Lang
(Hrsg.)

Zwischen-
menschliches
Design

Sozialität und Soziabilität
durch Dinge

 Springer VS

Hrsg.
Martina Fineder
Bergische Universität Wuppertal
Wuppertal, Deutschland

Johannes Lang
Bauhaus-Universität Weimar
Weimar, Deutschland

ISBN 978-3-658-30268-9   ISBN 978-3-658-30269-6   (eBook)
https://doi.org/10.1007/978-3-658-30269-6

Die Deutsche Nationalbibliothek verzeichnet diese Publikation in der Deutschen National-
bibliografie; detaillierte bibliografische Daten sind im Internet über http://dnb.d-nb.de abrufbar.

Verantwortlich im Verlag: Cori A. Mackrodt
Titelbild: Moritz Ebeling, Design & Programming, Berlin
Springer VS ist ein Imprint der eingetragenen Gesellschaft Springer Fachmedien Wiesbaden GmbH
und ist ein Teil von Springer Nature.
Die Anschrift der Gesellschaft ist: Abraham-Lincoln-Str. 46, 65189 Wiesbaden, Germany

Dank

Unser besonderer Dank gilt allen Autor*innen, Fotograf*innen und Leihgeber*innen von Abbildungen, Ralph Boch von der Hans Sauer Stiftung, Wolfgang Sattler und Michael Lüthy von der Bauhaus-Universität Weimar, Sylvia Zirden für das Lektorat, Karolin Galter für die redaktionelle Assistenz und Moritz Ebeling für die Gestaltung der Buchcoverabbildung.

Für die Übersetzung der Beiträge von Adam Drazin, Nynke Tromp, Paul Hekkert und Peter-Paul Verbeek sowie von Albena Yaneva danken wir ebenfalls Sylvia Zirden.

Unser Dank gilt des Weiteren allen Kolleg*innen, Freund*innen und Familienmitgliedern, die auf ihre Weise zur Entstehung dieses Buches beigetragen haben, sei es durch vorbereitende Diskussionen und Anregungen oder durch das Lesen von Manuskriptteilen.

Diese Publikation ist ein Kooperationsprojekt zwischen der Bauhaus-Universität Weimar und der Hans Sauer Stiftung.

Inhalt

Zwischenmenschliches Design. Eine Einleitung 1
Johannes Lang und Martina Fineder

I   Zwischenmenschliches Erkennen durch Dinge

Beziehungskiste *Memobil* und andere soziale Objekte 27
Alexander Hagner

Shared Decision Making. Das Design eines neuen medizinischen
Beziehungsgefüges 47
Kathrina Dankl

'Pflegedinge'. Beziehungsarbeit und Objektbeziehungen
in Pflegesettings 69
*Anamaria Depner, Lucia Artner, Carolin Kollewe, Isabel Atzl
und André Heitmann-Möller*

Soziales Gestalten für und aus Freiheit.
Zur Autonomie im zwischenmenschlichen Design 99
Johannes Lang

II Zwischenmenschliches Handeln durch Dinge

Design für sozial verantwortliches Verhalten. Eine Klassifizierung
seines Einflusses anhand der angestrebten Gebrauchserfahrung 127
Nynke Tromp, Paul Hekkert und Peter-Paul Verbeek

Latour, Heidegger und die Frage nach dem Ding 155
Daniel Martin Feige

Die soziale Valenz profaner Architektur 175
Albena Yaneva

Design und soziomaterielle Choreografien des Alltags 197
Judith Seng

Quantensprünge im Design. Wie aus Gebrauchsgegenständen über
Nacht ein Politikum wird 209
Martin Gessmann

III Zwischenmenschliches Erleben durch Dinge

Von gemeinsam genutzten Dingen zu einer kollektiven Ästhetik 233
Martina Fineder

Geschmacksbeziehung. Über den Gemeinsinn im Design 261
Annette Geiger

Designte Dinge im Postkosmopolitismus 283
Adam Drazin

Ethische Dinge und ästhetische Vergemeinschaftung im Zeichen
des Global und Postcolonial Turn 305
Elke Gaugele

Zwischenmenschliches Design
Eine Einleitung

Johannes Lang und Martina Fineder

Vom Gesellschaftsdesign zum zwischenmenschlichen Design

Im Zuge der Debatten um ökonomische wie soziale Nachhaltigkeit und angesichts der Tatsache, dass Soziologie und Kulturwissenschaft die Dinge vermehrt hinsichtlich ihrer Rolle in gesellschaftlichen Prozessen reflektieren, sind soziale Dimensionen des Designs in den letzten Jahren besonders virulent geworden. Gegenwärtig entsteht verstärkt eine Designkultur, die ihre Zeitgemäßheit auf unterschiedliche Art und Weise durch soziale Relevanz herauszustellen versucht und im Zuge dessen auch vermehrt mit der Reflexion der eigenen Praxis beschäftigt ist.[1] Das Design wird nicht nur deshalb zunehmend politisiert, weil globale soziale Missstände – wie Chancen- und Verteilungsungerechtigkeit oder Flucht und Migration – medial vermittelt besonders sichtbar sind, sondern auch weil sich das Verständnis sozialer Prozesse geändert hat.

Mehr und mehr setzt sich die Einsicht durch, dass soziale Prozesse weder nur eine Angelegenheit gewissermaßen unsichtbarer makrosoziologischer ‚Regime‘ in Politik und Wirtschaft sind noch bloß eine unsichtbare mikrosoziologische Angelegenheit unserer individuellen alltäglichen Entscheidungen als wirtschaftliche*r Konsument*in und politische*r Bürger*in, sondern dass sie auch und insbesondere mit der Verfasstheit der Dinge zusammenhängen, also gewissermaßen die „Aufteilung des Sinnlichen", die sozialen Verhältnisse der Menschen zueinander wesentlich

---

[1] Diese Entwicklung wird auch von der ersten Ausstellung zum Werk Victor Papaneks und dem gleichnamigen Begleitbuch bezeugt: Mateo Kries, Amelie Klein und Alison Clarke, Hrsg. 2018. *Victor Papanek. The Politics of Design*. Weil am Rhein: Vitra Design Museum.

© Springer Fachmedien Wiesbaden GmbH, ein Teil von Springer Nature 2020
M. Fineder und J. Lang (Hrsg.), *Zwischenmenschliches Design*,
https://doi.org/10.1007/978-3-658-30269-6_1

mitbestimmen.[2] Diese dingzentrierte Veränderung in der Auffassung des Sozialen bringt vor allem diejenigen Produzent*innen und Entwerfer*innen, die sich als unmittelbar verantwortlich für die Verfasstheit der Dinge empfinden – obwohl in einer arbeitsteiligen Gesellschaft selbstverständlich nicht nur Designer*innen die Verantwortung für das Gestaltete tragen –, dazu, sich Rechenschaft über die sozialen Dimensionen dessen, was sie tun, abzulegen.

Innerhalb der gestaltungsnahen Diskurse und Praktiken wird diese Tendenz unter Bezeichnungen wie ‚Social Design‘,[3] ‚Transformation Design‘[4] oder schlicht ‚Gesellschaftsdesign‘[5] verhandelt. Die zentrale Frage ist dabei, inwiefern Gestaltung zu einem positiven gesellschaftlichen Wandel beiträgt und beitragen kann. Da implizit meist ein makrosoziologisches Verständnis im Vordergrund steht, zielt diese Frage darauf zu bestimmen, welchen Anteil Gestaltung an gesamtgesellschaftlichen Veränderungen hat, in welcher Weise sie Massenphänomene initiiert, aktuelle kollektive Probleme adressieren kann oder kulturelle Identitäten bildet.

In Abgrenzung zu dieser eher globalen Perspektive auf die sozial konstitutive Rolle von Gestaltung möchten wir mit diesem Band eine dezidiert mikrosoziologische Perspektive einnehmen, indem wir konkret nach der aktiven Rolle designter Dinge bei der Konstituierung zwischenmenschlicher Beziehungen fragen. Welchen Einfluss hat die Gestaltung des gegenständlichen Umfeldes auf Beziehungen zwischen Menschen, und wie werden diese gewollt oder ungewollt durch Dinge mitgestaltet und allererst ermöglicht? Statt des Designs der Gesellschaft steht also das Design zwischenmenschlicher Dinge im Vordergrund.

Besonders greifbar wird diese engere Sicht auf die zwischenmenschliche Dimension designter Dinge im Konzept des „Sozio-Designs" von Bazon Brock, das dieser schon 1972 auf wenigen Seiten darstellte, ohne es jedoch weiter zu konkretisieren. Er schreibt: „Die produzierten Gegenstände sind immer auch Mittel zum Aufbau von sozialen Beziehungen. Die dringend zu beantwortende Frage ist, wie sich soziale

---

2   Vgl. Jacques Rancière. 2008. *Die Aufteilung des Sinnlichen. Die Politik der Kunst und ihre Paradoxien*, Hrsg. Maria Muhle. Berlin: b_books, sowie Hanna Katharina Göbel und Sophia Prinz, Hrsg. 2015. *Die Sinnlichkeit des Sozialen. Wahrnehmung und materielle Kultur*. Bielefeld: Transcript.

3   Vgl. Claudia Banz, Hrsg. 2016. *Social Design. Gestalten für die Transformation der Gesellschaft*. Bielefeld: Transcript; Angeli Sachs und Museum für Gestaltung Zürich, Hrsg. 2018. *Social Design. Partizipation und Empowerment*. Zürich: Lars Müller Publishers.

4   Wolfgang Jonas, Sarah Zerwas und Kristof von Anshelm, Hrsg. 2016. *Transformation Design. Perspectives on a New Design Attitude*. Basel: Birkhäuser.

5   Friedrich von Borries. 2016. *Weltentwerfen. Eine politische Designtheorie*. Berlin: Suhrkamp, und Stephan Moebius und Sophia Prinz, Hrsg. 2012. *Das Design der Gesellschaft. Zur Kultursoziologie des Designs*. Bielefeld: Transcript.

Beziehungen verändern, bzw. wie soziale Beziehungen zugrunde gehen, wenn sich die Gegenstände verändern, über die solche Beziehungen aufgebaut werden. [...] Veränderung des *Gegenstand-Designs* wird so also auch in jedem Fall Veränderung des *Lebens-Designs* bedeuten. Wenn unklar ist, auf welche Weise das gilt, scheint es vernünftig und verantwortlich zu sein, von der Gestaltung sozialer Beziehungen, kurz: Sozio-Design auszugehen und damit zugleich auch die Gestaltung gegenständlich realer Erscheinungsebenen des Lebens zu betreiben."[6] Diese Darstellung könnte als thematischer Rahmen für diesen Band betrachtet werden, jedoch mit dem Anspruch, anhand gegenstandsbezogener Beobachtungen weitergehende Differenzierungen vorzunehmen, wie genau das Design der Dinge in unterschiedlichen Gestaltungsfeldern zwischenmenschliche Verhältnisse mitreguliert und mitkonstituiert. Überdies erscheint uns diese mikrosoziologische Sicht besonders anschlussfähig an die Gestaltungspraxis, da diese es oft mit konkreten sozialen und damit zwischenmenschlichen Kontexten zu tun hat. Auch aus designpraktischer Sicht ist es naheliegend, Möglichkeiten eines positiven gesellschaftlichen Wandels durch Design von der zwischenmenschlichen Rolle der Dinge aus zu betrachten.

Neben dieser ersten, eher allgemeingesellschaftlichen Lesart von ‚Social Design‘, gibt es noch drei weitere, von denen wir den thematischen Fokus dieses Bandes der Klarheit halber unterscheiden möchten, nämlich 1. eine *ethische* Lesart, 2. eine *immaterielle* Lesart und 3. eine *interaktive* Lesart.

Die ethische Lesart von ‚Social Design‘

Die *ethische* Lesart von ‚Social Design‘ hat sich insbesondere im Zusammenhang mit Ansätzen wie ‚Human Centered Design‘, ‚Inclusive Design‘, ‚Universal Design‘ oder auch ‚Sustainable Design‘ entwickelt. Sie folgt dem alltagssprachlichen Verständnis von ‚sozial‘, dem zufolge sozial ist, was den Menschen nützt, also für sie in irgendeiner Form gut ist beziehungsweise zu ihrem Wohlergehen beiträgt, weshalb sie auch als karitative Auffassung des Designs bezeichnet werden könnte.[7] Dieses ganz allgemeine Verständnis von ‚Social Design‘ als ethische, am Wohler-

---

6 Bazon Brock. 1977. Objektwelt und die Möglichkeit subjektiven Lebens. Begriff und Konzept des Sozio-Design. In Bazon Brock. *Ästhetik als Vermittlung. Arbeitsbiographie eines Generalisten.* Hrsg. von Karla Fohrbeck, 446–449. Köln: DuMont, S. 446.

7 Vgl. hierzu June H. Park. 2014. Entwurf ökonomischer und sozialer Artefakte. In *Design und Gesellschaft. Wandel der Lebensformen. Öffnungszeiten. Papiere zur Designwissenschaft 24/2014*, 18–24. Kassel: university press, S. 19.

gehen des Menschen orientierte Gestaltung tritt besonders in gesellschaftlichen Krisenzeiten auf, aber auch in Zeiten, in denen die Gestaltungsdisziplinen selbst eine Identitätskrise durchlaufen und sich ihres eigenen gesellschaftlichen Sinns vergewissern müssen. So manifestierte sich diese ethische Perspektive etwa bereits in den Anliegen der sozialistisch beeinflussten Arts-and-Crafts-Bewegung als eine Reaktion auf die negativen physischen und psychischen Auswirkungen von Industrialisierung und Verstädterung im 19. Jahrhundert. Ebenso zeigte sie sich in den Zwischenkriegsjahren bei den Ansätzen des Deutschen Werkbunds, des Neuen Frankfurt oder des Dessauer Bauhauses, die das Ziel verfolgten, die Lebens- und Arbeitsbedingungen der Menschen durch Planung und Entwurf von Infrastrukturen, Einrichtungen und Apparaturen zu verbessern. Im Zusammenwirken von Politik, Wirtschaft, Industrie, Architektur und Design wurden in den Wiederaufbaujahren nach dem Zweiten Weltkrieg im Rahmen dieser ethischen Lesart von Design auch Rationalität und Funktionalität zu wesentlichen Mitteln und Argumenten für soziale Reformen.[8]

Auf dem kritischen Nährboden der Neuen Sozialen Bewegungen – zu denen neben der Umweltbewegung auch die Feministische Bewegung, die Anti-Atom-Bewegung und die Dritte-Welt-Bewegung zählen –, erfuhr das Streben nach Berücksichtigung sozial und ökonomisch benachteiligter Bevölkerungsgruppen im Design erneute Beachtung.[9] Unter dem Titel *Design for the Real World – Human Ecology and Social Change* vertrat wegweisend Victor Papanek seit dem Beginn der 1970er Jahre eine entsprechende ethisch motivierte Gestaltungsauffassung.[10] Ausgehend von einer breiten Kultur- und Konsumkritik, die sich vor allem gegen die vordergründigen marktwirtschaftlichen Interessen und das verschwenderische Konsumgebaren der reichen Industieländer richtete, proklamierte Papanek eine auf menschliche Bedürfnisse ausgerichtete Designkultur unter besonderer Berücksichtigung eines Designs für alte Menschen, Kinder, Menschen mit Behinderungen sowie für Menschen, die in Armut leben.

---

8   Vgl. Paul Betts. 2004. *The Authority of Everyday Objects. A Cultural History of West German Industrial Design*. Berkeley: University of California Press.

9   Siehe etwa Martina Fineder. 2014. „Jute, Not Plastic!" Alternative Product Culture Between Environmental Crisis and Fashion. In *Aesthetic Politics in Fashion*, Hrsg. Elke Gaugele, 186–203. Berlin: Sternberg, oder Roland Roth und Dieter Rucht. 2008. *Die sozialen Bewegungen in Deutschland seit 1945. Ein Handbuch*. Frankfurt am Main/New York: Campus.

10 Victor Papanek. 2009. *Design für die reale Welt. Anleitung für eine humane Ökologie und sozialen Wandel*, Hrsg. Florian Pumhösl, Thomas Geisler, Martina Fineder und Gerald Bast. Wien/New York: Springer.

Diese Haltung erfährt seit den 2000er-Jahren eine verstärkte Aktualisierung. Sie zeigt sich weltweit in Ausstellungen und Publikationen wie *Design for the other 90 %* oder – unter den leicht veränderten Vorzeichen des Ko-Designs und der Partizipation – als *Design with the Other 90 %*.[11] Dazu kommen verschiedene Formen des Designaktivismus, in dessen Tradition heute Social-Design-Studiengänge mit Fokus auf gestalterischen Interventionen im öffentlichen Raum angeboten werden.[12]

Dass die genannten Gestaltungsansätze ‚human‘, ‚ethisch sinnvoll‘ und für Menschen nützlich sind, steht außer Frage, inwiefern sie jedoch auch die Gestaltung zwischenmenschlicher Beziehungen betreffen, muss eigens reflektiert werden, da diesen Entwurfsprogrammen die Beziehungsgestaltung nicht augenscheinlich immanent ist. Die Frage nach der Auswirkung von Gestaltung auf *zwischenmenschliche Beziehungen* ist deshalb viel spezifischer, als es die ethische Lesart von ‚Social Design‘ nahelegt. Denn nicht alles, was für Menschen nützlich ist – beispielsweise die leichtere Bedienbarkeit irgendeines Gebrauchsproduktes, deren Verfügbarkeit zu günstigen Preisen oder die ergonomische und arbeitserleichternde Arbeitsplatzgestaltung –, ist zugleich auch im zwischenmenschlichen Sinne nützlich. Eines der diesbezüglich gerne besprochenen Beispiele in der feministischen Designtheorie ist die Gestaltung von Haushaltsküchen in der Tradition der Frankfurter Küche, durch die zwar Hygiene-, Raum- und Versorgungsprobleme gelöst werden konnten, aber gleichzeitig die Hausarbeit zu einem „einsame[n] Alleine-vor-sich-hin-Arbeiten"[13] für Frauen wurde.

Aktuell wären als Beispiel für die Mitgestaltung zwischenmenschlicher Beziehungen Designprojekte in der Flüchtlingshilfe zu nennen. So ist etwa die Gestaltung von Wohnraum für Geflüchtete zweifelsohne eine ethisch sinnvolle Gestaltung. Erst wenn jedoch überdies reflektiert wird, wie dieser Wohnraum die zwischenmenschlichen Verhältnisse zwischen den Geflüchteten und zu den Einheimischen mitgestaltet, haben wir es im engeren Sinne mit *zwischenmenschlichem Design* zu

---

11 Cynthia E. Smith und Cooper-Hewitt Museum, Hrsg. 2007. *Design for the other 90 %.* Ausstellungskatalog. New York: Assouline; Cynthia E. Smith. 2011. *Design with the Other 90 %. Cities.* New York: Cooper Hewitt. Smithsonian Design Museum; Sachs und Museum für Gestaltung Zürich 2018.

12 Vgl. zum Beispiel die Publikationen *Social Design – Arts as Urban Innovation / Universität für angewandte Kunst Wien.* 2016–2019. http://socialdesign.ac.at/publications. Zugegriffen: 10. März 2020; sowie Christoph Rodatz und Pierre Smolarski, Hrsg. 2018. *Was ist Public Interest Design? Beiträge zur Gestaltung öffentlicher Interessen.* Bielefeld: Transcript.

13 Gabu Heindl. 2013. Waschküchen-Urbanismus. Zur Politik und Ästhetik von Wohn-Arbeit. In *Räume der Vermittlung. Ästhetische Prozesse zwischen Alltag und Kunst,* Hrsg. Viktor Kittlausz, 49–58. Münster: LIT Verlag.

tun. Dasselbe gilt für andere Gestaltungsrichtungen, für die der humane Nutzen gewissermaßen von vornherein außer Frage steht, wie etwa Medical Design, Design im Bereich der Entwicklungshilfe oder Design, das den demografischen Wandel berücksichtigt, um auch für ältere Zielgruppen benutzerfreundlich zu sein. Alle diese Ansätze sind in der einen oder anderen Form ethisch sinnvoll, wie und ob sie jedoch damit zugleich auch die zwischenmenschlichen Verhältnisse unter den Nutzer*innen in ethisch sinnvoller Weise beeinflussen beziehungsweise ermöglichen, bedarf stets einer eigenen Reflexion und ist nicht von vornherein ausgemacht.

Zwischenmenschliches Design würde im Rahmen der obigen Gestaltungsansätze beispielsweise dann beginnen, wenn darauf geachtet wird, ob das Gestaltete die Nutzer*innen stigmatisiert, also die zwischenmenschliche Wahrnehmung in einer bestimmten, womöglich nachteiligen Weise prägt.[14] Oder ob es die Begegnung und Interaktion verschiedener Nutzergruppen in günstiger oder ungünstiger Weise beeinflusst, beispielsweise die von Ärzt*innen und Patient*innen.[15] Oder ob etwa Design im Rahmen von Entwicklungshilfe zwar materiellen Mangel behebt und diesbezüglich nützlich ist, jedoch die Möglichkeit des selbstständigen zwischenmenschlichen Umgangs und Veränderns des Gestalteten durch die Betroffenen nicht zulässt, wodurch es implizit zu einer sozialen Entmündigung beiträgt.[16]

Die immaterielle Lesart von ‚Social Design'

Die *immaterielle* Lesart von ‚Social Design' wird gegenwärtig insbesondere durch das Diskursumfeld des ‚Design Thinking'[17] und des ‚Service Designs'[18] provoziert, beruht jedoch letztlich auf der Denktradition, soziale und technische Fragen unabhängig

---

14 Vgl. hierzu beispielsweise: Uta Brandes. 2017. *Gender Design. Streifzüge zwischen Theorie und Empirie.* Basel: Birkhäuser, oder Heindl 2013.

15 Vgl. hierzu den Beitrag von Kathrina Dankl in diesem Band.

16 Vgl. hierzu beispielsweise: Daniel Kerber. 2016. Soziales Design in humanitärer Praxis. In *Social Design. Gestalten für die Transformation der Gesellschaft*, Hrsg. Claudia Banz, 85–94. Bielefeld: Transcript. Ein nennenswertes Beispiel mit einem besonderen Fokus auf zwischenmenschlicher Interaktion in Wohnheimen für Geflüchtete ist das Projekt „Social Furniture" des Wiener Designtrios EOOS; Siehe EOOS. 2016. *Open Design Manual.* London: Koenig Books.

17 Tim Brown und Barry Katz. 2009. *Change by Design. How design thinking can transform organizations and inspire innovation.* New York: HarperCollins Publishers.

18 Marc Stickdorn und Jakob Schneider. 2011. *This Is Service Design Thinking. Basics – Tools – Cases.* Amsterdam: BIS Publishers.

voneinander zu behandeln. Im Sinne einer einseitigen Lesart der These von Lucius Burckhardt, dass Design unsichtbar sei,[19] besteht hierbei die Tendenz, das Soziale vor allem als immaterielle Beziehungs- und Verhaltensstrukturen aufzufassen. Ansätze, die von dieser Vorstellung geleitet sind, konzentrieren sich insbesondere auf die Gestaltung von Abläufen, Regeln und Institutionen oder Netzwerken – etwa durch Dienstleistungen, Services und Organisationsgestaltung. Deshalb ist hier die Frage nach den zwischenmenschlichen Dimensionen materieller Dinge zunächst zweitrangig. Ein Beispiel dafür wären etwa die Social-Welfare-Projekte von Participle.net, die vor allem über die Initiierung und Gestaltung sozialer Netzwerke (häufig über Apps oder andere Formen sozialer Medien) operieren. Oder auch das Projekt designforchange.us, das junge Menschen mittels Design-Thinking-Methoden dazu anleitet, sozial aktiv zu werden. Hierbei wird auf aktuelle, meist globale gesellschaftliche und politische Herausforderungen reagiert, etwa auf die unaufhaltsame Überalterung der Gesellschaft, neue migrantische Bewegungen oder den Abbau sozialstaatlicher Leistungen. Um soziale Verhältnisse gestalten zu können, wird hier die Welt der Dinge tendenziell übersprungen, wodurch die Frage nach der Zwischenmenschlichkeit der Dinge im Grunde obsolet wird.[20] Mit dieser Beobachtung, die zweifelsohne einer Vertiefung bedarf, soll nicht in Abrede gestellt werden, dass diese Ansätze sinnvoll und wirkungsvoll sind. Jedoch soll durchaus bezweifelt werden, dass eine Reflexion auf die sozialen Dimensionen der Gestaltung *zwangsläufig* und *nur* mit Blick auf die immateriellen Regeln des Sozialen zu geschehen hat. Gerade die dingbezogenen Gestaltungsdisziplinen bergen das Potenzial, das eher klassische Repertoire des sozialen Gestaltens auch um sinnlich-materielle Methoden und Beobachtungen zu ergänzen, wie dies die Material-Culture-Studies verschiedentlich herausgearbeitet haben.[21]

---

19 Vgl. Lucius Burckhardt. 2012. *Design ist unsichtbar. Entwurf, Gesellschaft & Pädagogik*, Hrsg. Silvan Blumenthal und Martin Schmitz. Berlin: Martin Schmitz.

20 Interessant ist indes, dass gerade die Methode des Design Thinking ein für sich signifikantes Dingesortiment an Klebenotizzetteln, Bausteinen etc. nutzt, um die Zusammenarbeit, also das zwischenmenschliche Zusammenwirken im Arbeitsprozess zu strukturieren und zu intensivieren.

21 Vgl. etwa Chris Tilley, Webb Keane, Susanne Kuechler, Mike Rowlands und Patricia Spyer. 2006. *The Handbook of Material Culture*. London: SAGE; Daniel Miller. 2008. *The Comfort of Things*. Cambridge: Polity; Dan Hicks und Marry C. Beaudry, Hrsg. 2010. *The Oxford Handbook of Material Culture Studies*. New York: Oxford University Press; Stefanie Samida, Manfred K. H. Eggert und Hans Peter Hahn, Hrsg. 2014. *Handbuch Materielle Kultur. Bedeutung – Konzepte – Disziplinen*. Stuttgart: J. B. Metzler; Adam Drazin und Susanne Küchler, Hrsg. 2015. *The Social Life of Materials. Studies in Materials and Society*. London: Bloomsbury.

Hiermit hängt auch eine wichtige disziplinäre Frage zusammen. Es könnte der Eindruck entstehen, als wäre Social Design oder im engeren Sinne zwischenmenschliches Design eine eigene neue Gestaltungsdisziplin, die sich von traditionellen Disziplinen wie dem Produktdesign, dem Kommunikationsdesign, dem Modedesign und der Architektur dadurch unterscheidet, dass sie es mit anderen *Gegenständen* zu tun hat. So könnte man der Auffassung sein, dass im Social Design *Prozesse* gestaltet werden, in den mehr traditionellen Disziplinen hingegen *Objekte*. Auch diese Entgegensetzung ist jedoch problematisch und verschenkt wichtiges Potenzial. Denn es gibt keine Objektgestaltung, die nicht auch in der einen oder anderen Form Prozesse mitgestalten würde. Schon allein deshalb, weil Gebrauchsobjekte nicht einfach vorhanden sind, sondern in Gebrauchsprozessen genutzt werden. Weder lassen sich Objekte unabhängig von Prozessen noch Prozesse unabhängig von Objekten denken. Stattdessen handelt es sich um die Frage, welche Eigenschaften der *Objekte* für *zwischenmenschliche Prozesse* relevant sind, beispielsweise im Unterschied zu ökologischen Prozessen, die häufig Prozesse zwischen Menschen und nichtmenschlichen Entitäten sind. Zwischenmenschliches Design hat es also nicht mit anderen, etwa immateriellen Gegenständen zu tun, sondern reflektiert bloß auf andere Aspekte ein und derselben Dinge. Statt um eine neue Disziplin mit neuen Gegenständen geht es eher um die Beobachtung und Reflexion der zwischenmenschlichen Wirksamkeit alltäglicher Dinge mit dem Ziel, den sozialen Einfluss, der ohnehin stattfindet, auch verfügbar und gestaltbar zu machen, damit er überhaupt zum Gegenstand gestalterischer Entscheidungen werden kann.

Die interaktive Lesart von ‚Social Design'

Die *interaktive* Lesart von ‚Social Design' wird durch zwei Diskurse provoziert, von denen der eine mehr im designtheoretischen Feld und der andere mehr im techniksoziologischen Feld angesiedelt ist. Die Rede ist vom Interaction Design und der Akteur-Netzwerk-Theorie. Diese beiden Diskurse haben die Tendenz, jede Form der Interaktion oder auch Vernetzung mehr oder weniger explizit als ein soziales Phänomen zu interpretieren. Für das Interaction Design rücken so die durch das Design ermöglichten Beziehungen, die Menschen zu Dingen haben und pflegen, schon in die Nähe eines sozialen Phänomens, und aus Sicht der Akteur-Netzwerk-Theorie werden selbst die ‚Beziehungen' zwischen den Dingen zu einem sozialen Phänomen, da aufgrund der Ausweitung des Akteursbegriffs auch auf nichtmenschliche oder gar unbelebte Wesen jede Form der Schnittstelle beziehungsweise jeder Wirkungszusammenhang bereits als Interaktion zu betrachten wäre, als Beziehung zwischen Akteuren.[22]

Der Fokus dieses Bandes liegt jedoch weder auf Mensch-Ding-Beziehungen noch auf funktionalen Ding-Ding-Beziehungen, sondern auf Mensch-Ding-Mensch-Beziehungen, also solchen Beziehungen, die sich kraft der designten Dinge zwischen den *Menschen* ereignen. Des Weiteren ist unseres Erachtens der Begriff der Interaktion zu eng, um mit ihm die zwischenmenschlichen Dimensionen der Dinge hinreichend zu erfassen, da er strenggenommen bloß das handelnde zwischenmenschliche Verhältnis bezeichnet und nicht auch die Art und Weise, wie wir vermittelt durch unser gestaltetes Umfeld uns wechselseitig wahrnehmend erleben und urteilend zueinander verhalten, das heißt wie wir ermöglicht durch die Dinge wechselseitig übereinander denken. Die Komplexität zwischenmenschlicher Beziehungen würde durch die Favorisierung des Begriffs der Interaktion bloß auf den performativ-körperlichen Aspekt zwischenmenschlicher Verhältnisse reduziert werden.

Während also die *ethische* Lesart die Dinge zwar hinsichtlich ihres menschlichen Nutzens im Blick hat, jedoch das *Zwischenmenschliche* dieser Dinge nicht zu konkretisieren vermag, nimmt die *immaterielle* Lesart zwar zwischenmenschliche Beziehungen in den Blick, verliert darüber jedoch die *Dinge* aus den Augen. Und während die *interaktive* Lesart zwar die dingbezogenen Beziehungen und Interaktionen in den Blick nimmt, übersieht sie dabei, dass es beim Social Design nicht um beliebige Beziehungen, Vernetzungen und Interaktionen gehen kann, sondern nur um solche, die letztlich zwischen *Menschen* stattfinden.

Sozialität und Soziabilität durch Gestaltung

Da wir mit diesem Band nicht nur einen Beitrag zur Beobachtung und Beschreibbarkeit der *bereits existierenden* Zwischenmenschlichkeit der Dinge leisten wollen, sondern zugleich die Frage nach der *Produzierbarkeit* zwischenmenschlicher Beziehungen durch Dinge stellen, uns also nicht nur in einem theoretisch beobachtenden, sondern auch einem praktisch gestaltenden Diskurs bewegen, schlagen wir mit dem Begriffspaar ,Sozialität' und ,Soziabilität' ein dialektisches Verständnis des Sozialen vor. Weil es für diese Begriffe keine allgemeingültige Definition gibt und sie sogar häufig synonym verwendet werden, möchten wir eine konkrete Unterscheidung vorschlagen. Mit dem Begriff der ,Sozialität' bezeichnen wir die schon existierenden,

---

22 Vgl. zu einer Kritik des Akteurbegriffs im Umfeld der Akteur-Netzwerk-Theorie auch den Beitrag von Daniel Martin Feige in diesem Band.

also bereits gestalteten und verwirklichten dinglichen sozialen Strukturen. Mit dem Begriff der ‚Soziabilität' bezeichnen wir hingegen die individuellen Fähigkeiten und Potenziale der Menschen, mittels der Dinge zwischenmenschliche Beziehungen zu initiieren und zu pflegen. Entscheidend ist, dass diese beiden Seiten des sozialen Gestaltens dialektisch aufeinander bezogen sind. So ist die bereits wirkliche Sozialität das Produkt der Soziabilität und umgekehrt hängt die Soziabilität – also die soziale Befähigung der Menschen – wiederum von der bereits gestalteten Sozialität ab. *Sozialität* bezeichnet also diejenigen zwischenmenschlichen Vorgänge, an denen wir *partizipieren*, wohingegen *Soziabilität* das individuelle sozial-schöpferische Potenzial bezeichnet, zwischenmenschliche Vorgänge zu *produzieren*.

Erst durch diese Unterscheidung besteht die Möglichkeit, die bereits existierende Zwischenmenschlichkeit der Dinge nicht nur zu beobachten, sondern auch zu beurteilen. Nun lässt sich nämlich die bereits existierende Sozialität an der Soziabilität messen, zu der sie beiträgt. Unterstützen die existierenden zwischenmenschlichen Strukturen der Dinge die Möglichkeiten der Menschen, zwischenmenschlich gestaltend aktiv zu werden, das heißt ihre Soziabilität in einer Umgestaltung der bestehenden Sozialität zu verwirklichen? Eine günstige Sozialität wäre demnach eine, die offen ist für ihre eigene Umgestaltung durch genau diejenigen Menschen, die Teil von ihr sind.[23]

Auf diese Weise sind die zwischenmenschlichen Dimensionen der Dinge natürlich noch recht grob unterschieden. Um ein möglichst präzises Verständnis der unterschiedlichen Facetten zwischenmenschlichen Designs zu gewinnen, ist es sinnvoll, Bezeichnungen wie ‚soziale Interaktion', ‚soziales Verhalten' oder ‚soziales Handeln' – die alle auf den performativen Aspekt zwischenmenschlicher Beziehungen verweisen – um Aspekte wie ‚zwischenmenschliches Erleben' und ‚zwischenmenschliches Erkennen' zu ergänzen. Die Soziabilität von Subjekten – also die Fähigkeit, zwischenmenschliche Beziehungen einzugehen und zu gestalten – scheint auf ebendiesen drei Kompetenzen zu fußen: *erstens* der kognitiven Fähigkeit *zwischenmenschlichen Erkennens*, *zweitens* der performativen Fähigkeit *zwischenmenschlichen Handelns* und *drittens* der perzeptiven oder auch emotionalen Fähigkeit *zwischenmenschlichen Erlebens*. Da soziale Beziehungen immer auch in einer dinglich verfassten Welt stattfinden, stellt sich die Frage, auf welche Weise die Gestaltung der Dinge diese dreifache Soziabilität des zwischenmenschlichen Erkennens, Handelns und Erlebens mitgestaltet und vermittelt. Es ist unschwer zu erkennen, dass die Zwischenmenschlichkeit der Dinge hier ebenso hinsichtlich ihrer *epistemischen* Rolle befragt wird: ‚Wie erkennen wir andere durch Dinge?', wie hinsichtlich ihrer *performativen* Rolle:

---

23 Vgl. für eine weitergehende Auseinandersetzung mit diesem Thema innerhalb verschiedener Designdiskurse den Beitrag von Johannes Lang in diesem Band.

‚Wie handeln wir bezogen auf andere durch Dinge?' und schließlich hinsichtlich ihrer *ästhetischen* Rolle: ‚Wie erleben wir andere durch Dinge?'.

Diese drei Aspekte der Zwischenmenschlichkeit der Dinge sind selbstverständlich vielfältig ineinander verwoben und nicht immer klar zu trennen, auch wenn ihre Unterscheidung den Blick schärft und Anhaltspunkte für weiterführende Reflexionen bietet. Die drei Teile dieses Bandes sind nach ebendiesen Schwerpunktsetzungen gegliedert, wobei die einzelnen Beiträge vielfältige Bezüge zu den anderen beiden Teilen unterhalten und nicht immer eindeutig dem Teil zuzuordnen waren, in dem sie sich befinden. Während die Aufsätze des ersten Teils sich schwerpunktmäßig mehr dem epistemischen Aspekt zwischenmenschlicher Beziehungen widmen, konzentrieren sich die Beiträge des zweiten Teils mehr auf das handelnde zwischenmenschliche Verhältnis und die des dritten Teils eher auf zwischenmenschliches Wahrnehmen und Erleben. Diese drei Dimensionen des zwischenmenschlichen Designs, nämlich die Formung des zwischenmenschlichen Erkennens, Handelns und Erlebens, möchten wir unter Rückgriff auf die verschiedenen Beiträge kurz erläutern.

Zwischenmenschliches Erkennen durch Dinge

Die Dimension des *zwischenmenschlichen Erkennens durch Dinge* wurde in der zweiten Hälfte des 20. Jahrhunderts insbesondere unter kommunikativen Gesichtspunkten verhandelt. Im Vordergrund stand hier, wie die Dinge, die wir besitzen und mit denen wir uns umgeben, sowie die Art und Weise ihres Gebrauchs soziale und kulturelle Zugehörigkeiten und Unterschiede symbolisieren. Das Lesen und Erkennen der kulturellen und sozialen Konnotationen bestimmter designter Dinge bildet ein zentrales Thema der Kultursemiotik, etwa in der Tradition nach Roland Barthes oder Jean Baudrillard.[24] Die Frage nach der kulturellen und sozialen Repräsentanz der Dinge ist ein Kern der Cultural Studies nach Stewart Hall,[25] und die Differenzierung sozialer Gruppen und Klassen durch symbolische Prozesse stellt ein wichtiges Ergebnis der empirisch-soziologischen Studien von Pierre Bourdieu dar.[26]

---

24 Vgl. Roland Barthes. 1964. *Mythen des Alltags*. Frankfurt am Main: Suhrkamp, und Jean Baudrillard. 1991. *Das System der Dinge. Über unser Verhältnis zu den alltäglichen Gegenständen*. Frankfurt am Main: Campus.

25 Vgl. Stuart Hall, Hrsg. 1997. *Representation. Cultural Representations and Signifying Practices*. London: Sage.

26 Vgl. Pierre Bourdieu. 1982. *Die feinen Unterschiede. Kritik der gesellschaftlichen Urteilskraft*. Frankfurt am Main: Suhrkamp.

Im Unterschied zu dieser auf semantischen sozialen Differenzen basierenden Perspektive beschreibt der Architekt Alexander Hagner anhand des Gemeinschaftsmöbels *Memobil* und anhand des Wohngemeinschaftsprojekts *VinziRast-mittendrin*, wie Objekt- und Raumgestaltung über stigmatisierende soziale Unterschiede hinweg Prozesse des individuellen zwischenmenschlichen Kennenlernens ermöglichen und unterstützen kann. Die übergeordnete Frage ist hierbei: Wie fördert oder erschwert das Design der Dinge eine aktive Kommunikation und eine gedankliche Auseinandersetzung mit Menschen, die aufgrund ökonomischer, rechtlicher, körperlicher, geistiger oder altersbedingter Einschränkungen als ‚anders' oder ‚fremdartig' erlebt werden? Während beim *Memobil* die durch die Dinge ausgelösten Kommunikations- und Erinnerungsprozesse im Vordergrund stehen, fokussiert das Projekt *VinziRast-mittendrin* auf Kommunikationsprozesse, die erst durch gemeinsames Tun in Gang gesetzt werden.

Für die Dimension des zwischenmenschlichen Erkennens durch Design ist auch von entscheidender Bedeutung, wem diese Erkenntnisse zugänglich beziehungsweise verständlich sind und wem nicht. Eine solche zwischenmenschliche Asymmetrie in der epistemischen Funktion der Dinge, die letztlich zu einem Machtgefälle führt, wird von Kathrina Dankl dargestellt. Sie analysiert diesbezüglich die historische Bedeutung des Stethoskops als Beispiel eines zwischenmenschlichen Erkenntnisinstruments, das in der Beziehung zwischen Ärzt*in und Patient*in nur in eine Richtung funktioniert, also bloß Ersterei*in die entsprechenden Erkenntnisse verschafft und nicht mehr auf die Selbstbeschreibungen durch Letztere*n angewiesen ist. Demgegenüber stellt sie verschiedene unter ihrer Leitung entstandene Designentwürfe für sinnlich-materielle Entscheidungshilfen dar, die sowohl die Patient*innen zum Erkennen und Beschreiben des eigenen Gesundheitszustandes ermutigen als auch solche zwischenmenschlichen Erkenntnisse in die Diagnostik einbeziehen, die den Instrumenten einer quantitativen, auf die Körperbiologie beschränkten Diagnostik entgehen.

Die Rolle, die Dinge für die zwischenmenschlichen Beziehungen in Pflegesettings spielen, werden auch in dem Beitrag von Anamaria Depner, Lucia Artner, Carolin Kollewe, Isabel Atzl und André Heitmann-Möller anhand einschlägiger Beispiele untersucht. So zeigt Isabel Atzel in ihrem Abschnitt, wie sich das epistemische Verhältnis zwischen Pflegenden und Gepflegten durch die Einführung des Fieberthermometers veränderte. Während vor der Einführung des Thermometers Erkenntnisse über die Körperwärme durch einen direkten, auf sinnliche Wahrnehmung ausgerichteten zwischenmenschlichen Hautkontakt in Form des Handauflegens gewonnen wurden, um anschließend mündlich verhandelt zu werden, wird dieser Kontakt nun durch einen Kontakt mit einem Gegenstand ersetzt, dessen Interpretation nicht mehr auf die kommunikative Beteiligung durch die

Patient*innen angewiesen ist und die Letztere zum Teil gar nicht erfuhren. Lucia Artner untersucht hingegen, wie sich die Nutzung des Stehlifters auf die Beziehung zwischen Gepflegten und Pflegenden auswirkt. Sie zeigt, dass diese insbesondere durch kommunikatives Handeln ausgezeichnet ist, um bei den Gepflegten Ängste abzubauen und Vertrauen in die Technik zu erzeugen. André Heitmann-Möller beschreibt das soziomaterielle Netzwerk eines Heimbeatmungsgerätes und des mit diesem verbundenen ‚Sekretmanagements'. Die mit diesen Vorgängen einhergehende und sich in diesen zeigende Vulnerabilität menschlicher Existenz bedeutet für die Pflegenden die Herausforderung einer besonderen epistemischen zwischenmensch-lichen Sozialität, um die Handlungen auch nach den Wünschen und Absichten der Gepflegten zu vollziehen, da diese erst nach Abschluss des ‚Sekretmanagements' wieder sprechen können. Carolin Kollewe zeigt in ihrem Abschnitt wiederum die unterschiedlichen Auswirkungen, welche die Technologie des ‚Ambient As-sisted Living' (AAL) auf die zwischenmenschlichen Beziehungen der beteiligten Personen hat. Es handelt sich hierbei um sensorgestützte Hausnotrufsysteme, die Abweichungen vom normalen Verhalten der zu beobachtenden Person erkennen und in Form von Daten an einen sozialen Dienst weiterleiten. Diese Technologie ermöglicht insbesondere kontinuierliche Erkenntnisse über den Zustand einer Person trotz physischer Distanz, was von den beteiligten Personen ambivalent bewertet und einerseits als willkommene Möglichkeit zur Selbständigkeit, andererseits als Überfürsorglichkeit empfunden wurde. Anamaria Depner zeigt schließlich, welche Rolle die scheinbar unnützen Dinge im Zusammenhang mit Demenz für die Selbstgewissheit spielen. Dieser gewissermaßen epistemische Kontakt mit dem eigenen Selbst durch die vertrauten Dinge im Umfeld der an Demenz Erkrankten wird von ihr mit dem Leibgedächtnis, das insbesondere über haptische Erfahrungen funktioniert, in Zusammenhang gebracht.

Der Beitrag von Johannes Lang fokussiert weniger auf die zwischenmenschlichen Erkenntnisprozesse, die durch Dinge geformt und ermöglicht werden, als vielmehr auf die sozialen Denkweisen, die dem Entwurf designter Dinge vorausgehen. Diese werden anhand unterschiedlicher Designdiskurse identifiziert und in Form von drei Dimensionen systematisiert, die das zwischenmenschliche Gestalten auszeichnen: der Soziabilität des Gestaltens, der Sozialität des Gestalteten und der Soziabilität des Gebrauchens. Er versucht zu zeigen, dass die gegenwärtigen Bestrebungen im Nachdenken über soziales Design insbesondere um eine angemessene Integration des Autonomiegedankens bemüht sind, und zwar sowohl auf der Seite des Gestaltens wie auf der Seite des Gebrauchens. Zwischenmenschliches Design erweist sich so als eine Art Metadesign, als der Versuch, die dinglichen Voraussetzungen für das autonome zwischenmenschliche Gestalten der Gebrauchenden zu gestalten. Mit dieser Tendenz ist für ihn jedoch ein zwischenmenschliches Erkenntnisproblem verbunden, nämlich die Frage, durch welche Verfahren und Methoden sich ein Verständnis der noch nicht wirklichen, aber möglichen Impulse und Intentionen der Gebrauchenden gewinnen lässt, für die das zwischenmenschliche Design die Mittel gestaltet.

Zwischenmenschliches Handeln durch Dinge

Gegen Ende des 20. Jahrhunderts und bis in die Gegenwart hinein hat sich mit der Akteur-Netzwerk-Theorie ein Ansatz etabliert, der in besonderer Weise geeignet zu sein scheint, die performative Rolle von Dingen in zwischenmenschlichen Beziehungen zu berücksichtigen.[27] Der Grund dafür ist, dass dieser Ansatz keine methodische Vorentscheidung fällt, welche Entitäten zum Verstehen gesellschaftlicher Prozesse zu berücksichtigen wären. Statt von vornherein nur menschliche Subjekte für die Prozesse zwischenmenschlichen Verhaltens verantwortlich zu machen, schließt dieser Ansatz belebte wie unbelebte, artifizielle wie natürliche nichtmenschliche Entitäten gleichermaßen ein und behandelt sie als ‚Aktanten' weitgehend symmetrisch zu den menschlichen Akteuren. Es wird beobachtet, wie bestimmte Vorgänge, die zuvor von Menschen ausgeführt wurden, an Dinge delegiert werden. So etwa in dem berühmten Aufsatz „Der Berliner Schlüssel" von Bruno Latour, in dem er plausibel zeigt, wie der Berliner Schlüssel Tätigkeiten übernimmt, die zuvor ein Hauswart ausübte.[28] Ein anderes beliebtes Beispiel ist die Verkehrspolizistin, die durch eine Ampel ersetzt wird. An solche Beobachtungen schließt sich die Frage an, ob aufgrund dieser Übersetzung von Handlungen in designte Dinge diesen Dingen nicht ebenfalls Eigenschaften zugesprochen werden müssen, die traditionellerweise bloß Menschen zukommen, wie beispielsweise eine gewisse Handlungsmacht oder sogar Moral.[29]

Der in diesem Band erstmals in deutscher Übersetzung veröffentlichte Beitrag von Nynke Tromp, Paul Hekkert und Peter-Paul Verbeek geht einen Schritt weiter als die Ansätze der Akteur-Netzwerk-Theorie. Statt das zwischenmenschliche Funktionieren

27 Vgl. für einen Überblick die Textsammlung: Andréa Belliger und David J. Krieger. 2006. *ANThology. Ein einführendes Handbuch zur Akteur-Netzwerk-Theorie*. Bielefeld: Transcript.
28 Bruno Latour. 1996. Der Berliner Schlüssel. In ders. *Der Berliner Schlüssel. Erkundungen eines Liebhabers der Wissenschaften*, 37–51. Berlin: Akademie Verlag.
29 Vgl. zu dieser Frage: Peter Kroes und Peter-Paul Verbeek, Hrsg. 2014. *The Moral Status of Technical Artifacts*. Berlin: Springer.

der Dinge analog zu einem Handlungsprozess aufzufassen, das heißt als Handlung zu betrachten, die nicht von Menschen, sondern von Dingen ausgeübt wird, verorten sie das Handeln weiterhin auf der Seite der Menschen, um jedoch dezidiert zu untersuchen, auf welche unterschiedlichen Weisen die Dinge menschliches Handeln und Verhalten motivieren und damit bis zu einem gewissen Grad auch steuern. In der dargestellten Auffassung handeln also weiterhin die Menschen und nicht die Dinge, aber sie handeln unterschiedlich, je nachdem, wie die Dinge verfasst sind. Anhand der Analyse unterschiedlichster Beispiele klassifizieren Tromp, Hekkert und Verbeek diese verhaltensbeeinflussende Macht der Dinge nach vier psychologischen Einflusstypen: entscheidendem, zwingendem, verführendem und überzeugendem Einfluss. Einen entscheidenden Einfluss übt für die Autor*innen beispielsweise ein Drehkreuz am Eingang einer U-Bahnstation aus, da es das Verhalten des Schwarzfahrens physisch verhindert und damit entscheidet. Ein zwingender Einfluss kommt etwa einer Radarkontrolle zu, da sie ein bestimmtes Verhalten sanktioniert, ohne es jedoch physisch zu verhindern. Einen verführenden Einfluss hat ein Fahrschein, der zugleich ein Lotterielos ist, da er durch eine externe Motivation zum Unterlassen des Schwarzfahrens verleiten kann. Und einen überzeugenden Einfluss übt beispielsweise eine Warntafel an einer Autobahn aus, wenn sie über die zwischenmenschlichen Gründe des Langsamfahrens aufklärt und damit das Potenzial hat, intrinsisch von einer bestimmten Handlungsweise zu überzeugen.

Während der Beitrag von Tromp, Hekkert und Verbeek den verhaltenssteuernden Einfluss der Dinge mehr psychologisch deutet, plädiert Daniel Martin Feige in seinem Beitrag aus philosophischer Perspektive für einen Begriff des zwischenmenschlichen Handelns, der in der Lage ist, zwei falschen Alternativen zu entgehen. Eine dieser Alternativen ist die oben bereits erwähnte Ansicht Latours, dass auch Dinge eine ‚Agency‘, eine Art Handlungsmacht aufweisen, wodurch der Handlungsbegriff sich letztlich auflöst und nur noch ununterscheidbar von einem (Natur)Geschehen gesprochen werden kann, das weder Gründe noch Absichten kennt. Die andere falsche Alternative besteht laut Feige in der Ansicht, dass die im zwischenmenschlichen Handeln vollzogene praktische Rationalität oder Vernünftigkeit des Menschen unabhängig von den Dingen sei, in denen sie sich betätigt. Stattdessen argumentiert Feige mit Heidegger und über Heidegger hinaus dafür, Dinge als zweckbildend und zweckformend konstitutiv in zwischenmenschliche Praxis eingebunden zu verstehen. Das heißt, dass im Design der Dinge meist unthematisiert eine historisch und kulturell je spezifische zwischenmenschliche Praxis verkörpert ist und im Umgang mit den Dingen produktiv weitergebildet wird. Unthematisiert sei diese Praxis deshalb, weil das Design zunächst eine Praxis der Formung und nicht der Kritik sei, weshalb stets eine Kritik des Designs notwendig sei, um darüber zu streiten, in welcher Weise wir zwischenmenschlich leben wollen.

Albena Yaneva geht anhand einer phänomenologischen Beschreibung ihrer Hand-
lungserfahrung im Zusammenhang mit verschiedenen Räumen und Gegenständen
des Benzie-Gebäudes der Manchester School of Arts der Frage nach, wie materielle
Anordnungen soziale Bedeutung erlangen. So provoziert für sie das Atrium durch
seine besondere Struktur Begegnungen und regt zu Teamarbeit und gemeinsamer
Forschung an. Es verbindet zwar die Menschen, die sich in ihm bewegen, bringt
sie zusammen und gruppiert sie neu, determiniert diese Gruppierungsprozesse
jedoch nicht. Ein codebasiertes Türschloss gruppiert die Universitätsangehörigen um, indem es sie entweder abweist oder autorisiert. Hörsäle beeinflussen die
Kommunikation der Studierenden mit der Lehrperson und untereinander je nach
Form des Grundrisses in unterschiedlicher Weise. Yaneva zeigt, dass diese Dinge
und Räume nicht verstanden werden können, wenn sie bloß als Repräsentation
oder Symbol einer externen sozialen institutionellen Ordnung aufgefasst werden.
Stattdessen vollziehen diese materiellen Anordnungen das Gesellschaftliche, indem sie zu einer bestimmten Art des zwischenmenschlichen Handelns verleiten.

Im alltäglichen zwischenmenschlichen Handeln spielen in materieller Hinsicht
nicht nur Dinge und Räume eine Rolle, sondern auch die Körper der Menschen und
vor allem die Bewegungen, die sich im Zusammenspiel dieser unterschiedlichen
Materialitäten vollziehen. Der Beitrag von Judith Seng stellt einen künstlerischen
Forschungs- und Gestaltungsansatz dar, der geeignet ist, diese soziomateriellen
Choreografien des Alltags beobachtbar und damit auch begreifbar zu machen. In
verschiedenen Experimenten und Projekten untersucht sie, wie unterschiedliche
Rahmenbedingungen in Form von Räumen, Objekten und Körpern, aber auch
in Form von Erwartungen oder Regeln das Bewegungsverhalten der Menschen
und die Produktion von Dingen beeinflusst. So beispielsweise in dem Experiment
Acting Things I, das unter minimalen Vorgaben die Produktion von Mobiliar aus
einfachen Holzlatten zum Zweck des gemeinsamen Essens auf die Bühne holte und
im Zeitraffer dokumentierte. Oder mit dem Projekt *Friction Atlas*, das beobachtbar
und erlebbar machte, wie sich die ägyptische gesetzliche Definition einer Versammlung – ab neun Personen – auf das zwischenmenschliche Bewegungsverhalten der
Menschen auswirkt. Über einen künstlerischen Forschungsansatz hinaus könnte
dieser Ansatz auch Eingang in die üblichen Entwurfsmethodiken finden, um als
Prototyping die mit den designten Dingen implizierten soziomateriellen Dynamiken
vorwegzunehmen und gestaltbar werden zu lassen.

Die Art und Weise, wie Dinge zwischenmenschliches Handeln mitregulieren,
nimmt in Zeiten des Smart-Werdens der Dinge und ihrer digitalen Vernetzung gesellschaftspolitische Dimensionen an, so eine zentrale These von Martin Gessmann
in seinem Beitrag. Eine Sicht, die in der Tradition der Kulturkritik die technischen
Entwicklungen primär als Entfremdung deute, sei heute und in naher Zukunft nicht

mehr angemessen, da erstens viele der Kritikpunkte an den technischen Entwicklungen der Industrialisierung angesichts der digitalen Technologien nicht mehr zuträfen und sich geradezu in ihr Gegenteil verkehrt hätten und es sich zweitens nicht um eine notwendige Entwicklung handle (etwa im Sinne eines kapitalistischen Verwertungsschemas), sondern eine, die Gegenstand gemeinschaftlicher Entscheidungsprozesse sein kann und sollte. Er zeigt dies anhand von Aspekten wie Entlastung und Bereicherung. Entlasten würden die digitalen Technologien gerade von solchen Arbeiten, die in marxistischen Entfremdungstheorien in der Kritik standen, wie es etwa die Tendenz zu menschenleeren ,dunklen Fabriken' oder zu ,Calm Technologies' – welche die Arbeit im Hintergrund erledigen – demonstriert. Bereichern würden die digitalen Technologien hingegen als intelligente Assistenten beispielsweise im Straßenverkehr, wenn sie etwa zu einer Optimierung des Verkehrsflusses beitragen oder die Vorrechte von Verkehrsteilnehmern wie Rettungsdiensten regeln. Diese Entwicklung der Dinge sei jedoch nicht bloß eine technologische, sondern auch eine politische, da sie die Standards des Beisammenseins betrifft und damit ein gedankliches Übereinkommen im Sinne eines Gesellschaftsvertrags nötig macht.

Zwischenmenschliches Erleben durch Dinge

Der dritte Teil des Bandes untersucht insbesondere die ästhetische Rolle von Dingen für das zwischenmenschliche Wahrnehmen und Erleben. Aus den Blickwinkeln der Material Culture Studies, der Kunst- und Designwissenschaft, der Kultur- und Designanthropologie sowie der kritischen Modetheorie fragen hier vier Beiträge nach einer Produktästhetik sozialer Beziehungen. Über die Diagnose einer allgemeinen Erlebnisorientierung hinaus, wie sie etwa von Gerhard Schulze für die „Erlebnisgesellschaft" des späten 20. Jahrhunderts vorgenommen wurde,[30] fokussieren sie auf soziale Erlebnisinhalte. Sie besprechen soziokulturelle Muster der Vergemeinschaftung,[31] die nicht länger auf Klassenzugehörigkeit oder traditionell räumlich-organisatorisch bedingten Gemeinschaften wie Dörfern und Gemeinden basieren, sondern die sich aufgrund von selbstgewählten Gruppen- und Milieuzugehörigkeiten ebenso wie aufgrund einer globalen multimobilen Gesellschaft entwickeln. Dabei handelt es sich um dialektische Prozesse zwischen

---

30 Gerhard Schulze. 1995. *Die Erlebnisgesellschaft. Kultursoziologie der Gegenwart*. Frankfurt am Main: Campus.

31 Vgl. Ronald Hitzler, Anne Honer und Michaela Pfadenhauer, Hrsg. 2008. *Posttraditionale Gemeinschaften. Theoretische und ethnografische Erkundungen*. Wiesbaden: Springer VS.

Individualisierung und Vergemeinschaftung, für die die jeweilige symbolische und ästhetische Verfasstheit der Dinge eine besondere Rolle bei der Ausdifferenzierung und Neuformulierung sozialer, politischer, kultureller und ökonomischer Wertvorstellungen spielt. Aus zeitgenössischer wie historischer Perspektive wird deutlich, dass sich die Diversifizierung von Lebens(stil)formen über die Schaffung vielfältiger und spezifischer Wahrnehmungsszenarien vollzieht, welche wiederum – unbewusst wie bewusst – über die Gestaltung von und durch den Umgang mit den Dingen inkludierende wie auch exkludierende soziale Prozesse in Gang setzt. Mit diesen Prozessen befassen sich insbesondere die beiden letzten Beiträge dieses Teils, nämlich mit Design als einer Möglichkeit, gemeinsame Wahrnehmungs- und Erfahrungsräume für offene Gesellschaften gestalten zu können.

Zu Beginn des Kapitels geht Martina Fineder anhand einer empirischen Einzelfallstudie der beziehungsstiftenden Wirkung von gemeinschaftlich genutzten Dingen in einem Gemeinschaftswohnprojekt nach. Den Kontext der Untersuchung bilden aktuelle Nachhaltigkeitsdebatten im Design, in denen das kollektive Nutzen und Gebrauchen von Dingen hinsichtlich ihres sozialen und ökologischen Potenzials eine zunehmend wichtige Rolle einnimmt. Im Kontrast zu Modellen des Güterteilens, die wenig oder gar keine zwischenmenschliche Begegnung oder Interaktion vorsehen, zeigt sich beim Zusammenwohnen im physischen Raum ganz besonders, wie und auf welche Art und Weise Dinge zwischenmenschliche Beziehungen initiieren, mitgestalten oder auch stören können. Einerseits weist die für die Untersuchung gewählte Gruppe deutliche Merkmale einer Gemeinschaft auf, welche in weiten Teilen auf ähnlichen Lebensvorstellungen und Geschmacksvorstellungen aufbauen kann. Andererseits – und das ist letztlich als eine Erkenntnis für die Entwicklung von künftigen Sharing-Modellen entscheidend – stellt der Beitrag die enorme Bedeutung des gegenseitigen Wahrnehmens und Erlebens durch Dinge heraus, über die Mitglieder neuer Gemeinschaften unterschiedliche soziale und kulturelle Herkünfte und Lebenserfahrungen verhandeln und abstimmen können.

Während Fineder exemplarisch ein aktuelles Beispiel kollektiver Alltagspraxis untersucht, welches durch Improvisation, Sammlung, Verdichtung und Fülle gekennzeichnet ist, diskutiert Annette Geiger die für unterschiedliche Phasen der Moderne (lebens)stilbildende Geschmackskultur der Leere in historischer Rückschau. In Anlehnung an das theoretische Konzept des „doing culture"[32] der zeitgenössischen Soziologie stellt sie kollektive Geschmacksbildung als eine praxisbasierte Kulturtechnik dar, die in der Designgeschichte häufig vernachlässigt wurde. Sie reagiert damit auf Stränge der Design- und Konsumkritik, die

---

32 Karl H. Hörning und Julia Reuter. 2004. *Doing Culture. Neue Positionen zum Verhältnis von Kultur und sozialer Praxis*. Bielefeld: Transcript.

Geschmack als etwas Beliebiges und Individualistisches herabsetzen, und ergänzt diese um die soziale Funktion von Geschmack. Die hierfür gewählten Beispiele, welche das geschmacksbildende Leitbild des Verzichts teilen, reichen von der visuell-materiellen Kultur des Biedermeiers bis zum heutigen minimalistischen Loft-Living. Im Sinne einer Theorie kollektiver ästhetischer Praxis kann ein solches Leitbild seine gemeinsinnstiftende Wirkung allerdings erst entfalten, wenn es im sozialen Austausch zwischen Menschen auch praktiziert und (weiter)entwickelt wird, also nicht nur im Sinne einer Designkultur des guten Geschmacks von kulturell dominierenden Instanzen verordnet wird. Als bedeutsam hierfür sieht Geiger die Wechselwirkung zwischen der Arbeit am eigenen Selbst und dem Einbringen des jeweils visuell und materiell Manifesten in eine Gesellschaft an. Handelte es sich im Biedermeier vorwiegend um ein klassenspezifisches Phänomen des aufkommenden Bürgertums, das sich in Abgrenzung zur Geschmacksdoktrin des Adels formierte, so sehen wir heute vergleichbare Versuche einer Gemeinsinnstiftung durch Dinge etwa über die sozialen Medien des Internets in deutlich diversifizierteren Formen. Signifikant ist die neue Intensität, mit der die entsprechenden Aushandlungsprozesse über das gegenseitige Gewähren und Ausstellen von persönlichen (oder persönlich präferierten) Erlebnis- und Wahrnehmungsräumen stattfinden.

Im zweiten Abschnitt des Kapitels nehmen die beiden Beiträge von Elke Gaugele und Adam Drazin konkret Bezug auf die Sozialität und Soziabilität der Dinge vor dem Hintergrund heutiger Globalisierungs- und Dekolonialisierungskontexte. Beiden gemein ist ein kritischer Blick auf die zentralistischen Metastrategien der westlich-industriellen Designtradition, deren ästhetische Kategorisierungen eine visuell-materielle Welt der Teilung mitgestalteten und weiterhin mitgestalten. In Abgrenzung dazu diskutieren sie Theorien (Gaugele) und Empirien (Drazin), die sich durch eine neue Vielfältigkeit des Designs unter besonderer Berücksichtigung des Multiethnischen, Postkolonialen und betont Anti-Nationalistischen auszeichnen. Adam Drazin verfolgt hier aus der Perspektive der kulturanthropologischen Designforschung das Entstehen „designter Dinge" anhand von Verbindungen und Wechselwirkungen zwischen lokal-traditioneller und global-industrieller Warenproduktion. Ein designtes Ding im Sinne einer sozial orientierten Gestaltung kann hiernach auch ein solches sein, das ohne gezielte Planung und Entwurf in einem professionellen Designumfeld entsteht, sich indes aber aus sozialen und wirtschaftlichen Prozessen und Netzwerken heraus entwickelt. Als ein konkretes Beispiel dient die sogenannte „rumänische Bluse". Sie hat sich über soziale und wirtschaftliche Beziehungen zwischen bestimmten Orten in Rumänien und der rumänischen Diaspora von einem lokal spezifischen Trachtenprodukt zu einem international produzierten Serienartikel entwickelt. Anhand dieser Bluse und anderer Gebrauchsgegenstände werden Möglichkeiten kollektiver und individueller Beziehungspflege diskutiert.

Indem Drazin die Aufmerksamkeit auf das Zusammenspiel räumlicher und zeit-
licher Bewegungen von Menschen und Dingen lenkt, zeigt er, dass Menschen ihre
eigene Kultur über ‚ihre‘ Dinge sowie den Umgang mit diesen auf nationaler wie
internationaler Ebene stetig neu definieren. Davon ausgehend ist für ihn im Kontrast zu supranationalen Metakonzepten, die allgemeingültige Zukunftsszenarien
entwerfen, eine ethnografische Perspektive für eine sozial orientierte Designkultur
unerlässlich, bedarf diese doch der Fähigkeit und Möglichkeit eines „vorstellende[n]
Erfassen[s] anderer Menschen, für die ein Design bestimmt ist."[33]

Elke Gaugele untersucht in ihrem Beitrag die Rolle von Design und Mode hinsichtlich der Wirkmächtigkeit von Globalisierung und Dekolonialisierung im 21.
Jahrhundert. Einen wesentlichen Ausgangspunkt hierfür liefert die Annäherung von
Design und Politik. Unter Rückbezug auf Jacques Rancières ästhetische Politiken,[34]
die von der grundsätzlichen Verschränkung von Ästhetik und Politik ausgehen,
bespricht Gaugele diese Entwicklung als eine Metapolitik. Design soll nämlich
nicht nur funktionale und praktikable Lösungen zur Bewältigung humanitärer
Krisen etwa durch die Gestaltung neuer Unterkünfte für Geflüchtete hervorbringen,
sondern auch neue gesellschaftliche Werte mitgestalten. Demnach soll das Design
auch jene Aspekte der Vergemeinschaftung zustande bringen, die die Politik nicht
mehr leistet oder nicht mehr leisten kann. Den Dingen kommt hier eine bedeutende
soziale Rolle zu, weil durch sie Gemeinschaft sinnlich erlebt und erfahren werden
kann. Hierin liegen Gefahren und Potenziale zugleich, denn indem mit den Dingen
gemeinschaftliche Wahrnehmungs- und Erlebnisräume geschaffen werden, entwickeln sich nicht nur Möglichkeiten, gemeinsame Erfahrungen zu gestalten und zu
teilen und daraus neue Perspektiven eines globalen Miteinanders zu entwickeln,
sondern es entstehen auch räumliche und zeitliche Sensorien, die bestimmte Formen
der Erfahrungen festschreiben und dadurch neue Hierarchien erzeugen können.

Wie diese Einleitung verdeutlicht, bewegt die Frage nach der zwischenmenschlichen Rolle designter Dinge zunehmend Theoretiker*innen und Praktiker*innen
unterschiedlichster Disziplinen und Denkschulen. Mit der thematisch wie methodisch offenen Zusammenschau breit gefächerter Ansätze hofft dieser Band, die
enorme Bedeutung der Dinge für soziales Erkennen, Handeln und Erleben in den
Fokus weiterer Forschungs- und Gestaltungsprojekte zu rücken und zu konkreten
Diskussionen anzuregen.

---

33 Adam Drazin. 2020. Designte Dinge im Postkosmopolitismus. In diesem Band, S. 283.
34 Rancière 2008.

Literatur

Banz, Claudia, Hrsg. 2016. *Social Design. Gestalten für die Transformation der Gesellschaft.* Bielefeld: transcript.

Barthes, Roland. 1964. *Mythen des Alltags.* Frankfurt am Main: Suhrkamp.

Baudrillard, Jean. 1991. *Das System der Dinge. Über unser Verhältnis zu den alltäglichen Gegenständen.* Frankfurt am Main: Campus.

Belliger, Andréa und David J. Krieger. 2006. *ANThology. Ein einführendes Handbuch zur Akteur-Netzwerk-Theorie.* Bielefeld: Transcript.

Betts, Paul. 2004. *The Authority of Everyday Objects. A Cultural History of West German Industrial Design.* Berkeley: University of California Press.

Borries, Friedrich von. 2016. *Weltentwerfen. Eine politische Designtheorie.* Berlin: Suhrkamp.

Bourdieu, Pierre. 1982. *Die feinen Unterschiede. Kritik der gesellschaftlichen Urteilskraft.* Frankfurt am Main: Suhrkamp.

Brandes, Uta. 2017. *Gender Design. Streifzüge zwischen Theorie und Empirie.* Basel: Birkhäuser.

Brock, Bazon. 1977. Objektwelt und die Möglichkeit subjektiven Lebens. Begriff und Konzept des Sozio-Design. In Bazon Brock. *Ästhetik als Vermittlung. Arbeitsbiographie eines Generalisten.* Hrsg. von Karla Fohrbeck, 446–449. Köln: DuMont.

Brown, Tim und Barry Katz. 2009. *Change by Design. How design thinking can transform organizations and inspire innovation.* New York: HarperCollins Publishers.

Burckhardt, Lucius. 2012. *Design ist unsichtbar. Entwurf, Gesellschaft & Pädagogik,* Hrsg. Silvan Blumenthal und Martin Schmitz. Berlin: Martin Schmitz.

Dankl, Kathrina. 2020. Shared Decision Making. Das Design eines neuen medizinischen Beziehungsgefüges. In diesem Band.

Drazin, Adam. 2020. Designte Dinge im Postkosmopolitismus. In diesem Band.

Drazin, Adam und Susanne Küchler, Hrsg. 2015. *The Social Life of Materials. Studies in Materials and Society.* London: Bloomsbury.

EOOS. 2016. *Open Design Manual.* London: Koenig Books.

Feige, Daniel Martin. 2020. Latour, Heidegger und die Frage nach dem Ding. In diesem Band.

Fineder, Martina. 2014. „Jute, Not Plastic!" Alternative Product Culture Between Environmental Crisis and Fashion. In *Aesthetic Politics in Fashion,* Hrsg. Elke Gaugele, 186–203. Berlin: Sternberg.

Göbel, Hanna Katharina und Sophia Prinz, Hrsg. 2015. *Die Sinnlichkeit des Sozialen. Wahrnehmung und materielle Kultur.* Bielefeld: Transcript.

Hall, Stuart, Hrsg. 1997. *Representation. Cultural Representations and Signifying Practices.* London: Sage.

Heindl, Gabu. 2013. Waschküchen-Urbanismus. Zur Politik und Ästhetik von Wohn-Arbeit. In *Räume der Vermittlung. Ästhetische Prozesse zwischen Alltag und Kunst,* Hrsg. Viktor Kittlausz, 49–58. Münster: LIT Verlag.

Hicks, Dan und Marry C. Beaudry, Hrsg. 2010. *The Oxford Handbook of Material Culture Studies.* New York: Oxford University Press.

Hitzler, Ronald, Anne Honer und Michaela Pfadenhauer, Hrsg. 2008. *Posttraditionale Gemeinschaften. Theoretische und ethnografische Erkundungen.* Wiesbaden: Springer VS.

Hörning, Karl H. und Julia Reuter. 2004. *Doing Culture. Neue Positionen zum Verhältnis von Kultur und sozialer Praxis.* Bielefeld: Transcript.

Jonas, Wolfgang, Sarah Zerwas und Kristof von Anshelm, Hrsg. 2016. *Transformation Design. Perspectives on a New Design Attitude*. Basel: Birkhäuser.

Kerber, Daniel. 2016. Soziales Design in humanitärer Praxis. In *Social Design. Gestalten für die Transformation der Gesellschaft*, Hrsg. Claudia Banz, 85–94. Bielefeld: Transcript.

Kries, Mateo, Amelie Klein und Alison Clarke, Hrsg. 2018. *Victor Papanek. The Politics of Design*. Weil am Rhein: Vitra Design Museum.

Kroes, Peter und Peter-Paul Verbeek, Hrsg. 2014. *The Moral Status of Technical Artifacts*. Berlin: Springer.

Lang, Johannes. 2020. Soziales Gestalten für und aus Freiheit. Zur Autonomie im zwischenmenschlichen Design. In diesem Band.

Latour, Bruno. 1996. Der Berliner Schlüssel. In ders. *Der Berliner Schlüssel. Erkundungen eines Liebhabers der Wissenschaften*, 37–51. Berlin: Akademie Verlag.

Miller, Daniel. 2008. *The Comfort of Things*. Cambridge: Polity.

Moebius, Stephan und Sophia Prinz, Hrsg. 2012. *Das Design der Gesellschaft. Zur Kultursoziologie des Designs*. Bielefeld: Transcript.

Papanek, Victor. 2009. *Design für die reale Welt. Anleitung für eine humane Ökologie und sozialen Wandel*, Hrsg. Florian Pumhösl, Thomas Geisler, Martina Fineder und Gerald Bast. Wien/New York: Springer.

Park, June H. 2014. Entwurf ökonomischer und sozialer Artefakte. In *Design und Gesellschaft. Wandel der Lebensformen. Öffnungszeiten. Papiere zur Designwissenschaft 24/2014*, 18–24. Kassel: university press.

Rancière, Jacques. 2008. *Die Aufteilung des Sinnlichen. Die Politik der Kunst und ihre Paradoxien*, Hrsg. Maria Muhle. Berlin: b_books.

Reckwitz, Andreas. 2006. *Das hybride Subjekt. Eine Theorie der Subjektkulturen von der bürgerlichen Moderne zur Postmoderne*. Velbrück. Weilerswist.

Rodatz, Christoph und Pierre Smolarski, Hrsg. 2018. *Was ist Public Interest Design? Beiträge zur Gestaltung öffentlicher Interessen*. Bielefeld: Transcript.

Roth, Roland und Dieter Rucht. 2008. *Die sozialen Bewegungen in Deutschland seit 1945. Ein Handbuch*. Frankfurt am Main/New York: Campus.

Sachs, Angeli und Museum für Gestaltung Zürich, Hrsg. 2018. *Social Design. Partizipation und Empowerment*. Zürich: Lars Müller Publishers.

Samida, Stefanie, Manfred K. H. Eggert und Hans Peter Hahn, Hrsg. 2014. *Handbuch Materielle Kultur. Bedeutung – Konzepte – Disziplinen*. Stuttgart: J. B. Metzler.

Schulze, Gerhard. 1995. *Die Erlebnisgesellschaft. Kultursoziologie der Gegenwart*. Frankfurt am Main: Campus.

Smith, Cynthia E. und Cooper-Hewitt Museum, Hrsg. 2007. *Design for the other 90 %*. Ausstellungskatalog. New York: Assouline.

Smith, Cynthia E. 2011. *Design with the Other 90 %. Cities*. New York: Cooper Hewitt. Smithsonian Design Museum.

Social Design – Arts as Urban Innovation / Universität für angewandte Kunst Wien. 2016–2019. http://socialdesign.ac.at/publications. Zugegriffen: 10. März 2020.

Stickdorn, Marc und Jakob Schneider. 2011. *This Is Service Design Thinking. Basics – Tools – Cases*. Amsterdam: BIS Publishers.

Tilley, Chris, Webb Keane, Susanne Kuechler, Mike Rowlands und Patricia Spyer. 2006. *The Handbook of Material Culture*. London: SAGE.

Autorin und Autor

Johannes Lang ist wissenschaftlicher Mitarbeiter an der Bauhaus-Universität Weimar mit Schwerpunkt Gestaltungstheorie und Designphilosophie. Bis 2014 war er wissenschaftlicher Mitarbeiter an dem Sonderforschungsbereich „Ästhetische Erfahrung im Zeichen der Entgrenzung der Künste", wo er ein Forschungsprojekt zur Ästhetik des ökologischen Produktdesigns bearbeitete, dessen Ergebnisse in dem Buch *Prozessästhetik. Eine ästhetische Erfahrungstheorie des ökologischen Designs* im Birkhäuser Verlag erschienen sind. Danach lehrte er schwerpunktmäßig Designtheorie an der Bauhaus-Universität Weimar und promovierte 2019 mit der Arbeit *Gestaltete Wirklichkeit. Eine Theorie der Gestaltung*, die epistemische, technische, mediale und ästhetische Grundfragen des Gestaltens in eine einheitliche Theorie integriert. Gegenwärtig lehrt er zu unterschiedlichen gestaltungstheoretischen Fragen an der Bauhaus-Universität Weimar und arbeitet an einer Habilitation zur Theorie der sozialen Gestaltung.

Martina Fineder ist Professorin für Designtheorie und Designforschung an der Bergischen Universität Wuppertal. Zu ihren Arbeitsschwerpunkten zählen die Erforschung und Vermittlung ökologisch und sozial motivierter Design- und Konsumkulturen. Sie ist Mitbegründerin der Victor J. Papanek Foundation, Mitherausgeberin der deutschen Fassung von Papaneks *Design für die reale Welt* (2009), Ko-Autorin von Buchpublikationen wie *Nomadic Furniture 3.0* (2016), Autorin von Artikeln in Sammelbänden und Zeitschriften zu Social Design sowie Kuratorin von Ausstellungen wie der Vienna-Biennale-Schau *StadtFabrik. Neue Arbeit. Neues Design* (2017). Sie war Gastprofessorin für Geschichte und Theorie des Designs an der Bauhaus-Universität Weimar, wo sie mit dem Lehrpreis ausgezeichnet wurde. Bis 2019 arbeitete sie an der Akademie der bildenden Künste Wien, unter anderem als Projektleiterin zweier BMBWF-geförderter Citizen-Science-Projekte.

I
Zwischenmenschliches Erkennen durch Dinge

Beziehungskiste[1] *Memobil* und andere soziale Objekte

Alexander Hagner

Ob Tätigkeiten von mehreren Menschen gemeinsam oder von einer Person alleine verrichtet werden oder ob man sie überhaupt Maschinen überlässt, entscheidet über die Zukunftsfähigkeit der Menschheit. In Zusammenhang mit dem, was gemeinhin als menschliche Ressource bezeichnet und mit einem entsprechenden Preis versehen wird, haben wir als Architekturbüro gaupenraub+/ beobachtet, dass ein und dieselbe Arbeit in unterschiedlichen Gegenden der Erde von unterschiedlich vielen Menschen verrichtet wird (Abb. 1a–1b). Gleichzeitig spielt die Verfügbarkeit von menschlicher Arbeitskraft eine immer geringere und die Tendenz, Prozesse zu verbilligen, die wesentlich größere Rolle. Die Rede ist von der viel besprochenen Automatisierung und Robotisierung, mit der die Menschheit im Begriff ist, sich selbst als notwendige Voraussetzung für ein Weiterfunktionieren des Systems in weiten Teilen abzuschaffen. Das daraus resultierende Fehlen einer Erwerbsgrundlage für die vielen Menschen mag eines Tages durch ein völlig neues Wirtschaftssystem kompensiert werden können.

Aber welche Folgen hat es, wenn die Möglichkeit verschwindet, anhand gemeinsamer Arbeit miteinander zu kommunizieren und durch Arbeit unterschiedliche Menschen zusammenzubringen? Wie wird sich das auf unsere sozialen Fähigkeiten und auf unsere Empathiefähigkeit auswirken – also den ‚Klebstoff‘ unserer Gesellschaft? Dass Gesellschaften weltweit dank globaler Veränderungen, wachsender Mobilität und dank dem Trend zur Individualität zugleich zunehmend heterogener werden, verschärft das Dilemma. Denn im Zuge der weltweiten Migrations, Arbeits, und Reisebewegungen häufen sich die Begegnungen kulturell, sozial und politisch äußerst unterschiedlich geprägter Menschen, während die Möglichkeiten ihrer Begegnungen über das gemeinsame Tun weniger werden.

---

1 ‚Beziehungskisten‘ war der Titel der Tagung, die diesem Band zugrunde liegt: *Beziehungskisten. Sozialität und Soziabilität durch Dinge*, Internationale und Interdisziplinäre Tagung der Bauhaus-Universität Weimar, 11. – 12. November 2016 (Anmerkung der Herausgeber*innen).

© Springer Fachmedien Wiesbaden GmbH, ein Teil von Springer Nature 2020
M. Fineder und J. Lang (Hrsg.), *Zwischenmenschliches Design*,
https://doi.org/10.1007/978-3-658-30269-6_2

Abb. 1a–1b

Kommunikatives Arbei-
ten mit der Zweimann-
säge und isolierte Arbeit
mit der Motorsäge

Fotos: Kirsten Hagner

Diese Entwicklungen berühren unseren Arbeitsbereich der Gestaltung der gebauten Umwelt zwar nur am Rande, dennoch sehen wir auch auf unserem Gebiet eine große Dringlichkeit, aktiv zu werden. Vor allem weil wir Objekte, Gebäude, Innen- und Außenräume bis hin zu städtebaulichen Strukturen derart formen können, dass ein soziales Miteinander je nach Gestaltung eingeschränkt oder befördert wird, tragen wir zumindest die Verantwortung für die ‚Sozialität der Dinge'.

Diese wird beispielsweise in folgendem Bildvergleich deutlich (Abb. 2–3). Die beiden Fotos zeigen, was passiert, wenn mehrere Personen auf einer Sitzbank mit konvexer Vorderkante sitzen. Sie sitzen tendenziell voneinander abgewandt, weil ihre Körper, ihre Sitzpositionen, der Form der Bank folgen. Auf einer konkav geformten Bank wenden sie sich dagegen einander zu, weil diese Form eine Sitzhaltung und Sitzposition mitprogrammiert, die den Blickkontakt und damit die Kommunikation fördert. So kann bereits die Gestaltung der Vorderkante eines Möbels die Ansprechbarkeit der Sitzenden beeinflussen. In der Architektur wäre entsprechend zum Beispiel eine Hofbebauung anstelle von verstreuten Solitärbauten die für ein Gemeinschaftsleben bessere Situierung von Gebäuden auf einem Grundstück.

Abb. 2

Unkommunikatives
Sitzen vorgegeben

Foto: Alexander Hagner

Abb. 3

Kommunikatives
Sitzen möglich

Foto: Alexander Hagner

Aus unserer langjährigen Arbeitspraxis im Architekturbüro gaupenraub+/ wissen wir, dass der Soziabilität von Dingen beim Gestalten und Bauen für Menschen, die dem sogenannten gesellschaftlichen Rand zugeordnet werden, eine besonders wichtige Rolle zukommt. Die künftigen Nutzer*innen unserer Planungen und Realisierungen sind beispielsweise Obdachlose, Geflüchtete, Menschen mit Demenz oder anderen geistigen oder körperlichen Einschränkungen, aber auch Jugendliche, Rentner*innen oder generell Menschen mit geringem Einkommen. Diese Personen unvoreingenommen als Teil unserer Gesellschaft zu sehen ist ein Grundsatz unserer Gestaltungsarbeit. Denn die fehlende Möglichkeit einzelner Personen zur vollen Teilnahme an einem konsumorientierten Leben darf kein Anlass sein, hier eine nachhaltige Unterscheidung zu treffen, sind doch die grundsätzlichen Bedürfnisse die gleichen. Damit meine ich nicht nur materielle Grundbedürfnisse, sondern auch die Sehnsucht nach Geborgenheit, Anerkennung und Schönheit. Allerdings wurde und wird bei Gestaltungsaufgaben in diesem Kontext leider meist von den wenigen Unterscheidungsmerkmalen zwischen Minoritäten und der Majorität ausgegangen, statt die Gemeinsamkeiten in den Vordergrund zu stellen. Dadurch treten fatalerweise die ‚Normabweichungen' der jeweiligen Randgruppen in den Fokus. Dieses ‚bauliche Manifestieren' von Defiziten führt zu einer starken Hervorhebung und zur Verstetigung der Stigmatisierung. Mangel bildet sich gestalterisch etwa durch die Verwendung minderwertiger Materialien an schlechten Standorten ab, aber vor allem durch das ungenügende Eingehen auf persönliche und zwischenmenschliche Bedürfnisse. Das war durchaus nicht immer so und muss auch nicht zwangsläufig so sein, man denke zum Beispiel an Volksküchen oder den sozialen Wohnungsbau der Zwischenkriegszeit mit seinen Gemeinschaftsflächen.

Memobil: Kommunikation durch gemeinsame Dinge

Unsere konstruktiven Strategien im Rahmen dieser schwierigen sozialen Kontexte zielen auf Möglichkeiten zur proaktiven Inklusion. Daher enthalten unsere Projektkonzepte möglichst viele Komponenten zur Maximierung von Chancen zu soziablem Handeln. Das beginnt schon vor der eigentlichen Entwurfsphase.

Beim *Memobil* – einem Möbel, das die Kommunikation zwischen Menschen mit Demenzerkrankung, deren Pflegepersonal und deren Angehörigen unterstützen soll – wurde beispielsweise als Erstes ein interdisziplinäres Team zur Definition der Aufgabenstellung gebildet, in das wir als Gestalter*innen von Anfang an direkt eingebunden waren. Entgegen gängigen Praktiken ging es uns in diesem Prozess nicht nur um die Erörterung der Probleme der von Demenz betroffenen Menschen, sondern vor allem um die Beschäftigung mit den Fähigkeiten, die ihnen verbleiben. Und während der Schwerpunkt im Architekturalltag normalerweise weit stärker auf dem Entwurf als auf der Recherche liegt, hatte in diesem Fall die Recherchephase einen deutlich höheren Stellenwert. Erst nach einem Jahr intensiven Studiums der unterschiedlichsten relevanten Fachdisziplinen, dem Austausch mit Soziolog*innen, Mediziner*innen, dem Pflegepersonal, den Gestalter*innen und betroffenen Angehörigen sowie einer mehrstufigen Auswertung von Interviews, Brainstormings, teilnehmenden Beobachtungen und Einzelgesprächen kam die Frage nach der Formgebung auf. Die wesentliche Erkenntnis für die Gestaltungsarbeit war, dass die Auseinandersetzung mit Dingen aus der Vergangenheit bei Menschen mit Demenz Erinnerungen wachruft. Die Rede ist hier von sogenannten Erinnerungsankern, die über Form, Farbe, Material oder

Geruch funktionieren. Dafür müssen die einzelnen Dinge aus der Zeit stammen, in der die von Altersdemenz betroffene Generation jung war. Bei manchen fällt diese Zeit in das Schulalter, bei anderen ins junge Erwachsenenalter, zum Beispiel um den Zeitpunkt ihrer Heirat herum. Seitdem diese Zusammenhänge bekannt sind, verfügen viele Pflegeeinrichtungen über solche Dinge. Unser Anspruch war, eine Sammlung aufzubauen und möglichst viele derartige Erinnerungsstücke an einem Platz zu ver- einen. Aus dieser Idee entstand ein Möbel, das in erster Linie Platz für die Sammlung bietet. Seine Gestaltung sollte den betroffenen Personen ebenso vertraut sein wie sein Inhalt. Um auch die anderen Expert*innen in den Entwurfs- und Gestaltungsprozess einbeziehen zu können, entschieden wir uns für ein dreidimensionales Vorgehen. Mit- hilfe von Arbeitsmodellen im Maßstab 1 : 10 wurden die Inhalte in Themengruppen sortiert, dann volumenmäßig erfasst und Varianten geprüft, um herauszufinden, wie alle Elemente miteinander in Verbindung stehen sollten (Abb. 4a–4c).

Abb. 4a

Gesammelte Inhalte,
Modellfoto
Foto: gaupenraub +/-

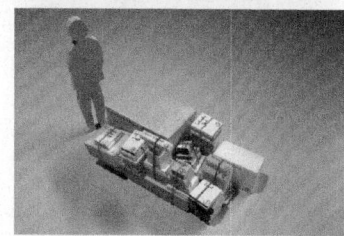

Abb. 4b

Zusammengefasste
Inhalte, Modellfoto
Foto: gaupenraub +/-

Abb. 4c

Abstraktes Volumen,
Modellfoto
Foto: gaupenraub +/-

Das *Memobil* beinhaltet nun eine Vielzahl an Dingen, die durch Herausholen, Berühren und vielleicht auch durch Riechen oder Hören bei den erkrankten Menschen Erinnerungen hervorrufen. Seine Gestaltung soll über die Zusammenbringung und Unterbringung der Dinge hinaus außerdem Kommunikation zwischen den von Demenz Betroffenen und dem Pflegepersonal beziehungsweise den Angehörigen provozieren, damit die Patient*innen auf unterschiedlichste Weise – durch Sprechen oder Mimik und Gestik – ihre Erinnerungen teilen können. Dafür haben wir das Stauraummöbel mit Tischflächen, Sitzgelegenheiten und Beleuchtung ausgestattet und diese so angeordnet, dass sie durch ihre Form und ihre Ausrichtung im Verhältnis zum Möbel sowie im Verhältnis zur jeweiligen räumlichen Umgebung das Miteinander unterstützen. So gibt es zwei introvertierte Bereiche in der Mitte des Möbels, in die man sich zu zweit begeben kann, und einen extrovertierten Bereich am einen Ende des Möbels, an dem weitere Personen hinzukommen können (Abb. 5).

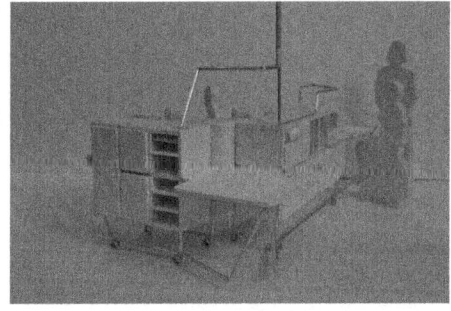

Abb. 5
Modellfoto M.: 1:10.
Foto: gaupenraub +/-

Abb. 6
Prototypenbau M.: 1:1
Foto: gaupenraub +/-

Die spätere Herstellung eines Prototyps diente nicht nur der Überprüfung unserer Absichten. Vor allem konnten im 1:1 Maßstab zusätzliche optische und haptische Qualitäten ergänzt werden. Nach seiner Fertigstellung ging der Prototyp im Laufe eines Jahres in mehreren Pflegeeinrichtungen in Probebetrieb und erwies sich als erfolgreich (Abb. 6).

Die eigenartige Komposition aus unterschiedlichsten Stilrichtungen, Elementen und Materialien rief bei allen Beteiligten Neugierde hervor, bei den Patient*innen setzte sie Erinnerungen in Gang (Abb. 7a–7b). Das Ziel, dass Menschen über Dinge zusammenkommen und mittels der Dinge Kommunikation entsteht, war erreicht. Das Vorhandensein oder Nicht-Vorhandensein eines Krankheitsbildes unterscheidet die am *Memobil* Zusammenkommenden zwar weiterhin voneinander, spielt aber an diesem Ort eine weitaus geringere Rolle. So lässt zum Beispiel ein lebendiges Gespräch über eine*n Lieblingsklassenkamerad*in, ausgelöst durch eine alte Schultasche, zumindest für einen Moment vergessen, dass es sich um einen Krankenbesuch handelt. Das ‚Wir tauschen uns aus‘ überwiegt gegenüber dem ‚Du bist krank und ich bin gesund‘.

Abb. 7a
Prototyp in Testphase
Fotos: Marco Rossi

Abb. 7b

Prototyp in Testphase

Fotos: Marco Rossi

Das *Memobil* ist ein Beispiel für die Möglichkeit, durch die Umgestaltung unserer dinglichen Umgebung bestehende Brücken zwischen Menschen auszubauen und existierende Unterschiede dabei hintanzustellen. Ohne solche Verbindungsmöglichkeiten führen selbst kleinere Unterschiede sehr rasch vom anfänglichen ‚Fremdeln' zur Entfremdung. Ohne soziale Interaktionsmöglichkeiten wie diese geraten Menschen in die Isolation, einen der schlimmsten Zustände, in die ein Mensch kommen kann.

VinziRast: Kommunikation durch gemeinsames Tun

Der Arbeitsplatz war traditionell ein Ort, an dem Menschen zusammenkamen, die sich sonst nicht zu einem Treffen verabredet hätten. Verabredungen trifft man üblicherweise nur mit Personen, mit denen einen etwas Persönliches, Privates oder Geschäftliches verbindet. Die Arbeit ist also ein wesentlicher gemeinsamer Nenner im Alltag sonst unterschiedlicher Menschen und damit ein wichtiges Trainingslager für Empathie. Rationalisierungen im Bereich von Arbeitsplätzen, wie sie aufgrund des ökonomischen Drucks, Arbeitskraft einzusparen, heute vielerorts betrieben wird, reduziert neben den Erwerbsmöglichkeiten auch die Möglichkeit der Begegnung mit andersartigen Menschen. Damit gehen für das zwischenmenschliche Zusammenleben wesentliche Übungsmöglichkeiten verloren und infolgedessen auch unsere Fähigkeit, empathisch gegenüber uns fremdartig erscheinenden Menschen zu bleiben. Wenn wir nicht mehr gewohnt sind, zwangsweise mit nicht speziell von uns ausgewählten Personen zu interagieren, wirkt sich das vor allem auf Mitglieder von Randgruppen aus. Denn sie unterscheiden sich am meisten von den Mitgliedern der Mehrheitsgesellschaft, sodass uns die Empathie für sie zuerst verloren geht.

Einer solchen Randgruppe gehören auch Menschen an, die von Obdachlosigkeit betroffen sind. Bei ihnen wächst vor diesem Hintergrund ebenfalls die Gefahr der Isolation. Während Menschen mit Demenzerkrankung in unserer Gesellschaft vergleichsweise weniger stigmatisiert werden, schon allein weil ihnen keine Schuld für ihre Erkrankung zugeschrieben wird, kommt bei Obdachlosigkeit das Problem der fehlenden Akzeptanz sowohl in ihrer näheren Umgebung als auch in gesamtgesellschaftlicher Perspektive hinzu. Denn Obdachlose werden gemeinhin selbst als Verursacher ihres sozialen Abstiegs angesehen und deshalb häufig als ‚hässlicher Rest' der Konsumgesellschaft betrachtet. Bauliche Projektvorhaben zur Unterstützung dieser Gruppe werden – zumindest von der direkten Nachbarschaft – daher meist rigoros abgelehnt. Nicht so bei einem Entwurf, den wir 2013 in Wien realisieren konnten: *VinziRast-mittendrin* ist ein Gemeinschaftsprojekt für das Zusammenleben von ehemals wohnungslosen Menschen und Studierenden, das auch dem Rest der Stadt Teilhabe bietet (Abb. 8).

Abb. 8   VinziRast-mittendrin, 1090 Wien. Foto: Sebastian Schubert

2009 gaben Studierendenproteste (Abb. 9a–9c) und das zufällige Dazustoßen von obdachlosen Menschen den Impuls für das Gemeinschaftsprojekt *VinziRast-mittendrin*.
Ein leerstehendes Biedermeierhaus im dicht bebauten 9. Wiener Gemeindebezirk bot
die Möglichkeit, diese beiden sehr unterschiedlichen Gruppen zusammenzubringen.
Deren Schnittmenge ist recht klein und besteht vordergründig darin, dass beide
mit wenig Geld auskommen müssen. Doch während die einen intensiv an ihren
Zukunftsperspektiven arbeiten, haben die anderen diese verloren. Erschwerend
kommt das Alkoholproblem der meisten obdachlosen Menschen hinzu, das zu
Beginn ihrer Teilnahme an der studentischen Protestbewegung dann auch häufig
zu Konflikten führte.

  Dadurch, dass die Studierenden die anfangs lediglich geduldeten Gäste in ihre
Protestaktivitäten einbezogen, reduzierte sich jedoch deren Alkoholkonsum, und
mit diesem wurden auch die Konfrontationen weniger. Dieser Stimmungsum-
schwung führte dazu, dass die Studierenden ihre Protestanliegen erweiterten und
sogar Forderungen der obdachlosen Menschen in ihre Bewegung aufnahmen. Die
Obdachlosen gingen wiederum für die Forderungen der Studierenden – wie die
Verbesserung der Rahmenbedingungen ihres Studiums, darunter auch Forderungen
nach erschwinglichem Wohnraum – mit auf die Straße.

Abb. 9a–9c

Studierendenproteste
Wien 2009

Fotos: Daniel Weber

Diese Erfahrung zeigt, dass auch bei grundlegenden Unterschieden zwischen Gruppen eine Basis hergestellt werden kann, auf der sich ein Miteinander entwickeln lässt. Auf dieser Basis kam in der Folge eine kleine Gruppe von Studierenden auf die Idee, ihre unmittelbaren Erfahrungen in einem Projektvorhaben zu formulieren. Es sollte ein Ort gefunden werden, an dem beide Gruppen auch nach den Protesten in Kontakt bleiben und kommen konnten. Die Projektgruppe fand einen großzügigen privaten Investor, die Vinzenzgemeinschaft St. Stephan, sowie uns als Architekturbüro für die Realisierung. Die Studierenden, die künftigen Betreiber*innen und wir entwickelten die Vorstellung von einem Haus, in dem das bauliche Setting langfristig Vorteile für die neue Gemeinschaft erzeugt. Alle Bereiche des Gebäudes sollten so gestaltet werden, dass es nach einer Eingewöhnungsphase belanglos sein würde, ob jemand einmal obdachlos war oder gerade studiert. Vielmehr sollte es überwiegend darauf ankommen, wen man mag und wen nicht. Daher musste jede Form gruppenspezifischer Entscheidungen vermieden werden, vom Raumprogramm bis hin zu Gestaltungsfragen wie Oberflächen, Farben etc. Anfängliche Diskussionen, ob die künftigen Bewohner*innen entsprechend ihrer ursprünglichen Gruppenzugehörigkeit stockwerksweise oder nach entsprechenden Wohngemeinschaften getrennt werden sollten, endeten deshalb mit der Entscheidung, absichtlich bis in die Wohngemeinschaften hinein Durchmischung zu programmieren.

Das derart verordnete Zusammenleben bot die meisten Möglichkeiten zum erwünschten gemeinsamen Handeln (Software), zog aber gleichzeitig Maßnahmen in der Hardware nach sich, um dem großen (aus der Protestaktion bekannten) Konfliktpotenzial auch baulich zu begegnen. Zum Beispiel fiel mit der Entscheidung für eine maximale Durchmischung der beiden Gruppen auch die Entscheidung für Einzelzimmer in den WGs, denn Menschen, die sich von einer Gruppe räumlich nicht zurückziehen können, ziehen sich in sich selbst zurück, was für ein Gemeinschaftsprojekt eine äußerst ungeeignete Ausgangsbasis wäre. Die ausreichende Berücksichtigung des Individuums ist damit die Grundlage für das Projektziel des Miteinanders und die daraus erhoffte Gemeinschaft. Sie soll vor allem jenen Selbstvertrauen zurückgeben, die während ihres Lebens auf der Straße inmitten der Gesellschaft viel davon verloren haben. Gleichzeitig bietet eine derart heterogene Gruppe den Studierenden wertvolle Erfahrungen für ihr künftiges Leben in einer zunehmend diversen Gesellschaft.
Vor diesem Hintergrund wurden alle baulichen Maßnahmen so konzipiert, dass durch sie nicht nur gemeinsames Tun provoziert wird, sondern auch der Druck aus zu erwartenden Konflikten entweichen kann. Zum Beispiel befindet sich die neue Erschließung auf allen Stockwerken im Außenraum: anstatt über innenliegende Flure mit neuen außenliegenden Laubengängen verbunden – unausweichliche Begegnungen finden so im Freien statt (Abb. 10). Zudem verfügt das Haus nach dem Umbau über vier Möglichkeiten, sich auf und ab zu bewegen. Das sind die zwei bestehenden Stiegenhäuser und ein neues sowie ein Lift. Man sieht sich zwar stockwerksübergreifend und kann über die eigene Etage hinweg kommunizieren, bei Bedarf aber auch aus dem Weg gehen. Diese soziabilitären Maßnahmen werden für eine Hausgemeinschaft umso wichtiger, je mehr sich die Bewohner*innen voneinander unterscheiden, je mehr Konfliktpotenzial etwa durch Suchtprobleme in einer Gruppe besteht. Eine Grundidee unseres Entwurfs war, Gemeinschaft als

Möglichkeit anzubieten und nicht als Muss zu verordnen. So gibt es beispielsweise in jeder Wohngemeinschaft den zusätzlichen ‚Luxus' einer kleinen Kitchenette, obwohl auf jedem Stock eine große Gemeinschaftsküche zur Verfügung steht. Diese großen Küchen wiederum verfügen über jeweils drei Türen, um einerseits leichten Zutritt zu gewähren und andererseits den Bewohner*innen zu ermöglichen, vor Konfrontationen und Auseinandersetzungen unmittelbar in verschiedene Richtungen auszuweichen. Grundlegend folgte jede Entscheidung immer dem Projektziel, die Sozialität von *VinziRast-mittendrin* zu erhöhen, was im Gegenzug gleichzeitig auch Maßnahmen zur Kompensation einer negativen Gruppendynamik auf den Plan rief.

Bereits während des Um- und Ausbauprozesses des Gebäudes kam diese Strategie zur Anwendung. Denn ab wann beginnt der Nutzen oder Sinn von Architektur oder Design? Erst wenn das Projekt fertiggestellt wurde und sich bewährt hat oder bereits im Prozess der Entstehung? Wir kamen zu dem Schluss, dass der Sinn der Architektur mit ihrem Entstehungsprozess beginnt und also auch im Rahmen ihrer Beurteilung mitberücksichtigt werden muss. Dafür war es von Vorteil, kein fertiges Haus bereitzustellen, sondern – wo es möglich war – potenzielle Bewohner*innen, Nachbar*innen und sonstige Freiwillige bereits in das Bauen einzubeziehen. Eine eigens dafür konzipierte Gestaltung bot sich zum Beispiel für das künftige Kaffee und Restaurant *mittendrin* an, das im Erdgeschoss als Teil des Projekts eingerichtet wurde (Abb. 11).

Abb. 11 VinziRast-mittendrin, Restaurant, Bindeglied in die Gesellschaft.
Foto: Kurt Kuball

Dessen Wände und Decken waren in einem so desolaten Zustand, dass sie erneuert werden mussten. Weil es nur wenige finanzielle Mittel gab (der gesamte Umbau konnte nur durch Spenden realisiert werden), aber viele Helfer*innen, haben wir uns für eine Oberflächenvertäfelung mit Holzbrettchen von Einweg-Obst und Gemüsekisten entschieden. Dieses Material verfügt nicht nur über gute Akustikeigenschaften und eine warme Ausstrahlung, es war vor allem in großen Mengen kostenlos verfügbar. Das Innenraumdesign über die Wiederverwendung der Kisten aufzubauen war überdies auch thematisch schlüssig, da in der Speisekarte des Restaurantchefs Obst und Gemüse eine große Rolle spielen.

Ein Team von Gästen der *VinziRast*-Notschlafstelle, der ersten Einrichtung des Vereins, sammelte die Holzkistchen auf Wiener Märkten ein und brachte sie zu einem leerstehenden Ladenlokal, das uns über den Winter ebenfalls kostenlos zur Verfügung stand (Abb. 12). Dort zerlegte ein weiteres Team die Kisten und sortierte die für die Vertäfelung notwendigen ca. 13 000 Brettchen entsprechend ihrer Breite. Im Lokal tackerte schließlich eine bunt gemischte Gruppe – vom Vereinsvorstand der Vinzenzgemeinschaft über Studierende, mich selbst, Gäste der Notschlafstelle bis hin zu Nachbar*innen – die Brettchen an die Wand und an die Decke (Abb. 13 bis 14). Über 50 Personen arbeiteten über mehrere Monate hindurch zusammen an der Realisierung der Vertäfelung.

Abb. 12

Kollektives Sammeln
der Obst- und Gemüse-
kistchen

Foto: Alexander Hagner

Abb. 13

Freiwilliges Tackern
der Wand- und Decken-
verkleidung

Foto: Alexander Hagner

Während dieser monatelangen Aktionen habe ich zum Beispiel mehrere Tage im Team mit einem Mann getackert, der in seinem Leben bereits sechsmal inhaftiert war – zuletzt wegen versuchten Totschlags. Im ‚normalen' Leben hätten wir vermutlich nicht viel miteinander zu tun gehabt. Durch diese gemeinsame Arbeit aber entstanden Gespräche und letztlich eine Verbindung zwischen uns, die vieles andere in den Schatten stellte. Über die Zusammenarbeit und das gemeinsame Werk konnte in den vielen Stunden ein Wir Platz greifen, über das Unterschiedlichkeiten zu Besonderheiten wurden und sich gegenseitige Vorurteile und Vorbehalte abbauten. *VinziRast-mittendrin* wurde bereits vor der Fertigstellung der Ort der Empathie, der sie als fertiges Projekt sein sollte. Obwohl wir zum Grand Opening noch nicht alles verkleidet hatten, waren wir als Verantwortliche für die Bauleitung (die üblicherweise die Fertigstellung bis zur Eröffnung garantiert) im Vorfeld dieses hochoffiziellen Termins mit über 500 Gästen völlig entspannt, folgte doch auch das Tackern der Vertäfelung der prozessualen Projektidee.

Die Schlüssigkeit des Designkonzepts – die kollektive Gestaltung und Umsetzung mit den Obstkistchen – wird zudem über dessen Affinität zum beabsichtigten Zusammenleben im Gebäude betont. Abgesehen davon, dass einem einzigartigen Projekt auch eine einzigartige Gestaltung gerecht wird, gelang es damit, die Gesamtidee zu materialisieren: Es gibt in der fertigen Vertäfelung dicke und dünne Brettchen, lange und kurze, ganze und zerbrochene, bunt bedruckte und unbedruckte, helle und dunkle, raue und völlig glatte aus den verschiedensten Ländern der Welt. Jedes einzelne Brettchen war aus der Konsumgesellschaft eigentlich schon ausgemustert und zu Müll erklärt – aber in dieser neu inszenierten Materialgemeinschaft bilden sie als Teile eines größeren Ganzen einen ganz besonderen Raum, den alle mögen. Was ich hier noch einmal herausstellen will, ist die verändernde Kraft des Miteinanders: Das Miteinander verändert alles! Es kommt nicht darauf an, was etwas ist oder wo etwas oder jemand herkommt, sondern darauf, wie wir damit und miteinander umgehen!

Abb. 14a–14b
VinziRast-mittendrin, Detailfotos Wand- und Deckenverkleidung mit den Kistchenbrettern. Fotos: Kurt Kuball

Wenn Gestaltung so sehr zum Synonym für den Inhalt eines Projektes wird, hallt sie nach. In den Werkstätten im Haus arbeiten Menschen, die nach Österreich geflüchtet sind, im Rahmen des Beschäftigungsprojekts *VinziChance* heute noch immer mit den hölzernen Abfällen von den Wiener Märkten (Abb. 15a–15b). Gefertigt werden zum Beispiel neue Kistchen, die als Schatullen am Oster- oder Weihnachtsmarkt gegen Spenden zu haben sind. Dafür erhalten die Teilnehmenden eine warme Mahlzeit pro Tag und Deutschunterricht. Überdies trainieren sie ihre handwerklichen und gestalterischen Fähigkeiten. Angeleitet werden sie von Ehrenamtlichen, die nach ihren eigenen Angaben aufgrund des gewonnenen Miteinanders mindestens genauso von diesem gemeinsamen Tun profitieren wie die geflüchteten Menschen.

Auch die unerwartete nachbarschaftliche Akzeptanz von *VinziRast-mittendrin* schon vor Projektstart kann dem hybriden Gesamtcharakter zugeordnet werden. Das ist ein wesentlicher Hinweis für künftige Randgruppenprojekte. Die Ablehnung nimmt in dem Maße ab, in dem bereits die Entwicklungsphase, die Umsetzung und das Projekt heterogen programmiert sind. Das erhöht nicht nur die Chance, dass sie überhaupt realisiert werden können, sondern auch die Chance auf eine raumübergreifende soziabilitäre Wirkung, also die Soziabilität der großen Dinge – der Gebäude – und darüber hinaus des Städtebaus.

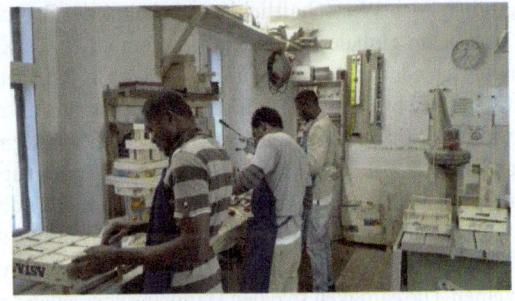

Abb. 15a–15b
Produktion in der
Holzwerkstatt
Fotos: Aleksandra Pawloff

Abschließend möchte ich deshalb noch die Frage stellen, wie es mit dem menschlichen Streben nach Optimierung im Verhältnis zu all den anderen menschlichen Sehnsüchten steht, zum Beispiel nach Geborgenheit, Anerkennung, Liebe, Schönheit und Gemeinschaft. Üblicherweise diskutieren in der Projektierungsphase Auftragnehmer*innen und Auftraggeber*innen auch über kulturelle und soziale Aspekte – natürlich auch über Schönheit im Sinne von Materialästhetik oder Formempfinden. Gesellschaftliche Aspekte werden meist ebenso in Betracht gezogen wie natur- und umweltbezogene, und die Betrachtungs- und Herangehensweise ist häufig durchaus ganzheitlich. Aber kurz vor den finalen Beschlüssen geht es meist ausschließlich um die wirtschaftlichen Komponenten eines Vorhabens, oder besser: um die Frage nach dem günstigsten Herstellungspreis. Später, in der Projektnutzung, beschäftigen uns zwar wiederum alle zuvor genannten Aspekte, aber vor allem die Folgekosten für die aufwändigen Reparaturen, die dank der vorangegangenen engstirnigen Entscheidungen für scheinbare Wirtschaftlichkeit nun anfallen. Warum setzt sich weltweit am Ende immer unser ökonomischer Optimierungstrieb gegen all die anderen menschlichen Bedürfnisse durch, obwohl die Folgen dieser ‚Ökonomie‘ inzwischen die ganze Welt zu zerstören drohen? Warum ist der Produktionskostenfaktor nicht nur einer von vielen, und wir entscheiden am Ende beispielsweise zugunsten der Variante, die am schönsten ist? (Mag sein, dass das ein schlechtes Beispiel ist, weil Schönheit bekanntlich im Auge der Betrachtenden liegt – aber liegt nicht auch Wirtschaftlichkeit im Fokus der Berechnenden?)

Es gibt im globalen Wirtschaftssystem einen Zusammenhang zwischen dem Anwachsen von Reichtum auf der einen Seite und steigender Armut auf der anderen Seite. Bislang bilden die ‚Mehrhabenden‘ gemeinsam mit den ‚Normalhabenden‘ – zumindest in den mitteleuropäischen Gesellschaften – noch die Majorität, und noch wird die Minorität von den klassischen Randgruppen gebildet – noch. Allerdings ist es nicht nur für das Leben der einzelnen Individuen in den Minoritäten der Gegenwart von Bedeutung, wie die Majorität mit ihnen umgeht, sondern für den sozialen Frieden aller – und auf diesem Umweg wieder für das Leben jedes einzelnen. Die Fähigkeit sozialen Handelns über jedwede Grenze hinweg entscheidet daher über die Zukunft der Menschheit. Zumindest am Faktor der Soziabilität von Dingen können Designer*innen und Architekt*innen mitwirken. Sie verfügen über geeignete Werkzeuge dafür, und damit tragen sie Verantwortung.

Autor

Alexander Hagner gründete 1999 gemeinsam mit Ulrike Schartner gaupen-raub[+/-] als offenes Büro für Architektur, Design und urbane Strategien. Aktuell ist er Professor für soziales Bauen an der Fakultät für Architektur der FH Kärnten. Zuvor war er Gastprofessor an der Abteilung für Baugeschichte und Bauforschung an der TU Wien und am Wohnbauinstitut an der TU Graz. Zu den Projekten von gaupenraub[+/-] zählen das Eiermuseum des Bildhauers Wander Bertoni (Burgen-ländischer Architekturpreis), die Erweiterung des Wiener Betriebsgebäudes von MCM Klosterfrau Melissengeist (ETHOUSE Award) sowie zahlreiche Arbeiten zum Bauen im Bestand, die unter anderem mit dem niederösterreichischen Holzbau-preis ausgezeichnet wurden. Alexander Hagner engagiert sich intensiv in Projekten für Menschen am Rand der Gesellschaft, beispielsweise bei dem Bau der Wiener Notschlafstelle VinziRast oder VinziRast-mittendrin (Urban Living Award und Österreichischer Bauherrenpreis).

Shared Decision Making
Das Design eines neuen medizinischen Beziehungsgefüges

Kathrina Dankl

Ausgehend von der Frage dieser Publikation nach der beziehungsstiftenden Rolle von Dingen fokussiert der vorliegende Text auf Dinge, die das Verhältnis zwischen Arzt/Ärztin und Patient*in zwischenmenschlich in einer neuen Weise strukturieren oder gar erst stiften. Es handelt sich um jene Dinge, die Teil der gegenwärtigen Strategie der partizipativen Entscheidungsfindung im Gesundheitswesen sind. Die Frage ist, inwiefern diese neuen Objekte den Diskurs rund um die heute notwendigen Fähigkeiten ‚moderner‘ Ärzt*innen und Patient*innen konkretisieren und erweitern können. Im Mittelpunkt steht dabei ein Designprojekt im dänischen Gesundheitswesen – eine Zusammenarbeit zwischen einer Designuniversität und einem Zentrum für Shared Decision Making (partizipative Entscheidungsfindung) –, das aus Sicht des Designs und der Material Culture Studies analysiert wird. Die Gründung des Zentrums für Shared Decision Making erfolgte im Anschluss an eine Zusammenarbeit des Krankenhausverbunds mit der Dänischen Krebsgesellschaft. Ihre Vision im Jahr 2011 war es, ein spezialisiertes Krebskrankenhaus einzurichten, in dem die Bedürfnisse der Patient*innen an erster Stelle der Krankenhauskultur stehen würden. Die Integration von SDM und damit die Entwicklung von Entscheidungshilfen war und ist ein zentraler Grundsatz dieser Vision.[1]

Das Zentrum hat sich deshalb eine solche Integration partizipativer Entscheidungsfindung in den Klinikalltag als Ziel gesetzt. Seit seiner Gründung wird der Entwicklungsprozess von Decision Tools unter Einbindung von Patient*innen, Angehörigen, Ärzt*innen und Pflegepersonal durch Designforschung begleitet und

---

1   K. D. Steffensen, M. Vinter, D. Crüger, K. Dankl, A. Coulter, B. Stuart und L. L. Berry. 2018. Lessons in integrating shared decision-making into cancer care. *Journal of oncology practice* 14,4: 229–235.

© Springer Fachmedien Wiesbaden GmbH, ein Teil von Springer Nature 2020
M. Fineder und J. Lang (Hrsg.), *Zwischenmenschliches Design*,
https://doi.org/10.1007/978-3-658-30269-6_3

umgesetzt.[2] Auch Studierende wirken an dem Projekt mit, indem sie im Rahmen ihres Masterstudiums an SDM-Projekten arbeiten und so Impulse für die langfristige Zusammenarbeit der beiden Institutionen geben.[3] Einige dieser Projekte, die durch ihre Materialität und ihre Funktionen, ihre Sozialität und Soziabilität bei einer partizipativen Entscheidungsfindung unterstützen können, werden im Folgenden behandelt.

1 Partizipative Entscheidungsfindung

Partizipative Entscheidungsfindung, Shared Decision Making (SDM), ist ein Prozess, der Patient*innen helfen soll, medizinische Entscheidungen über Tests, Medikamente, Operationen oder andere gesundheitsbezogene Themen zu treffen. SDM ist damit Bestandteil einer Pflege, bei der die Patient*innen im Zentrum stehen, jenem Konzept in der medizinischen Versorgung, das als State of the Art betrachtet wird. Die Publikation *An Integrative Model Of Patient-Centeredness – A Systematic Review And Concept Analysis*[4] weist auf fünfzehn Dimensionen und Prinzipien hin, die für patient*innenzentrierte Pflege essenziell sind, zum Beispiel eine auf Beständigkeit und Vertrauen basierende Beziehung zwischen Arzt/Ärztin und Patient*in, reflektierte, professionelle Kliniker*innen und die Berücksichtigung der Einzigartigkeit jedes/jeder Patient*in und seines/ihres biologischen, psychologischen und sozialen Kontexts. Als Teil von patient*innenzentrierter Gesundheitsversorgung versucht SDM sicherzustellen, dass die medizinische Entscheidungsfindung eine Interaktion zwischen zwei Expert*innen ist, dem/der Kliniker*in für den medizinischen Bereich und dem/der Patient*in mit seinen/ihren persönlichen Behandlungspräferenzen und Wertvorstellungen in Bezug auf Gesundheit und Körper. Die Forderung „[N]o

---

2   Kathrina Dankl und Karina Dahl Steffensen. 2016. Shared Decision Making. Empathic Encounters Between Design and Healthcare. In *Proceedings of the 10th International Conference on Design & Emotion: Celebration & Contemplation*, Hrsg. Pieter Desmet, Steven Fokkinga, Geke Ludden, Nazli Cila, Hester van Zuthem, 80–89. The Design & Emotion Society.

3   Kathrina Dankl. 2017. Intuition, Reflection and Reflexivity. *FormAkademisk – Research Journal of Design and Design Education* 10 (2). https://doi.org/10.7577/formakademisk.1643.

4   Isabelle Scholl, Jördis M. Zill, Martin Härter und Jörg Dirmaier. 2014. An Integrative Model of Patient-Centeredness. A Systematic Review and Concept Analysis. *PloS One* 9, 9: e107828.

decision about me, without me" („Keine Entscheidung über mich ohne mich") aus einem Publikationstitel[5] fasst das Kernziel des SDM gut zusammen. Zwei verschiedene Möglichkeiten des Einsatzes von Entscheidungshilfen lassen sich unterscheiden: ihre Anwendung während des Gesprächs zwischen Arzt/Ärztin und Patient*in oder ihre Anwendung im Vorfeld einer ärztlichen Konsultation, um Patient*innen besser zu informieren und auf die gemeinsame Entscheidungsfindung vorzubereiten. Unterschiedliche Institutionen praktizieren dabei verschiedene Zugänge. Während etwa an der US-amerikanischen Mayo Clinic die Nutzung von SDM während des Gesprächs zwischen Arzt/Ärztin und Patient*in propagiert wird, entwickelte der National Health Service NHS (UK) eine Reihe von online verfügbaren Decision Tools, die offen zugänglich sind und Patient*innen unabhängig von einem Klinik- oder Praxisbesuch zur Verfügung stehen. Welcher der beiden Zugänge genutzt wird, scheint auch von der Kultur des jeweiligen Gesundheitssystems und dessen Anwendung abzuhängen. Der NHS, bekannt für seine soziale Durchlässigkeit, bietet allen Bürger*innen gleichermaßen Zugang zum Gesundheitssystem, und konsequenterweise sind auch die entwickelten Entscheidungshilfen allen zugänglich. Das US-Gesundheitssystem, das je nach Versicherungsstatus beschränkt ist und für das beispielhaft die Mayo Clinic genannt wurde, stellt diesen offenen Zugang dagegen nicht bereit und bietet die Decision Aids nur in Kombination mit dem Gespräch zwischen Arzt/Ärztin und Patient*in an.

Die multidisziplinäre Forschung zeigt, dass die Beteiligung von Patient*innen an einer Entscheidungsfindung den Informationsstand und die Ermächtigung der Patient*innen verbessern und die Adhärenz eine Verbesserung des Gesundheitszustands bewirken kann, womit die Zufriedenheit mit der Behandlung steigt; in der Folge reduzieren sich Beschwerden von Patient*innen über die medizinische Behandlung.[6] In 118 Studien mit 35 163 Teilnehmenden führte SDM zu besseren Kenntnissen der Patient*innen über ihre Erkrankung, eine genauere Risikowahrnehmung, mehr Entscheidungszufriedenheit, vermehrter Teilnahme an der Entscheidungsfindung, weniger Unentschlossenen und weniger Personen, die sich für PSA-Tests[7] und

---

5   Angela Coulter und Alf Collins. 2011. *Making Shared Decision-Making a Reality. No decision about me, without me*. London: King's Fund.

6   D. Stacey, F. Legare, N. F. Col, C. L. Bennett, M. J. Barry, K. B. Eden, M. Holmes-Rovner, H. Llewellyn-Thomas, A. Lyddiatt und R. Thomson. 2014. Decision Aids for People Facing Health Treatment or Screening Decisions. In *Cochrane Database of Systematic Reviews*. Jan 28 (1):CD001431. DOI: 10.1002/14651858.CD001431.pub4.

7   Das prostataspezifische Antigen (PSA) ist ein Eiweiß, welches von normalen (gesunden) Prostatazellen gebildet wird. Krebszellen der Prostata sind im Vergleich zu normalen Prostatazellen imstande, etwa die 10fache Menge an PSA zu produzieren. Diese Erkenntnis macht man sich für die Früherkennung des Prostatakrebses zunutze. Mittels

Operationen entschieden.[8] Trotz der Forschungsergebnisse zugunsten von SDM konnten allerdings nur wenige Gesundheitsinstitutionen SDM implementieren und eine institutionelle Kultur entwickeln, die das Konzept unterstützt. Für die Cochraine Reviews ist der geringe Einsatz von SDM auf die schlechte Datenlage zurückzuführen, aufgrund derer nur wenig darüber bekannt sei, welche Aktivitäten am besten funktionierten. Weitere Barrieren sind Selbstüberschätzung (etwa die Überzeugung, SDM bereits anzuwenden, obwohl nur Patient*innenaufklärung erfolgt), Zeitdruck, Mangel an Methodenwissen und entscheidungsunterstützenden Elementen wie Decision Tools, mangelnde Anpassung an die klinischen Abläufe, fehlende Implementierungsstrategien und das Fehlen einer ganzheitlichen Unternehmenskultur in Gesundheitssystemen, die die partizipative Entscheidungsfindung unterstützen würde.[9] Aus Designperspektive ist noch hinzuzufügen, dass Decision Tools häufig von mangelnder Gestaltungsqualität sind. So führt etwa ihre Textfokussierung ohne strukturierende und unterstützende Visualisierungen zur Exklusion vieler Patient*innen. Ihre Gestaltung deutet auch darauf hin, dass zwar eventuell Grafik- und Kommunikationsdesigner*innen einbezogen wurden, aber keine strategische Einbindung und damit Gestaltung des gesamten Prozesses und Services stattgefunden hat.

Um SDM in einen größeren demokratiepolitischen Zusammenhang einzubetten, hilft ein Blick auf Artikel 11 im EU-Vertrag von Lissabon 2007. Dieser spricht von einer EU-Verfasstheit, deren Ziel es sei, sich von einer ‚repräsentativen Demokratie‘ hin zu einer ‚partizipativen Demokratie‘ zu entwickeln.[10] Partizipative Entscheidungsfindung im Gesundheitswesen lässt sich also auch als Niederschlag dieser

---

einer Blutabnahme wird der PSA-Wert bestimmt. Nicht jede Erhöhung des PSA-Wertes bedeutet Prostatakrebs! Es gibt eine Reihe von Faktoren, die den PSA-Wert falsch positiv erscheinen lassen (vgl. https://www.krebshilfe.net/information/diagnose/labordiagnostik/psa-test/. Zugegriffen: Juli 2018).

8   Dawn Stacey, Carol L. Bennett, Michael J. Barry, Nananda F. Col, Karen B. Eden, Margaret Holmes-Rovner, Hilary Llewellyn-Thomas, Anne Lyddiatt, France Légaré und Richard Thomson. 2011. Decision Aids for People Facing Health Treatment or Screening Decisions. In *Cochrane Database of Systematic Reviews* 10, Art. No.: CD001431. DOI: 10.1002/14651858.CD001431.pub3.

9   Stacey et al. 2014.

10 Victor Cuesta Lopez. 2010. Lisbon Treaty's Provisions on Democratic Principles. A Legal Framework for Participatory Democracy. In *European Public Law* 16: 123; Sabine Saurugger. 2010. The Social Construction of the Participatory Turn. The Emergence of a Norm in the European Union. In *European Journal of Political Research* 49, 4: 471–495; Dorota Szeligowska und Elitsa Mincheva. 2012. The European Citizens' Initiative–Empowering European Citizens within the Institutional Triangle. A Political and Legal Analysis. In *Perspectives on European Politics and Society* 13, 3: 270–284.

Prämisse der Einbindung und Teilhabe von Bürger*innen lesen. Da dieser Beitrag sich auf ein Forschungsprojekt in Dänemark bezieht, möchte ich schließlich noch auf den nationalen Kontext eingehen:

> „Obwohl die Patientenbeteiligung in der dänischen Gesetzgebung nicht explizit niedergelegt ist, steht die patientenorientierte Versorgung in Dänemark auf der politischen Agenda. Sie ist integraler Bestandteil der acht neuen nationalen Indikatoren für Qualität im Gesundheitswesen sowie des aktuellen nationalen Krebsbehandlungsplans."[11]

Die Autorinnen vermerken, dass die Entwicklung von Entscheidungshilfen erst im Anfangsstadium sei, allerdings staatliche und private Fördermittel freigegeben würden, um den Prozess zu beschleunigen.[12] Ein Aspekt, der bezogen auf die Projektverankerung in Dänemark erwähnenswert scheint, ist der kulturelle Kontext mit flachen Hierarchien: Ärzt*innen und Patient*innen sprechen sich mit Vornamen an, und im alltäglichen Umgang ist eine egalitäre, gleichberechtigte Grundhaltung verankert. Zudem gibt es in Dänemark eine Tradition der Einbindung von Designer*innen in die Gestaltung öffentlicher Dienstleistungen.[13] Diese kulturellen Faktoren unterstützen möglicherweise Dänemarks Ambitionen, SDM nachhaltig im nationalen Gesundheitssystem zu verankern.

2 Material Culture Studies und Objekte im Gesundheitswesen

Publikationen im Bereich Shared Decision Making richten ihren Blick nicht explizit auf die in Entscheidungsfindungsprozessen involvierten Objekte und Materialitäten. Allein Entscheidungshilfen werden als ein Element einer gelungenen partizipativen Entscheidungsfindung beschrieben. Weitere materielle Ausprägungen, beispielsweise

---

11 Karina Dahl Steffensen, Vibe Hjelholt Baker und Mette Marianne Vinter. 2017. *Zeitschrift für Evidenz Fortbildung und Qualität im Gesundheitswesen.* 123–124:36–40. DOI: 10.1016/j.zefq.2017.05.005, S. 36.

12 Auch die Zusammenarbeit zwischen dem Krankenhaus Vejle und der Design School Kolding wurde durch öffentliche Mittel gefördert, in diesem Fall vergeben von Sundhedsstyrelsens, National Board of Health sowie der Cancer Society.

13 Kyle Kilbourn und Marie Bay. 2010. Foresight and Forecasts. Participation in a Welfare Technology Innovation Project. In Proceedings of the 11th Biennial Participatory Design Conference. New York: ACM, 255–258; Niels Peter Skou und Mette Mikkelsen. 2015. Designing Relations. Social Design, Voluntarism and the Transformation of Welfare Institutions. In *Nordic Journal of Architecture* 4, 5: 43–51.

von Raum, Möbeln oder Accessoires, finden keinen Eingang. Betrachtet man partizipative Entscheidungsfindung und Entscheidungshilfen aus der Sicht der Material
Culture Studies, lässt sich feststellen, dass die für das Feld der Beziehung zwischen
Ärzt*innen und Patient*innen relevanten Dinge in Publikationen kaum behandelt
werden. Eine Literatursuche im *Journal of Material Culture Studies*, jener Zeitschrift,
die Forschungsergebnisse zur materiellen Kultur in verschiedenen Disziplinen
publiziert, führt beim Suchbegriff ‚shared decision making‘ keinen und selbst bei
den allgemein gehaltenen Suchbegriffen ‚doctor‘, ‚nurse‘, ‚health‘, ‚medicine‘, ‚care‘,
‚patient‘, ‚hospital‘ nur zu wenigen Treffern in einem Publikationszeitraum des
Journals von 25 Jahren. Auch in *The Oxford Handbook of Material Culture Studies*[14]
widmet sich keines der 28 Kapitel über materielle Kultur diesem Zusammenhang;
dasselbe gilt für das *Handbook of Material Culture*.[15]

Allerdings gibt es ein Objekt, dem in der Geschichte und populären Kultur der
Medizin viel Bedeutung beigemessen wird und das in der Forschung zu materieller Kultur gut dokumentiert ist: das Stethoskop.[16] Ich greife dieses daher als ein
Beispiel für ein Objekt heraus, das bis heute Kontakte zwischen Ärzt*innen und
Patient*innen strukturiert und stiftet. Es ist ein technisches Instrument, das die
tägliche Produktion und Ausübung einer ärztlichen Identität wesentlich bestimmt
und eine deutliche Zuordnung zum Beruf ermöglicht. Tom Rice (2010) beschreibt
in seiner ethnografischen Untersuchung des St. Thomas Hospitals in London die
symbolische Brisanz des Objekts, die dieses mit dem Habitus des Berufes verbindet.[17]
In Anlehnung an Alfred Gell[18] schreibt Rice, das Stethoskop besitze jene „agency“,
die es Ärzt*innen und Medizinstudierenden ermögliche, ihre Fähigkeiten, ihre

---

14   Dan Hicks und Mary C Beaudry. 2010. *The Oxford Handbook of Material Culture Studies*.
     Oxford: Oxford University Press.

15   Chris Tilley, Webb Keane, Susanne Küchler, Mike Rowlands und Patricia Spyer. 2006.
     Handbook of Material Culture. Thousand Oaks, CA: Sage Publications.

16   Michael Gerchufsky. 1995. Ode to a Stethoscope, the Umbilical Cord of Health Care.
     In *Advance* 3: 47–50; Michael Kirsch. 1998. The Death of the Stethoscope. Murmurs of
     Discontent. http://www.Acponline.Org/Journals/News/Dec98/Stetho.Htm. Zugegriffen:
     Juli 2010; Tom Rice. 2008. „Beautiful Murmurs“. Stethoscopic Listening and Acoustic
     Objectification. In *The Senses and Society* 3, 3: 293–306; Tom Rice. 2010. „The Hall-
     mark of a Doctor“. The Stethoscope and the Making of Medical Identity. In *Journal of
     Material Culture* 15, 3: 287–301; Simon Sinclair. 1997. *Making Doctors. An Institutional
     Apprenticeship*. Oxford: Berg Publishers.

17   Pierre Bourdieu. 1984. *Distinction. A Social Critique of the Judgement of Taste*. Cam-
     bridge, MA: Harvard University Press.

18   Alfred Gell. 1998. *Art and Agency. An Anthropological Theory*. Oxford: Oxford University
     Press.

Erfahrung und Kompetenz zu projizieren und auszuüben.[19] Erfunden von dem französischen Arzt Renè Laennec im Jahr 1816, markierte das Stethoskop medizinischen Fortschritt und den Übergang von jenem Arzt, der in seiner Diagnose fast ausschließlich auf die Selbstbeschreibung seiner Patient*innen angewiesen ist, hin zu einem Experten, dessen Diagnose sich auf unabhängige Empirie stützen kann. Mit der Verwendung des Stethoskops im 19. Jahrhundert wurden Ärzte „virtuose Zuhörer; sie konnten den Körper auf eine Art und Weise hören, die für Laien unzugänglich war"[20]. Genau in dem Moment allerdings, in dem sich die medizinische Diagnostik verbessert hat, nimmt die Beziehung zwischen Arzt und Patient*in an Bedeutung ab.[21] Die Erfindung des Stethoskops hat also eine spezielle Art des Arztes geschaffen, jenen Typ des evidenzbasierten Mediziners,[22] der durch das Stethoskop in wenigen Minuten eine Diagnose erstellen kann und somit nicht mehr auf die Schilderungen der Patient*innen angewiesen ist. Paradoxerweise versinnbildlicht das Stethoskop heute eine Art von Diagnose, für die es gar nicht mehr oder nur noch selten genutzt wird. Als Objekt ist es im Zusammenhang mit partizipativer Entscheidungsfindung deshalb so aufschlussreich, weil SDM versucht, genau diesem Narrativ der Patient*innen wieder mehr Bedeutung zu verleihen.

Am Beispiel des Stethoskops lassen sich einige Schlüsselbegriffe der Material Culture Studies erläutern. Ich beziehe mich hier auf das Feld der Material Culture Studies rund um Forscher*innen des Londoner University Colleges wie Christopher Tilley, Daniel Miller, Victor Buchli oder Susanne Küchler. Mit dem Begriff der ,agency' kritisieren die Material Culture Studies die Annahme, Objekte repräsentierten oder symbolisierten nur bereits existierende Kultur oder Identität. Dagegen argumentieren sie, dass Dinge durch ihre Eigenschaften und Materialien bestimmte Verhaltensweisen oder kulturelle Praktiken erst erlaubten und zuließen.[23] Wie oben dargestellt, ordnete das Stethoskop aufgrund seiner Funktionen die Beziehung zwischen Ärzt*innen und Patient*innen neu und führte zu einer neuen ärztlichen Identität, die bis heute aktuell ist und reproduziert wird. Mit dem Begriff ,objectification' bezeichnen die Material Culture Studies die dialektische

---

19 Rice 2010, S. 288.

20 Jonathan Sterne. 2003. Medicine's Acoustic Culture: Mediate Auscultation, the Stethoscope and the ,Autopsy of the Living'. In The Auditory Culture Reader, Hrsg. Michael Bull, Les Back, 191–217. Oxford: Berg Publishers, S. 136.

21 Roy Porter. 1999. The Greatest Benefit to Mankind. A Medical History of Humanity (The Norton History of Science). New York: WW Norton & Company, S. 683.

22 Rice 2010, S. 290.

23 Ian Woodward. 2007. Understanding Material Culture. Thousand Oaks, CA: Sage Publications.

Beziehung zwischen Menschen und Dingen. Sie gehen davon aus, „dass unser Verhältnis zu Dingen keineswegs oberflächlich ist und dass es sich sogar förderlich auf unsere Beziehungen zu anderen Menschen auswirkt"[24]. Miller nimmt an, dass die Beziehungen, die ein Mensch zu Personen und materiellen Dingen entwickele, eine höhere Ordnung, eine Ästhetik, ergäben, die durch die Linse materiellen Kultur untersucht werden könne. Das Stethoskop und Arzt/Ärztin interagierten, und ihre Dialektik ermögliche das Einbringen klinischer Erfahrung, das Generieren von Wissen und das Praktizieren der Ärzt*innen in Interaktion mit den Patient*innen. „Einer der Vorteile dieser ungewöhnlichen Perspektive [der Dingkultur; K. D.] liegt darin, dass sich von den scheinbar stummen Dingen und Gegenständen zuweilen mehr über das Wesen menschlicher Beziehungen erfahren lässt als von den unmittelbar Beteiligten."[25] Das Beispiel des Stethoskops zeigt, dass die mit dem Objekt verbundenen Technologien, Ärzt*innen und Patient*innen neue Rollen und Funktionen entstehen lassen können.

3   Eine Analyse fiktiver Designobjekte als Methodologie

Um das sozial wirksame Potenzial von Objekten für die Neugestaltung des medizinischen Beziehungsgefüges zu erforschen, untersuche ich die Konzepte von Designstudierenden, die sich im Rahmen eines Kurses zu Welfare Design mit neuen Zugängen zur Implementierung partizipativer Entscheidungsfindung auseinandergesetzt haben. Die 85 Kursteilnehmer*innen absolvieren die Masterlehrgänge Industrie, Mode, Kommunikations, Textil- und Accessories-Design sowie Design for Play und kommen aus 19 verschiedenen Ländern. Aufgrund der Vielfalt der interkulturellen und interdisziplinären Hintergründe der Studierenden können Perspektiven aus so unterschiedlichen Gesundheitssystemen wie denen Chinas, der USA, der Niederlande oder Dänemarks in die Konzepte einfließen. Die Lehrveranstaltung gliedert sich in Elemente wie Designmethodik, Literaturrecherche, Spitalexkursionen, interdisziplinäres Teamwork sowie Vorträge von Ärzt*innen und Klinikpersonal. Des Weiteren bietet die Lehrveranstaltung den Studierenden Raum für eigene Feldforschung mit Ärzt*innen, Pflegepersonal, Patient*innen und Angehörigen aus ihren eigenen Bezugsländern, um eine empirische Grundlage für die Designprojekte zu schaffen. Der Zeitrahmen ist dabei knapp bemessen, die Studierendenteams haben zwei Wochen Zeit, um ein Designkonzept zu ent-

---

24 Daniel Miller. 2012. *Der Trost Der Dinge*. Frankfurt am Main: Suhrkamp, S. 9.
25 Miller 2012, S. 207.

wickeln und zu präsentieren. Die Projektpräsentationen habe ich als Kursleiterin und Autorin des vorliegenden Buchbeitrags anschließend in thematische Cluster unterteilt. Ausgewählte Projekte werden im nachfolgenden Abschnitt vorgestellt und auf ihre sozialen Effekte im Sinne von Schlüsselbegriffen der Material Culture Studies wie etwa ‚agency', ‚objectification', ‚events and effects' hin analysiert. Ausgehend von dem für die Designpraxis typischen abduktiven Vorgehen, das in einem visionären Zugang, also einem Wissen generierenden Prozess besteht, werde ich im Folgenden fiktive, noch nicht umgesetzte und implementierte Designkonzepte zu partizipativer Entscheidungsfindung untersuchen.

Dabei gehe ich folgenden Fragen nach: Welcher Zusammenhang besteht zwischen den Materialien und sozialen Effekten? Wie könnten Akteur*innen der partizipativen Entscheidungsfindung mit den Objekten interagieren? Welche Verhaltensweisen und kulturellen Praktiken erlauben sie, also welche Ereignisse und Effekte lassen sie zu? Was sagen die Objekte über die menschlichen Beziehungen im Kontext des Gesundheitswesens aus? Was bewirken etwa die Objekthaftigkeit einer Fragekarte, die möbelähnliche Präsenz eines Fragengenerators oder eines Buches, was das alleinige Gespräch zwischen Patient*in und Arzt/Ärztin nicht bewirken würde? Die Beschreibung der Materialien und Funktionen ist hierbei deshalb wesentlich, weil sie eine Einschätzung über die Möglichkeiten dieser Interaktion – zum Beispiel alleiniges oder gemeinsames Benutzen – zulassen. Ihre Materialität wird damit zum zentralen sozialen Faktor und bestimmt, wie die Akteur*innen interagieren könnten.

4   Empirische Daten und Themenstränge der Designkonzepte

Die vierzehn Projekte der Studierenden lassen sich in die vier Themenstränge „Soziale Beziehungen moderieren", „Alternative Formen der Informationsweitergabe", „Aktivierung von Patient*innen" und schließlich „Entscheidungshilfen" einordnen. In den folgenden Abschnitten greife ich jeweils zwei Projekte heraus.

4.1   Soziale Beziehungen moderieren

Projekte, die sich der Gruppe „Soziale Beziehungen moderieren" zuordnen lassen, vermitteln zwischen Privatsphäre und dem Herstellen von Soziabilität. Als Beispiel dafür kann das Projekt „Private Place in a Shared Space" genannt werden. Das Konzept ist inspiriert durch das Mehrbettkrankenzimmer, das in vielen Spitälern

im Nordwesten Europas nach wie vor Standard ist. Während der Führung durch
das Krankenhaus des Kooperationspartners wurde auf die Schwierigkeit von
vertraulichen Gesprächen in diesem Umfeld hingewiesen. Zudem verlangen die
räumlichen Gegebenheiten eine beständige Verhandlung von Alltagspräferenzen
der Patient*innen im selben Raum. „Private Place in a Shared Space" antwortet
darauf mit einem Raumkonzept, das eine Wahl zwischen verschiedenen Stufen von
Privatsphäre zulässt. Zonen rund um die einzelnen Betten können mittels digital
bespielbarer Trennwände geöffnet und geschlossen sowie mit persönlichen Gegenständen oder Bildern bespielt werden; außerdem lassen sich diese Wände während
des Gesprächs zwischen Arzt/Ärztin und Patient*in als digitale Informationsträ-
ger nutzen. Das zentrale Argument der Projektgruppe ist, dass sich partizipative
Entscheidungsfindung nur in einer vertrauensvollen Umgebung und mit einem
Gefühl der Sicherheit praktizieren lässt. Ein Ort, der dies ermöglicht, ist also eine
Grundvoraussetzung für SDM und kann nicht getrennt davon betrachtet werden.

Ein weiteres Beispiel für das Moderieren sozialer Beziehungen ist „Decision
Preparation Tool for Delivery", ein Buch, das Frauen durch die Schwangerschaft
begleiten soll und dabei die Rollen von Schlüsselpersonen wie Begleitperson, Arzt/
Ärztin oder Geburtshelfer*in berücksichtigt. Als das zentrale Ereignis am Ende
der Schwangerschaft wird dabei die Geburt des Kindes herausgegriffen. Schlüsselpersonen können mittels Sticker so auf einem Feld positioniert werden, dass die
werdende Mutter deren Nähe und Verantwortung während der Geburt bestimmt.
Dieser Prozess des Mappings kann während der Schwangerschaft wiederholt adaptiert werden, da das analoge Buch eine Vielzahl dieser Beziehungsbilder beinhaltet.
Durch das wiederholte Positionieren der Schlüsselpersonen mittels Sticker sollen
die Beziehungen abgebildet und fassbar werden. Dieser Prozess mündet schließlich
in einen Wunsch für einen persönlichen Geburtsplan.

Betrachtet man die beiden herausgegriffenen Projekte in der Kategorie „Soziale
Beziehungen moderieren", dann fällt auf, dass im ersten Fall ein räumlich gebundenes Objekt aus Glas, Metall und Textil vorgeschlagen wird. Die Interaktion mit
diesem obliegt den Patient*innen, die durch Öffnen und Schließen ihre Privatsphäre
bestimmen. Im Gegensatz zu einem Gespräch in einem Mehrbettzimmer ohne
Trennwände sind mögliche Effekte und Ereignisse dabei, dass Patient*innen im
Krankenzimmer ein vertrauliches Gespräch führen können und die Projektion
entscheidungsrelevanter Daten durch das Gesundheitspersonal ermöglicht wird.
Eventuell führt die Intervention auch dazu, dass soziale Interaktionen mit Mitpa-
tient*innen vermindert werden oder zumindest der Wunsch nach Alleinsein klarer
sichtbar wird. Das zweite Projekt schlägt ein mobiles Objekt vor, ein analoges gebundenes Buch. Das gemeinsame Betrachten, Analysieren und schließlich Festlegen
eines möglichen Geburtsszenarios wird durch das Platzieren der Akteur*innen im

Diagramm ermöglicht. Was sagen Buch, Diagramm und Sticker über das Wesen dieser menschlichen Beziehungskonstellationen aus? Sie zeigen, dass die Vorbereitung auf das Geburtsereignis ein Annäherungsprozess ist, in dessen Verlauf sich die Vorstellungen und Wünsche der schwangeren Frau in Bezug auf die gewünschte Nähe und Unterstützung durch Begleitperson(en) und Geburtshelfer*innen verändern können. Das Benennen der verschiedenen möglichen Akteur*innen während einer Geburt könnte Frauen in der Auffassung bestärken, dass Nähe und Distanz überhaupt verhandelbar sind und Präferenzen klar geäußert werden sollten. Durch die Visualisierungsmöglichkeit werden Entwicklungsprozess und Geburtsplan sichtbar – für die Frau selbst sowie für ihre Vertrauenspersonen. Diese Darstellung kann ein Gespräch allein, das weitgehend ephemer bleibt, nicht leisten. Das Buch ermöglicht damit, eine medizinische Entscheidung mit einem größeren Kreis von Menschen zu verhandeln und zu teilen, und dies trägt möglicherweise dazu bei, dass werdende Mütter sich selbst in diesem Prozess besser begleitet und unterstützt fühlen.

4.2 Alternative Formen der Informationsweitergabe

Projekte in dieser Gruppe suchen nach neuen Möglichkeiten, Wissen zwischen Ärzt*innen und Patient*innen weiterzugeben und vor allem die Seite der Patient*innen stärker einzubinden. Obwohl SDM darauf hinweist, dass es in einem Therapieprozess zwei Expert*innen gibt, den Arzt/die Ärztin als medizinische*n Expert*in und den/die Patient*in als Expert*in für das persönliches Lebensumfeld und die eigenen Präferenzen bei der medizinischen Behandlung, fehlen im heutigen Gesundheitssystem entsprechende Formate. Erschwerend kommt hinzu, dass sich Informationen auf Seiten der Patient*innen auch auf Beobachtungswissen aus dem Alltag stützen, das nur über einen längeren Zeitraum aufgebaut werden kann. Vor diesem Hintergrund wendet sich das Projekt „Home Support Kit" an chronisch kranke Menschen, die von Autoimmunerkrankungen (I. B. D. – Inflammatory Bowel Diseases) betroffen sind, bei denen Lebensstiländerungen empfohlen werden. Auf Karten listet das Projekt „Home Support Kit" schulmedizinische Therapie, Ernährung, Zeitmanagement, Alternativmedizin und Sport als mögliche unterstützende Behandlungsoptionen auf. Ergänzend kommen Magnete zum Einsatz, die im Wohnumfeld platziert werden können und auf denen Beobachtungsnotizen der Patient*innen zu den einzelnen Maßnahmen Platz finden. Das System lädt die Patient*innen ein, mit verschiedenen Optionen zu experimentieren, Veränderungen des Gesundheitszustands zu dokumentieren und mit dem Arzt/der Ärztin sowie weiteren Betroffenen zu besprechen. „Connected" wurde auch als Citizen Science Projekt konzipiert, das Therapieansätze mittels Bürgerbeteiligung neu denkt.

Ein weiteres Projekt, das die Gruppe „Alternative Formen der Informationsweitergabe" greifbarer macht, ist „Ensight". Bei diesem Projekt wird argumentiert, dass der Faktor Zeit einer der ausschlaggebenden Barrieren für SDM sei und es zudem ein Missverhältnis zwischen der Zeit gebe, die Patient*innen im Wartezimmer verbrächten, und jener, die für die eigentliche Konsultation zur Verfügung stehe. Das Designteam stellt deshalb ein Konzept vor, das die Wartezeit vor der Konsultation stärker nutzt. Auf der Basis einer App mit acht Fragen zu Themen wie Tagesverfassung, Ernährung, Sport, Stresslevel oder Schlafqualität wird eine Informationsgrafik erstellt, die vor dem Aufrufen des/der Patient*in an die Ärztin/ den Ärzt übermittelt wird. Diese*r kann somit ausgehend von der Selbsteinschätzung der/des Patient*in, einen ersten Eindruck von ihm/ihr gewinnen.

Betrachtet man das Projekt „Home Support Kit" hinsichtlich seiner Eigenschaften, fällt die Konzentration auf analoge, einfache Objekte wie Karten aus Papier oder Magneten auf, die zur Informationssammlung im persönlichen Alltagtag anregen sollen. Es handelt sich um mobile Dinge, die zwischen Wohnumfeld, Arztterminen und Treffen mit Mitbetroffenen mäandern. Effekte und Ereignisse, die diese Dinge erzeugen, sind erstens ein strukturiertes Erfassen von Daten zum eigenen Gesundheitszustand und zweitens die hierdurch ermöglichte Einbindung dieser Daten in ein Forschungsumfeld, da sie in dieser Form nicht nur persönlich, sondern auch in einem größeren Kontext wie zum Beispiel einem Forschungsprojekt verwendet werden können. Magneten, Dokumentationskarten und so weiter wären im Alltag und Wohnumfeld der Patient*innen präsent und würden so ihre Mitwirkung als ‚citizen scientist' betonen. Diese Dinge ermöglichen so eine Forschungstätigkeit der Patient*innen, die das Gespräch mit der Ärztin/dem Arzt nicht bieten kann. Im Unterschied dazu handelt es sich bei dem zweiten vorgestellten Projekt „Ensight" um eine Benutzeroberfläche, die im Wartezimmer zur Verfügung gestellt wird oder am eigenen Gerät verwendet werden kann. Das Projekt fordert eine neue kulturelle Praxis des Austauschs zwischen Patient*in und Ärztin/Arzt und gibt emotionalen Faktoren und der jeweiligen Tagesverfassung mehr Raum. Mögliche Effekte könnten aber auch eine stärkere Standardisierung des Gesprächs und eine Überforderung von Patient*innen sein, da eine Selbsteinschätzung eingefordert wird, die möglicherweise nicht alle leisten können oder wollen. Des Weiteren würde ein Teil des persönlichen Gesprächs an die Patient*innen ausgelagert werden, wodurch womöglich ein geringes Zeitbudget für Gespräche in Gesundheitssystemen legitimiert und materialisiert würde.

4.3   Aktivierung von Patient*innen

Eine passive Rolle der Patient*innen erschwert die partizipative medizinische
Entscheidungsfindung: eine Barriere, die aus der Literatur bekannt ist.[26] Mehrere Designteams beschäftigten sich daher mit möglichen Hilfestellungen und
Unterstützungen, die es Patient*innen erleichtern sollen, Fragen an die Ärztin/
den Arzt zu formulieren oder sich stärker mit dem eigenen Gesundheitszustand
auseinanderzusetzen. Das Projekt „Don't gamble with your health" (Abb. 1a–1f)
etwa argumentiert, Patient*innen müssten ermächtigt werden, konkrete Fragen zu
formulieren, um aktiv an medizinischen Entscheidungen teilnehmen zu können.
Der Lösungsvorschlag besteht deshalb auch in einer spielerischen Vorbereitung
auf das Gespräch mit der Ärztin/dem Arzt. In Abwandlung des aus Spielhallen
bekannten einarmigen Banditen werden bei der Benutzung Wortkombinationen
angezeigt, die eine mögliche Frage an den Arzt/die Ärztin ergeben. Beispielsweise:
Was sind meine Optionen? Ist eine Operation nötig? Oder einfach: Wen kann ich
noch fragen? Patient*innen können den einarmigen Banditen so lange benutzen,
bis eine für sie sinnvolle Wortkombination entsteht. Diese wird ausgedruckt und
bietet Platz zum Notieren weiterer eigener Fragen.

Ein zweites Projekt in dieser Kategorie, „Amaze", adressiert die Gruppe der
Kinder unter den Patient*innen. Das Team schlägt einen modularen Spielplatz vor,
der es Kindern erlaubt, in flexibler Weise durch ein Arrangement möbelähnlicher
Elemente zu navigieren und einen eigenen Weg durch verschiedene Minispiele zu
nehmen. Diese Minispiele bieten Wissen über Anatomie und Krankheitsbilder
sowie mögliche Auswirkungen der Erkrankung und Behandlung auf den Körper.
Jedes Minispiel stellt eine Herausforderung dar und ermutigt das Kind, diese
spielerisch zu meistern.

Wie strukturieren oder stiften die Objekte in diesen beiden Fällen eine neue
Beziehung zwischen Arzt/Ärztin und Patient*in? Der einarmige Bandit ist ein
räumlich gebundenes Objekt aus einem gänzlich anderen Kontext; die Fragekarten
aus bedrucktem Papier sind hingegen mobil. Patient*innen können mit dem Objekt
des einarmigen Banditen spielen und tauschen sich möglicherweise mit Mitwar-
tenden über das Spiel aus. Fragen zu stellen ist eine kulturelle Praxis, die abhängig vom Kulturkreis, Bildungs- und Erziehungssystem oder sozioökonomischen
Hintergrund unterschiedlich stark ausgeprägt ist. „Don't gamble with your health"
unterstützt die Kompetenz/Praxis des Fragenstellens, die im Rahmen partizipativer
Entscheidungsfindung unabhängig vom persönlichen Hintergrund gefordert wird.

---

26 Natalie Joseph-Williams, Adrian Edwards und Glyn Elwyn. 2014. Power Imbalance
    Prevents Shared Decision Making. In *Bmj* 348: g3178.

Abb. 1a–1f

„Don't gamble with your health", Designer*innen: Gabriella Sophia Hara Constantinou, Nanna Doll, Bryce Duyvewaardt, Madison Scheper, Tamara Širin Shawkatová, Undīne Vilde. Illustrationen: Tamara Širin Shawkatová

Ein möglicher Effekt des Objekts könnte allerdings auch sein, dass Patient*innen es im Kontext von Medizin und Krankheit aufgrund seines spielerischen Zugangs als unpassend empfinden. Im Falle des Spielplatzes „Amaze" werden räumlich verankerte Textilelemente als smarte, also digital vernetzte Objekte, vorgeschlagen. Kinder können den Spielplatz nutzen und sich auf diese Weise Wissen über ihre Erkrankung aneignen. Möglicherweise wird dadurch Kindern mehr Kompetenz zugestanden, wodurch sie die Grundlage erhalten, zu aktiveren Akteur*innen im Behandlungsprozess zu werden. Andererseits könnte die Gefahr einer Überforderung oder des Allein-gelassen-Werdens bestehen, da nicht jedes Kind in derselben Weise auf dieses medizinische Wissen reagiert. In beiden Projekten nehmen die Objekte im medizinischen Umfeld Platz für sich in Anspruch und sind als räumliche Interventionen stark präsent. Durch dieses In-Anspruch-Nehmen werden neue Aktivitäten ermöglicht und eingefordert, die ein Gespräch zwischen Arzt/Ärztin und Patient*in alleine nicht zulässt. Im Falle des Spielplatzes etwa wird Kindern die Gelegenheit gegeben, sich medizinisches Wissen gemeinsam mit anderen Kindern anzueignen und sich über Gesundheitsfragen auszutauschen.

4.4   Entscheidungshilfen

Projekte in der vierten Kategorie gehen das Konzept der Entscheidungshilfen mittels neuer Technologien an. So steht im Zentrum des Projektes „Nyfødt. A Pregnancy Journey" das Konzept einer mobilen App, die Schlüsselentscheidungen im Verlauf der Schwangerschaft, der Geburt und im Wochenbett begleiten und erleichtern soll. Damit schlägt das Designteam eine zeitgenössische Form des Mutter-Kind-Passes vor, der als staatlich autorisiertes Begleitbuch in vielen Ländern des nordwestlichen Europa verwendet wird. Zu Themen wie ‚Pränatale Tests', ‚Geburtsarten', ‚Hebammenwahl', ‚Stillen' oder ‚Ernährung' bietet die Applikation ausgewählte wissenschaftlich fundierte Informationen, die auf beide Elternteile abzielen und so die Grundlage für gemeinsame Entscheidungen bieten sollen. Das Designteam weist damit auf die Chance einer stärkeren Einbindung des Partners hin, der die Schwangerschaft nicht selbst durchlebt, aber eine wichtige Rolle einnimmt, sofern er sie wahrnehmen kann. Entscheidungshelfende Faktoren sind für dieses Projekt ein automatisierter Informationsaustausch mit der Ärztin/dem Arzt, Vertrauen durch Wissensaufbau, eine Motivation durch kurze Wissenstests für beide Partner*innen und ein minimalistisches Design.

Ein weiteres Projekt in dieser Kategorie ist der „Data Observe Communicator". Das Designteam projiziert partizipative Entscheidungsfindung in das Jahr 2037 und spekuliert über die Auswirkungen, die der Einsatz von künstlicher Intelligenz, Automatisierung und Big Data im Rahmen von Entscheidungshilfen hätte. Prognostiziert werden die permanente digitale Aufzeichnung und Überwachung von Körperfunktionen und die Möglichkeit vollautomatischer medizinischer Einschätzungen, die keine autonome Entscheidung der Patient*innen mehr zulassen würde, etwa darüber, ob nur eine Lebensstiländerung stattzufinden hat, ein Besuch bei der Ärztin/dem Arzt notwendig ist oder ein lebensbedrohlicher medizinischer Notfall vorliegt und der Transport ins Krankenhaus veranlasst wird. Welche Rolle wird der Arzt/die Ärztin in einer Zukunft haben, in der Algorithmen die Analyse von Gesundheitsdaten übernehmen? Das Team nimmt an, dass die Diagnose besser und gründlicher von künstlicher Intelligenz erledigt werden kann, dadurch aber die Rolle der Ärzt*innen als menschliche Kommunikator*innen, die Vertrauen und Empathie zu den Patient*innen aufbauen, noch stärker in den Vordergrund rücken wird.

Die beiden Projekte in der Kategorie „Entscheidungshilfen" strukturieren die Beziehung zwischen Arzt/Ärztin und Patientin auf sehr unterschiedliche Art und Weise. „A Pregnancy Journey" ist eine Benutzeroberfläche, die an einem Tablet, Computer oder Smart Phone verwendet wird. Das Objekt moderiert den Dialog mit den werdenden Eltern, ermöglicht eine stärkere Einbindung des Partners in die Schwangerschaft, weist auf Entscheidungen hin, die bis zum Zeitpunkt der Geburt getroffen werden müssen, und gibt fundierte Informationen. „A Pregnancy Journey" verbleibt als Objekt im persönlichen Kontext der Benutzerin und kann eine stärkere Beziehung zwischen Arzt/Ärztin und Patientin unterstützen, ohne sie jedoch einzufordern. Im Gegensatz zum Gespräch zwischen Arzt/Ärztin und Patientin allein bietet „A Pregnancy Journey" ortsunabhängig Zugang zu Informationen – in Abgrenzung zum World Wide Web allerdings in ausgewählter Form. „Data Observe Communicator 2037" ist ein Objekt, das am Körper getragen wird und Körperfunktionen automatisch misst, unabhängig vom Zutun des/der Träger*in. Folgerichtig ist auch die Verhaltensweise und die kulturelle Praxis, die es erlaubt, eine neue: Nicht der/die Patient*in geht zum Arzt/zur Ärztin, sondern medizinische Überwachung ist bereits jederzeit bei der/dem Patient*in. Nicht der Arzt/die Ärztin, sondern die Systemintelligenz schlägt Aktionen vor; dem Arzt/der Ärztin kommt stattdessen verstärkt die Aufgabe zu, zu kontrollieren und zu kommunizieren. Nach Ansicht des Designteams kann künstliche Intelligenz als weitere Akteurin betrachtet werden. Durch die Vielzahl an Daten, die der „Data Observe Communicator 2037", aufzeichnen würde, wäre dem Arzt/der Ärztin ein ‚Partner' zur Seite gestellt, der eine fundierte Diagnose und damit eine bessere medizinische Behandlung wahrscheinlicher macht. Mögliche Effekte könnten allerdings auch eine vermehrte Abhängigkeit von vernetzten Systemen und Datenmissbrauch sein, würden also jene Themen betreffen, die den momentanen Diskurs rund um den digitalen Wandel bestimmen.

5 Zukunftsperspektiven. Partizipative Entscheidungsfindung auf der Suche nach den Dingen

Im Abschnitt über die Material Culture Studies wurde postuliert, dass sich durch die Betrachtung der Dingkultur oftmals mehr über das Wesen menschlicher Beziehungen erfahren lasse als von den unmittelbar Beteiligten.[27] Zwei Punkte erscheinen mir hier für die Betrachtung der möglichen Zukunftsperspektiven von partizipativer Entscheidungsfindung essenziell. Erstens was die relative Abwesenheit von Dingen in medizinischer Entscheidungsfindung über die Beziehungen zwischen Ärzt*innen, Patient*innen, Pflegepersonal und Angehörigen aussagt. Und zweitens welche Entwicklungen und Wünsche für einen Wandel dieser Beziehungen sich anhand der hier vorgestellten Designkonzepte ablesen lassen.

Dingen wird in der medizinischen Entscheidungsfindung skeptisch begegnet oder wenig Zweck und Bedeutung beigemessen. Möglicherweise aufgrund der Überzeugung, dass die Beziehung zwischen Arzt/Ärztin und Patient*in frei von materiellen Dingen sein sollte, um die Flexibilität und den individuellen Gestaltungsspielraum des gesprochenen Wortes zu bewahren. Die vorgestellten Designkonzepte allerdings beinhalten materielle Kultur, um das Gespräch zwischen Ärztin/Arzt und Patient*in zu unterstützen, was also sagen sie über die gewünschten Beziehungen zwischen den Akteur*innen aus?

Zunächst scheint Teilhabe ein ganz zentraler und immer wiederkehrender Wunsch zu sein: Der zeitgenössische Diskurs zu partizipativer Entscheidungsfindung und die Beiträge der Designstudierenden deuten auf den Wunsch hin, das Gespräch fassbarer zu machen und damit auch verhandelbar, zunächst zwischen Mediziner*innen und einzelnen Patient*innen und in der Folge mit weiteren Vertrauenspersonen. „Nyfødt. A Pregnancy Journey" ist ein Beispiel dafür, wie in Entscheidungen während der Schwangerschaft nicht nur die werdende Mutter, sondern auch ihr Partner einbezogen werden soll. Materielle Kultur in partizipativer Entscheidungsfindung lässt sich daher auch als Forderung interpretieren, mit mehr Akteur*innen in Beziehung zu treten und mit diesen eine möglicherweise lebensverändernde medizinische Entscheidung zu teilen. Der Wille nach ortsunab-

---

27 Miller 2012.

hängiger Verfügbarkeit von medizinischen Informationen lässt dabei erkennen, dass Patient*innen sich an einen ständigen Informationszugang via Internet gewöhnt haben, gleichzeitig aber erkennen, dass dies bei medizinischen Fragestellungen das Risiko für Verunsicherung und Fehlinformation in sich birgt. Mehrere Projekte zeigen daher einen Wunsch nach ausgewählten Informationen als wünschenswerte Grundlage für eine gelungene Kommunikation zwischen Arzt/Ärztin und Patient*in. Darauf, dass Teilhabe durch einen selbstverständlicheren Einsatz von Kommunikationstechnologie erst ermöglicht wird, weist etwa das Projekt „Ensight" mit seinem Vorschlag, die Wartezeit für eine automatisierte Befragung der Patient*innen zu nutzen und dafür die tatsächlich zur Verfügung stehende Zeit mit der Ärztin/dem Arzt effizienter und patient*innenzentrierter zu gestalten, hin. Teilhabe scheint auch eng mit dem Wunsch nach Wertschätzung für das Wissen der Patient*innen verbunden zu sein. „Home Support Kit" mit seinem Heimforschungsset für chronisch kranke Menschen verweist etwa darauf, dass Patient*innen kompetente Beobachter*innen und Kenner*innen des eigenen Körpers sind und für die Datensammlung geeignete Werkzeuge benötigen. Wertschätzende Teilhabe und Ermächtigung kann aber auch bedeuten, verborgenen Themen oder scheinbar Unaussprechlichem Raum zu geben, und ist damit ein weiteres Anliegen, das in den Projekten zum Ausdruck kommt. „Decision Preparation Tool for Delivery" wäre ein Beispiel dafür, wie durch eine Visualisierungsmöglichkeit während der Geburt gewünschte Nähe oder Distanz von Begleiter*innen und Geburtshelfer*innen kommuniziert werden kann. „Don't gamble with your health" schlägt Objekte vor, die eine Kultur des Fragens in Gesprächen zwischen Arzt/Ärztin und Patient*in unterstützen sollen, damit auch dem Klären und Lösen von Ängsten Raum gegeben werden kann. Dieser Wunsch kann auch als Vorschlag für die inklusive Teilhabe an intensiveren Beziehungen zwischen Ärzt*innen und Patient*innen interpretiert werden, in der Menschen unabhängig von ihren kognitiven Fähigkeiten befähigt werden, Fragen zu stellen und in einen Dialog mit der Ärztin/dem Arzt zu treten. „Amaze", der Wissensspielplatz für Kinder, wäre ebenfalls als Beispiel dafür zu nennen, wie dieser Dialog für jene geöffnet werden könnte, die üblicherweise nicht daran teilnehmen.

Im Vergleich mit dem bereits behandelten Stethoskop und seiner gewichtigen Rolle in der Interaktion zwischen Ärztin/Arzt und Patient*in lassen sich bei Objekten partizipativer Entscheidungsfindung deutliche Unterschiede feststellen. Während das Stethoskop Expertenwissen unterstützte, das ohne die Mitsprache der Patient*innen auskommt, wird durch die hier behandelten Entscheidungshilfen das Wissen unterschiedlichster am Behandlungsprozess beteiligter Personen hervorgeholt und zur entscheidungsrelevanten Mitsprache gebracht. Auch die Verantwortung für die zu fällenden Entscheidungen wird damit tendenziell von der/dem Patient*in und anderen beteiligten Personen mitgetragen und ist nicht mehr allein eine An-gelegenheit der Ärztin/des Arztes. Das ‚virtuose Zuhören‘, wie es das Stethoskop ermöglichte, wird wieder stärker als tatsächliches Hinhören auf das, was Patient*in und andere Beteiligte zu sagen haben, verstanden, denn als alleiniges Horchen auf Körperfunktionen. Auf diese Weise fließen noch ganz andere Faktoren als jene, die der Körperbiologie zu entnehmen sind, in das Behandlungsergebnis ein und werden entscheidungsrelevant: die Lebensgeschichten der Patient*innen mit all ihren sozialen und psychisch-geistigen Implikationen. Während das Stethoskop über seine diagnostische und beziehungssteuernde Funktion hinaus auch für ein bestimmtes Verständnis von Medizin steht, scheint der partizipativen Entschei-dungsfindung eine vergleichbare Ikone zu fehlen: ein Objekt, das Beziehungen zu Patient*innen strukturiert und zugleich Sinnbild für ein neues, zeitgemäßes Verständnis von Medizin ist. Die Kulturleistung von Designer*innen in diesem Feld liegt deshalb nicht nur in der Mitgestaltung des medizinischen Beziehungs-gefüges, sondern vor allem auch in dem Veranschaulichen einer sich gegenwärtig verändernden medizinischen Praxis.

Literatur

Bourdieu, Pierre. 1984. *Distinction. A Social Critique of the Judgement of Taste.* Cambridge, MA: Harvard University Press.
Coulter, Angela, und Alf Collins. 2011. *Making Shared Decision-Making a Reality. No decision about me, without me.* London: King's Fund.
Dankl, Kathrina. 2017. Intuition, Reflection and Reflexivity. *FormAkademisk – Research Journal of Design and Design Education* 10 (2). https://doi.org/10.7577/formakademisk.1643.
Dankl, Kathrina, und Karina Dahl Steffensen. 2016. Shared Decision Making. Empathic Encounters Between Design and Healthcare. In *Proceedings of the 10th International Conference on Design & Emotion: Celebration & Contemplation,* Hrsg. Pieter Desmet, Steven Fokkinga, Geke Ludden, Nazli Cila, Hester van Zuthem, 80–89. The Design & Emotion Society.
Gell, Alfred. 1998. *Art and Agency. An Anthropological Theory.* Oxford: Oxford University Press.
Gerchufsky, Michael. 1995. Ode to a Stethoscope, the Umbilical Cord of Health Care. In *Advance* 3: 47–50.
Hicks, Dan, und Mary C Beaudry. 2010. *The Oxford Handbook of Material Culture Studies.* Oxford: Oxford University Press.
Joseph-Williams, Natalie, Adrian Edwards und Glyn Elwyn. 2014. Power Imbalance Prevents Shared Decision Making. In *Bmj* 348: g3178.

Kilbourn, Kyle, und Marie Bay. 2010. Foresight and Forecasts. Participation in a Welfare Technology Innovation Project. In Proceedings of the 11th Biennial Participatory Design Conference. New York: ACM, 255–258.

Kirsch, Michael. 1998. The Death of the Stethoscope. Murmurs of Discontent. http://www. Acponline.Org/Journals/News/Dec98/Stetho.Htm. Zugegriffen: Juli 2010.

Lopez, Victor Cuesta. 2010. Lisbon Treaty's Provisions on Democratic Principles. A Legal Framework for Participatory Democracy. In European Public Law 16: 123.

Miller, Daniel. 2012. Der Trost Der Dinge. Frankfurt am Main: Suhrkamp.

Porter, Roy. 1999. The Greatest Benefit to Mankind. A Medical History of Humanity (The Norton History of Science). New York: WW Norton & Company.

Rice, Tom. 2008. „Beautiful Murmurs". Stethoscopic Listening and Acoustic Objectification. In The Senses and Society 3, 3: 293–306.

Rice, Tom. 2010. „The Hallmark of a Doctor". The Stethoscope and the Making of Medical Identity. In Journal of Material Culture 15, 3: 287–301.

Saurugger, Sabine. 2010. The Social Construction of the Participatory Turn. The Emergence of a Norm in the European Union. In European Journal of Political Research 49, 4: 471–495.

Scholl, Isabelle, Jördis M. Zill, Martin Härter und Jörg Dirmaier. 2014. An Integrative Model of Patient-Centeredness. A Systematic Review and Concept Analysis. PloS One 9, 9: e107828.

Sinclair, Simon. 1997. Making Doctors. An Institutional Apprenticeship. Oxford: Berg Publishers.

Skou, Niels Peter, und Mette Mikkelsen. 2015. Designing Relations. Social Design, Voluntarism and the Transformation of Welfare Institutions. In Nordic Journal of Architecture 4, 5: 43–51.

Stacey, Dawn, Carol L. Bennett, Michael J. Barry, Nananda F. Col, Karen B. Eden, Margaret Holmes-Rovner, Hilary Llewellyn-Thomas, Anne Lyddiatt, France Légaré und Richard Thomson. 2011. Decision Aids for People Facing Health Treatment or Screening Decisions. In Cochrane Database of Systematic Reviews 10, Art. No.: CD001431. DOI: 10.1002/14651858.CD001431.pub3.

Stacey, D., F. Legare, N. F. Col, C. L. Bennett, M. J. Barry, K. B. Eden, M. Holmes-Rovner, H. Llewellyn-Thomas, A. Lyddiatt und R. Thomson. 2014. Decision Aids for People Facing Health Treatment or Screening Decisions. In Cochrane Database of Systematic Reviews. Jan 28 (1):CD001431. DOI: 10.1002/14651858.CD001431.pub4.

Steffensen, Karina Dahl, Vibe Hjelholt Baker und Mette Marianne Vinter. 2017. Zeitschrift für Evidenz Fortbildung und Qualität im Gesundheitswesen. 123–124:36–40. DOI: 10.1016/j.zefq.2017.05.005.

Steffensen, K. D., M. Vinter, D. Crüger, K. Dankl, A. Coulter, B. Stuart und L. L. Berry. 2018. Lessons in integrating shared decision-making into cancer care. Journal of oncology practice 14,4: 229–235.

Sterne, Jonathan. 2003. Medicine's Acoustic Culture: Mediate Auscultation, the Stethoscope and the ‚Autopsy of the Living'. In The Auditory Culture Reader, Hrsg. Michael Bull, Les Back, 191–217. Oxford: Berg Publishers.

Szeligowska, Dorota, und Elitsa Mincheva. 2012. The European Citizens' Initiative-Empowering European Citizens within the Institutional Triangle. A Political and Legal Analysis. In Perspectives on European Politics and Society 13, 3: 270–284.

Tilley, Chris, Webb Keane, Susanne Küchler, Mike Rowlands und Patricia Spyer. 2006. Handbook of Material Culture. Thousand Oaks, CA: Sage Publications.

Woodward, Ian. 2007. Understanding Material Culture. Thousand Oaks, CA: Sage Publications.

Autorin

Kathrina Dankl studierte Industrial Design an der FH Joanneum in Graz und schloss 2011 ein Doktorat in Designanthropologie an der Universität für angewandte Kunst in Wien ab. Seitdem kombiniert sie Lehre, Forschung und Designpraxis. Als Gründerin und Betreiberin von Studio Dankl fokussiert sie auf Produkt- und Servicedesign, nimmt an Designbiennalen wie BIO26 in Ljubljana teil und ist Partner von EU-Projekten wie „hiStory". Die Arbeiten von Studio Dankl wurden mit Preisen ausgezeichnet, international ausgestellt und sind Teil von Museumssammlungen. Als Associate Professor am Lab for Social Design lehrt und forscht Kathrina Dankl an der Design School Kolding in Dänemark. Ihre Publikationen erschienen u. a. in *The Design Journal, Design Studies* und *CoDesign Journal*.

‚Pflegedinge'
Beziehungsarbeit und Objektbeziehungen in Pflegesettings

Anamaria Depner, Lucia Artner, Carolin Kollewe, Isabel Atzl
und André Heitmann-Möller

In diesem Beitrag stellen wir ausgewählte Ergebnisse aus dem Forschungsprojekt „Die Pflege der Dinge. Die Bedeutung von Objekten in Geschichte und gegenwärtiger Praxis der Pflege" (kurz: ‚Pflegedinge')[1] vor.[2] Ausgehend von fünf unterschiedlichen Objektbeispielen beschreiben wir die vielschichtigen und diversen Beziehungsgefüge, welche zwischen Pflegenden, Gepflegten und den involvierten Objekten beziehungsweise Objektensembles beobachtet wurden. Den Beispielen sind kurze Bestimmungen der Begriffe ‚Pflege', ‚Dinge' und ‚Pflegedinge' vorangestellt, auf die wir in der abschließenden Zusammenschau zur Bedeutung von Objekten für die Beziehungen in pflegerischen Settings wieder Bezug nehmen.

---

1   Die diesem Beitrag zugrunde liegenden Daten wurden im Rahmen des Forschungsprojekts „Die Pflege der Dinge. Die Bedeutung von Objekten in Geschichte und gegenwärtiger Praxis der Pflege" erhoben und analysiert. Dieses Projekt wurde von Februar 2014 bis Ende Januar 2017 mit Mitteln des Bundesministeriums für Bildung und Forschung unter dem Förderkennzeichen 01UO1317A–D gefördert. An dem Verbundprojekt beteiligt waren das Institut für Gerontologie der Universität Heidelberg, das Berliner Medizinhistorische Museum der Charité, das Institut für Sozial- und Organisationspädagogik der Stiftung Universität Hildesheim sowie der Fachbereich Pflegewissenschaft der Universität Osnabrück. Die Verantwortung für den Inhalt dieser Veröffentlichung liegt bei den Autor*innen.

2   Siehe dazu zum Beispiel Lucia Artner, Isabel Atzl, Anamaria Depner, André Heitmann-Möller und Carolin Kollewe, Hrsg. 2017. *Pflegedinge. Materialitäten in Pflege und Care*. Bielefeld: Transcript.

© Springer Fachmedien Wiesbaden GmbH, ein Teil von Springer Nature 2020
M. Fineder und J. Lang (Hrsg.), *Zwischenmenschliches Design*,
https://doi.org/10.1007/978-3-658-30269-6_4

1   Pflege

‚Pflege' ist ein vielschichtiger Begriff, der in seiner Komplexität nur schwer zu greifen ist. Eine einschlägige Definition erscheint nahezu unmöglich, da Pflege sehr verschiedene Tätigkeiten und Aktivitäten umfasst: Neben beruflicher Pflege zählen dazu auch Selbstpflege sowie Pflege durch Angehörige, Freund*innen, Nachbar*innen etc. Grundsätzlich ist Pflege ein alltägliches Phänomen und betrifft jeden Menschen, auch abseits von Einrichtungen wie Krankenhäusern oder Altenheimen. Ob wir uns die Hände eincremen, für erkältete Partner*innen eine Suppe kochen, jemandem ein Pflaster auf eine Wunde kleben oder einem Säugling die Windeln wechseln: (Selbst-)pflegerische Handlungen finden tagtäglich statt. In der Regel lassen sich dabei mindestens eine gepflegte und eine pflegende Person definieren (im Falle der Selbstpflege fallen diese zusammen) sowie Objekte, die einen signifikanten Teil dieser Pflegehandlungen darstellen.

Pflege erfolgt nicht nur durch Personen, die die Tätigkeit in unterschiedlichen professionalisierten Kontexten ausüben, sondern auch in sehr verschiedenen Umgebungen, beispielsweise in Krankenhäusern und Pflegeheimen oder in den eigenen vier Wänden. Wir verstehen Pflege über ihre Bedeutung als professionalisierte Berufsausübung hinaus als eine zentrale Praxis menschlichen Miteinanders,[3] in der Pflegende und Gepflegte in einem differenzierten Beziehungsgefüge zueinander stehen. Pflege betrachten wir dabei als einen Bestandteil von Sorge im Sinne von Care[4]

Für den Pflegewissenschaftler Hartmut Remmers ist Pflege unabhängig davon, ob dabei „eine professionelle oder informelle Leistung" angesprochen ist, als „Beziehungsarbeit" zu verstehen, welche sich durch „leibliche Gegenseitigkeit"

---

3   Hildegard Peplau. 1995. *Interpersonale Beziehungen in der Pflege*. Basel: Recom.

4   Mit Margrit Brückner verstehen wir unter Care die Gesamtheit von Erziehungs-, Betreuungs-, Versorgungs- und Unterstützungsarbeiten, die für unterschiedliche Gruppen von Menschen (zum Beispiel Kinder, ältere und alte Menschen, Kranke) sowohl innerhalb der Familie als auch in Institutionen wie Altenheimen, Kinderbetreuungsstätten etc. bezahlt oder unbezahlt geleistet werden. Siehe dazu Margrit Brückner. 2004. Der gesellschaftliche Umgang mit menschlicher Hilfsbedürftigkeit. Fürsorge und Pflege in westlichen Wohlfahrtsregimen. In *Österreichische Zeitschrift für Soziologie* 29, 2: 7–23. Care und damit auch Pflege ist für uns durchmachtete Arbeit. Vgl. Cornelia Klinger. 2014. Selbstsorge oder Selbsttechnologie? Das Subjekt zwischen liberaler Tradition und Neoliberalismus. In *Für sich und andere sorgen. Krise und Zukunft von Care in der modernen Gesellschaft*, Hrsg. Brigitte Aulenbacher und Maria Dammayr, 31–39. Weinheim/Basel: Beltz Juventa; Klaus R. Schroeter. 2008. Pflege in Figurationen. Ein theoriegeleiteter Zugang zum ‚sozialen Feld der Pflege'. In *Soziale Ungleichheit und Pflege: Beiträge sozialwissenschaftlich orientierter Pflegeforschung*, Hrsg. Ulrich Bauer und Andreas Büscher, 49–77. Wiesbaden: Springer VS.

auszeichnet.[5] Damit verweist er auf die grundlegende anthropologische Bedeutung
dieser Beziehung. Remmers bezieht sich in seiner Argumentation ferner auf Helmuth
Plessner, dessen Unterscheidung zwischen „Körper haben" und „Leib sein", auch
von Thomas Fuchs in pflegewissenschaftlichen Kontexten fruchtbar gemacht wird.[6]
Bei diesem als „exzentrische Positionalität"[7] bekannten Modell menschlicher Verfasstheit wird der menschlichen Körper als materiales Objekt und der Leib als eine
bewusst erlebte Entität beschrieben. Demnach ist es ein besonderes Merkmal von
Pflege, dass Menschen aktiv und leiblich zueinander in Beziehung treten und ihre
(stoffliche) Körperlichkeit in dieser Beziehung eine konstitutive Rolle spielt. Folgt
man den Ansätzen der philosophischen Anthropologie und dem hier postulierten
Primat körpervermittelter Erfahrung und Wahrnehmung, macht Remmers Ansatz
die empirische Pflegeforschung besonders anschlussfähig für eine Auseinandersetzung mit der materialen, dinglichen (Um-)Welt der Pflege.

2   Dinge

Helmuth Plessner und Max Scheler haben in prominenter Weise die Perspektiven
der philosophischen Anthropologie geprägt.[8] Beide haben sich intensiv mit der
materialen Seite des Menschseins – also mit dem Körper einerseits und dem Leib
andererseits – und deren Bedeutung für die Möglichkeiten und die Beschaffenheit
des Weltbezugs auseinandergesetzt. Sie entwickelten einschlägige Weltentwürfe,
deren Kern die Idee eines Leib-Körpers bildet. Der *Körper* bezeichnet hierbei das
Wahrgenommene, das Reflektierte; der *Leib* hingegen das (sich selbst) Wahrneh-

---

5   Hartmut Remmers. 2011. Pflegewissenschaft als transdisziplinäres Konstrukt. Wissen-
    schaftssystematische Überlegungen. Eine Einleitung. In *Pflegewissenschaft im interdis-
    ziplinären Dialog*, Hrsg. Hartmut Remmers, 7–47. Göttingen: V&R unipress, S. 11.

6   Thomas Fuchs. 2015. Körper haben oder Leib sein. In *Gesprächspsychotherapie und
    personzentrierte Beratung* 3: 147 ff.

7   Helmuth Plessner. 1975. *Die Stufen des Organischen und der Mensch. Einleitung in die
    philosophische Anthropologie*. Berlin: de Gryter, passim., bes. S. 288 ff.

8   Plessner 1975; Helmuth Plessner. 1980. Die Einheit der Sinne. Grundlinien einer Ästhe-
    siologie des Geistes. In *Gesammelte Schriften*, Hrsg. Günter Dux, Bd. 3, 7–315. Frankfurt
    am Main: Suhrkamp; Max Scheler. 2007. Die Stellung des Menschen im Kosmos. In *Die
    Stellung des Menschen im Kosmos*, Hrsg. Manfred Frings. Bonn: Bouvier; Max Scheler.
    2009. Der Formalismus in der Ethik und die materiale Wertethik. Neuer Versuch der
    Grundlegung eines ethischen Personalismus. In *Gesammelte Werke*, Hrsg. Manfred
    Frings, Bd. 2. Bonn: Bouvier.

mende, aber nicht zur Reflexion Fähige. Beides zusammengenommen stellt die von Plessner beschriebene „exzentrische Positionalität" des Menschen dar: das gleichzeitige Leib-sein und Körper-haben. Bei der Selbstwahrnehmung spielen unmittelbare Sinneseindrücke und Selbstreflexion untrennbar zusammen. Arnold Gehlen, ein weiterer Vertreter der philosophischen Anthropologie, fasst die Reziprozität zwischen Menschen und Dingen, wie sie innerhalb dieser Strömung stark gemacht wird, kondensiert zusammen:

> „Wir erfahren die Wirklichkeit nur, indem wir uns praktisch mit ihr auseinandersetzen oder dadurch, daß wir sie durch die Mehrheit unserer Sinne hindurchziehen: das Gesehene betasten, befühlen oder endlich indem wir sie ansprechen und so eine dritte Art menschlicher Aktivität gegen sie setzen."[9]

Diese Reziprozität wird durch die Annahme, die in der oben eingeführten Denkfigur der „exzentrischen Positionalität" anklingt, verständlich: Der Mensch, der die Dinge sinnlich wahrnimmt, ist selbst von materialer Beschaffenheit und nimmt sich damit selbst in ähnlicher Weise wahr. Wir erkennen Dinge also, weil wir die Kategorie ‚Ding' aufgrund der eigenen Selbstwahrnehmung des Leib-Körpers kennen. Gleichzeitig erfahren wir die Dinge über ebendiesen Leib-Körper und die ihm gegebenen Fähigkeiten zur sinnlichen Wahrnehmung.

Menschen und Dinge beziehen sich also reziprok aufeinander. Dies wirkt sowohl ding- als auch selbstkonstituierend. Die Idee der leiblichen Gegenseitigkeit ist demnach sowohl für die (zwischenmenschliche) Beziehungsarbeit, die Pflege laut Remmers darstellt, als auch für genuine Mensch-Ding-Beziehungen konstitutiv. Dinge gestalten die Beziehungen, die wir zu ihnen und zu anderen haben, mit.

3   Pflegedinge

Widmet man sich der materialen Seite von Pflege, offenbart sich relativ früh der Reichtum an unterschiedlichen Gegenständen in verschiedenartigen Settings: Je nachdem, an wen sich die Pflege richtet (etwa an Kinder, Menschen mit Krankheiten oder Altersgebrechen), in welcher Umgebung diese stattfindet (zum Beispiel auf der Intensivstation, zuhause oder im Altenpflegeheim) und zu welchem historischen Zeitpunkt wir Pflege betrachten (heute oder vor beispielsweise 150 Jahren), wird man zahlreiche unterschiedliche Objekte finden, denen dabei eine konstitutive

---

9   Arnold Gehlen. 1961 [1936]. Vom Wesen der Erfahrung. In *Anthropologische Forschung*, Hrsg. Arnold Gehlen, 26–43: Reinbek bei Hamburg: Rowohlt, S. 33.

Rolle in Bezug auf die zwischenmenschliche Beziehung zukommt. So gibt es eine Vielzahl spezialisierter Objekte wie Spritzen, Verbände, Dokumentationsmappen etc., die direkt und ausschließlich mit pflegerischem Handeln in Verbindung stehen und in der Regel von examinierten Pflegekräften gehandhabt werden. Einige dieser Dinge sind erst im Laufe der Zeit und mit der Ausdifferenzierung der Pflegeberufe aus ärztlicher Hand in die Hände von Pflegekräften übergegangen, zuweilen auch weiter zu Laiinnen und Laien.

Da Pflege aber nicht nur den Alltag von Gepflegten mitbestimmt, sondern auch selbst etwas Alltägliches sein kann, fallen bei einer Bestandsaufnahme von pflegerelevanten Gegenständen überraschend viele Objekte ins Auge, die sich mit den Alltagsdingen in einem durchschnittlichen Haushalt decken (zum Beispiel Tassen, Löffel, Waschlappen). Solche Dinge können, müssen aber nicht speziell für Pflegesettings hergestellt sein. Hinzu kommen zahlreiche persönliche Gegenstände der Personen, die gepflegt werden. Gerade in den Bereichen der häuslichen und stationären Altenpflege, in denen Hilfestellungen bei der Körperpflege oder Ernährung ein Teil von (professioneller) Pflegeleistung sind, finden sich solche Dinge vermehrt. Diese Alltagsdinge erlangen auch eine Bedeutung für unterschiedliche medizinische Komponenten der Pflege, wie wir weiter unten noch zeigen werden. Außerdem stellen wir im Folgenden Beispiele vor, wie alltägliche Tätigkeiten zur Erfüllung von Bedürfnissen durch hochkomplexe technische Geräte – und damit auch die alltäglichen Begegnungen und Interaktionen der involvierten Menschen – unterstützt und strukturiert werden.

Das erste Beispiel, das im folgenden Abschnitt präsentiert wird, stammt aus der historischen Pflege, die von Isabel Atzl beforscht wurde: Es zeigt, wie die beginnende Nutzung des Fieberthermometers Ende des 19. Jahrhunderts die Beziehung zwischen Pflegenden und Gepflegten verändert hat. Lucia Artner, André Heitmann-Möller und Carolin Kollewe widmen sich gegenwärtigen technischen Objekten und Objektensembles. Dabei unterscheiden sich die Beispiele nicht nur hinsichtlich der Art der Technisierung, sondern auch bezüglich der pflegerischen Settings, in denen sie eingesetzt werden: in Altenpflegeheimen (das Beispiel Lifter, untersucht von Artner), in der ambulanten Intensivpflege (das Beispiel Heimbeatmungsgerät und sein Dingnetzwerk, besprochen von Heitmann-Möller) und in der häuslichen Pflege und Unterstützung alter Menschen (das sensorgestütze Hausnotrufsystem, dargestellt von Kollewe). Das letzte Beispiel aus der Forschung von Anamaria Depner stammt ebenfalls aus dem Bereich der stationären Altenpflege und nimmt personenbezogene Alltagsdinge von an Demenz erkrankten Menschen in den Blick.

4   Vom Berühren der Haut zum Ablesen der Zahl. Instrumente und zwischenmenschliche Beziehungen

Die historische Rekonstruktion der Mitwirkung von Dingen an pflegerisch relevanten Beziehungsgefügen und ihres Einflusses darauf verläuft naturgemäß in anderen Bahnen als die Erforschung gegenwärtiger kultur- oder sozialwissenschaftlicher Phänomene, denn die Forschenden können dem Geschehen nicht mehr beiwohnen. Es gilt also, vergangene Pflegepraktiken, an denen ebenso wie heute fast immer auch Dinge beteiligt waren, im Nachhinein zu erfassen und ihren Einfluss auf die beteiligten Personen aufzuspüren. In den historischen Wissenschaften ist es üblich, dies vornehmlich über Texte und Bilder (Fotos, Gemälde etc.) zu tun, die man einer intensiven Quellenkritik unterzieht. Pflegerisches Handeln zu rekonstruieren stellt dabei eine besondere Herausforderung dar, da sowohl Pflegende als auch Gepflegte in den schriftlichen und bildlichen Quellen nur in geringem Umfang in Erscheinung treten und vor allem kaum Selbstzeugnisse vorhanden beziehungsweise bekannt sind.[10] Dreidimensionale und bis heute erhalten gebliebene Dinge als Quellen in die Rekonstruktion historischer Praktiken und Beziehungsgefüge einzubeziehen ist ein noch recht junger Ansatz in der Pflegegeschichte[11], der großes Potenzial für die historische Forschung birgt.[12]

Das auf den ersten Blick eher unscheinbare Fieberthermometer erwies sich bei näherer Betrachtung als überaus fruchtbar für die Analyse historischer pflegerischer Praktiken. An ihm kann besonders gut deutlich gemacht werden, dass die Einbeziehung des konkreten dreidimensionalen Gegenstands im Vergleich zu dem ausschließlichen Bezug auf Texte oder Bilder für die historische Forschung einen großen Gewinn darstellt. Gerade an diesem Objekt, das als erster Gegenstand in die pflegerisch bedeutsame Krankenbeobachtung eingeführt wurde, lassen sich Veränderungen im Beziehungsgefüge zwischen Pflegenden und Gepflegten besonders gut aufzeigen. Bei dem hier besprochenen Exemplar aus der Sammlung des Berliner Medizinhistorischen Museums der Charité (Abb. 1–2) handelt es sich um ein Quecksilberthermometer aus Glas aus dem Jahr 1883. Die Messskala reicht von 33 bis 45 Grad Celsius, die 37-Grad-Marke ist durch einen roten Strich markiert,

---

10 Uwe Eckart und Robert Jütte. 2007. *Medizingeschichte. Eine Einführung.* Köln: UTB.

11 Isabel Atzl. 2017. Das materiale Erbe der Pflege. Historische Pflegedinge in Sammlungen und Museen und ihr Potential für die (pflege)historische Forschung. In *Pflegedinge. Die Materialität von Pflege und Care*, Hrsg. Lucia Artner et al., 49–82. Bielefeld: Transcript.

12 Isabel Atzl. 2018. Spritzen, Kittel, Schnabeltasse. Objekte als Quellen in der pflegehistorischen Forschung. In *Lehrbuch zur Geschichte der nicht-ärztlichen Gesundheitsberufe*, Hrsg. Sylvelin Hähner-Rombach und Pierre Pfütsch [in Vorb.].

der vermutlich in den ersten Jahren nach der Herstellung nachträglich aufgebracht wurde. Diese auffallende Markierung, die sich bei Vergleichsobjekten jeweils unterschiedlich darstellt, lenkte den Blick auf die Frage, wer das Objekt an wem, zu welchem Zeitpunkt und in welcher Weise angewendet hat: Erst um 1870 führten Ärzte das Erfassen der Körperwärme mit einem Instrument im klinischen Kontext ein und wurden seine Ergebnisse für die Diagnostik und Therapie von fieberhaften Krankheitsverläufen relevant.[13] Im Gegensatz dazu sind aber alle Thermometer in den einbezogenen Sammlungen nicht als ärztliche Objekte, sondern als Objekte der Pflege verschlagwortet, sofern das Thema Pflege im Sammlungskontext berücksichtigt wurde.[14] Offenbar hat also ein Wandel im Nutzungskontext stattgefunden, dem es auf die Spur zu kommen galt.

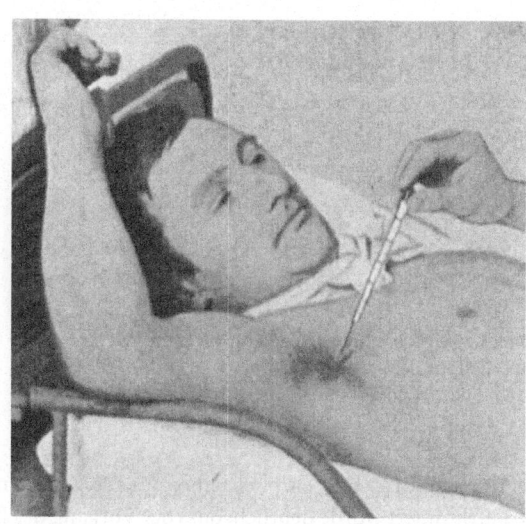

Abb. 1

Fiebermessen, Bild aus einem Lehrbuch aus dem Jahr 1904

13 Volker Hess. 2000. *Der wohltemperierte Mensch: Wissenschaft und Alltag des Fieber-messens 1850–1900.* Frankfurt am Main/New York: Campus.

14 Atzl 2017.

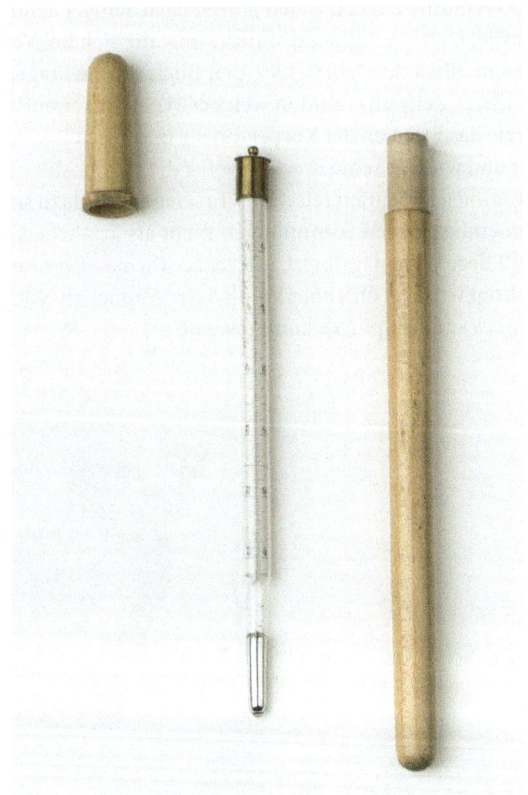

Abb. 2

Quecksilberthermometer
aus Glas aus dem Jahr
1883. Foto: Thomas Bruns

Bei der Sichtung von Lehrbuchreihen für die Krankenpflegeausbildung aus dem
19. Jahrhundert wurde deutlich, dass der Vorgang des Fiebermessens ab Mitte der
1870er-Jahre von Ärzten an Pflegende übergeben wurde und sich damit von einer
ärztlichen zu einer pflegerischen Praktik wandelte. Die Übergabe des Thermometers
in pflegerische Hände geht mit ausführlichen Beschreibungen der korrekten Handhabung sowie einer intensiven Instrumentenkunde und zahlreichen Hinweisen auf
mögliche Gefahrenquellen für die Patient*innen in der damaligen Lehrbuchliteratur
einher. Die nachträglich händisch hinzugefügte Markierung des kritischen Wertes
auf dem hier besprochenen Instrument verdeutlicht diese Entwicklung: Frühe Instrumente aus den 1870er-Jahren tragen keine Markierung des kritischen Wertes,
erst zu Beginn der Übergabephase wird diese Markierung per Hand, später dann
maschinell auf die Instrumente aufgebracht. Begibt man sich nun auf die Spuren

des Beziehungsgefüges zwischen Pflegenden und Gepflegten, so stechen in den Lehrbüchern zunächst einmal sehr technisch und weniger menschlich ausgerichtete Beschreibungen des Fiebermessens ins Auge. Zum Beispiel:

> „Die Messung der Körperwärme geschieht mit dem Thermometer (Krankenthermometer). [...] Wir legen das Thermometer deshalb in die Achselhöhle, wo die großen Blutgefäße, welche nach dem Arm ziehen, dicht unter der Haut liegen. Die Achselhöhle wird zunächst ausgetrocknet. Alsdann wird der Arm etwas von dem Rumpf abgeführt, so daß man frei in die Achselhöhle sehen kann. Die Kugel des Thermometers wird nun an die tiefste Stelle der Achselhöhle angedrückt, der Oberarm an den Körper fest angelegt, der Vorderarm über die Brust so gelegt, daß die Hand in die Gegend der anderen Achsel zu liegen kommt und der Kranke wird aufgefordert mit dieser Hand eine Falte seines Hemdes zu greifen.“[15]

Die korrekte Platzierung des Instrumentes und an anderer Stelle im gleichen Text auch der richtige Zeitpunkt der Anwendung nehmen in den Beschreibungen neben der ärztlich geforderten Pflicht der Pflegenden, bei der Überschreitung der kritischen 37-Grad-Marke den Arzt zu informieren, breiten Raum ein.

Was genau aber hatte sich im Zuge dieser Entwicklungen in der Beziehung zwischen Pflegenden und Gepflegten verändert? Die Erfassung der Körperwärme war schon in den ersten Lehrbüchern als bedeutsamer Teil pflegerischer Aufgaben im Rahmen der Krankenbeobachtung festgeschrieben worden.[16] Ohne Instrument jedoch gab es hier einen direkten, auf sinnliche Wahrnehmung ausgerichteten Körperkontakt zwischen beiden Personen in Form des Handauflegens auf die Haut des oder der Kranken.

Fragt man nun konkret nach der Veränderung in der Beziehung zwischen Pflegenden und Gepflegten, die sich durch das neu eingeführte Objekt zwischen beiden ergab, so kann kurzgefasst resümiert werden, dass sich zwischen die Wahrnehmung der Haut durch die Hand ein Gegenstand schob, der den sinnlichen Körperkontakt unterbrach und die Beziehung zwischen Pflegenden und Gepflegten auf eine am Instrument orientierte Handlung ausrichtete, bei der das oberste Ziel die korrekte

---

15 Rudolf Salzwedel. 1896. *Leitfaden der Krankenwartung. Zum Gebrauch für die Krankenwartschule des Kgl. Charité-Krankenhauses sowie zum Selbstunterricht.* Berlin: ohne Verlagsangabe, S. 53 f.

16 Zu diesem Zeitpunkt wurde die Hitze des Körpers als Krankheit und nicht als Symptom interpretiert, was dem andersartigen Krankheitsverständnis der Zeit entsprach. Für den Umgang Pflegender mit ihren Kranken ist dieser Umstand aber nicht relevant. Die Einführung des Thermometers in der zweiten Hälfte des 19. Jahrhunderts trägt der neuen, naturwissenschaftlichen Ausrichtung der Medizin Rechnung und erzielte exakte Messergebnisse.

Handhabung des Objektes darstellte. Berücksichtigt man gleichzeitig, dass zur Messung der Körpertemperatur im pathologisch-kritischen Bereich ebenso wie bei unruhigen Kranken oder Kindern die rektale Messung empfohlen und damit in den Intimbereich der Patient*innen vorgedrungen wurde, zeigt sich die Zurückstellung der vor Einführung des Thermometers üblichen Berührung der Haut durch Handauflegen zugunsten einer eher technisch ausgerichteten Berührung des Intimbereichs umso deutlicher.

Zugleich veränderte das Messinstrument das Beziehungsgefüge insofern, als Pflegende eine gewisse Macht gegenüber den ihnen anvertrauten Kranken erhielten, indem sie erstens lernten, einen objektiv festgelegten Wert zu erheben und zu dokumentieren, und die Kranken diesen zweitens nicht zwingend erfuhren. Zuvor wurde die Qualität und Bedeutung der vom Pflegenden sinnlich und vom Kranken selbst empfundenen Körperwärme mündlich verhandelt.[17] Nun aber blieben Erhebung, Bedeutung und Interpretation in den Händen der Pflegenden und Ärzte.

Die Einführung des Thermometers als Pflegeding in den pflegerischen Alltag am Ende des 19. Jahrhunderts hat somit den Umgang der Menschen miteinander grundlegend verändert.

5   Die Unsicherheiten eines sicheren Transfers. Der Stehlifter

Die Grundidee des hier abgebildeten Stehlifters (Abb. 3) ist es, eine Person mithilfe einer elektronischen Hebetechnologie aus dem Sitzen zum Stehen zu bringen. Aufgrund dieser Funktion wird der Lifter unter die technischen Pflegehilfsmittel subsumiert.[18] Seit den 1990er-Jahren wächst die Bedeutung von Liftern vor allem für die Altenpflege, sowohl um Pflegenden ein rückenschonendes Arbeiten zu ermöglichen als auch um die Mobilität bewegungseingeschränkter Personen zu verbessern. Zudem verspricht man sich von ihnen eine erhöhte Sicherheit: Von ihrer materialen Beschaffenheit sind sie so konstruiert, dass sie belastbar sind und – laut Hersteller – einen sicheren Transfer ermöglichen. Dennoch zeigen sich auf Seiten der Pflegenden ebenso wie bei den Menschen mit Pflegebedarf Ängste

---

17 Atzl 2017; Michael Stolberg. 2015. Kommunikative Praktiken. Ärztliche Wissensvermittlung am Krankenbett im 16. Jahrhundert. In *Praktiken der Frühen Neuzeit. Handlungen, Akteure, Artefakte*, Hrsg. Arndt Brendecke, 111–121. Wien/Köln/Weimar: Böhlau.

18 Martin Schieron. 2013. Transferhilfen sinnvoll einsetzen. In *Die Schwester Der Pfleger* 52, 8: 799–802.

und Unsicherheiten, Reaktionen, die den Lifter zu einem interessanten Objekt für eine Pflegedingforschung machen.

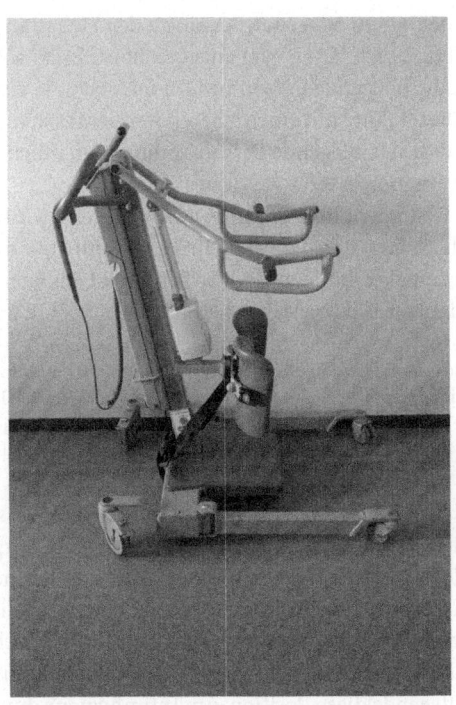

Abb. 3

Stehlifter, genutzt in
Pflegeheimen.
Foto: Thomas Bruns

Ein bestimmtes Modell, die „Steh- und Aufrichtehilfe" des Modells Sara™ 3000 (so die Bezeichnung des Herstellers ArjoHuntleight), konnte im Rahmen einer ethnografischen Erhebung in einem Altenpflegeheim in verschiedenen Situationen beobachtet werden: in der Tagespflege und in Wohngruppen, im Lagerungszustand und ‚in Aktion'. Anhand von Protokollen mehrerer teilnehmender Beobachtungen und Interviews mit Pflegenden konnte folgende ‚typische' Einsatzweise des Lifters rekonstruiert werden:

Die pflegende Person fasst an die halbkreisförmigen Lenkergriffe und schiebt den Lifter in Richtung der zu pflegenden Person, die in der Regel in einem Rollstuhl, auf einem Stuhl, einer Bettkante oder Ähnlichem sitzt. Ist der Lifter bis auf einige Zentimeter herangeschoben, legt die pflegende Person einen Sicherheitsgurt um die Brust und zwei kleinere jeweils um beide Fußgelenke der zu pflegenden Person. Dieser Ablauf erfolgt bis auf wenige Ausnahmen sehr routiniert und nonverbal. Die Nutzung des Lifters selbst wird in der Regel erst dann besprochen, wenn vor der Inbetriebnahme der elektronischen Hebefunktion noch nicht gewährleistet ist, dass sich die zu pflegende Person an den Hebestangen des Lifters festhält oder der Brustgurt nicht fest genug angebracht ist. Erst nachdem dies sichergestellt ist, aktiviert die pflegende Person per Knopfdruck die elektrische Hebefunktion des Lifters. Dieser fährt mit einem surrenden Geräusch die langen Haltestangen nach oben, und die zu pflegende Person kommt allmählich von einer sitzenden in eine stehende Position.

Auch wenn der Lifter in dem Altenpflegeheim wie beobachtet routinemäßig in Gebrauch ist, finden sich diverse Hinweise dafür, dass mit seiner Nutzung durchaus Unsicherheiten verbunden sind. So beschreibt ein interviewter Pfleger die zahlreichen Bedenken, die er anfangs beim Einsatz des Lifters hatte:

„[...] so unterschwellige Gedanken, wird das auch halten jetzt? Wird der Bewohner jetzt vielleicht fallen? Um Himmels Willen? Ja? Man ist sich der Sache noch nicht so sicher. Ähm, ob es tatsächlich. Man sieht dass es funktionieren könnte. Aber ich hatte schon das Gefühl, nicht dass da irgendwo was locker ist [lacht] oder so."[19]

Diese Zweifel werden durch den Umstand genährt, dass Pflegende die zu pflegende Person, für deren körperliche Unversehrtheit sie Sorge zu tragen haben, in die Hände des Lifters übergeben müssen: Die zu pflegende Person hängt ab einem gewissen Zeitpunkt mit ihrem Körper komplett an diesem Gerät. Sie ist sowohl von der/dem Pflegenden als auch dem Lifter selbst hochgradig abhängig, denn sie ist in dieser Position in ihrer Handlungsfreiheit extrem eingeschränkt. Zuweilen nutzen Pflegende diese Position, um Intimhygiene durchzuführen, teilweise ohne Ankündigung oder ohne vorher um Erlaubnis zu fragen.

Auf der anderen Seite kann die Pflegekraft zu diesem Zeitpunkt, wenn die elektronischen Hebe- oder Absenkfunktionen ausgelöst wurden, den Vorgang nicht mehr vollends kontrollieren. Es gibt zwar einen Notknopf, mit dem der Vorgang abgebrochen werden kann, alle weiteren (wenn auch sehr unwahrscheinlichen) Eventualitäten (Gurte reißen, Haltegriffe greifen nicht mehr, das ganze Gerät kippt zur Seite oder Ähnliches) können von der Pflegekraft hingegen nur bedingt kontrolliert werden. Entsprechende Vorsichtsmaßnahmen wie ein zweiter Blick darauf, ob der Brustgurt auch fest genug angebracht wurde, führten nicht nur diejenigen Pflegekräfte durch, die zum ersten Mal einen Lifter benutzen, sondern

---

19 Interview Pfleger Studie Artner, 25. April 2015, Z. 732–737.

auch erfahrenere Mitarbeiter*innen. Dies impliziert: Auch wenn Handlungsab-
läufe mehrfach wiederholt und entsprechendes Wissen angehäuft wird, bleibt ein
Rest an Unsicherheit beziehungsweise Misstrauen bestehen. Der Lifter scheint
wie eine Art Black Box zu sein: Die äußeren Wirkungsweisen erschließen sich,
doch die internen (technologischen) Funktionsweisen scheinen nicht vollständig
nachvollziehbar zu sein.[20] Die Unsicherheiten liegen wohl auch darin begründet,
dass der Prophylaxe von Stürzen der zu pflegenden Personen insbesondere in der
stationären Altenpflege eine sehr hohe Bedeutung beigemessen wird.[21] Ein weiterer
Grund könnte in der potenziellen Fehleranfälligkeit elektrotechnischer Geräte
liegen, weshalb, wie ein Pfleger berichtete, Lifter in Pflegeheimen regelmäßig durch
den TÜV kontrolliert werden.

Die Art, wie der Lifter betrieben und wie mit dem schwer kontrollierbaren Res-
trisiko seines Einsatzes umgegangen wird, hat Auswirkungen auf die Beziehungen
zwischen den zu pflegenden Personen und den Pflegenden. Nicht nur die Art, wie
vorsichtig der Lifter bedient wird, spielt eine Rolle, sondern auch wie auf Ängste
und Unsicherheiten der zu pflegenden Personen reagiert wird. In der Regel wird
zunächst versucht, dies kommunikativ zu lösen, also der zu pflegenden Person gut
zuzureden. Schafft die pflegende Person es jedoch nicht, das Vertrauen dadurch zu
erhöhen, verzichtete man in manchen Fällen, so wurde in Interviews berichtet, auf
den Einsatz des Lifters. Die Grenzen des Liftereinsatzes werden also durchaus von
den Gepflegten bestimmt. In einer ethnografischen Studie fand Michael Heinlein[22]
zudem heraus, dass der Einsatz von Liftern mit negativen Affekten behaftet sein
kann, da diese den Abbau der eigenen körperlichen Verfasstheit vor Augen führen.
Lifter können also auch eine Art Stigmaobjekt darstellen.[23]

Im Hinblick auf die Mensch-Ding-Mensch-Beziehung im Falle des Liftereinsatzes lässt sich Folgendes konstatieren: Auf den ersten Blick scheint der Lifter die
Abhängigkeit der zu pflegenden Personen von der Pflegekraft und dem technischen
Gerät zu erhöhen. Bei genauerer Betrachtung zeigt sich, dass trotz der vornehmlich nonverbalen Abläufe seines Einsatzes durchaus kommunikatives Handeln
erforderlich ist, dass insbesondere die zu pflegenden Personen überzeugt werden

---

20 Bruno Latour. 2002. *Die Hoffnung der Pandora. Untersuchungen zur Wirklichkeit der Wissenschaft.* Frankfurt am Main: Suhrkamp, S. 373.

21 Jasenka Korečić. 2003. *Pflegestandards Altenpflege*, 3., überarb. u. erw. Aufl. Berlin et al.: Springer, S. 273 ff.

22 Michael Heinlein. 2003. *Pflege in Aktion. Zur Materialität alltäglicher Pflegepraxis.* München/Mering: Rainer Hampp, S. 95–112.

23 Erving Goffman. 1975. *Stigma. Über Techniken der Bewältigung beschädigter Identität.* Frankfurt am Main: Suhrkamp.

müssen, der Technik zu vertrauen. Letztlich sind die Pfleger*innen auch auf die zu pflegenden Personen und den Lifter angewiesen.

6   Das Heimbeatmungsgerät und sein Dingnetzwerk als Herausforderung in pflegerischen Beziehungen

In der ambulanten Intensivpflege sticht unter der Vielzahl der dort eingesetzten Dinge besonders das Ensemble des Heimbeatmungsgeräts hervor: Ein Heimbeatmungsgerät (Abb. 4), zumal ein für eine invasive Beatmung über einen künstlich angelegten Zugang zur Luftröhre (Tracheostoma) bestimmtes Gerät, ist kein alleinstehendes Objekt. Für seine Funktion, die Atmung eines Menschen vollständig zu überneh-men oder partiell zu unterstützen, sind in der Regel weitere Dinge vonnöten. Zwar sind Heimbeatmungsgeräte kleiner und geräuschärmer als ihre Verwandten auf den Intensivstationen und können daher gut in die häuslichen Raumbedingungen eingepasst werden. Allerdings verleitet diese Anpassung zu der Fehlannahme, dass durch die medizintechnische Aufrüstung der häuslichen Umgebung quasi sämtlichen Aspekten der Vulnerabilität der betroffenen Menschen zufriedenstellend begegnet werden könne.[24] Aus der Perspektive eines leib- und beziehungsorientierten Ver-ständnisses pflegerischen Handelns[25] kann diese Annahme nur bezweifelt werden, zumal bei beatmeten Kranken ein regelmäßiges Sekretmanagement betrieben werden

---

24   Die ambulante Intensivpflege stellt in Deutschland immer noch ein schwer zugängliches Forschungsfeld dar und weist daher eine hohe Intransparenz auf. Siehe hierzu Christiane Gödecke. 2018. *Langzeitbeatmung im eigenen Umfeld.* Frankfurt am Main: Mabuse; Christiane Gödecke und Helen Kohlen. 2013. Ambulante Intensivpflege und Heimbe-atmung. Wie erleben Pflegekräfte die häusliche Heimbeatmung? In *Pflege Zeitschrift* 66, 4: 226–230; Michael Ewers. 2010. Vom Konzept zur klinischen Realität. Desiderata und Perspektiven in der Forschung über die technikintensive häusliche Versorgung in Deutschland. In *Pflege & Gesellschaft* 15, 4: 314–329; Michael Ewers, Christiane Schaepe und Yvonne Lehmann. 2017. Alles sicher? Risikosituationen in der häuslichen Intensiv-pflege aus Sicht beatmeter Patienten und ihrer Angehörigen. In *Pflege* 30: 365–373.

25   Manfred Hülsken-Giesler. 2017. Mimesis in Nursing Practice. The Hermeneutical Po-tential of the Body to Understand Patients' Lived Experiences. In *Critical Approaches in Nursing Theory and Nursing Research*, Hrsg. Thomas Foth et al., 150–168. Göttingen: V&R unipress; Manfred Hülsken-Giesler. 2008. *Der Zugang zum Anderen. Zur theoretischen Rekonstruktion von Professionalisierungsstrategien pflegerischen Handelns im Span-nungsfeld von Mimesis und Maschinenlogik.* Göttingen: V&R unipress GmbH; Hartmut Remmers. 2012. Assistive Technologien in der Lebenswelt älterer Menschen. Ethische Ambivalenzkonflikte zwischen Sicherheit und menschlicher Würde. In *Menschenwürde in der Medizin. Quo Vadis?*, Hrsg. Jan Joerdenet, 77–94. Baden Baden: Nomos.

muss. Dazu gehört das Absaugen des Lungensekrets mithilfe eines Absauggeräts, welches mit für die Kranken unangenehmen Empfindungen verbunden ist. An dem folgenden Beispiel eines typischen Absaugverlaufs kann sehr gut sichtbar gemacht werden, was es bedeutet, ,an der Maschine zu hängen':

„Anschließend geht Pfleger R. zum Klienten und begrüßt ihn: ,Guten Morgen M. Möchtest du noch schlafen?' Die zu pflegende Person A. verneint. R. fragt ihn bezüglich der Beatmung: ,Soll ich die Beatmung schon abmachen?' A. bejaht dies durch eine nickende Geste. Gleich darauf bereitet R. eine Absaugung vor. Nachdem er das Bett umrundet hat und auf der von A. aus gesehen rechten Bettseite steht, zieht er sich einen Mund-Nasenschutz über und öffnet die Verpackung eines Absaugkatheters ein wenig. Er verbindet den Adapter des Katheters mit dem Absaugschlauch und klemmt den nun angeschlossenen Katheter unter seinem linken Arm ein. Er stellt das Absauggerät auf Sog an und löst den Adapter des Beatmungsschlauchs von der Trachealkanüle. Er lagert den Beatmungsschlauch auf eine freie Stelle am Kopfteil des Bettes. Danach führt er den Absaugvorgang durch, indem er nach einer Vorankündigung den Katheter in die Trachealkanüle einführt. A. muss kurz nach Einführung des Katheters stark husten. Nachdem der erste Durchgang der Absaugung abgeschlossen ist, löst R. mit einer Spritze nach vorheriger Ankündigung die Blockung der Trachealkanüle mit dieser Spritze. Eine weitere Absaugung wird durchgeführt. R. fragt A. danach: ,Nochmal?'. Der Klient bejaht dies, wobei hier seine Stimme nun deutlich vernehmbar ist. Es erfolgt nun eine dritte Absaugung. Pfleger R. begrüßt danach den Klienten: ,Guten Morgen M.' Der Klient antwortet: ,Guten Morgen.' R. fragt: ,Sollen wir um acht Uhr loslegen?' A. antwortet: ,Ja'. R. erwidert: ,Dann hast du noch 'ne halbe Stunde.'"[26]

Fokussiert man auf den eigentlichen Akt des Absaugens, wird Folgendes sichtbar: Die Absaugmaßnahme forderte von dem Pfleger, sich zunächst mit weiteren materialen Objekten in der Situation zu arrangieren und vor Ort ein Absaugsystem herzustellen. Nach kurzer Rücksprache mit der zu pflegenden Person[27] (in der ambulanten Pflege eher als Klient*in, nicht als Patient*in angesprochen), begann er mit dem Absaugen. Mit der Durchführung dieser Maßnahme ergab sich ein – so würde man es in der Akteur-Netzwerk-Theorie nennen – flüchtiges soziomateriales Netzwerk, da nun der Pfleger, der Klient und das Absaugsystem kurzzeitig, aber

---

26 Protokoll 06.03.2015temp, Abschnitt 6. Die morgendliche Beobachtungssequenz bezieht sich auf die Versorgung eines Tetraplegikers, das heißt eines vom Hals abwärts gelähmten Menschen, welcher während der Nacht beatmet wurde. Die Ursache für die Verletzung lag in einem Reitunfall.

27 Pfleger R. begrüßte zu Beginn den von ihm gepflegten A. und erkundigte sich nach dessen Bedarfslage. Seine sofortigen Vorbereitungen für die Absaugmaßnahme deuten darauf hin, dass sich zwischen beiden Personen ein gemeinsames Situationsverständnis auf der Basis eines Vertrauensverhältnisses entwickelt hat.

mehrmals miteinander interagieren mussten, um die Absaughandlung zu vollführen.[28] Der während des Absaugens aufgetretene Hustenanfall ist eine als normal einzustufende physiologische leib-körperliche Reaktion des Klienten auf einen Fremdkörper in den unteren Atemwegen und verweist auf den soziomaterialen Aspekt der Abhängigkeit und Vulnerabilität des Kranken: Der heftige Hustenreflex wurde durch das Vorschieben des Absaugkatheters, welcher einen Fremdkörper darstellt, durch den Hohlraum der Kanüle in die Luftröhre verursacht. Hierdurch löste sich das Sekret, was aber auch zu einer belastenden Situation für den Klienten führte. Die materiale Beschaffenheit auf Silikonbasis gibt dem Katheter ein hohes Maß an Flexibilität, die der Pfleger mit einer seiner geschulten Hände mit den Körperfunktionen seines Klienten in Einklang bringen musste. Dies erfolgte durch ein rasches mehrmaliges und letztendlich auch erfolgreiches Absaugen. Dennoch wird deutlich, dass ein umsichtiges und sensibles Handeln erforderlich war. Zumal hier die Gefahr bestand, dass die notwendige Flexibilität des Katheters zum Beispiel zu einem Festsaugen an der Luftröhrenwand und damit zu Verletzungen führte.

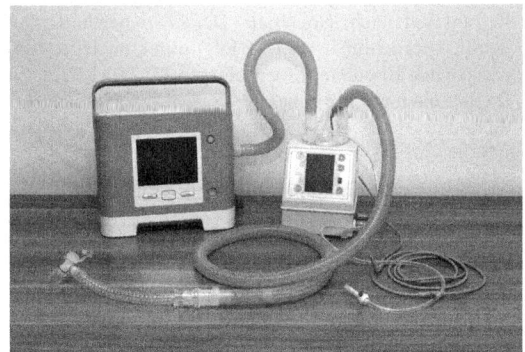

Abb. 4
Heimbeatmungsgerät.
Foto: Thomas Bruns

28　Zum soziomaterialen Netzwerk am Beispiel des Pflegebetts siehe auch André Heitmann-Möller und Hartmut Remmers. 2017. Pflegebett und Agency. Eine Untersuchung aus der Perspektive der Akteur-Netzwerk-Theorie von Bruno Latour. In *Pflegedinge. Materialitäten in Pflege und Care*, Hrsg. Lucia Artner et al., 133–162. Bielefeld: Transcript, S. 156 f.

Welche Folgen hat nun diese regelmäßig zu wiederholende Maßnahme für die
Beziehung zwischen dem Pfleger und seinem Klienten? Durch das Entblocken[29]
der Trachealkanüle und das Entfernen des Sekrets in der Luftröhre erlangte der
Klient wieder die Fähigkeit zu sprechen. Dies erweiterte seine Möglichkeiten in
der Gestaltung der Beziehung: Er konnte dem Pfleger gegenüber seine Wünsche
und Bedürfnisse für das weitere Vorgehen, in diesem Fall das Aufschieben der
morgendlichen Körperwäsche, nun wieder verbal artikulieren. Im Gesamteindruck
werden jedoch die Vulnerabilität und die nie zur Gänze durch Technik aufhebbare
Kontingenz menschlicher Existenz sichtbar:[30] Die Vulnerabilität besteht hier in der
Angewiesenheit des Klienten auf Dritte, hier in Gestalt des Pflegers, welcher mit
dem skizzierten Dingnetzwerk eine Körperfunktion unterstützte, die vom Klienten
eigenständig hätte vorgenommen werden können, wenn er gesund gewesen wäre.
Kontingenz liegt in diesem Fall insofern vor, als die maschinelle Beatmung die Folge
eines Reitunfalls darstellt und den Zustand des Klienten lediglich in relativer Weise
stabilisiert. Denn die verwendete Technik schließt eine Zustandsveränderung, die
dem Klienten und seinem elementaren Bedürfnis nach Atemluft entgegensteht und
maschinell nicht mehr aufgefangen werden könnte, nicht vollständig aus. Für den
Pfleger bedeutet dies letztendlich die Notwendigkeit, eine professionelle Beziehung
zum Klienten aufzubauen, damit er dieses Dingnetzwerk im Sinne des Klienten
umsichtig orchestrieren kann.

7   Zwischen „Unabhängigkeit" und „Überfürsorge". Mensch-Ding-Mensch-Beziehungen im Bereich assistiver Technologien

In den Haushalten älterer und alter Menschen in Europa verbreiten sich zurzeit
assistive Technologien des sogenannten Ambient Assisted Living (Abb. 5). Sie
sollen dazu beitragen, dass Menschen so lange wie möglich in ihrer Wohnung
bleiben können. Beispiele für solche assistiven Technologien sind durch Sensoren
erweiterte Hausnotrufgeräte. Bisherige ‚einfache' Hausnotrufe müssen im Notfall
von einer Person aktiv betätigt werden. Sensorgestützte Hausnotrufsysteme hingegen sollen ohne die Aktivierung eines ‚Knopfs' erkennbar machen, ob in der
Wohnung ein Notfall vorliegt, oder Hinweise auf eine Erkrankung liefern. Dazu

---

29 Das heißt der Entfernung der Luft aus dem kleinen Ballon am unteren Ende der Tra-
    chealkanüle in der Luftröhre.
30 Heitmann-Möller und Remmers 2017.

werden automatisiert Daten erhoben. So entsteht ein Bild davon, wie oft beispielsweise eine Person ‚im Normalfall' ihre Wohnungstüre öffnet, ihre Mikrowelle und ihren Küchenschrank benutzt. Treten signifikante Abweichungen vom erstellten Profil eines Durchschnittsalltags auf, werden Warnhinweise entweder an eine Hausnotrufzentrale gesendet oder aber an Mitarbeiter*innen sozialer Dienste beziehungsweise Angehörige. Diese Personen sollen dann entsprechend reagieren.[31]

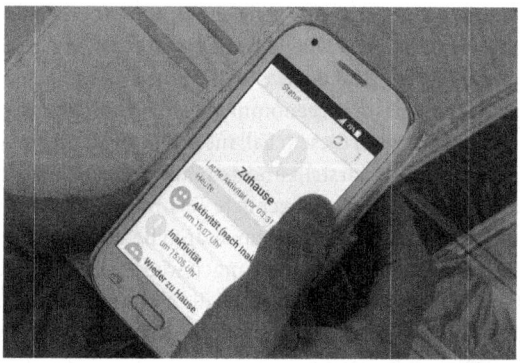

Abb. 5

Nutzeroberfläche einer AAL-App. Foto: Thomas Bruns

Das Ziel assistiver Technologien ist laut Förderern und Anbietern, die Selbstständigkeit und Selbstbestimmung des Menschen zu erhalten.[32] So soll ein als autonom konzipiertes Individuum ohne beziehungsweise mit geringer Unterstützung seiner sozialen Umwelt leben können. Andererseits wird gerade die Verknüpfung von Technik und sozialen Beziehungen betont:

> „Unter ‚Ambient Assisted Living' (AAL) werden Konzepte, Produkte und Dienstleistungen verstanden, die neue Technologien und soziales Umfeld miteinander verbinden und verbessern mit dem Ziel, die Lebensqualität für Menschen in allen Lebensabschnitten, vor allem im Alter, zu erhöhen."[33]

---

31 Ausführlicher hierzu siehe Carolin Kollewe. 2017. (In)Aktivitäten des täglichen Lebens. Die Kategorisierung und Gestaltung des Alltags älterer und alter Menschen durch Technologien des Ambient Assisted Living. In *Pflegedinge. Materialitäten in Pflege und Care*, Hrsg. Lucia Artner et al., 87–121. Bielefeld: Transcript.

32 Zum Beispiel Arbeitsgruppe Bestandsaufnahme der BMBF/VDE Innovationspartnerschaft. 2011. *Ambient Assisted Living (AAL). Komponenten, Projekte, Services. Eine Bestandsaufnahme*, Hrsg. BMBF/VDE. Berlin: VDE.

33 http://www.aal-deutschland.de/. Zugegriffen: 2. Oktober 2013.

Die Konzeption von AAL zielt also darauf, dass das technische Artefakt soziale Beziehungen mitgestaltet: einerseits indem das Individuum in seiner Selbständigkeit und Selbstbestimmung unterstützt wird und dadurch weniger auf Unterstützung beziehungsweise Überwachung durch das soziale Umfeld angewiesen ist, andererseits indem Verbindungen zwischen dem Individuum und weiteren Akteur*innen wie zum Beispiel Mitarbeiter*innen sozialer Dienste, aber auch Angehörigen hergestellt beziehungsweise gefördert werden.

Doch wie genau gestalten AAL-Technologien soziale Beziehungen im Alltag mit? Dieser Frage wird im Folgenden am Beispiel von sensorbasierten Hausnotrufsystemen nachgegangen. Deren Einführung in Privathaushalte älterer und alter Menschen wurde im Rahmen des Projekts „Pflegedinge" mithilfe teilnehmender Beobachtung und qualitativer Interviews untersucht.[34] Die Ergebnisse der Studie zeigen, dass soziale Beziehungen durch diese Technologien auf vielfältige Weise berührt werden. Die Installation solcher Technologien im Haushalt einer Person ist verbunden mit der Aushandlung von Fürsorge und Selbstsorge sowie von Nähe und Distanz, auch innerhalb der Familie:

1. Trotz der in der Literatur geäußerten Befürchtung, dass AAL-Technologien zu einer Verringerung zwischenmenschlicher Beziehungen beitragen könnten,[35] können sie auch dazu führen, dass mehr soziale Kontakte entstehen, zumindest in der Anfangsphase, zum Beispiel zu Mitarbeiter*innen von sozialen Diensten.[36]
2. Einige ältere Befragte betrachteten die sensorgestützten Hausnotrufsysteme als Möglichkeit, sich als ‚unabhängig' darzustellen, auch von ihren Kindern. Die Technologie wurde dabei zum Symbol für Selbstständigkeit[37] und für das Verhältnis dieses Individuums zu seinen Mitmenschen.
3. Eng damit verbunden ist der häufig geäußerte Wunsch der älteren und alten Menschen sowie ihrer Angehörigen, nicht gemeinsam in einer Wohnung leben zu wollen. Sensorgestützte Hausnotrufsysteme werden in diesem Kontext zu Dingen, die eine Realisierung dieses Wunsches ermöglichen. Dabei wird einerseits eine physische Distanz zu Angehörigen ermöglicht, andererseits ein

---

34 Kollewe 2017.
35 Zum Beispiel Arne Manzeschke. 2014. Telemedizin und Ambient Assisted Living aus ethischer Perspektive. In *Bayerisches Ärzteblatt* 9: 2–4.
36 Kollewe 2017, S. 103.
37 Anamaria Depner und Carolin Kollewe. 2017. High-Tech und Handtaschen. Gegenstände und ihre Rolle in der Pflege und Unterstützung älterer und alter Menschen. In *Altern als soziale und kulturelle Praxis. Ordnungen, Beziehungen, Materialitäten*, Hrsg. Sabine Kienitz und Cordula Endter, 301–326. Bielefeld: Transcript, S. 319.

Wissen über alltägliche Aktivitäten, das ansonsten nur durch physische Nähe entsteht. Die Technologie ermöglicht „Care at a Distance"[38], gestaltet aber auch Care, indem neue Konstellationen und Herausforderungen entstehen, wie die folgenden Punkte zeigen.

4. Die untersuchten Technologien können zu Störungen von sozialen Beziehungen führen, zum Beispiel indem die Installation des Systems Konflikte innerhalb der Familie auslöst. Dies geschieht zum Beispiel dann, wenn eine Person von ihren Kindern dazu gedrängt wird, ein solches Hausnotrufsystem installieren zu lassen. Gerade dann werden diese Systeme in erster Linie als Kontrolle empfunden und nicht so sehr als Sicherheit oder Fürsorge.[39] Als Reaktion darauf verschwiegen oder verschleierten sowohl Angehörige als auch Mitarbeiter*innen sozialer Dienste, die mit der Überwachung der entstehenden Daten betraut waren, gegenüber den Betroffenen häufig ihr Wissen über die eingehenden Informationen. Zum Teil wurden auch Warnhinweise ignoriert, um den Alltag der betreffenden Person nicht zu stören. Dies geschah vor allem dann, wenn die eintreffenden Daten und Warnhinweise mit ergänzenden Informationen – also alltäglichem ‚Insiderwissen' beziehungsweise ‚Erfahrungswissen' über die betreffende Person – kontextualisiert werden konnten und so darauf geschlossen wurde, dass es sich um keine Notsituation handelte.[40]

5. Technologien wie die sensorbasierten Hausnotrufe legen Menschen ein bestimmtes Verhalten und ein bestimmtes Verhältnis zueinander nahe.[41] Manche der interviewten Pflegekräfte waren zum Beispiel der Meinung, dass die Technologien die Angehörigen geradezu zur ‚Überfürsorglichkeit' animierten, da sie sehr viele Daten über das Leben der betreffenden Person bereitstellen und die Möglichkeit einer permanenten Kontrolle und Sicherheit suggerieren. Deswegen werden die neuen Technologien aus der Sicht der interviewten Pflegekräfte dazu führen, dass ältere Menschen noch stärker, als sie es schon aktuell beobachten, in ihrer Verantwortung für ihr eigenes Leben und in ihrer Selbstbestimmung eingeschränkt werden.

---

38 Jeanette Pols. 2012. *Care at a Distance. On the Closeness of Technology*. Amsterdam: AUP.

39 Ausführlicher hierzu siehe Depner und Kollewe 2017, S. 313 ff.

40 Kollewe 2017, S. 109 ff.

41 Madeleine Akrich. 1997. The De-Scription of Technical Objects. In *Shaping Technology/ Building Society. Studies in Sociotechnical Change*, Hrsg. Wiebe Bijker und John Law, 2. Aufl., 205–224. Cambridge/London: University Press Group Ltd.

Am Beispiel AAL zeigt sich, wie Pflegedinge auf unterschiedliche Weise in zwischenmenschliche Beziehungen integriert werden, diese zum Teil vermitteln,
stören, gestalten und Machtunterschiede in diesen Beziehungen kokonstituieren.
Damit lässt sich festhalten: Technologien wie AAL sind keine bloßen Hilfsmittel,
sondern führen zu Praktiken und Erfahrungen und gestalten somit letztendlich das
Leben und soziale Beziehungen im Alter auf zum Teil unvorhersehbare Weise mit.

8 Versteckte Potenziale. Über alltägliche Objekte und die Beziehung zu sich selbst

Neben den vielen Objekten, die entwickelt wurden, um die Pflege von Menschen
zu organisieren, zu unterstützen oder zu erleichtern, finden sich in Pflegekontexten
auch Dinge, die zwar nicht mit dieser Intention gestaltet und hergestellt wurden,
denen aber eine ebensolche Rolle zukommen kann. Auch ganz alltägliche Objekte
wie Fotoalben, Geschirr und Gläser, Handtaschen und Geldbeutel, Feuerzeuge oder
Besen können einen beachtlichen Anteil an der Ausgestaltung zwischenmenschlicher
Beziehungen haben, welche sich in Pflegesituationen entwickeln. Diese Objekte
sind durch einen relativ radikal verstandenen induktiven Forschungszugang zur
Lebens- und Arbeitswelt des Pflegeheims in den Fokus der Forschung gerückt:
Mit dem Ansatz, dass potenziell jedes Objekt innerhalb eines Pflegesettings die –
mit Remmers gesprochen – ,Beziehungsarbeit Pflege' konstituieren und gestalten
kann, wurde in Einrichtungen, die sich auf die Langzeitpflege von Menschen mit
Demenz spezialisiert hatten, teilnehmend beobachtet und wurden problemzentrierte
Interviews mit Fachpersonal geführt.[42]

Manche dieser Dinge werden genauso verwendet, wie in gewöhnlichen Haushalten üblich, auch wenn für das hier betrachtete Pflegesetting speziell entwickelte
Alternativen auf dem einschlägigen Markt verfügbar sind. So entscheiden sich
Pflegeheime, Getränke aus haushaltsüblichen Gläsern anzubieten (Abb. 6), auch
wenn diese nicht so gut gehalten werden können und leichter zu Bruch gehen als
Trinkbecher aus Kunststoff, welche auf Pflegemessen und im Fachhandel angeboten
werden. Letztere sind zudem innen konisch ausgeformt, sodass auch bei geringer
Neigung des Bechers gut daraus getrunken werden kann (Abb. 7).

---

42 Anamaria Depner. 2017. Diskrete Dinge. Unscheinbare, selbstverständliche und Übersehene Objekte in der stationären Pflege demenziell erkrankter Menschen. In *Pflegedinge.
Die Materialität von Pflege und Care*, Hrsg. Lucia Artner et al., 205–237. Bielefeld:
Transcript.

Abb. 6

Gewöhnliches Wasser-
glas, genutzt in Alten-
pflegeheimen, die für die
empirische Forschung
besucht wurden. Foto:
Thomas Bruns

Abb. 7

Speziell für Altenpflege-
heime hergestellter
Trinkbecher aus Kunst-
stoff. Foto: Thomas Bruns

Andere alltägliche Objekte wie zum Beispiel Handtaschen und Geldbeutel, die häufig leer mitgeführt werden, werden Menschen mit Demenz auf Initiative des Heimes zugänglich gemacht (Abb. 8). Die Bewohner*innen scheinen dafür von einer normativen Position aus betrachtet sowohl aufgrund krankheitsbedingter Veränderungen, welche sich in der Nichterfüllung von sozialen Erwartungen äußern, als auch aufgrund des Ortes, an dem sie leben, keine Verwendung mehr zu haben. So könnte man beispielsweise argumentieren, dass ein klassisches Trinkglas aus Mineralglas in der Hand eines Menschen mit Demenz bruchgefährdeter ist als in der Hand eines Gesunden (womit seine Verletzungsgefahr steigt) und gleichzeitig nicht so leicht handhabbar ist wie die oben beschriebenen Plastikbecher. Aus einer Perspektive alltäglicher Normalität gesunder, nicht in Einrichtungen lebender Menschen könnte man ebenfalls sagen, dass eine an Demenz erkrankte Person, die in einem Pflegeheim lebt, Werkzeuge und Arbeitskleidung ebenso wenig benötigt wie Handtaschen oder Geldbeutel.

Abb. 8

Leerer Geldbeutel aus einem Altenpflegeheim, das für die empirische Forschung besucht wurde. Foto: Thomas Bruns

Von den Pflegenden wurde immer betont, wie wichtig es für ihre Arbeit sei, Objekte, die im früheren Lebensabschnitt zum Alltag der Menschen gehörten, zugänglich zu machen. Solche Dinge trügen dazu bei, dass die Bewohner*innen sich wohler und sicherer fühlten, weniger unruhig seien und ihnen mitunter auch weniger Medikamente wie beispielsweise Sedativa verabreicht würden. Der Grund für diese vom Personal erwünschte Wirkung liegt darin, dass ein Zustand der Unruhe in der gemeinschaftlichen Pflege und Betreuung von Menschen mit Demenz als besonders problematisch bewertet wird, weil dieser sich auf andere Bewohner*innen der Einrichtung übertragen kann.

Worin begründet sich das Potenzial dieser vermeintlich unnötigen oder durch praktisch wirkende Spezialanfertigungen ersetzbaren Objekte für die Pflege von Menschen mit Demenz? Besondere Relevanz bekommen diese Dinge bei der Pflege genau jener Personen, die dazu eine besondere Beziehung haben. Solche Objekte werden in den Material Culture Studies „Biografische Objekte"[43] genannt. Oft stammen sie aus dem Besitz der jeweiligen Person, doch auch der Umgang mit allgemein üblichen Objekten, welche durch die spezifische Sozialisation der betreffenden Menschen zu deren Alltag gehörten, können einer an Demenz erkrankten Person das Gefühl der Normalität und damit der Sicherheit und Selbstbestimmung

---

43 Janet Hoskins. 1998. *Biographical Objects. How Things tell the Stories of People's Lives.* London: Psychology Press.

vermitteln.[44] Bei genauer Betrachtung dieser personengebundenen Funktionsweise wird man feststellen, dass Objekte weniger einen aktiven oder bewussten Akt des Sich-Erinnerns evozieren, sondern dass die materiale Anwesenheit und Greifbarkeit der Objekte hier konstitutiv ist für ihre Wirkung. Die Objekte sprechen auf der mnemotischen Ebene etwas an, das als „Leibgedächtnis"[45] oder „habit memory"[46] bezeichnet werden kann. Hier wird in der Vergangenheit Gelerntes und Praktiziertes, also ‚Verankertes', in einer gegenwärtigen Situation manifest, beispielsweise durch den Ablauf einer wohlbekannten Handlung wie nach dem Geldbeutel in der mit sich geführten Handtasche zu tasten. Diese Handlung wird – in dem hier gewählten Beispiel ist das besonders deutlich – durch die taktile Wahrnehmung eines Objektes (und damit gleichzeitig der Wahrnehmung der eigenen Körperlichkeit) initiiert; sie liegt also im leib-körperlichen Austausch mit den Dingen begründet. Die Handhabung der Dinge, ihre Haptik, ihre Eigenlogik, das Gefühl, das sie vermitteln, wenn sie berührt werden, prägt sich im Verlauf eines Menschenlebens ein – ähnlich wie eine oft gehörte Melodie, ein aufdringlicher Ohrwurm, der auch dann noch da ist, wenn das Lied schon längst verklungen ist.

Diese biografischen „Pflegedinge" haben eine eher subtile und unterschwellige, aber dennoch komplexe und bedeutsame Auswirkung auf (zwischen)menschliche Beziehungen im Pflegesetting. Da der wiederholte Umgang mit dem Objekt Teil der eigenen Biografie ist, bewirken solche alltäglichen und selbstverständlich gewordenen Dinge ein Gefühl, das als ‚persönliche Normalität' bezeichnet werden kann.[47] Eng geknüpft an die Biografie eines Menschen ist auch seine Identität. Mit dem Verlust von Fähigkeiten und Fertigkeiten im Zuge einer demenziellen Erkrankung können, so Andreas Kruse,[48] Merkmale betroffen sein, die die persönliche Identität konstituieren. Identität versteht er dabei als Selbstvergewisserung, also als Technik der Verortung des Selbst in der Pluralität und der Kontingenz der eigenen Biografie. Kruse beschreibt allerdings für demenzkranke Menschen auch die Existenz von „Inseln des Selbst" und meint damit „Aspekte der Personalität,

---

44 Depner 2017.

45 Thomas Fuchs. 2010. Das Leibgedächtnis bei Demenz. In *Lebensqualität bei Demenz. Zum gesellschaftlichen und individuellen Umgang mit einer Grenzsituation im Alter*, Hrsg. Andreas Kruse, 231–242. Heidelberg: Akademische Verlagsgesellschaft AKA.

46 Bjørnar Olsen. 2010. *In defense of things. Archaeology and the Ontology of Objects*. Plymouth: AltaMira Pres.

47 Depner 2017, S. 223 ff.

48 Andreas Kruse. 2017. *Lebensphase hohes Alter. Verletzlichkeit und Reife*. Berlin: Springer, S. 321.

die in früheren Lebensaltern zentral für das Individuum waren".[49] Themen, die tiefe Überzeugungen, sinnstiftende Daseinsbezüge und prägende Ereignisse berühren, können im Dialog mit Menschen mit Demenz auf solche Inseln treffen und auch noch in weit fortgeschrittenen Stadien der Krankheit (positive) Reaktionen und Interesse hervorrufen. Ähnlich wie eine dialogische Bezugnahme auf solche Themen ist auch der hier beschriebene Umgang mit biografischen Objekten zu sehen. Über den leib-körperlichen Austausch und die damit verbundene Selbstwahrnehmung sowie das aktivierte Leibgedächtnis tritt das aktuelle Selbst mit dem vergangenen Selbst in Beziehung. Die in der Folge häufig beobachtete innere Ruhe, welche dann auch das Verhalten anderer gegenüber mitbestimmt und sich zudem auf deren Verhalten auswirkt, könnte eine Äußerung eines stärker werdenden Gefühls der Kongruenz mit sich selbst sein.

Dinge, die so oder so ähnlich auch in den vorhergehenden Lebensabschnitten der in den beforschten Heimen lebenden und gepflegten Menschen mit Demenz eine wiederkehrende Rolle spielten, können gerade aufgrund ihrer Alltäglichkeit zu beziehungsbezogenen Schlüsselobjekten der Pflege Demenzkranker werden. Sie wirken sich auf die intra- und interpersonalen Beziehungen aus und prägen so Atmosphäre und Organisation des gesamten Pflegesettings mit.

9   Zusammenschau

Was also bedeuten Dinge für die Beziehungen in pflegerischen Settings? Lange Zeit hat die objektorientierte Forschung nach der Bedeutungs- und Symbolfunktion der Dinge gesucht und hierin das Potenzial gesehen zu erklären, warum Dinge für Menschen wichtig sind, ja gar identitätsstiftend sein können.[50] Die Rolle der Dinge entspricht aber weniger der von Dienern, sondern vielmehr der von Vermittlern – Vermittlern zwischen Personen und Vermittlern zwischen dem Menschen und der von ihm wahrgenommenen Welt, deren Teil er und die Dinge gleichsam sind. In der Pflege zeigt sich dies in ganz besonderem Maße, denn gerade weil Pflege untrennbar mit dem Leibkörper des Menschen verbunden ist, haben die in pflegerischen Settings involvierten Dinge erheblichen Einfluss auf die Beziehungen der Personen zu sich selbst, zu anderen und auch zu den Dingen. In der Zusammenschau von „Pflegedingen" als mitkonstituierenden Teilen von Pflege – wie sie

---

49 Kruse 2017, S. 337.
50 Tilmann Habermas. 1999. *Geliebte Objekte – Symbole und Instrumente der Identitätsbildung*. Frankfurt am Main: Suhrkamp.

hier präsentiert wurden – zeigt sich, dass die Betrachtung von Dingen dabei hilft, der Ausrichtung der Pflege als einer leib-körper-bezogenen Praxis empirisch auf die Spur zu kommen. Gerade weil in der Interaktion mit Dingen ersichtlich wird, wie in der Pflege auf das materiale Selbst (Körper) und auf das von der pflegerisch versorgten Person selbst wahrgenommene, reflektierte Selbst (Leib) eingewirkt wird.

Dinge können die Grenzen des Leib-Körpers verschieben und prägen so die Beziehung zum eigenen Leib-Körper ebenso wie die zwischen Pflegenden und Gepflegten. Pflegende und Gepflegte setzen sich ständig mit der Frage auseinander, ob und in welcher Form der Körper material und der Leib selbstreflektierend wahrgenommen werden: So macht das Thermometer aus dem hitzeempfindenden Leib einen (ver-)messbaren Körper. Dabei wird das selbst wahrgenommene, reflektierte Selbst des Leibes mit einem anscheinend externalisierten und objektiven Wert konfrontiert, der mithilfe eines Objekts – des Pflegedings – erhoben wurde. Biografische Gegenstände hingegen, die sich den Menschen, die an Demenz erkrankt sind, in gewisser Weise entgegenstellen, führen zu leib-körperlichen Empfindungen, sodass eine Insel des Selbst wieder betreten werden kann.

Dinge haben aber auch unmittelbar Einfluss auf die Nähe oder Distanz in Pflegesettings: Der Versuch, Nähe und Distanz im Gleichgewicht zu halten und eine für Pflegende und Gepflegte akzeptable Nähe beziehungsweise Distanz herzustellen oder auszuhandeln, ist für die Ausgestaltung zwischenmenschlicher Beziehungen in pflegerischen Situationen von zentraler Bedeutung. Dinge können zwischenmenschliche Beziehungen dabei ganz wesentlich verändern, wie zum Beispiel die Einführung neuer technischer Instrumente zeigt: So erlauben sensorgestützte Hausnotrufsysteme das Aufrechterhalten physischer Distanz, das Thermometer und der Lifter einen geringeren Körpereinsatz der Pflegeperson. Doch zugleich können diese Geräte auch eine Reduzierung von Distanz bedeuten, zum Beispiel durch umfassende Einblicke in den Alltag einer Person (Beispiel sensorbasierte Hausnotrufsysteme) oder durch das Eindringen in den Körper der Person, deren Temperatur gemessen wird. Gerade in solchen Situationen zeigen sich einmal mehr die asymmetrischen Machtverhältnisse, die Pflegebeziehungen charakterisieren. Dinge konstituieren diese Machtbeziehungen mit, gerade auch indem sie den selbst wahrgenommenen Leib zu einem messbaren Körper machen, der in anscheinend objektiven Kennzahlen erfasst werden kann. Um den Körper zu vermessen, ist es zum Beispiel notwendig, mit den Dingen in ihn einzudringen oder seine Bewegungen zu sammeln und auszuwerten. Darüber hinaus können Pflegedinge wie der Lifter oder das Heimbeatmungsgerät bei den Gepflegten das Gefühl des Ausgeliefertseins und der Abhängigkeit verstärken.

Zusammenfassend lässt sich sagen, dass Dinge Beziehungen in Pflegesettings mitkonstituieren und verändern. Oftmals machen die Dinge eine Neuausrichtung von Beziehungen notwendig, sobald sie in die Pflegesituation eingeführt werden. Darüber hinaus strukturieren sie die Pflege. Denn auch für Pflegedinge gilt, was Flores et al. 1988 im Hinblick auf die soziale Bedeutung von Technologie generell festgehalten haben: „Technology is not the design of physical things. It is the design of practices and possibilities to be realized through artifacts."[51] Pflege ist also immer auch ein Produkt der vielzähligen und vielfältigen Beziehungen zwischen Menschen und Dingen

Literatur

http://www.aal-deutschland.de/. Zugegriffen: 2. Oktober 2013.
Akrich, Madeleine. 1997. The De-Scription of Technical Objects. In *Shaping Technology/Building Society. Studies in Sociotechnical Change*, Hrsg. Wiebe Bijker und John Law, 2. Aufl., 205–224. Cambridge/London: University Press Group Ltd.
Arbeitsgruppe Bestandsaufnahme der BMBF/VDE Innovationspartnerschaft. 2011. *Ambient Assisted Living (AAL). Komponenten, Projekte, Services. Eine Bestandsaufnahme*, Hrsg. BMBF/VDE. Berlin: VDE.
Artner, Lucia, Isabel Atzl, Anamaria Depner, André Heitmann-Möller und Carolin Kollewe, Hrsg. 2017. *Pflegedinge. Materialitäten in Pflege und Care*. Bielefeld: Transcript.
Atzl, Isabel. 2017. Das materiale Erbe der Pflege. Historische Pflegedinge in Sammlungen und Museen und ihr Potential für die (pflege)historische Forschung. In *Pflegedinge. Die Materialität von Pflege und Care*, Hrsg. Lucia Artner et al., 49–82. Bielefeld: Transcript.
Atzl, Isabel. 2018. Spritzen, Kittel, Schnabeltasse. Objekte als Quellen in der pflegehistorischen Forschung. In *Lehrbuch zur Geschichte der nicht-ärztlichen Gesundheitsberufe*, Hrsg. Sylvelin Hähner-Rombach und Pierre Pfütsch [in Vorb.].
Brückner, Margrit. 2004. Der gesellschaftliche Umgang mit menschlicher Hilfsbedürftigkeit Fürsorge und Pflege in westlichen Wohlfahrtsregimen. Fürsorge und Pflege in westlichen Wohlfahrtsregimen. In *Österreichische Zeitschrift für Soziologie* 29, 2: 7–23.
Depner, Anamaria. 2017. Diskrete Dinge. Unscheinbare, selbstverständliche und Übersehene Objekte in der stationären Pflege demenziell erkrankter Menschen. In *Pflegedinge. Die Materialität von Pflege und Care*, Hrsg. Lucia Artner et al., 205–237. Bielefeld: Transcript.
Depner, Anamaria, und Carolin Kollewe. 2017. High-Tech und Handtaschen. Gegenstände und ihre Rolle in der Pflege und Unterstützung älterer und alter Menschen. In *Altern als soziale und kulturelle Praxis. Ordnungen, Beziehungen, Materialitäten*, Hrsg. Sabine Kienitz und Cordula Endter, 301–326. Bielefeld: Transcript.
Eckart, Uwe, und Robert Jütte. 2007. *Medizingeschichte. Eine Einführung*. Köln: UTB.

---

51 Flores et al. 1988. Computer Systems and the Design of Organisational Interaction, S. 153, zitiert nach Suchman, Lucy. 1994. Do Categories Have Politics. The language/action perspective reconsidered. In *Computer Supported Cooperative Work 2*: S. 186.

Ewers, Michael. 2010. Vom Konzept zur klinischen Realität. Desiderata und Perspektiven in der Forschung über die technikintensive häusliche Versorgung in Deutschland. In *Pflege & Gesellschaft* 15, 4: 314–329.

Ewers, Michael, Christiane Schaepe und Yvonne Lehmann. 2017. Alles sicher? Risikosituationen in der häuslichen Intensivpflege aus Sicht beatmeter Patienten und ihrer Angehörigen. In *Pflege* 30: 365–373.

Flores et al. 1988. Computer Systems and the Design of Organisational Interaction, 153, zit. n. Suchman, Lucy. 1994. Do Categories Have Politics. The language/action perspective reconsidered. In *Computer Supported Cooperative Work* 2: 186.

Fuchs, Thomas. 2010. Das Leibgedächtnis bei Demenz. In *Lebensqualität bei Demenz. Zum gesellschaftlichen und individuellen Umgang mit einer Grenzsituation im Alter*, Hrsg. Andreas Kruse, 231–242. Heidelberg: Akademische Verlagsgesellschaft AKA.

Fuchs, Thomas. 2015. Körper haben oder Leib sein. In *Gesprächspsychotherapie und personzentrierte Beratung* 3: 147 ff.

Gehlen, Arnold. 1961 [1936]. Vom Wesen der Erfahrung. In *Anthropologische Forschung*, Hrsg. Arnold Gehlen, 26–43: Reinbek bei Hamburg: Rowohlt.

Gödecke, Christiane. 2018. *Langzeitbeatmung im eigenen Umfeld*. Frankfurt am Main: Mabuse.

Gödecke, Christiane, und Helen Kohlen. 2013. Ambulante Intensivpflege und Heimbeatmung. Wie erleben Pflegekräfte die häusliche Heimbeatmung? In *Pflege Zeitschrift* 66, 4: 226–230.

Goffman, Erving. 1975. *Stigma. Über Techniken der Bewältigung beschädigter Identität.* Frankfurt am Main: Suhrkamp.

Habermas, Tilmann. 1999. *Geliebte Objekte – Symbole und Instrumente der Identitätsbildung*. Frankfurt am Main: Suhrkamp.

Heinlein, Michael. 2003. *Pflege in Aktion. Zur Materialität alltäglicher Pflegepraxis.* München/Mering: Rainer Hampp.

Heitmann-Möller, André, und Hartmut Remmers. 2017. Pflegebett und Agency. Eine Untersuchung aus der Perspektive der Akteur-Netzwerk-Theorie von Bruno Latour. In *Pflegedinge. Materialitäten in Pflege und Care*, Hrsg. Lucia Artner et al., 133–162. Bielefeld: Transcript.

Hess, Volker. 2000. *Der wohltemperierte Mensch: Wissenschaft und Alltag des Fiebermessens 1850–1900.* Frankfurt am Main/New York: Campus.

Hoskins, Janet. 1998. *Biographical Objects. How Things tell the Stories of People's Lives.* London: Psychology Press.

Hülsken-Giesler, Manfred. 2008. *Der Zugang zum Anderen. Zur theoretischen Rekonstruktion von Professionalisierungsstrategien pflegerischen Handelns im Spannungsfeld von Mimesis und Maschinenlogik.* Göttingen: V&R unipress GmbH.

Hülsken-Giesler, Manfred. 2017. Mimesis in Nursing Practice. The Hermeneutical Potential of the Body to Understand Patients' Lived Experiences. In *Critical Approaches in Nursing Theory and Nursing Research*, Hrsg. Thomas Foth et al., 150–168. Göttingen: V&R unipress.

Klinger, Cornelia. 2014. Selbstsorge oder Selbsttechnologie? Das Subjekt zwischen liberaler Tradition und Neoliberalismus. In *Für sich und andere sorgen. Krise und Zukunft von Care in der modernen Gesellschaft*, Hrsg. Brigitte Aulenbacher und Maria Dammayr, 31–39. Weinheim/Basel: Beltz Juventa.

Kollewe, Carolin. 2017. (In-)Aktivitäten des täglichen Lebens. Die Kategorisierung und Gestaltung des Alltags älterer und alter Menschen durch Technologien des Ambient Assisted Living. In *Pflegedinge. Materialitäten in Pflege und Care*, Hrsg. Lucia Artner et al., 87–121. Bielefeld: Transcript.

Korečić, Jasenka. 2003. *Pflegestandards Altenpflege*, 3., überarb. u. erw. Aufl. Berlin et al.: Springer.

Kruse, Andreas. 2017. *Lebensphase hohes Alter. Verletzlichkeit und Reife*. Berlin: Springer.

Latour, Bruno. 2002. *Die Hoffnung der Pandora. Untersuchungen zur Wirklichkeit der Wissenschaft*. Frankfurt am Main: Suhrkamp.

Manzeschke, Arne. 2014. Telemedizin und Ambient Assisted Living aus ethischer Perspektive. In *Bayerisches Ärzteblatt* 9: 2–4.

Olsen, Bjørnar. 2010. *In defense of things. Archaeology and the Ontology of Objects*. Plymouth: AltaMira Pres.

Peplau, Hildegard. 1995. *Interpersonale Beziehungen in der Pflege*. Basel: Recom.

Plessner, Helmuth. 1980. Die Einheit der Sinne. Grundlinien einer Ästhesiologie des Geistes. In *Gesammelte Schriften*, Hrsg. Günter Dux, Bd. 3, 7–315. Frankfurt am Main: Suhrkamp.

Plessner, Helmuth. 1975. *Die Stufen des Organischen und der Mensch. Einleitung in die philosophische Anthropologie*. Berlin: de Gryter.

Pols, Jeannette. 2012. *Care at a Distance. On the Closeness of Technology*. Amsterdam: AUP.

Remmers, Hartmut. 2011. Pflegewissenschaft als transdisziplinäres Konstrukt. Wissenschaftssystematische Überlegungen. Eine Einleitung. In *Pflegewissenschaft im interdisziplinären Dialog*, Hrsg. Hartmut Remmers, 7–47. Göttingen: V&R unipress.

Remmers, Hartmut. 2012. Assistive Technologien in der Lebenswelt älterer Menschen. Ethische Ambivalenzkonflikte zwischen Sicherheit und menschlicher Würde. In *Menschenwürde in der Medizin. Quo Vadis?*, Hrsg. Jan Joerdenet, 77–94. Baden Baden: Nomos.

Salzwedel, Rudolf. 1896. *Leitfaden der Krankenwartung. Zum Gebrauch für die Krankenwartschule des Kgl. Charité-Krankenhauses sowie zum Selbstunterricht*. Berlin: ohne Verlagsangabe.

Scheler, Max. 2007. Die Stellung des Menschen im Kosmos. In *Die Stellung des Menschen im Kosmos*, Hrsg. Manfred Frings. Bonn: Bouvier.

Scheler, Max. 2009. Der Formalismus in der Ethik und die materiale Wertethik. Neuer Versuch der Grundlegung eines ethischen Personalismus. In *Gesammelte Werke*, Hrsg. Manfred Frings, Bd. 2. Bonn: Bouvier.

Schieron, Martin. 2013. Transferhilfen sinnvoll einsetzen. In *Die Schwester Der Pfleger* 52, 8: 799–802.

Schroeter, Klaus R. 2008. Pflege in Figurationen. Ein theoriegeleiteter Zugang zum ,sozialen Feld der Pflege'. In *Soziale Ungleichheit und Pflege: Beiträge sozialwissenschaftlich orientierter Pflegeforschung*, Hrsg. Ulrich Bauer und Andreas Büscher, 49–77. Wiesbaden: Springer VS.

Stolberg, Michael. 2015. Kommunikative Praktiken. Ärztliche Wissensvermittlung am Krankenbett im 16. Jahrhundert. In *Praktiken der Frühen Neuzeit. Handlungen, Akteure, Artefakte*, Hrsg. Arndt Brendecke, 111–121. Wien/Köln/Weimar: Böhlau.

Autorinnen und Autor

Anamaria Depner ist Kulturanthropologin und seit 2014 als akademische Mitarbeiterin am Institut für Gerontologie der Universität Heidelberg tätig. Sie forschte hier unter anderem im interdisziplinären Grundlagenforschungsprojekt „Die Pflege der Dinge – die Bedeutung von Objekten in Geschichte und gegenwärtiger Praxis der Pflege". Seit 2018 leitet sie ein Forschungsprojekt zu den Themen Altern und Migration. Beide Projekte wurden durch das BMBF gefördert. Zusätzlich zur kulturwissenschaftlichen Alternsforschung richten sich ihre Forschungsinteressen schwerpunktmäßig auf Objekttheorie und Raumkonstitution im Wohnalltag.

Lucia Artner war zuletzt wissenschaftliche Mitarbeiterin in Forschung und Lehre am Institut für Sozial- und Organisationspädagogik der Universität Hildesheim. Sie arbeitet zu Themen wie Pflegedinge, Material Care, Gender, Ethnografische Policy-Forschung und Transnational Studies. Zu ihren aktuellen Publikationen zählt u. a. „Materialities in and of Institutional Care for Elderly People" in *Frontiers in Sociology* 3/2018.

Carolin Kollewe ist Ethnologin und forscht in den Bereichen Alter/Pflege/Technik, Alter/Pflege/Migration und Alter(n) im interkulturellen Vergleich. Seit 2017 leitet sie das Research Center der FH Oberösterreich am Campus Linz. Von 2009 bis 2017 war sie wissenschaftliche Mitarbeiterin am Institut für Gerontologie der Universität Heidelberg, unter anderem im Grundlagenforschungsprojekt „Die Pflege der Dinge – die Bedeutung von Objekten in Geschichte und gegenwärtiger Praxis der Pflege".

Isabel Atzl ist Promotionsstipendiatin am Institut für Geschichte der Medizin der Robert Bosch Stiftung in Stuttgart und Stationsleitung der Palliativstation des Krankenhauses Maria Stern in Remagen. Ihre wissenschaftlichen Arbeitsschwerpunkte sind pflege- und medizinhistorische Objekt- und Sammlungsforschung. Zu ihren aktuellen Publikationen zählt „Material Care Studies", erschienen im *European Journal for Nursing History and Ethics* 1/2019 (zusammen mit Lucia Artner).

André Heitmann-Möller ist ausgebildeter Krankenpfleger und Pflegewissenschaftler. Von 2014 bis 2017 war er an der Universität Osnabrück in der Abteilung Pflegewissenschaft im BMBF-geförderten interdisziplinären Projekt „Die Pflege der Dinge – die Bedeutung von Objekten in Geschichte und gegenwärtiger Praxis der Pflege" tätig. Gegenwärtig bewegt er sich unter anderem im Bereich der Hochschulbildungsforschung mit Fokus auf Studiengängen in den Gesundheitsfachberufen.

Soziales Gestalten für und aus Freiheit
Zur Autonomie im zwischenmenschlichen Design

Johannes Lang

In diesem Beitrag werde ich verschiedene Denkweisen sozialer Gestaltung systematisieren und um den Gedanken individueller Freiheit erweitern. Dieser Beitrag ist also nicht rein deskriptiver, sondern gegen Ende auch normativer Natur, indem er grobe Vorschläge unterbreitet, wie wir unsere sozialen Denkweisen gestalten könnten, sodass wir das freiheitliche Potenzial der Menschen wenigstens rudimentär integrieren. Ich nehme also nicht nur einen *beobachtenden* Standpunkt ein, indem ich frage, was die sozialen Dimensionen der Dinge gegenwärtig *sind* oder *waren*, sondern auch einen *gestaltenden*, indem ich frage, wie die sozialen Dimensionen der Dinge sinnvoller Weise *sein sollten*.

‚Sozial‘, ‚menschlich‘ und ‚zwischenmenschlich‘

Um sich den von Claudia Banz formulierten Fragen „Was macht die soziale Dimension im Design aus? Welches Potenzial besitzt Social Design?"[1] zu nähern, scheint es mir zunächst wesentlich, die Bedeutung des Wortes ‚sozial‘ gegenüber seiner inflationären Verwendung einzugrenzen. Diese lässt sich überall dort bemerken, wo das Wort so eingesetzt wird, dass es eigentlich keine Phänomene mehr geben kann, die nicht ‚sozial‘ sind. Völlig zu Recht fragt Claudia Banz jedoch nach der „sozialen Dimension" des Designs, was schon impliziert, dass es im Unterschied dazu auch

---

[1] Claudia Banz. 2014. *Social Design. Geschichten, Praxis, Perspektiven.* Ankündigungstext zur Tagung am Museum für Kunst und Gewerbe Hamburg 23–24. Mai 2014, zit. n. Anke Haarmann. 2016. Zu einer kritischen Theorie des Social Design. In *Design & Philosophie. Schnittstellen und Wahlverwandtschaften,* Hrsg. Julia Constance Dissel, 75–88. Bielefeld: Transcript, S. 78 f.

© Springer Fachmedien Wiesbaden GmbH, ein Teil von Springer Nature 2020
M. Fineder und J. Lang (Hrsg.), *Zwischenmenschliches Design*,
https://doi.org/10.1007/978-3-658-30269-6_5

Dimensionen des Designs geben muss, die *nicht* sozial sind. Die Erklärungskraft eines Wortes hängt davon ab, inwiefern es in der Lage ist, etwas von etwas anderem zu unterscheiden. Deshalb reicht es nicht, das Wort ,sozial' mehr oder weniger intuitiv zu verwenden, sondern es müsste immer zugleich gefragt werden, welche Vorgänge und Phänomene mit dem Wort ,sozial' *nicht* bezeichnet werden sollen.

So besteht beispielsweise die Vorstellung, dass Dinge eine soziale Dimension hätten, sobald sie in der einen oder anderen Form auf Menschen wirken oder ihr Verhalten beeinflussen. Sie wird etwa deutlich, wenn Friedrich von Borries Umwelteinflüsse insgesamt als Teil des „Gesellschaftsdesigns" betrachtet: „Gestaltete Objekte, Räume und Umwelten bedingen das Verhalten von Menschen – und damit auch die Gesellschaft, die von diesen Menschen gebildet wird."[2] Oder in einer Sichtweise, die von Annette Geiger kritisch wiedergegeben wird: „Alles Design ist streng genommen ,sozial', denn die Gestaltung unserer Dinge bewirkt nicht weniger als das Design der Gesellschaft selbst."[3] Das Wort ,sozial' weist hier darauf hin, dass es einen Zusammenhang zwischen Menschen und nichtmenschlichen Umwelten gibt, dass also das Leben der Menschen in einer zum Teil dinglich verfassten Welt stattfindet und damit diese Dinge gewissermaßen eine ,menschliche' Bedeutung haben. Ob und inwiefern die Dinge auch zwischenmenschliche Verhältnisse beeinflussen, ist mit dieser Bedeutung von ,sozial' jedoch nicht ohne Weiteres erfasst.

In seiner inflationären Verwendung wird das Wort ,sozial' mehr und mehr synonym mit ,menschlich' oder ,menschenabhängig' gebraucht. Alles, was Teil der menschlichen Welt ist, wird dadurch zu etwas Sozialem, wodurch das Wort seine Kraft einbüßt, *innerhalb* der menschlichen Welt etwas Bestimmtes, nämlich das Zwischenmenschliche zu bezeichnen. Diesem Umstand ist es geschuldet, dass beispielsweise schon die Rolle, die Dinge für menschliche Fähigkeiten, Lebensweisen usw. spielen, als ihre soziale Dimension aufgefasst wird. Dabei wird eigentlich nur darauf hingewiesen, dass die sinnlich-materielle Umwelt des Menschen eine Rolle für die Existenz des Menschen spielt, denn wir leben mit und durch Dinge. Soziale Fragen im Besonderen sind damit noch gar nicht berührt. Ich möchte deshalb ,sozial' eingrenzen auf solche menschlichen und nichtmenschlichen Vorgänge, die von Mensch zu Mensch gehen. Denn nicht alles, was Menschen tun, erleben oder erkennen, bezieht sich auf andere Menschen. Ich kann Beziehungen zu bestimmten Orten, Landschaften, Dingen usw. pflegen, ohne dass diese Beziehungen eine

---

2   Friedrich von Borries. 2016. *Weltentwerfen. Eine politische Designtheorie.* Berlin: Suhrkamp, S. 77.

3   Annette Geiger. 2016. Social Design – ein Paradox?. In *Social Design. Gestalten für die Transformation der Gesellschaft*, Hrsg. Claudia Banz, S. 61–68. Bielefeld: Transcript, S. 61.

Bedeutung für andere Menschen hätten. Die Tatsache, dass Menschen in irgendeinen Vorgang involviert sind, macht diesen Vorgang noch nicht zu einem sozialen, sondern höchstens zu einem menschlichen Phänomen. Soziale Phänomene im eigentlichen Sinne sind demnach *zwischenmenschliche Beziehungen.*

Für ein erstes Verständnis dessen, wie sich eine *menschliche* Beziehung von einer *zwischenmenschlichen* Beziehung abgrenzen lässt, scheint mir die Unterscheidung zwischen ‚Handeln' und ‚sozialem Handeln' hilfreich, wie sie Max Weber in der Erläuterung seiner soziologischen Grundbegriffe vorgenommen hat: „Soziologie (im hier verstandenen Sinn dieses sehr vieldeutig gebrauchten Wortes) soll heißen: eine Wissenschaft, welche soziales Handeln deutend verstehen und dadurch in seinem Ablauf und seinen Wirkungen ursächlich erklären will. ‚Handeln' soll dabei ein menschliches Verhalten (einerlei ob äußeres oder innerliches Tun, Unterlassen oder Dulden) heißen, wenn und insofern als der oder die Handelnden mit ihm einen subjektiven Sinn verbinden. ‚Soziales' Handeln aber soll ein solches Handeln heißen, welches seinem von dem oder den Handelnden gemeinten Sinn nach auf das Verhalten *anderer* bezogen wird und daran in seinem Ablauf orientiert ist."[4] Zwei Aspekte möchte ich an dieser Definition hervorheben: Erstens berücksichtigt Weber nicht nur das äußere, sinnlich wahrnehmbare Sich-Verhalten, sondern auch ein „innerliches Tun", worunter meines Erachtens auch Tätigkeiten wie das Miterleben und Mitfühlen sowie das Nachdenken fallen. Zweitens nennt er diese menschlichen Tätigkeiten genau dann ‚sozial', wenn sie auf andere Menschen bezogen sind, wenn diese also gewissermaßen zum Inhalt dieser Tätigkeiten werden. Problematisch scheint mir hingegen die Kategorie des „subjektiven Sinns" – die vielleicht auch mit ‚Zweck', ‚Absicht' oder ‚Intention' übersetzt werden könnte –, da hierdurch das soziale Handeln tendenziell in der Absicht steckenbleibt. Der materialistische Shift innerhalb der Soziologie zielt genau darauf, ein solches tendenziell subjektivistisches Verständnis sozialen Handelns zu überwinden und mehr die objektive Seite in den Blick zu nehmen, das heißt sich zu fragen, *wie* genau das soziale Handeln sich verwirklicht und *was* genau durch dieses verwirklicht wird.

Dennoch ist diese scheinbar bloß subjektive Seite des sozialen Handelns für ein Verständnis des sozialen Gestaltens absolut wesentlich, denn sie bildet gewissermaßen die Keimzelle allen sozialen Geschehens. Dies wird besonders dann deutlich, wenn wir uns selbst als soziale Akteur*innen, als soziale Gestalter*innen verstehen und nicht bloß als Beobachter*innen eines sozialen Geschehens, das bereits wirklich ist, sodass wir zum Handeln schlicht zu spät kommen.[5] Diese

---

4   Max Weber. 1922. *Wirtschaft und Gesellschaft*. Tübingen: Mohr Siebeck, S. 1.

5   Wie es geradezu ein Charakteristikum aller sogenannten ‚turns' ist, an die Stelle der einen Einseitigkeit eine andere Einseitigkeit zu setzen, so wird auch im ‚material turn'

subjektive Seite des sozialen Handelns, nämlich das individuelle Potenzial jedes Menschen, sozial-schöpferisch etwas für andere Menschen zu tun, werde ich *Soziabilität* nennen, wohingegen ich das auf diese Weise Getane, also das verwirklichte zwischenmenschliche Geschehen *Sozialität* nennen werde. *Sozialität* bezeichnet also eher diejenigen zwischenmenschlichen Vorgänge, an denen wir *partizipieren*, wohingegen *Soziabilität* eher das individuelle Potenzial bezeichnet, zwischenmenschliche Vorgänge zu *produzieren*.[6]

Die Soziabilität des Gestaltens

Um diesen zwischenmenschlichen Dimensionen des Designs etwas auf die Spur zu kommen, werde ich sie wiederum in drei Unteraspekte gliedern, nämlich in die zwischenmenschlichen Dimensionen des *Gestaltens*, des *Gestalteten* und des *Gebrauchens*. Die Thematisierung des Sozialen innerhalb der historischen Theoriebildung des Designs folgt in etwa diesen drei Perspektiven. Diese Gliederung soll nicht so verstanden werden, als wollte ich der einen Perspektive den Vorrang vor den beiden anderen geben, sondern sie bilden zusammen wesentliche Momente des sozialen Gestaltens.

Die erste ist die historisch älteste Perspektive und bis heute im sozialen Selbstverständnis der Designer*innen sehr dominant. Sie lässt sich in allen Auffassungen wiederfinden, die primär in den zwischenmenschlichen Beziehungen der Gestalter*innen zu den Nutzer*innen eine soziale Dimension der Gestaltung erblicken. Alle Ansätze, die eine bedürfnisorientierte, eine nutzer*innenzentrierte oder ganz allgemein eine verantwortungsvolle Gestaltung fordern, sind tendenziell von dieser Art. Aus dieser Perspektive ist Design sozial, wenn es einen existenziellen Mangel auf der Seite der Nutzer*innen behebt, wenn es Bedürfnisse berücksichtigt, deren Befriedigung von der Hilfeleistung anderer abhängt, wie etwa bei Gehhilfen, Ernährungshilfen, Katastrophenhilfen, Sicherheitsdesign, medizinischen Geräten, Überlebenshilfen usw. Was unter dieser Perspektive in den Fokus rückt, ist das *altruistische Moment* des Designs, nämlich die Tatsache, dass viele Designer*innen

---

das Kind mit dem Bade ausgeschüttet. Dies zeigt sich symptomatisch an der schleichenden Auflösung zweier Begriffe, nämlich des Begriffs des Menschen und des Begriffs des Handelns. Vgl. hierzu Daniel Martin Feige. 2020. Latour, Heidegger und die Frage nach dem Ding. In diesem Band.

6   Vgl. zu einer weitergehenden Schärfung dieser Begrifflichkeit die Einleitung zu diesem Band.

nicht einfach irgendwelche Objekte um ihrer selbst willen oder um diese selbst zu nutzen in die Welt setzen, sondern dass sie etwas *für andere Menschen* gestalten.[7] Dieses Verständnis könnte auch als die karitative Auffassung des Designs bezeichnet werden, da es die soziale Dimension der Gestaltung darin erblickt, irgendetwas zu tun, das für andere Menschen gut ist, da es in irgendeiner Form zu deren Wohl beiträgt.[8] In diesem Sinne wäre jede Art der Ermöglichung von Bedürfnisbefriedigung soziale Gestaltung, ganz gleich, ob diese Bedürfnisse *selbst* etwas Soziales sind.

Zu Recht wird immer wieder darauf hingewiesen, dass die Beschäftigung mit der sozialen Rolle des Designs nicht erst eine Angelegenheit der zweiten Hälfte des 20. Jahrhunderts, sondern dem modernen Design von vornherein inhärent ist. Es ist geradezu ein Charakteristikum der Protagonist*innen des modernen Designs, dass sie sich von diesem weitreichende soziale Veränderungen versprachen.[9] Mir scheint es jedoch wesentlich, dieses moderne Verständnis der sozialen Dimensionen des Designs abzugrenzen von der Art und Weise, wie es Anfang der 1970er-Jahre insbesondere durch Victor Papanek angestoßen wurde.

Für die moderne Sichtweise waren Bedürfnisse unstrittig gegeben, ja sie lagen sozusagen in den Dingen selbst, und es handelte sich nur darum, diese auf die ,reinste' Weise, das heißt sinnlich schlicht und funktional effizient zu erfüllen. Es bestand sozusagen die Vorstellung, man könnte den Dingen selbst ablauschen, wie sie zu gestalten seien, und wenn man nur dieser inhärenten Notwendigkeit folgte, würden sie auch in der besten Weise ihren Zweck erfüllen. Diese Vorstellung, dass nicht wir als Gestalter*innen Ideen darüber entwickeln, was und wie sinnvollerweise zu gestalten wäre, sondern dass diese Ideen in den Dingen selbst lägen und durch eine Erforschung der Dinge herausgeholt werden könnten, geht ganz klar aus der berühmten Schrift *Grundsätze der Bauhausproduktion* von Walter Gropius hervor: „[D]as Bauhaus [sucht] durch systematische Versuchsarbeit in Theorie und Praxis [...] die Gestalt jedes Gegenstandes aus seinen natürlichen Funktionen und Bedingtheiten heraus zu finden." Und weiter: „Ein Ding ist bestimmt durch sein Wesen. Um es so zu gestalten, daß es richtig funktioniert – ein Gefäß, ein Stuhl, ein

---

7   Vgl. zu diesem Aspekt des Für-andere-Gestaltens auch Adam Drazins Ausführungen zur Alterität designter Dinge: Adam Drazin. 2020. Designte Dinge im Postkosmopolitismus. In diesem Band.

8   Vgl. hierzu June H. Park. 2014. Entwurf ökonomischer und sozialer Artefakte. In *Design und Gesellschaft. Wandel der Lebensformen. Öffnungszeiten, Papiere zur Designwissenschaft 24/2014*, 18–24. Kassel: university press, S. 19.

9   Vgl. beispielsweise die sozialutopischen Bestrebungen der Arts-and-Crafts-Bewegung, die erzieherischen und ökonomischen Bestrebungen von Adolf Loos und den sozialorganisatorischen Anspruch von Hannes Meyer, der in folgendem Essay besonders deutlich wird: Hannes Meyer. 1928. die neue welt. *Kritisk Revy* [Helrup/Dänemark], 1: 14–20.

Haus – muß sein Wesen zuerst erforscht werden […]."[10] Wird hier das Erforschen
der Bedürfnisse, für die gestaltet wird, eigentlich mit dem Erforschen der Dinge
gleichgesetzt, sodass mir letztlich das Ding diktiert, für welche Bedürfnisse ich
zu gestalten habe, so liegen für Semper die Bedürfnisse zwar nicht in den Dingen,
sind jedoch für alle Menschen zu allen Zeiten dieselben: „[D]ie Bestimmung eines
jeden technischen Productes [bleibt] dem Wesen nach zu allen Zeiten dieselbe
[…], insofern sie sich auf das allgemeine Bedürfnis des Menschen begründet und
auf überall und zu allen Zeiten gültigen Naturgesetzen beruht […]."[11] Für Hannes
Meyer ist die Gleichbehandlung der menschlichen Bedürfnisse sogar Kennzeichen
einer „wahren gemeinschaft": „das sicherste kennzeichen einer wirklich bestehenden
wahren gemeinschaft ist die befriedigung gleicher lebensbedürfnisse mit gleichen
mitteln: das ergebnis solcher kollektiver forderung ist *das standard-produkt*."[12]

Charakteristisch für diese moderne Auffassung ist – unter anderem aufgrund
der verschiedensten kollektiven Nöte ihrer Zeit –, dass sie eigentlich gar keinen
Individualismus kennt, weder auf der Seite der Gestalter*innen noch auf der Seite der
Nutzer*innen. Weder sind die Gestalter*innen frei in dem, was sie je individuell als
ein richtiges Gestaltungsziel erkennen und entwickeln, noch sind die Nutzer*innen
frei in dem, was sie zu ihren individuellen Bedürfnissen aufgrund individueller
Lebensziele gemacht haben, sondern beide folgen bloß einem allgemeinen Gesetz:
erstere dem Wesen der Dinge und letztere dem Wesen des Menschen. Das altruistische Moment ist also auch in den Anfängen des modernen Designs durchaus
gegeben, jedoch nach dem Muster eines zeitlosen Naturgesetzes, so unindividuell
wie nur möglich gedacht: Man gestaltet für andere Menschen so, wie es entweder
durch die Dinge oder *den* Menschen bereits bestimmt ist, ohne dass der einzelne
Mensch hier irgendwie mitreden dürfte.[13]

Den Einfluss, den Papanek mit seinem Buch *Design for the Real World*[14] in der
zweiten Hälfte des 20. Jahrhunderts auf die Designer*innen ausübte, scheint mir

10 Walter Gropius. 1925. Grundsätze der Bauhausproduktion. In *Neue Arbeiten der Bau-
    hauswerkstätten*, Hrsg. Walter Gropius, 5–8. München: Albert Langen, S. 5.

11 Gottfried Semper. 1977. *Der Stil in den technischen und tektonischen Künsten oder
    praktische Ästhetik*, Bd. 1. Mittenwald: Mäander [seitengleicher Faksimileabdruck der
    Ausgabe Frankfurt 1860], S. 8.

12 Meyer 1928, S. 18.

13 Vgl. zu diesem eigentlich fatalistischen Designverständnis auch Jan Michl. 1995. Form
    follows what? The modernist notion of function as a carte blanche. *1:50 – Magazine of
    the Faculty of Architecture & Town Planning* [Technion, Israel Institute of Technology,
    Haifa] 10: 20–31.

14 Victor Papanek. 2009. *Design für die reale Welt. Anleitung für eine humane Ökologie und
    sozialen Wandel*, Hrsg. Florian Pumhösl, Thomas Geisler, Martina Fineder und Gerald

nun insbesondere darin zu liegen, dass er an beiden Enden der sozialen Beziehung zwischen Gestalter*innen und Nutzer*innen das individuelle Moment einführt. Einerseits spricht er den Designer*innen Eigenverantwortung zu und erzeugt bei ihnen das Bewusstsein, selbst entscheiden zu können, *was* sie *für wen* und *für welche Bedürfnisse* gestalten, indem er seine Leser*innen ermahnt, ihren Beruf selbst in die Hand zu nehmen und sich stets zu fragen, welchen Sinn das hat, was man tut.[15] Andererseits schafft er ein Bewusstsein dafür, dass man nicht für *den* Menschen oder *den modernen* Menschen gestaltet, sondern für konkrete empirische Einzelmenschen, deren Bedürfnisse man überhaupt erst einmal kennenzulernen hat. So schreibt er beispielsweise in seinen methodischen Vorschlägen im Hinblick auf das Design für Entwicklungsländer oder Schwellenländer: „Die zweite und nur mäßig wirksamere Möglichkeit besteht darin, dass der Designer einige Zeit in einem unterentwickelten Land verbringt, um seine Entwürfe wirklich an den Bedürfnissen der Menschen dort zu orientieren."[16]

Allerdings gibt er der altruistischen Orientierung wiederum einen recht einfachen Rahmen, indem er sich insbesondere auf solche Bedürfnisse konzentriert, bei denen ein hoher Handlungsbedarf besteht, da sie von besonderer existenzieller Relevanz sind. Beispiele wären die Möglichkeit zur Kühlung von Lebensmitteln in ärmeren tropischen Regionen durch ein solarbetriebenes Kühlgerät[17] und, bezogen auf die reicheren Länder, die „Erfindung und Entwicklung von medizinisch-diagnostischen Geräten", „künstliche Organe", „Lesehilfen für Blinde", „Hörgeräte", „Sicherheitseinrichtungen für Wohnung, Industrie, Verkehr und viele andere Bereiche", das Redesign von Geräten und Verfahren, die zu Berufskrankheiten führen, oder Hilfen für „unruhige Kinder", „Betagte und Greise", „Schwangere und Fettleibige", „Benachteiligte und Behinderte" oder „Strafgefangene und Geisteskranke".[18] Die Bedürfnisse dieser Bedarfsgruppen nennt er auch die „besonderen Bedürfnisse", die ihm zufolge irgendwann jeden Menschen in der einen oder anderen Form ereilen, denn: „Wir alle werden früher oder später zu Mitgliedern mit besonderen

---

Bast. Wien/New York: Springer.

15 Vgl. beispielsweise: „Seine [des Designers] soziale und moralische Urteilsfähigkeit muss er schon lange, bevor er mit dem Formgebungsprozess beginnt, einsetzen, denn er muss beurteilen, und zwar a priori, ob die Produkte, für deren Gestaltung oder Neugestaltung er den Auftrag erhielt, seine Aufmerksamkeit überhaupt verdienen, oder nicht. Mit anderen Worten, er muss sich fragen, ob sein Design auf der sozial richtigen Seite stehen wird, oder nicht." (Papanek 2009, S. 69.)

16 Papanek 2009, S. 92.

17 Papanek 2009, S. 281.

18 Papanek 2009, S. 76 f.

Bedürfnissen."[19] Durch die Konzentration auf diese existenziellen Bedürfnisse, bei denen eine besonders auffällige ‚Hilfsbedürftigkeit' besteht, hat das Denken Papaneks gewisse Limitierungen, die natürlich der sozialen Relevanz keinen Abbruch tun.[20] Sie führen aber bei Papanek zu einem gewissen Gefälle zwischen dem eigenverantwortlichen Individualismus auf der Seite der Designer*innen und den letztlich eher unindividuellen Bedürfnissen und Abhängigkeiten auf der Seite der Nutzer*innen, auf die sich sein Hauptaugenmerk richtet. Aus der Perspektive des Handelns ist es ein Gebot der Logik, zunächst solche Bedürfnisse gestalterisch anzugehen, die existenziell sind, da alle weiteren Entwicklungsmöglichkeiten der Menschen diese zur Grundlage haben. Aus der Perspektive des Erkennens beziehungsweise der Theoriebildung führt diese Bevorzugung existenzieller Bedürfnisse jedoch dazu, dass ein einseitiges Menschenbild entsteht und infolgedessen das Potenzial sozialen Gestaltens nicht hinreichend erkannt wird.

Wollte man dieses Gefälle in der zwischenmenschlichen Beziehung zwischen dem Selbstverständnis der Designer*innen und dem Verständnis der Nutzer*innen radikal schildern, so müsste es etwa so dargestellt werden: Während die Designer*innen etwas erschaffen, verwirklichen und produzieren, konsumieren die Gebrauchenden das Geschaffene bloß und befriedigen so ihre Bedürfnisse. Die einen bringen also etwas hervor, und die anderen brauchen oder gebrauchen das, was diese hervorgebracht haben. Die einen erzeugen die Bedarfsmittel, die anderen bedürfen. Das selbstbestimmte Kreativitäts- und Freiheitsmoment wird zwar auf der Seite des *Gestaltens* entdeckt, nicht jedoch zugleich auch auf der Seite des *Gestalteten*.

Die Sozialität des Gestalteten

In der zweiten Perspektive auf die zwischenmenschlichen Dimensionen des Designs geht es weniger um die zwischenmenschliche Beziehung zwischen Gestaltenden und Nutzenden als vielmehr um die Beziehungen, in denen das Gestaltete eine Rolle spielt, die sich also kraft der Dinge unter den Nutzer*innen ereignen. Stand zuvor die Beziehung *Gestalter*in – Ding – Nutzer*in* im Fokus, so nun die Beziehung *Nutzer*in – Ding – Nutzer*in*. Es handelt sich um einen Wechsel von der ersten Person in die dritte Person, also von einer *handelnden* Ich-du-Beziehung in eine *beobachtende* Er-sie-es-Beziehung. Es wird nicht nur das zwischenmenschliche Verhältnis der Gestalter*innen zu ihren Nutzer*innen angeschaut und das Gestaltete

---

19   Papanek 2009, S. 76 f.
20   Vgl. zu dieser Diskrepanz Geiger 2016, S. 65.

als sozial beurteilt, wenn es irgendein Bedürfnis befriedigt, das selbst nicht sozialer Art sein muss, sondern gefragt, inwiefern das Gestaltete zwischenmenschliche Verhältnisse beeinflusst, wie es die sozialen Beziehungen reguliert.

Bazon Brock formuliert womöglich als Erster diese Perspektive, indem er das Konzept des „Sozio-Designs" vorschlägt. Er schreibt: „Die produzierten Gegenstände sind immer auch Mittel zum Aufbau von sozialen Beziehungen. Die dringend zu beantwortende Frage ist, wie sich soziale Beziehungen verändern, bzw. wie soziale Beziehungen zugrunde gehen, wenn sich die Gegenstände verändern, über die solche Beziehungen aufgebaut werden. [...] Veränderung des *Gegenstand-Designs* wird so also auch in jedem Fall Veränderung des *Lebens-Designs* bedeuten. Wenn unklar ist, auf welche Weise das gilt, scheint es vernünftig und verantwortlich zu sein, von der Gestaltung sozialer Beziehungen, kurz: Sozio-Design auszugehen und damit zugleich auch die Gestaltung gegenständlich realer Erscheinungsebenen des Lebens zu betreiben."[21]

Gegenüber der marxistisch inspirierten Kritischen Theorie[22] und dem Ansatz der „Warenästhetik" von Wolfgang Fritz Haug[23] entsteht in den 1970er Jahren eine bedeutende Wende in der Sicht auf das Verhältnis von technisch-ökonomischen und sozialen Entwicklungen. Dieses Verhältnis ist nun keines mehr, das die Menschen zwangsläufig einander entfremdet, sodass die technisch-ökonomischen Entwicklungen den zwischenmenschlichen Beziehungen eigentlich notwendigerweise schaden müssen und werden, sondern eines, das zwar *wesentlich*, aber *gestaltbar* ist. Wäre zuvor die angemessene Reaktion gewesen, sich der kapitalistischen Technik möglichst zu entziehen, um unbeschadet davonzukommen – indem man beispielsweise in die Kunst flüchtet oder ‚aussteigt' –, so wird nun bemerkt, dass ein technikfreies Zusammenleben gar nicht möglich ist, dass es also nicht darum geht, *ob* wir Technik gestalten, sondern nur *wie* wir Technik gestalten.[24] Wir müssen also die Rolle der Dinge in zwischenmenschlichen Beziehungen verstehen, um sie so gestalten zu können, wie wir diese Beziehungen gerne hätten. Explizit deutlich wird diese veränderte Haltung etwa in folgendem Satz von Bazon Brock: „Im Unterschied zu den Auffassungen der kritischen Theorie gilt es unseres Erachtens nach nicht,

---

21 Bazon Brock. 1977. Objektwelt und die Möglichkeit subjektiven Lebens. Begriff und Konzept des Sozio-Design. In Bazon Brock. *Ästhetik als Vermittlung. Arbeitsbiographie eines Generalisten*, Hrsg. Karla Fohrbeck, 446–449. Köln: DuMont, S. 446.

22 Vgl. Max Horkheimer und Theodor W. Adorno. 2003. *Dialektik der Aufklärung. Philosophische Fragmente*. Frankfurt am Main: Fischer.

23 Wolfgang Fritz Haug. 2009. *Kritik der Warenästhetik. Überarbeitete Neuausgabe. Gefolgt von: Warenästhetik im High-Tech-Kapitalismus*. Frankfurt am Main: Suhrkamp.

24 Vgl. hierzu Martin Gessmann. 2020. Quantensprünge im Design. Wie aus Gebrauchsgegenständen über Nacht ein Politikum wird. In diesem Band.

dieses notwendige Verdinglichen und Instrumentalisieren zu kritisieren, sondern zu erreichen, daß wir über mehr Kenntnisse und Bedingungen verfügen, die uns über die Aneignung und Gestaltung der Gegenstandswelt auch zu gewünschten sozialen Beziehungen führen."[25]

Es wird also begonnen, konkret zu studieren, welchen Anteil die Dinge an den zwischenmenschlichen Verhältnissen haben. Dieses Studium beginnt zunächst eher kommunikationstheoretisch, indem untersucht wird, wie Menschen sich kraft der Dinge wechselseitig wahrnehmen und interpretieren, etwa in den Untersuchungen von Pierre Bourdieu,[26] aber auch durch die stiltheoretischen Ansätze von Jochen Gros und Dagmar Steffen an der HfG Offenbach.[27] Erst etwas verspätet wird nicht nur das wechselseitige Wahrnehmen in den Blick genommen, sondern auch das zwischenmenschliche Verhalten, wodurch der wahrnehmungstheoretische Blick durch einen handlungstheoretischen Blick ergänzt wird. Für diesen handlungstheoretischen Fokus stehen insbesondere die Arbeiten von Bruno Latour.

Die Stärke dieser Perspektive auf die Sozialität des Gestalteten liegt darin, dass sie auch solche zwischenmenschlichen Vorgänge zu beobachten vermag, die weder von den Gestalter*innen, noch von den Nutzer*innen intendiert waren, an denen aber gleichwohl die Verfasstheit der Dinge einen Anteil hat. Sie sensibilisiert für das, was tatsächlich beobachtbar geschieht, und nicht bloß für das, was gutmeinend beabsichtigt wurde. Dabei gerät mehr das beobachtbare zwischenmenschliche Funktionieren in den Fokus als das, was die Menschen zwischenmenschlich bezwecken.[28] Erst aus dieser Perspektive lässt sich beispielsweise beobachten, dass Design auch bestimmte Menschen von seiner Nutzung ausschließen kann, obwohl diese Ausgrenzung meist gar nicht bezweckt war. Etwa dann, wenn bei öffentlichen Dingen für eine ganz bestimmte vorgestellte körperliche und oder geistige Verfas-

---

25 Brock 1977, S. 448.

26 Vgl. besonders Pierre Bourdieu. 1982. *Die feinen Unterschiede. Kritik der gesellschaftlichen Urteilskraft.* Frankfurt a. M.: Suhrkamp.

27 Vgl. hierzu beispielsweise Jochen Gros, Dagmar Steffen und Petra Widmayer. 1987. *Grundlagen einer Theorie der Produktsprache. Symbolfunktionen.* H. 4. Offenbach a. M. und das Kapitel *2.3 Symbolfunktionen* in Dagmar Steffen. 2000. *Design als Produktsprache. Der 'Offenbacher Ansatz' in Theorie und Praxis.* Frankfurt a. M.: Verlag form.

28 Vgl. zu dem systematischen Unterschied von Funktionen und Zwecken Johannes Lang. 2020. Funktionen und Zwecke. In *Philosophie des Designs. Schriftenreihe des Weißenhof-Instituts zur Architektur- und Designtheorie,* Hrsg. Daniel Martin Feige, Florian Arnold und Markus Rautzenberg, 185–211. Bielefeld: Transcript.

sung der Nutzer*innen gestaltet wurde, die aber der tatsächlichen Heterogenität beziehungsweise der Individualität der betroffenen Menschen nicht entspricht.[29] Wird diese Perspektive jedoch absolut gesetzt, sodass sie weder die erste hier behandelte Perspektive (die Soziabilität des Gestaltens) noch die dritte noch zu behandelnde (die Soziabilität des Gebrauchens) gelten lässt, also ganz aus den Augen verliert, was die Menschen wollen und beabsichtigen, so wird aus ihrer Stärke sogleich eine Schwäche. Diese Problematik lässt sich sehr gut an dem zugegebenermaßen recht breitgetretenen Beispiel der Rüttelschwelle von Bruno Latour erläutern. Er beschreibt diese wie folgt: „Die Schwelle übersetzt das Ziel des Fahrers, ‚fahr langsam, damit du keine Studenten gefährdest' in das Ziel, ‚fahr langsam, damit deine Federung nicht zu Bruch geht.' […] Der erste Appell richtet sich an die Moral, aufgeklärte Rücksichtnahme und Nachdenklichkeit des Fahrers, während der zweite sich ganz schlicht an seinen Eigennutz und die Reflexe am Steuer richtet. […] Doch von einem Beobachter-Standpunkt aus betrachtet ist das eigentlich egal, durch welche Vermittlungsarbeit hindurch ein angestrebtes Ziel erreicht wird. Von ihrem Fenster aus sieht die Rektorin der Universität, daß die Autos abbremsen und mehr interessiert sie nicht."[30]

An diesem Beispiel zeigt sich, dass das *Gestaltete* eine zwischenmenschliche Dimension haben kann, *ohne* dass aus der Perspektive der *Gebrauchenden* oder der *Gestaltenden* eine zwischenmenschliche Beziehung vorhanden sein muss. Weder muss im Bewusstsein der Gestaltenden beziehungsweise Produzierenden der Rüttelschwelle das Leben der Student*innen auftauchen, denn sie können sich auch einfach nur für ihren Lohn oder die Einhaltung der Verkehrsordnung interessieren, ohne sich zu fragen, was der zwischenmenschliche Zweck des Langsamfahrens auf diesem Straßenabschnitt ist. Noch muss im Bewusstsein der Gebrauchenden das Leben der Student*innen auftauchen, denn sie können sich auch einfach nur für die Federung ihres Autos interessieren. Und dennoch wird sinnlich beobachtbar ein bestimmter zwischenmenschlicher Effekt erreicht, nämlich dass statistisch betrachtet soundsoviele Menschen weniger eine Verletzung oder den Tod anderer Menschen bewirken.

Im Sinne von Max Weber ist das Langsamfahren aufgrund der Rüttelschwelle kein soziales Handeln, solange es nicht an anderen Menschen orientiert ist, sondern bloß

---

29 Charakteristisch für diesen Blickwechsel sind etwa die Ansätze des ‚Universal Design', ‚Inclusive Design' oder ‚Design for All'.

30 Bruno Latour. 1998. Über technische Vermittlung. Philosophie, Soziologie, Genealogie (1994). In *Technik und Sozialtheorie*, Hrsg. Werner Rammert, 29–81. Frankfurt am Main/New York: Campus, S. 42.

am eigenen Auto.[31] Dennoch tritt ja unleugbar ein gewisser zwischenmenschlicher Effekt auf. Um beiden Perspektiven gerecht zu werden, möchte ich vorschlagen, Letzteres ein *wahrnehmbares zwischenmenschliches Geschehen* zu nennen, während Ersteres eine *bewusste zwischenmenschliche Beziehung* ist. Im ersten Fall bildet das Denken der Interessen anderer Menschen – nämlich nicht angefahren zu werden – die Grundlage für das zwischenmenschliche Geschehen. Im zweiten Fall bildet das Denken eines bestimmten Eigeninteresses – nämlich ein unbeschadetes Auto zu haben – die Grundlage für das Geschehen, bei dem der zwischenmenschliche Effekt eigentlich nur ein Nebeneffekt ist.

Nun mag man der Meinung sein, dass es gleichgültig sei, auf welche Weise ein zwischenmenschliches Geschehen erreicht wird, solange es nur erreicht wird. Aber abgesehen davon, dass es für ein freies soziales Zusammenleben ganz und gar nicht unwesentlich ist, ob das wahrnehmbare zwischenmenschliche Geschehen auch in einer bewussten zwischenmenschlichen Beziehung gründet, lässt sich schon am Geschehen selbst der Unterschied zwischen beidem aufzeigen. Das Langsamfahren aufgrund der Rüttelschwelle bleibt nämlich an diese gebunden, von dieser abhängig. Man wird gewissermaßen dazu erzogen, nur dort langsam zu fahren, wo auch eine Gefährdung des eigenen Autos besteht. Das Langsamfahren aufgrund des Bewusstseins von verschiedenen Menschenleben, die in das Verkehrsgeschehen involviert sind, überträgt sich hingegen auch auf solche Situationen, in denen nicht explizit etwa durch Verkehrsschilder oder Warntafeln auf diese Menschenleben hingewiesen wird. Ja, es überträgt sich sogar in Situationen außerhalb des Verkehrsgeschehens, erreicht also insgesamt eine Sensibilisierung für das Leben anderer Menschen.

Diese beiden unterschiedlichen Arten der Einflussnahme auf das zwischenmenschliche Verhalten werden von Nynke Tromp, Paul Hekkert und Peter-Paul Verbeek in ihrem Beitrag in diesem Band anhand verschiedener Beispiele in solche

---

31 Max Weber ist in dieser Hinsicht durchaus radikal. So ist für ihn beispielsweise weder der unbeabsichtigte körperliche Kontakt ein soziales Handeln noch das synchrone Handeln mehrerer Menschen als Reaktion auf etwas drittes Nicht-Menschliches, noch das durch andere Menschen unbewusst beeinflusste Handeln: „3. Nicht jede Art von Berührung von Menschen ist sozialen Charakters, sondern nur ein sinnhaft am Verhalten des anderen orientiertes eigenes Verhalten. Ein Zusammenprall zweier Radfahrer z. B. ist ein bloßes Ereignis wie ein Naturgeschehen. Wohl aber wäre ihr Versuch, dem anderen auszuweichen und die auf den Zusammenprall folgende Schimpferei, Prügelei oder friedliche Erörterung ‚soziales Handeln'. 4. Soziales Handeln ist weder identisch a) mit einem gleichmäßigen Handeln mehrerer noch b) mit jedem durch das Verhalten anderer beeinflußten Handeln. [Es folgen Beispiele, J. L.]" (Weber 1922, S. 11).

mit „starkem" und solche mit „schwachem" Einfluss unterschieden.[32] Dinge mit „starkem" Einfluss sind hierbei solche, die aufgrund ihrer physischen Struktur ein bestimmtes zwischenmenschliches Verhalten „entscheiden" – zum Beispiel die Rüttelschwelle. Oder solche, die – wie etwa eine Radarkontrolle – rechtliche Folgen haben und auf diese aufmerksam machen und damit einen „zwingenden" Einfluss ausüben. Dinge mit „schwachem" Einfluss sind hingegen diejenigen, die entweder durch eine Art externe Belohnung zu einem bestimmten Verhalten „verführen" – etwa ein Fahrschein, der zugleich ein Lotterielos ist und damit implizit dazu motiviert, nicht schwarz zu fahren. Oder Dinge wie Warntafeln, die an Autobahnen auf die zwischenmenschlichen Folgen des Schnellfahrens aufmerksam machen und damit im Idealfall einen „überzeugenden" Einfluss ausüben.

Ich möchte diesen Beobachtungen und Unterscheidungen noch hinzufügen, dass der als „schwach" klassifizierte Einfluss über das zwischenmenschliche Bewusstsein langfristig auch als ein „starker" Einfluss betrachtet werden kann. Auf lange Sicht ist eine durch Überzeugung erzeugte Bewusstseinsänderung im zwischenmensch-lichen Verhalten deutlich wirkmächtiger und effektiver als ein durch bestimmte rechtliche oder physische Sanktionen erreichter Einfluss, der gewissermaßen immer an diesen Sanktionen ‚kleben' bleibt und sich nicht ins bewusste soziale Zusam-menleben hinein verselbständigen kann. Es macht einen wesentlichen Unterschied, ob sich die Einflussnahme auf das zwischenmenschliche Geschehen auch auf die bewussten Gründe erstreckt, aus denen heraus die Menschen handeln, sodass mein Bewusstsein von den anderen Menschen auch den Grund meines Handelns abgibt, oder ob die Einflussnahme mit sekundären Motiven arbeitet, die das zwischen-menschliche Verhalten nur vorübergehend, als Reaktion auf Sanktionen zu ändern vermag. Der von Tromp, Hekkert und Verbeek vorgenommene Perspektivwechsel in die Sicht der Gebrauchenden, also auf die Auswirkungen des Gestalteten auf die zwischenmenschlichen Zwecke der Handelnden, ist der entscheidende dritte Schritt, den ich im Folgenden darstellen möchte.

---

32 Vgl. Nynke Tromp, Paul Hekkert und Peter-Paul Verbeek. 2020. Design für sozial verantwortliches Verhalten. Eine Klassifizierung seines Einflusses auf Grundlage der angestrebten Gebrauchserfahrung. In diesem Band.

Die Soziabilität des Gebrauchens

Während die erste Perspektive mehr die soziale Aktivität der Gestalter*innen anschaut, nämlich erfinderisch und kreativ etwas Nützliches für andere Menschen zu entwickeln, und die zweite Perspektive eher von einem Beobachterstandpunkt aus betrachtet, welche Rolle diese Dinge im zwischenmenschlichen Verhalten spielen, nimmt die dritte Perspektive nun die soziale Aktivität der Gebrauchenden in den Blick. Der wesentliche Unterschied zur ersten Perspektive ist der, dass das Konsumieren oder Gebrauchen weniger als ein bloßes Aufnehmen oder Bewirkt-Werden verstanden wird, sondern selbst als eine Art sozialen Gestaltens, also ein produktiver Vorgang, durch den möglicherweise wiederum etwas für andere Menschen geleistet wird. Damit fällt das soziale Gestalten nicht mehr bloß in die Profession einiger weniger – etwa Politiker*innen, Richter*innen, Pädagog*innen oder Gestalter*innen öffentlicher Einrichtungen –, sondern wird eine Angelegenheit aller Menschen, sofern diese in ihrem gebrauchenden Handeln etwas tun, das für andere Menschen Relevanz hat. Es wird also das selbstbestimmte Freiheitsmoment nicht nur im gestaltenden Tun der Designer*innen entdeckt, sondern auch im gebrauchenden Tun der Nutzer*innen. So schreibt etwa Ivan Illich schon 1973: „Der Mensch lebt nicht nur von Gütern und Dienstleistungen, sondern auch von seiner Freiheit, die ihn umgebenden Objekte zu gestalten, sie nach seinem Geschmack zu formen und sich ihrer mit anderen und für andere zu bedienen."[33]

Vor diesem Hintergrund wird historisch nun zunächst eine Frage besonders virulent, nämlich ob überhaupt für andere Menschen etwas gestaltet werden darf, da diese doch freie, das heißt sich selbst bestimmende, also sich selbst und ihre Beziehungen gestaltende Wesen seien. Kommt es nicht einer Bevormundung gleich, wenn einige wenige Expert*innen sich überlegen, was andere Menschen brauchen? Es gerät also das Ideal der individuellen Selbstbestimmung jedes Menschen in Konflikt mit dem altruistischen Moment des Für-andere-Gestaltens, wie es bereits in der ersten Perspektive thematisch wurde. Dieser Konflikt drückt sich etwa in der Frage „Wer bestimmt, was geplant wird (und was nicht)?"[34] von Lucius Burkhardt aus. Diese Frage ist auch normativ gemeint und wird erst verständlich, wenn das mitgedacht wird, was unausgesprochen bleibt: ‚Wer *darf* bestimmen, was

---

33 Ivan Illich. 1975. *Selbstbegrenzung. Eine politische Kritik der Technik*, übers. v. Nils Thomas Lindquist. Hamburg: Rowohlt (Originalausgabe: *Tools for Conviviality*, 1973), S. 32.

34 Lucius Burckhardt. 2004. Wer plant die Planung? (1974). In Lucius Burckhardt. *Wer plant die Planung? Architektur, Politik und Mensch*, Hrsg. Jesko Fezer und Martin Schmitz, 71–88. Berlin: Martin Schmitz, S. 71. Den Hinweis auf das Zitat entnehme ich Claudia Mareis. 2014. *Theorie des Designs zur Einführung*. Hamburg: Junius, S. 205 f.

geplant wird (und was nicht)?'. Wer darf für andere Menschen planen, wenn doch die meisten Menschen nicht verplant werden wollen, sondern ihr Leben und ihre sozialen Beziehungen selbst planen möchten? Das Bewusstsein davon, dass jeder Mensch ebenso ein*e Lebensgestalter*in wie ein*e Gestalter*in sozialer Beziehungen ist, wird zu einem ethischen Problem der Designer*innen und Architekt*innen.

Zunächst fällt die Antwort auf diese Frage demokratisch aus: Wenn nicht Einzelne darüber bestimmen dürfen, was und wie für andere zu gestalten ist, so sollte die Allgemeinheit oder die Gesellschaft darüber bestimmen. So ist etwa Siegfried Maser der Ansicht: „Will Design einen Beitrag zur Verbesserung des praktischen Lebens leisten, so liegt der Ausgangspunkt jeder Begründung in der Analyse und Beurteilung menschlicher Bedürfnisse, die das Hilfsmittel Design befriedigen soll. Die Festlegung solcher Ziele aber ist nicht Sache allein der Experten, es ist ein gesellschaftliches Problem. Das Problem gesellschaftlicher Selbstbestimmung als Basis gesellschaftlicher Selbstverwirklichung."[35] Aber ist das der richtige Schluss? Handelt es sich nicht statt um ein „gesellschaftliches Problem" vielmehr um ein Problem genau derjenigen Menschen, die diese „menschlichen Bedürfnisse" haben, und derjenigen, die das individuelle gestalterische Potenzial besitzen, diese Probleme eventuell zu lösen?

Dieser Flucht in die Allgemeinheit lässt sich zweierlei kritisch entgegenhalten. Erstens bleibt unklar, wie ‚die Gesellschaft' eine „Analyse und Beurteilung menschlicher Bedürfnisse" vornehmen soll, denn nicht ‚die Gesellschaft' denkt, sondern individuelle Menschen. Die einen haben eher die Begabung, sich in dieses hineinzudenken, und die anderen können sich eher in jenes hineindenken. Man kann Gesellschaften nicht behandeln, als wären sie Quasisubjekte, die irgendetwas erkennen könnten, sondern die Möglichkeit, im richtigen Moment das Richtige zu erkennen, entspringt immer der selbstbestimmten Kreativität einzelner Menschen. Zweitens ist es für die individuellen Bedürfnisse der einzelnen Menschen nahezu gleichgültig, ob sie durch einige wenige ‚Experten' verplant werden oder auf demokratische Weise durch die ‚Gesellschaft'. Der Unterschied besteht bloß darin, dass die Schuld, an den individuellen Menschen vorbeizugestalten, nicht mehr auf den Schultern einiger weniger lastet, sondern auf den Schultern aller. Das Problem, wie Fremdgestaltung und Selbstgestaltung zusammengehen sollen, wird dadurch nicht gelöst, sondern es wird bloß die Verantwortung umverteilt. Bei einer solchen Denkweise wird – radikal gesprochen – die soziale Verantwortung als Gestalter*in nicht selbstbestimmt und selbstkritisch wahrgenommen, sondern

---

35 Siegfried Maser. 1976. „Theorie ohne Praxis ist leer, Praxis ohne Theorie ist blind!". Grundsätzliches über die Notwendigkeit einer Design-Theorie. *Form* 73: 40–42, S. 41. Den Hinweis auf das Zitat entnehme ich Mareis 2014, S. 204 f.

systematisch an die Allgemeinheit abgegeben: Alle sollen für alle gestalten. Dabei wird so sehr von einem abstrakten demokratisch-politischen Denken ausgegangen, dass gar nicht hinterfragt wird, ob es erstens überhaupt irgendetwas Gestaltetes geben kann, das für *alle* Menschen in gleicher Weise sinnvoll ist, und ob zweitens die kreativ-schöpferischen Potenziale der individuellen Menschen so verfasst sind, dass sie für *alle* Menschen etwas Sinnvolles hervorbringen können.

Neben dieser Flucht in die Allgemeinheit gibt es auch die Flucht ins Individuum. Anstatt dass alle für alle gestalten, soll nun jede*r für sich gestalten. Diese Tendenz zeigt und zeigte sich insbesondere in den verschiedenen Ansätzen des Do-it-yourself-Designs.[36] Die Idee, dass jeder Mensch ein*e Selbstversorger*in und Selbstgestalter*in werde, gewinnt an Auftrieb, und das Design soll hierbei Hilfestellung leisten. So fragt etwa Gert Selle schon 1979: „Ist ein offenes, ein nicht-fertiggeformtes Design auch im Massenprodukt denkbar, das dem Konsumenten produktiv Spielräume der Veränderung und Selbstgestaltung läßt?".[37] Und sieben Jahre später führt er zusammen mit Jutta Boehe über den Prozess der Personalisierung aus: „In diesem konkreten Aneignen produziert das Subjekt *sein* Bild des Gegenstandes. Dessen Design verliert dabei einen Teil seiner Gewalt über das Subjekt, indem es im Gebrauch umfunktioniert und mit Eigenschaften ausgestattet wird, die ihm vom Entwurf her nicht anhaften."[38] Diese Idee wird von Jochen Gros an der HfG Offenbach im Rahmen des Konzeptes eines „Halbfertigdesigns" systematisch weitergeführt.[39] Auch Jonathan Chapman verfolgt diese Strategie der Selbstgestaltung, wenn er schreibt: „The variable nature of users' desires […] requires the development of

---

36 Vgl. zur Geschichte der DIY-Bewegung im Möbeldesign: Martina Fineder, Thomas Geisler und Sebastian Hackenschmidt. 2017. *Nomadic Furniture 3.0. Neues befreites Wohnen? / New Liberated Living?*. Zürich: Niggli. Und vgl. zur allgemeinen Geschichte des DIY-Designs: Nikola Langreiter und Clara Löffler, Hrsg. 2017. *Selber machen. Diskurse und Praktiken des ‚Do-it-yourself'*. Bielefeld: Transcript.

37 Gert Selle. 1979. Design auf der Suche nach Freiräumen. *Form* 88: 6–10, S. 10.

38 Gert Selle und Jutta Boehe. 1986. *Leben mit den schönen Dingen. Anpassung und Eigensinn im Alltag des Wohnens*. Hamburg: Rowohlt, S. 52.

39 „Entscheidend für die Entwicklung von Halbfertigdesign erscheint mir die parallele Entwicklung eines *halbprofessionellen Produktionsbereichs*. Dem würde das Ziel entsprechen, bestimmte Hobbyformen und Formen von Eigenarbeit zu einem *zweiten Beruf* zu machen, ohne den ersten, von dem unser Lebensunterhalt nach wie vor im wesentlichen abhängt, ganz aufzugeben.", Jochen Gros. 1981. Halbfertigdesign. Auf der Suche nach Modellen und Beispielen für mehr Eigenarbeit. In *Design ist unsichtbar*, Hrsg. Helmut Gsöllpointner, 582–585. Wien: Löcker, S. 583.

dynamic and flexible products. Users must therefore be designed into narratives as co-producers and not simply inert, passive witnesses."[40] An dieser Tendenz zur Selbstgestaltung fällt zweierlei auf. Erstens ändert sich das Konsument*innen- und Nutzer*innenverständnis. Mit der von Beuys[41] und Papanek[42] proklamierten und letztlich durch Schiller[43] initiierten Vorstellung, dass jeder Mensch ein*e Gestalter*in sei und also auch die Nutzer*innen und Konsument*innen so zu betrachten seien, als wären sie Gestalter*innen, wird nun mehr und mehr Ernst gemacht. Zweitens ist allerdings bemerkenswert, dass das gestalterische Potenzial der Nutzer*innen eigentlich nie anders als so verstanden wird, wie es die Designer*innen aus der eigenen gestalterischen Praxis kennen. Es wird den Nutzer*innen die Möglichkeit geboten, selbst ein bisschen Designer*in zu sein, indem sie an dem Ding etwas verändern, es fertiggestalten oder mit anderem kombinieren können. Man denkt sich nicht wirklich in das gestalterische Leben der Nutzer*innen hinein, sondern projiziert das, was man selbst unter Gestaltung versteht und kennt, in dieses hinein. Besonders auffällig zeigt sich das an dem Glauben, es müsse das gestalterische Tun der Nutzer*innen allererst in Form von nutzer*innenbedingten Objektveränderungen initiiert werden, statt zu bemerken, dass das gebrauchende Handeln selbst schon ein gestaltendes Geschehen ist, das allerdings anders ausfällt als die Designpraxis. Kurz: Anstatt die je unterschiedliche

---

40 Jonathan Chapman. 2010. Subject/Object Relationships and Emotionally Durable Design. In *Longer Lasting Products. Alternatives to the Throwaway Society*, Hrsg. Tim Cooper, 61–76. Farnham/Burlington: Gower Publishing, S. 71. Vgl. zu diesen Arten des Selbstgestaltens unter einem ökologischen Gesichtspunkt auch die Kapitel *Langlebigkeit durch Individualisierung* und *Produkterfahrung durch Selbermachen* in Johannes Lang. 2015. *Prozessästhetik. Eine ästhetische Erfahrungstheorie des ökologischen Designs*. Basel: Birkhäuser, S. 92–113.

41 „JEDER MENSCH IST EIN KÜNSTLER, der aus seiner Freiheit, denn das ist die Position der Freiheit, die er unmittelbar erlebt, die anderen Positionen im GESAMTKUNST-WERK ZUKÜNFTIGE GESELLSCHAFTSORDNUNG bestimmen lernt.", Joseph Beuys. 1998. Ich durchsuche Feldcharakter (1972). In *Kunsttheorie im 20. Jahrhundert. Künstlerschriften, Kunstkritik, Kunstphilosophie, Manifeste, Statements, Interviews*, Hrsg. Charles Harrison und Paul Wood, Bd. 2, 1119–1120. Ostfildern-Ruit: Hatje, S. 1120.

42 Vgl.: „Alle Menschen sind Gestalter. Fast alles, was wir tun, ist Design, ist Gestaltung, denn das ist die Grundlage jeder menschlichen Tätigkeit." (Papanek 2009, S. 20.)

43 Bei Schiller nimmt das Wort „Spiel" oder „Spieltrieb" systematisch die Stelle dessen ein, was heute ,Kreativität' oder ,Gestaltungstrieb' genannt werden würde: „Denn, um es endlich auf einmal herauszusagen, der Mensch spielt nur, wo er in voller Bedeutung des Worts Mensch ist, und *er ist nur da ganz Mensch, wo er spielt.*", Friedrich Schiller. 1967. *Über die ästhetische Erziehung des Menschen*. München: Wilhelm Fink, S. 131.

Soziabilität der unterschiedlichsten Gebrauchsvorgänge zu entdecken, wird die Soziabilität des eigenen Handelns als Designer*in den Nutzer*innen übergestülpt. Ist die Vorstellung leitend, dass Design eine Form der Selbstdarstellung sei, wie etwa im Autor*innendesign, so wird auch von dem Gestalteten verlangt, dass es diese Selbstdarstellung der Nutzer*innen zulässt. So ist etwa Jonathan Chapman der Meinung: „Material artifacts may [...] be described as illustrative of an individual's aspirations and serve to define us existentially. As such, possessions are symbols of what we are, what we have been, and what we are attempting to become, and also provide an archaic means of possession by enabling the consumer to *incorporate* the meanings that are signified to them by a given object."[44] Ist hingegen mehr die Vorstellung leitend, dass Design eine Form der technischen Problemlösung sei, so werden ‚Toolsets' gestaltet, die es den Nutzer*innen erlauben, bestimmte Schnittstellenprobleme individuell zu lösen, wie es etwa für die digitale *Maker Culture* charakteristisch ist. Abgesehen von den unterschiedlichsten positiven Elementen, die diese Ansätze auch aufweisen, werden jedoch die Nutzer*innen letztlich so behandelt, als müsse ihr kreatives Lebensziel darin bestehen, auch so zu werden wie man selbst als Designer*in.

Während diese Sicht stärker darauf zielt, die Nutzer*innen allererst zu Gestalter*innen *zu machen,* und zwar zu solchen Gestalter*innen, die idealerweise genau das tun, was man selbst tut, entwickelt sich allerdings auch eine Sicht, die schon das alltägliche Gebrauchen unter einem gestalterischen Gesichtspunkt betrachtet. Einschlägig sind hierfür etwa die Publikation *Design durch Gebrauch* von Uta Brandes, Sonja Stich und Miriam Wender,[45] in der die unterschiedlichsten alltäglichen Umnutzungsvorgänge untersucht werden, und die Publikation *Gebrauch als Design* von Katharina Bredies,[46] in der die kreativen Dimensionen des Gebrauchs auch unter semiotischen Gesichtspunkten betrachtet werden. In dieselbe Richtung zielt auch der Ansatz des *Metadesigns,* der von der Frage geleitet ist, wie sich für eine „Gestaltung nach der Gestaltung"[47] gestalten lässt. Allerdings richten auch diese Ansätze ihr Augenmerk bisher eher darauf, was sich am Objekt selbst entweder wahrnehmbar oder denkbar – in Form von Bedeutungszuwachs

---

44 Jonathan Chapman. 2009. Design for (Emotional) Durability. *Design Issues* 25.4: 29–35, S. 34.

45 Uta Brandes, Sonja Stich und Miriam Wender. 2008. *Design durch Gebrauch. Die alltägliche Metamorphose der Dinge.* Basel: Birkhäuser.

46 Katharina Bredies. 2014. *Gebrauch als Design. Über eine unterschätzte Form der Gestaltung.* Bielefeld: Transcript.

47 Pelle Ehn. 2013. Partizipation an Dingen des Designs (2008). In *Wer gestaltet die Gestaltung? Praxis, Theorie und Geschichte des partizipatorischen Designs,* Hrsg. Claudia Mareis, Matthias Held und Gesche Joost, 79–104. Bielefeld: Transcript, S. 92.

oder veränderung – durch die Nutzerinteraktion ergibt, als darauf, was durch diese Gebrauchsvorgänge über die Objekte hinaus entsteht. Inwiefern beispielsweise in diesen wiederum etwas für andere Menschen geleistet wird und der Sinn gar nicht in der Objektveränderung selbst liegt. Es wird also noch kaum bemerkt, dass ein Großteil des gebrauchenden Handelns der Menschen seinen Endpunkt nicht in diesem sinnlich wahrnehmbaren Dinggeschehen hat, sondern sich wiederum auf andere Menschen bezieht.

Die Freiheit des Gebrauchs besteht nicht bloß in einem selbstgenügsamen Spiel mit Dingen oder ihren Bedeutungen, ist also nicht einfach eine Art Wahrnehmungs- oder Bedeutungsspielerei, sondern zeichnet sich auf der einen Seite durch eine selbstständige Ideen- und Zweckbildung der Gebrauchenden darüber aus, was für andere Menschen sinnvoll sein könnte, und auf der anderen Seite durch den Versuch, diese zwischenmenschlichen Zwecke durch einen Umgang mit den Dingen zu realisieren.[48] Die Nutzer*innen bedürfen also nicht nur etwas für sich, sondern dieses Bedürfnis bildet nur den Ausgangspunkt, um für die Bedürfnisse anderer Menschen gestalterisch handelnd tätig zu sein.

Es geraten also gegenwärtig zwei Tatsachen in Konflikt: Auf der einen Seite das zunehmende Freiheitsbewusstsein, das von der Theorie in die Praxis gewendet bedeutet, dass jeder Mensch ein*e Gestalter*in ist, und auf der anderen Seite die zunehmende globale Arbeitsteilung, die bedeutet, dass das meiste gestalterische Tun sich nicht auf einen selbst, sondern auf andere Menschen bezieht, die in ihrem gestalterischen Tun ihrerseits den Anspruch erheben, aus Freiheit etwas für andere zu verwirklichen. Die ganze Grundlogik dessen, was Gestaltung ist, ändert sich. Denn es ist ein Grundcharakteristikum der Gestaltung, dass nicht von vornherein feststeht und auch nicht vorhergesagt werden kann, was man gestalten wird und verwirklichen möchte, sondern dass dies erst in einem individuellen Prozess gefunden werden muss. Wenn nun aber in einer arbeitsteiligen Gesellschaft das eigene Gestalten stets auf andere gestaltend Tätige bezogen ist, wird das Gestalten ein Gestalten zweiter Ordnung: Man gestaltet, damit gestaltet werden kann. Die gegenwärtige Kardinalfrage bezogen auf die soziale Gestaltung ist deshalb: *Wie lässt sich aus Freiheit für die Freiheit anderer Menschen gestalten?* Oder mehr gestaltungsnah ausgedrückt: *Wie lässt sich für das Gestalten der Menschen gestalten?* Es handelt sich hierbei grundsätzlich um die Frage, ob es eine Möglichkeit gibt, so zu gestalten, dass die Nutzer*innen nicht in eine Sozialität gezwungen werden,

---

48 Vgl. zur Thematisierung des freiheitlichen Potenzials des Gebrauchs unter ästhetischen Gesichtspunkten Annette Geiger. 2018. *Andersmöglichsein. Zur Ästhetik des Designs.* Bielefeld: Transcript.

sondern durch das Gestaltete bloß dazu ermächtigt werden, in ihrem Sinne sozial
wirksam zu sein.

Für eine freiheitliche soziale Denkweise

Abschließend möchte ich nun versuchen, die hier behandelten drei Perspektiven
auf die soziale Dimension der Gestaltung in einer einzigen Denkweise zusam-
menzuführen. Ich verstehe unter dieser Denkweise keine praktische Anleitung,
wie zwischenmenschlich zu gestalten sei, sondern eine gedankliche Haltung, die
möglicherweise einen günstigen, das heißt produktiven Ausgangspunkt für hoffentlich deutlich konkretere zwischenmenschliche Denkweisen und Beobachtungen
bildet, als sie hier geleistet werden.

Das Selbstverständnis westlicher Gesellschaften lässt sich vielleicht am ehesten
so beschreiben, dass es in ihnen von *kollektivem* Interesse ist, dass sich die *individuellen* Begabungen, Ideen und Impulse der einzelnen Menschen innerhalb des
sozialen Miteinanders verwirklichen können. Wir würden es gegenwärtig kaum
noch als sozial empfinden, wenn zwar das zwischenmenschliche Verhalten geset-
zeskonform, ökologisch usw. abliefe, aber dafür die individuellen Entfaltungsmög-
lichkeiten nicht gegeben wären, also dieses zwischenmenschliche Verhalten auch
nicht aus den individuellen Impulsen der einzelnen Menschen hervorginge. Eine
solche als ‚unsozial‘ empfundene Denkweise wäre beispielsweise, sich bestimmte
zwischenmenschliche Verhaltensweisen auszudenken, die zu gestalten wären, um
ein soziales Verhalten der Menschen sicherzustellen. In solchen Strukturen hätten
die Menschen dann notwendigerweise solche Beziehungen, die man sich als gut, als
sozial ausgedacht hat. Die Menschen wären in zwischenmenschliche Beziehungen
hineingestaltet, also in eine Sozialität, die irgendjemand oder die Mehrheit als gut
oder gerecht ansieht.

Was könnte nun eine Alternative zu dieser auch als ‚social engineering‘ bekannten Denkweise sein?[49] Erstens müsste die gestaltete Sozialität so sein, dass sie
die Möglichkeiten der Menschen unterstützt und fördert, überhaupt individuelle
Impulse, Begabungen und Ideen zu entwickeln, also ihre Soziabilität zu entfalten.

---

49 Vgl. zu einer historischen Aufarbeitung des Social Engeneering im 20. Jahrhundert:
    Thomas Etzemüller. 2012. Strukturierter Raum – integrierte Gemeinschaft. Auf den
    Spuren des social engineering im Europa des 20. Jahrhunderts. In *Theorien und Expe-
    rimente der Moderne. Europas Gesellschaften im 20. Jahrhundert*, Hrsg. Lutz Raphael,
    129–154. Wien/Köln/Weimar: Böhlau.

Zweitens müsste sie so sein, dass sie sich wiederum durch diese individuellen Impulse, Begabungen und Ideen, also die Soziabilität der Menschen gestalten lässt. Das würde bedeuten, dass wir aus individuellen Impulsen so gestalten, dass wiederum aus individuellen Impulsen für die Ermöglichung der individuellen Impulse der anderen gestaltet wird. Soziale Gestaltung zielte dann also gar nicht auf *bestimmte* soziale Zusammenhänge, die dann *fertig*, da verwirklicht wären, sondern sie zielte auf Zusammenhänge, die gewährleisteten, dass soziale Gestaltung *möglichst fortwährend geschähe.*

Dieser Position steht nun eine bestimmte Denkweise entgegen, die sich insbesondere durch das Beobachten und Verändern physikalisch-mechanischer Zusammenhänge entwickelt hat. Aus dem physikalischen Gestaltungsdenken heraus sind wir gewohnt, für tote Prozesse zu gestalten. Rein physikalische Prozesse – das heißt Prozesse ohne Involvierung eines Lebewesens – haben die Eigenart, sich mit einer gewissen vorhersehbaren Notwendigkeit fortzusetzen. Einmal installiert, funktioniert das System. Dieses System kennt sozusagen keine andere Initiative als diejenige, die am Anfang des Systems stand, nämlich die Initiative der Gestalter*innen. In sozialen Zusammenhängen hingegen greift jedes Element, nämlich die Menschen, fortwährend in diese Zusammenhänge gestaltend ein. Die Initiative liegt also nicht mehr einfach nur bei den Gestalter*innen, sondern ist den zu gestaltenden Zusammenhängen in Form der unterschiedlichsten zwischenmenschlichen Initiativen, der unterschiedlichsten Menschen immanent. Soziale Gestaltung ist sozusagen selbst keine finite Gestaltung, sondern ein Glied in einem infiniten Gestaltungsprozess, sie schafft die Möglichkeiten, damit andere gestalten können. Auch in der Planungswissenschaft wurde dieser Umstand durchaus bemerkt. So hält beispielsweise Herbert A. Simon als letzten Punkt seines „Curriculum for Social Design" fest: *„Designing without final goals.* Designing for future flexibility, design activity as goal, designing an evolving system."[50]

Es handelt sich also darum, die Bedingungen für etwas zu gestalten, das noch gar nicht durch diese Gestaltung verwirklicht wird, sondern erst durch die Menschen, für die ich gestalte. Dadurch entsteht ein bedeutendes Erkenntnisproblem für die Gestaltung. Denn was noch nicht wirklich ist, kann sinnlich auch noch nicht beobachtet werden. Es kann sich darin ankündigen, als Tendenz, es ist aber nicht sinnlich wahrnehmbar. Zwar können die zwischenmenschlichen Verhaltensgewohnheiten der Menschen beobachtet werden. Diese sind aber eben bereits wirklich. Wollten wir bloß für diese beobachtbaren Angewohnheiten gestalten, so würden wir immer bloß die bestehende, bereits gestaltete Sozialität in die Zukunft hinein zementieren,

---

50 Herbert A. Simon. 1996. *The Science of the Artificial.* 3. Auflage. Massachusetts: MIT Press, S. 166.

wir würden jedoch nicht ermöglichen, dass sich die zukünftigen sozialen Impulse der einzelnen Menschen – also ihre Soziabilität – auch in eine Umgestaltung der bereits existierenden Sozialität hinein verwirklichen würde. Hier hilft also nur, mit dem Denken nicht an den toten Dingen ‚kleben' zu bleiben, sondern diese zu nutzen, um sich in die Menschen hineinzudenken, die diese Dinge wiederum mit den unterschiedlichsten Bestrebungen verwenden. Die partizipatorische Gestaltung hat in dieser Hinsicht bereits geeignete Methoden entwickelt. Es scheint mir jedoch wesentlich, dass diese Methoden weniger unter dem Aspekt einer bestimmten *Gestaltungs*methode als vielmehr unter dem Aspekt einer bestimmten *Erkenntnis*methode beziehungsweise *Forschungs*methode betrachtet werden. Das Wesentliche ist nicht, dass in diesen Methoden mitgestaltet oder mitgemacht wird, sondern dass in dieser tätigen zwischenmenschlichen Begegnung Bedingungen hergestellt werden können, die ein besseres Verständnis derjenigen Menschen ermöglichen, für die potenziell gestaltet werden soll.[51]

Heute, wo wir von dem dinglichen Erbe einer Designentwicklung umgeben sind, für die insbesondere die individuelle Autarkie im Vordergrund stand, also die Stärkung der individuellen Selbstständigkeit, handelt es sich vielleicht weniger darum, neue Strukturen der zwischenmenschlichen Begegnung zu *installieren*, als darum, bestehende Strukturen der zwischenmenschlichen Abschottung zu *deinstallieren*. Ein solches Gestalten wäre mehr von dem Gesichtspunkt geleitet, bestehende Strukturen abzubauen oder zu verwandeln, die *verhindern, dass Menschen* zwischenmenschlich erkennend, erlebend und handelnd aktiv werden, als davon, Strukturen zu ersinnen, die Menschen dazu *nötigen* oder *unterbewusst verleiten*, zwischenmenschlich aktiv zu werden. Die durch Design gestaltete Sozialität sollte Soziabilität *erlauben,* statt sie zu *fordern.* Dann käme das freiheitliche Moment der Selbstbestimmung auch in der sozialen Wirksamkeit des Designs zur Geltung.

---

51 Vgl. zu diesem Verständnis des partizipatorischen Designs als einer sozialen For-schungsmethode auch Gesche Joost. 2012. Partizipative Formen der Gestaltung und die Verwicklungen von Theorie und Praxis. In *Der menschliche Faktor. Wie Architektur und Design als soziale Katalysatoren wirken*, Hrsg. Martin Ludwig Hofmann, 59–72. München: Wilhelm Fink.

Literatur

Banz, Claudia. 2014. *Social Design. Geschichten, Praxis, Perspektiven.* Ankündigungstext zur Tagung am Museum für Kunst und Gewerbe Hamburg 23–24. Mai 2014.

Beuys, Joseph. 1998. Ich durchsuche Feldcharakter (1972). In *Kunsttheorie im 20. Jahrhundert. Künsterschriften, Kunstkritik, Kunstphilosophie, Manifeste, Statements, Interviews*, Hrsg. Charles Harrison und Paul Wood, Bd. 2, 1119–1120. Ostfilden-Ruit: Hatje.

Borries, Friedrich von. 2016. *Weltentwerfen. Eine politische Designtheorie.* Berlin: Suhrkamp.

Bourdieu, Pierre. 1982. *Die feinen Unterschiede. Kritik der gesellschaftlichen Urteilskraft.* Frankfurt a. M.: Suhrkamp.

Brandes, Uta, Sonja Stich und Miriam Wender. 2008. *Design durch Gebrauch. Die alltägliche Metamorphose der Dinge.* Basel: Birkhäuser.

Bredies, Katharina. 2014. *Gebrauch als Design. Über eine unterschätzte Form der Gestaltung.* Bielefeld: Transcript.

Brock, Bazon. 1977. Objektwelt und die Möglichkeit subjektiven Lebens. Begriff und Konzept des Sozio-Design. In Bazon Brock. *Ästhetik als Vermittlung. Arbeitsbiographie eines Generalisten*, Hrsg. Karla Fohrbeck, 446–449. Köln: DuMont.

Burckhardt, Lucius. 2004. Wer plant die Planung? (1974). In Lucius Burckhardt. *Wer plant die Planung? Architektur, Politik und Mensch*, Hrsg. Jesko Fezer und Martin Schmitz, 71–88. Berlin: Martin Schmitz.

Chapman, Jonathan. 2009. Design for (Emotional) Durability. *Design Issues* 25.4: 29–35.

Chapman, Jonathan. 2010. Subject/Object Relationships and Emotionally Durable Design. In *Longer Lasting Products. Alternatives to the Throwaway Society*, Hrsg. Tim Cooper, 61–76. Farnham/Burlington: Gower Publishing.

Drazin, Adam. 2020. Designte Dinge im Postkosmopolitismus. In diesem Band.

Ehn, Pelle. 2013. Partizipation an Dingen des Designs (2008). In *Wer gestaltet die Gestaltung? Praxis, Theorie und Geschichte des partizipatorischen Designs*, Hrsg. Claudia Mareis, Matthias Held und Gesche Joost, 79–104. Bielefeld: Transcript.

Etzemüller, Thomas. 2012. Strukturierter Raum – integrierte Gemeinschaft. Auf den Spuren des social engineering im Europa des 20. Jahrhunderts. In *Theorien und Experimente der Moderne. Europas Gesellschaften im 20. Jahrhundert*, Hrsg. Lutz Raphael, 129–154. Wien/Köln/Weimar: Böhlau.

Feige, Daniel Martin. 2020. Latour, Heidegger und die Frage nach dem Ding. In diesem Band.

Fineder, Martina, Thomas Geisler und Sebastian Hackenschmidt. 2017. *Nomadic Furniture 3.0. Neues befreites Wohnen? / New Liberated Living?.* Zürich: Niggli.

Geiger, Annette. 2016. Social Design – ein Paradox?. In *Social Design. Gestalten für die Transformation der Gesellschaft*, Hrsg. Claudia Banz, S. 61–68. Bielefeld: Transcript.

Geiger, Annette. 2018. *Andersmöglichsein. Zur Ästhetik des Designs.* Bielefeld: transcript.

Gessmann, Martin. 2020. Quantensprünge im Design. Wie aus Gebrauchsgegenständen über Nacht ein Politikum wird. In diesem Band.

Gropius, Walter. 1925. Grundsätze der Bauhausproduktion. In *Neue Arbeiten der Bauhauswerkstätten*, Hrsg. Walter Gropius, 5–8. München: Albert Langen.

Gros, Jochen. 1981. Halbfertigdesign. Auf der Suche nach Modellen und Beispielen für mehr Eigenarbeit. In *Design ist unsichtbar*, Hrsg. Helmut Gsöllpointner, 582–585. Wien: Löcker.

Gros, Jochen, Dagmar Steffen, Petra Widmayer. 1987. *Grundlagen einer Theorie der Produktsprache. Symbolfunktionen.* H. 4. Offenbach a. M.

Haarmann, Anke. 2016. Zu einer kritischen Theorie des Social Design. In *Design & Philosophie. Schnittstellen und Wahlverwandtschaften*, Hrsg. Julia Constance Dissel, 75–88. Bielefeld: Transcript.
Haug, Wolfgang Fritz. 2009. *Kritik der Warenästhetik. Überarbeitete Neuausgabe. Gefolgt von: Warenästhetik im High-Tech-Kapitalismus*. Frankfurt am Main: Suhrkamp.
Horkheimer, Max und Theodor W. Adorno. 2003. *Dialektik der Aufklärung. Philosophische Fragmente*. Frankfurt am Main: Fischer.
Illich, Ivan. 1975. *Selbstbegrenzung. Eine politische Kritik der Technik*, übers. v. Nils Thomas Lindquist. Hamburg: Rowohlt (Originalausgabe: *Tools for Conviviality*, 1973).
Joost, Gesche. 2012. Partizipative Formen der Gestaltung und die Verwicklungen von Theorie und Praxis. In *Der menschliche Faktor. Wie Architektur und Design als soziale Katalysatoren wirken*, Hrsg. Martin Ludwig Hofmann, 59–72. München: Wilhelm Fink.
Lang, Johannes. 2015. *Prozessästhetik. Eine ästhetische Erfahrungstheorie des ökologischen Designs*. Basel: Birkhäuser.
Lang, Johannes und Martina Fineder. 2020. Zwischenmenschliches Design. Eine Einleitung. In diesem Band.
Lang, Johannes. 2020. Funktionen und Zwecke. In *Philosophie des Designs. Schriftenreihe des Weißenhof-Instituts zur Architektur- und Designtheorie*, Hrsg. Daniel Martin Feige, Florian Arnold und Markus Rautzenberg, 185–211. Bielefeld: Transcript.
Langreiter, Nikola und Clara Löffler, Hrsg. 2017. *Selber machen. Diskurse und Praktiken des ‚Do-it-yourself‘*. Bielefeld: Transcript.
Latour, Bruno. 1998. Über technische Vermittlung. Philosophie, Soziologie, Genealogie (1994). In *Technik und Sozialtheorie*, Hrsg. Werner Rammert, 29–81. Frankfurt am Main/New York: Campus.
Mareis, Claudia. 2014. *Theorie des Designs zur Einführung*. Hamburg: Junius
Maser, Siegfried. 1976. „Theorie ohne Praxis ist leer, Praxis ohne Theorie ist blind!“. Grundsätzliches über die Notwendigkeit einer Design-Theorie. In *Form* 73: 40–42.
Meyer, Hannes. 1928. die neue welt. *Kritisk Revy* [Helrup/Dänemark], 1: 14–20.
Michl, Jan. 1995. Form follows what? The modernist notion of function as a carte blanche. *1:50 – Magazine of the Faculty of Architecture & Town Planning* [Technion, Israel Institute of Technology, Haifa] 10: 20–31.
Papanek, Victor. 2009. *Design für die reale Welt. Anleitung für eine humane Ökologie und sozialen Wandel*, Hrsg. Florian Pumhösl, Thomas Geisler, Martina Fineder und Gerald Bast. Wien/New York: Springer.
Park, June H. 2014. Entwurf ökonomischer und sozialer Artefakte. In *Design und Gesellschaft. Wandel der Lebensformen. Öffnungszeiten, Papiere zur Designwissenschaft 24/2014*, 18–24. Kassel: university press.
Schiller, Friedrich. 1967. *Über die ästhetische Erziehung des Menschen*. München: Wilhelm Fink.
Selle, Gert. 1979. Design auf der Suche nach Freiräumen. *Form* 88: 6–10.
Selle, Gert und Jutta Boehe. 1986. *Leben mit den schönen Dingen. Anpassung und Eigensinn im Alltag des Wohnens*. Hamburg: Rowohlt.
Semper, Gottfried. 1977. *Der Stil in den technischen und tektonischen Künsten oder praktische Ästhetik*, Bd. 1. Mittenwald: Mäander [seitengleicher Faksimileabdruck der Ausgabe Frankfurt 1860].
Simon, Herbert A. 1996. *The Science of the Artificial*. 3. Auflage. Massachusetts: MIT Press.

Steffen, Dagmar. 2000. *Design als Produktsprache. Der ,Offenbacher Ansatz' in Theorie und Praxis*. Frankfurt a. M.: Verlag form.
Tromp, Nynke, Paul Hekkert und Peter-Paul Verbeek. 2020. Design für sozial verantwortliches Verhalten. Eine Klassifizierung seines Einflusses auf Grundlage der angestrebten Gebrauchserfahrung. In diesem Band.
Weber, Max. 1922. *Wirtschaft und Gesellschaft*. Tübingen: Mohr Siebeck.

Autor

Johannes Lang ist wissenschaftlicher Mitarbeiter an der Bauhaus-Universität Weimar mit Schwerpunkt Gestaltungstheorie und Designphilosophie. Bis 2014 war er wissenschaftlicher Mitarbeiter an dem Sonderforschungsbereich „Ästhetische Erfahrung im Zeichen der Entgrenzung der Künste", wo er ein Forschungsprojekt zur Ästhetik des ökologischen Produktdesigns bearbeitete, dessen Ergebnisse in dem Buch *Prozessästhetik. Eine ästhetische Erfahrungstheorie des ökologischen Designs* im Birkhäuser Verlag erschienen sind. Danach lehrte er schwerpunktmäßig Designtheorie an der Bauhaus-Universität Weimar und promovierte 2019 mit der Arbeit *Gestaltete Wirklichkeit. Eine Theorie der Gestaltung*, die epistemische, technische, mediale und ästhetische Grundfragen des Gestaltens in eine einheitliche Theorie integriert. Gegenwärtig lehrt er zu unterschiedlichen gestaltungstheoretischen Fragen an der Bauhaus-Universität Weimar und arbeitet an einer Habilitation zur Theorie der sozialen Gestaltung.

II
Zwischenmenschliches Handeln durch Dinge

Design für sozial verantwortliches Verhalten

Eine Klassifizierung seines Einflusses anhand der angestrebten Gebrauchserfahrung[1]

Nynke Tromp, Paul Hekkert und Peter-Paul Verbeek

Einleitung

Ob aufgrund der Finanzkrise, der öffentlichen Wahrnehmung eines massiven Überkonsums oder des globalen Klimawandels, immer mehr Designer*innen sind bestrebt, ‚der Gesellschaft etwas Gutes zu tun'. Dieses Interesse scheint sich vor allem auf zwei Weisen zu manifestieren. Zum einen übernehmen Designer*innen und Designunternehmen bei der Produktentwicklung mehr gesellschaftliche Verantwortung. Die Verwendung von recycelbaren Materialien, die Ablehnung von Kinderarbeit und das Einbeziehen von geschützten Werkstätten sind mögliche Folgen einer solchen Haltung. Zum anderen nutzen Designer*innen ihre gestalterischen Fähigkeiten, um gesellschaftliche Probleme zu lösen. Dabei versuchen sie mithilfe von Design Thinking und Gestaltungsmethoden innovative Lösungen für gesellschaftliche Probleme zu entwickeln. Die Bereiche Bildung, Sicherheit und Gesundheit sind auf diese Weise zu Betätigungsfeldern für Designer*innen geworden.[2]

Da viele, wenn nicht sogar alle gesellschaftlichen Probleme mit Verhaltensweisen zusammenhängen und diese eine zentrale Rolle spielen, wenn man eine Veränderung erreichen möchte, hat das Interesse an der Wirkung von Gestaltung als Mittel der bewussten Beeinflussung von Verhalten zugenommen. Dieses Interesse zeigt

---

1 Dieser Artikel erscheint als Übersetzung des Textes Nynke Tromp, Paul Hekkert und Peter-Paul Verbeek. Design for Socially Responsible Behavior. A Classification of Influence Based on Intended User Experience. Sommer 2011. *Design Issues* 27,3: 3–19.

2 Tim Brown. 2016. *Change by Design. Wie Design Thinking Organisationen verändert und zu mehr Innovationen führt*. München: Verlag Franz Wahlen, siehe aber auch Colin Burns, Hilary Cottam, Chris Vanstone und Jennie Winhall. 2006. Transformation Design. In *RED Paper Design Council*. London, UK; Caroline L. Davey, Rachel Cooper, Mike Press, Andrew B. Wootton und Eric Olson. 2002. Design against Crime. Paper presented at *Design Management Institute Conference*. Boston, USA: 12. Juni 2002.

© Springer Fachmedien Wiesbaden GmbH, ein Teil von Springer Nature 2020
M. Fineder und J. Lang (Hrsg.), *Zwischenmenschliches Design*,
https://doi.org/10.1007/978-3-658-30269-6_6

sich derzeit deutlich im Bereich des nachhaltigen Designs. Das ursprüngliche Ziel von nachhaltigem Design war es, Produkte zu entwickeln, die in der Produktion und im Gebrauch möglichst wenig Energie verbrauchen und die recycelt werden können. Derzeit gewinnt der Gedanke, dass nachhaltiges Design, das tatsächliche Veränderungen bewirken soll, in der Lage sein muss, das Gebrauchsverhalten zu ändern, immer mehr an Bedeutung. So gibt es beispielsweise am Heizsystem eines Wasserkochers nur wenig zu optimieren, aber wenn die Menge an Wasser, die man unnötigerweise kocht, reduziert werden könnte, ließe sich eine erhebliche Verringerung des Energieverlustes erreichen. Diese Erkenntnis, dass sich auch das Gebrauchsverhalten auf die Umwelt auswirkt, hat zu einem Design für sogenanntes ‚nachhaltiges Verhalten' geführt.[3]

Während das Wissen darüber, wie Gestaltung Verhalten verändern kann, rasch wächst, wird die Art und Weise, wie ein*e Nutzer*in diesen Einfluss möglicherweise wahrnimmt, selten diskutiert. Die Erfahrung der Nutzer*innen mit diesem Einfluss spielt jedoch eine wichtige Rolle für die Wirksamkeit der Gestaltungsmaßnahme. Wenn eine Person versucht, eine andere Person dazu zu bringen, anders als bisher zu handeln, beeinflussen Haltung, Stimmlage und Ausdruck die Wahrnehmung der zu überzeugenden Person und damit ihre Motivation zum Handeln. In diesem Beitrag schlagen wir eine Klassifizierung des Designeinflusses auf der Grundlage der Gebrauchserfahrung der Nutzer*innen vor. Anhand von zwei Größen (Auffälligkeit und Wirkungskraft) unterscheiden wir vier verschiedene Einflusstypen: zwingenden, überzeugenden, verführenden und entscheidenden Einfluss. Jede Art von Einfluss geht mit einer Reihe von Strategien einher. Um zu klären, wann und warum eine bestimmte Strategie zur Anwendung kommen sollte, stellen wir einen Bezugsrahmen vor, der den Zusammenhang zwischen dem Produkt, dem menschlichen Verhalten und den Auswirkungen dieses Verhaltens erläutert. Welche Art von Einfluss möglich oder am besten geeignet ist, hängt davon ab, inwieweit ein*e Nutzer*in diese Auswirkungen als persönlich vorteilhaft ansieht. Dabei spielt die Beziehung zwischen individuellen und kollektiven Interessen eine wesentliche Rolle.

---

3   Siehe zum Beispiel: Debra Lilley, Vicky Lofthouse, and Tracy Bhamra. 2005. Towards Instinctive Sustainable Product Use. Paper presented at *Sustainability Creating The Culture*. Aberdeen, Schottland: 2.–4. November 2005; Dan Lockton, David Harrison und Neville A. Stanton. 2008. Making the User More Efficient. Design for Sustainable Behaviour. *International Journal of Sustainable Engineering* 1,1: 3–8; Renee Wever, Jasper Van Kuijk und Casper Boks. 2008. User-Centred Design for Sustainable Behaviour. *International Journal of Sustainable Engineering* 1,1: 9–20.

Produkte beeinflussen das Verhalten

Dass Produkte das Sozialverhalten beeinflussen und somit Auswirkungen auf die Gesellschaft haben, ist nicht neu. Philosoph*innen und Soziolog*innen haben wiederholt auf die oft unbeabsichtigten Auswirkungen von Produkten auf Verhaltensweisen und die Gesellschaft hingewiesen. Ein in diesem Zusammenhang häufig genanntes Beispiel sind die Straßenüberführungen über die Schnellstraßen auf Long Island, New York, etwa bei Winner.[4] Diese Überführungen sind außergewöhnlich niedrig, um gezielt den öffentlichen Busverkehr zu behindern. Da Jones Beach dadurch nur für Autobesitzer erreichbar ist, schränken die Brücken den Zugang zu dem Erholungsgebiet für Menschen, die auf öffentliche Verkehrsmittel angewiesen sind (häufig Gruppen mit niedrigerem sozioökonomischen Status), indirekt ein. Sie wurden so gestaltet, dass sie politische Macht ausüben. Winner nennt mehrere Beispiele, die zeigen, welche Auswirkungen Design haben kann und auch hat, die weit über die unmittelbare Nutzung und Funktion des jeweiligen Entwurfs hinausgehen.[5]

Latour analysierte die Auswirkungen von Dingen auf die Gesellschaft hinsichtlich ihrer Rolle bei der Beeinflussung von Verhaltensweisen. Um die „indirekten Bedienungsanleitungen" zu beschreiben, die Produkte darstellen, wurde von Akrich[6] der Begriff „Skript" eingeführt, mit dem Latour weiterarbeitete, um die spezifischen Beziehungen zwischen Designer*in, Produkt und Nutzer*in zu klären. Latour[7] unterscheidet zwischen „Inskriptionen" in Bezug auf die von dem/der Designer*in beabsichtigten Auswirkungen auf die Handlungen der Nutzer*innen und „Präskrip-

---

4   Langdon Winner. 1980. Do Artifacts Have Politics?. *Daedalus* 109,1: 121–136.

5   Vor einigen Jahren wurde Winners Beispiel kritisch diskutiert. Es stellte sich beispielsweise heraus, dass die fraglichen Straßenüberführungen für Busse anscheinend nie ein Hindernis gewesen sind, was anhand von Fahrplänen nachweisbar ist. Siehe Bernward Joerges. 1999. Do Politics Have Artefacts?. *Social Studies of Science* 29,3: 411–431; Steve Woolgar und Geoff Cooper. 1999. Do Artefacts Have Ambivalence? Moses' Bridges, Winner's Bridges and Other Urban Legends in S&Ts. *Social Studies of Science*, 29,3: 433–449. Dies schmälert jedoch nicht den Stellenwert und die Bedeutung von Winners Argumentation. Schon als reines Gedankenexperiment zeigt das Beispiel, wie tief die menschliche Politik und nichtmenschliche technologische Artefakte miteinander verwoben sind.

6   Madeleine Akrich. 1992. The De-Scription of Technical Objects. In *Shaping Technology/Building Society. Studies in Sociotechnical Change*, Hrsg. W. E. Bijker und J. Laws, 205–224. Cambridge, MA: MIT Press.

7   Bruno Latour. 1992. Where Are the Missing Masses? The Sociology of a Few Mundane Artifacts. In *Shaping Technology/Building Society. Studies in Sociotechnical Change*, Hrsg. W. E. Bijker und J. Laws, 225–258. Cambridge, MA: MIT Press.

tionen" in Bezug auf die Handlungen, die ein Produkt den Nutzer*innen *erlaubt* (ähnlich Gibsons Begriff des Aufforderungscharakters[8]), sowie „Subskriptionen", die erklären, wie Nutzer*innen diese Präskriptionen interpretieren. Eines von Latours gut gewählten Beispielen für Designs, die bewusst darauf abzielen, das Verhalten zu verändern, ist die Rüttelschwelle. Designer*innen inskribieren solchen Objekten die Botschaft „Langsam und verantwortungsbewusst fahren". Diese Inskription führt möglicherweise zu einer Präskription wie „Abbremsen" und kann zu einer Subskription wie „Abbremsen und Schäden am Auto vermeiden" führen. Bei diesem speziellen Beispiel verbindet das Verhalten des Abbremsens kollektive Sicherheitsinteressen mit individuellen Interessen hinsichtlich des Autos. Dieses Beispiel zeigt, wie Produkte kollektiven Interessen genügen und das entsprechende gewünschte Verhalten vermitteln können, indem sie individuelle Interessen im Produktgebrauch berücksichtigen. Wie wir sehen werden, ist dies ein wichtiger Faktor, wenn es um die Gestaltung im Hinblick auf gesellschaftliche Probleme geht.

Zwar machen sich Winner und Latour auch Gedanken über die unbeabsichtigten Auswirkungen von Gestaltung,[9] aber bei den Brücken und der Rüttelschwelle handelt es sich um Konstruktionen mit einer beabsichtigten Wirkung. Verbeek[10] zeigt am Beispiel der Mikrowelle, dass Gestaltung Verhaltensweisen auch indirekt und unbeabsichtigt beeinflussen kann. Da es die Mikrowelle so leicht gemacht hat, eine individuelle Mahlzeit rasch aufzuwärmen, versammeln sich Familien heutzutage seltener als früher zum Abendessen. Dieses Beispiel zeigt, dass Produkte zu einem bestimmten Verhalten beitragen können, ohne es vorzugeben. Schließlich könnten Familien auch an ihren früheren Essgewohnheiten festhalten. Verbeek erklärt, dass ein Produkt keine neutrale Vermittlungsinstanz ist, sondern die Beziehung zwischen Nutzer*innen und ihrer Umgebung aktiv gestaltet. Diese drei Beispiele zeigen, wie Design auf unterschiedliche Weise Verhalten beeinflusst und damit Auswirkungen auf die Gesellschaft hat, beabsichtigte ebenso wie unbeabsichtigte.

---

8   James J. Gibson. 1979. *The Ecological Approach to Visual Perception*. Hillsdale, New Jersey: Lawrence Erlbaum Associates.

9   Winner (1980) führt etwa das Beispiel der Tomatenerntemaschine an, deren Einführung unbeabsichtigt das Verschwinden kleinerer Tomatenpflanzen und die Verbreitung weniger schmackhafter Tomatensorten zur Folge hatte, da diese die einzigen waren, welche die Maschine verarbeiten konnte. Latour erklärt, wie sich die politische Dimension von Artefakten im Laufe der Zeit verändert, weil sie in neue Beziehungen zu neuen Entitäten treten und dadurch ständig neue Wirkungen entwickeln: Bruno Latour. 2004. Which Politics for Which Artifacts?. *Domus*, http://www.bruno-latour.fr/presse/presse_art/ GB-06%20DOMUS%2006-04.html. Zugegriffen: April 2011.

10   Peter-Paul Verbeek. 2005. *What Things Do. Philosophical Reflections on Technology, Agency, and Design*. University Park, PA: The Pennsylvania State University Press.

Design als aktiver Versuch, Verhalten zu ändern

Obwohl Design erwiesenermaßen das Verhalten beeinflusst, arbeiten Design-forscher*innen erst seit wenigen Jahren an den entsprechenden theoretischen Grundlagen, die es Designer*innen ermöglichen sollen, bewusst und effektiv auf Verhaltensweisen einzuwirken. Fogg führte in Bezug auf softwarebasiertes Design 2003 den Ausdruck „persuasive Technologie" für diejenige Technik ein, die darauf abzielt, Verhalten und Einstellungen durch Überzeugung zu verändern.[11] Seit 2006 hat eine Reihe internationaler Konferenzen zu diesem Thema das Verständnis für Überzeugung mittels Technologie gefördert.[12] Aufgrund dieser breiten Auseinandersetzung mit dem Thema lässt sich klarer erkennen, wie das angestrebte Verhalten mit den einschlägigen Theorien und Techniken in Einklang gebracht werden kann,[13] inwieweit Technologie ein Werkzeug ist, mit dessen Hilfe das Überzeugungsprofil einer Person erstellt werden kann,[14] und auf welche Weise sich verschiedene Formen von Feedback auf eine tatsächliche Verhaltensänderung auswirken.[15]

Obwohl das Sachgebiet einen Fortschritt im Verständnis des Wirkens und des Erfolgs von persuasiven Technologien darstellt, sind zwei wichtige Faktoren noch ungeklärt. Erstens ist kaum verstanden, wann welche Art von Verhaltensänderungs-strategien zum Einsatz kommen sollte. Das ist deshalb wichtig, weil in konkreten Situationen bestimmte Einflussformen besser geeignet sind als andere. Zwar betrifft diese Überlegung ethische Fragen, die zweifellos als eigenes Thema diskutiert wer-den können,[16] hat aber auch Auswirkungen auf die Wirksamkeit von Strategien zur Beeinflussung des Verhaltens. Zweitens wird die Frage, wie Nutzer*innen persuasive

---

11 B. J. Fogg. 2003. *Persuasive Technology. Using Computers to Change What We Think and Do.* San Francisco: Morgan Kauffman Publishers.

12 Die erste internationale Konferenz über persuasive Technologie fand 2006 in Eindhoven in den Niederlanden statt. Seitdem wird die Konferenz jährlich ausgerichtet.

13 B. J. Fogg und Jason Hreha. 2010. Behavior Wizard. A Method for Matching Target Behaviors with Solutions. In *Persuasive 2010*. Berlin, Heidelberg: Springer-Verlag.

14 Maurits Kaptein und Dean Eckles. 2010. Selecting Effective Means to Any End. Futures and Ethics of Persuasion Profiling. In *Persuasive 2010*. Berlin, Heidelberg: Springer-Verlag.

15 Jaap Ham und Cees Midden. 2010. Ambient Persuasive Technology Needs Little Cognitive Effort. The Differential Effects of Cognitive Load on Lightning Feedback Versus Factual Feedback. In *Persuasive 2010*. Berlin, Heidelberg: Springer-Verlag.

16 Durch den Vergleich und die Analyse der Themen von Vorträgen auf den Konferenzen zur persuasiven Technologie fanden Torning und Oinas-Kukkonen heraus, dass ethische Fragen sehr selten diskutiert werden. Kristián Torning und Harri Oinas-Kukkonen. 2009. Persuasive System Design. State of the Art and Future Directions. In *Persuasive 2009*. ACM International Conference Proceeding Series.

Technologien wahrnehmen, wenig diskutiert.[17] Auch dieser Gesichtspunkt beinhaltet sowohl eine moralische als auch eine Wirkungskomponente.

Ausgehend von der Idee, dass Überzeugungsstrategien, die in einem Bereich funktionieren, auch für einen anderen nützlich sein könnten, haben Lockton, Harrison und Stanton[18] einen Werkzeugkasten für absichtsvolles Design entwickelt, der auf Erkenntnissen aus verschiedenen Forschungsgebieten basiert. Dieses Kartenset bietet einen ausgezeichneten Überblick über die Strategien, mit denen sich Verhalten durch Design verändern lässt. Ähnlich wie bei der Arbeit im Bereich der persuasiven Technologie gibt dieser Werkzeugkasten jedoch wenig Hinweise darauf, wann welche Strategie angewendet werden sollte. Obwohl Lockton, Harrison und Stanton ihre Untersuchungen bezüglich bestimmter Umweltproblemen aus einer gesellschaftlichen Perspektive vorgenommen haben, wurde die Anwendung dieses Ansatzes in anderen gesellschaftlichen Bereichen bisher nicht erörtert.

In diesem Beitrag möchten wir zeigen, dass die Wahl der Strategie von der angestrebten Gebrauchserfahrung abhängen muss, die eine wichtige Rolle für die Wirksamkeit der Strategie spielt. Man kann sich vorstellen, dass die Gebrauchenden mehr oder weniger bereit sind, ihr Verhalten zu ändern und daher zunächst mehr oder weniger empfänglich für Einflüsse sind. Die Entwicklung eines Produkts, das Menschen dabei unterstützt, sich an eine Diät zu halten, lässt andere Strategien zu als beispielsweise ein Produkt, das jemanden dazu bringen will, keine Bushaltestellen mehr zu beschädigen. Im ersten Fall steht unsere kollektive Sorge um die Gesundheit im Einklang mit individuellen Interessen. Im zweiten Fall steht unser kollektives moralisches und Sicherheitsinteresse im deutlichen Widerspruch zu den individuellen Interessen der Vandal*innen in Bezug auf Prestige und/oder Provokation. Im nächsten Abschnitt werden wir den Zusammenhang zwischen Verhalten und kollektiven beziehungsweise individuellen Interessen näher erläutern.

---

17 Es gibt einige wenige Ausnahmen, zum Beispiel Julie Khaslavsky und Nathan Shedroff. 1999. Understanding the Seductive Experience. *Communications of the ACM*, 42,5: 45–49; Katarina Segerståhl, Tanja Kotro und Kaisa Väänänen-Vainio-Mattila. 2010. Pitfalls in Persuasion. How Do Users Experience Persuasive Techniques in a Web Service?. In *Persuasive 2010*. Berlin, Heidelberg: Springer-Verlag.

18 Dan Lockton, David Harrison und Neville A. Stanton. 2009. The Design with Intent Method. A Design Tool for Influencing User Behaviour. *Applied Ergonomics* 41: 382–392.

Verhalten aus gesellschaftlicher Perspektive

Wenn wir über ein Design von Produkten sprechen, das das Verhalten beeinflusst, beziehen wir uns in diesem Artikel auf Verhaltensweisen, die gesellschaftlich erwünschte Wirkungen hervorrufen (Abb. 1). Zum Beispiel scheint die Größe eines Tellers unser Essverhalten zu beeinflussen.[19] Menschen, die einen kleinen Teller benutzen, nehmen sich kleinere Portionen und essen daher weniger als Menschen, die einen großen Teller verwenden. Portionsgrößen als solche haben noch keine sozialen Auswirkungen. Das darauf folgende Essen kann jedoch zur Fettleibigkeit beitragen, die aus gesellschaftlicher Sicht von Interesse sein könnte. Da wir die Beziehung zwischen Portionsgröße und Essen kennen, können wir durch die Gestaltung eines Produkts, das die Portionierung von Lebensmitteln verändert, unser Essverhalten beeinflussen.

Abb. 1

Das Schema zeigt, auf welche Weise das Verhalten eine Zwischenstufe zwischen gesellschaftlichen Auswirkungen und der Mensch-Produkt-Interaktion darstellt, also zwischen kollektiven und individuellen Interessen. Es erläutert den Grund für die Beeinflussung beziehungsweise die Art und Weise der Beeinflussung.

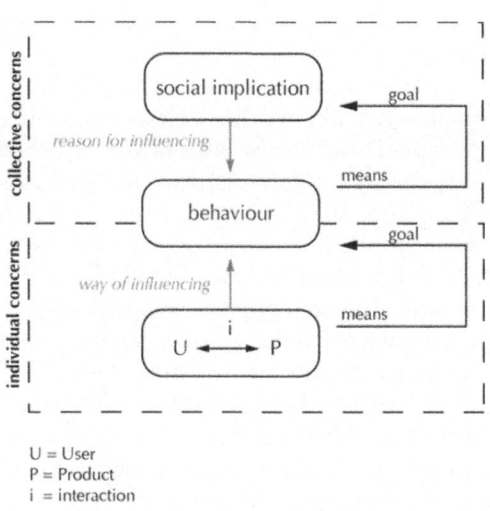

U = User
P = Product
i = interaction

Wenn der Ansatzpunkt für Designer*innen, die sich mit Fettleibigkeit beschäftigen, darin besteht, das Essverhalten von Menschen zu ändern, ist die Änderung

---

19 Brian Wansink. 2004. Environmental Factors That Increase the Food Intake and Consumption Volume of Unknowing Consumers. *Annual Review of Nutrition* 24: 455–479.

der Portionsgröße eine Möglichkeit, dies zu tun; eine andere Möglichkeit wäre natürlich, attraktive Lebensmittelverpackungen für vergleichsweise gesündere Lebensmittel zu entwerfen, um den Einkauf zu beeinflussen. Beide Perspektiven der Mensch-Produkt-Interaktion haben Auswirkungen auf das Essverhalten, gehen aber auf unterschiedliche individuelle Interessen ein. Menschen mit einem kleinen Teller greifen entweder automatisch weniger zu oder weil sie sich schämen, den kleinen Teller in einem öffentlichen Rahmen mit Speisen zu überladen.[20] Die attraktiven Lebensmittelverpackungen können Interessen in Bezug auf Ästhetik und Status berühren. Keine dieser auf Einflussnahme angelegten Gestaltungsformen versucht, die Nutzer*innen direkt auf kollektive Interessen anzusprechen, sondern zielt auf unterschiedliche individuelle Interessen, um das aus gesellschaftlicher Sicht wünschenswerte Verhalten zu stimulieren.

Warum ist diese Unterscheidung zwischen gesellschaftlicher Auswirkung, Verhalten und Mensch-Produkt-Interaktion so wichtig? Wenn Designer*innen Produkte entwerfen, die auf eine Verhaltensänderung zielen, gibt es offensichtlich Gründe, warum die gewünschte Form des Verhaltens nicht automatisch stattfindet. Die mögliche Diskrepanz zwischen dem aus gesellschaftlicher Sicht wünschenswerten Verhalten und der Art und Weise, wie sich Menschen tatsächlich verhalten, zeigt einen Konflikt zwischen kollektiven und individuellen Interessen. Der oder die Einzelne lässt kollektive Interessen häufig unberücksichtigt oder vernachlässigt sie. Was für das Kollektiv (und damit im Durchschnitt auch für die Einzelnen) das Beste ist, wird nicht immer als das Beste für den*die Einzelne*n empfunden oder erlebt und wird leicht von anderen, gegensätzlichen Interessen überlagert.[21] Nehmen wir das Beispiel der Nachhaltigkeit. Aus gesellschaftlicher und langfristiger Sicht ist es nicht allzu schwierig, die kollektiven Interessen mit dem entsprechenden wünschenswerten Verhalten zu verbinden (zum Beispiel mit dem Fahrrad zur Arbeit zu fahren statt mit dem Auto). Dieses Verhalten steht jedoch im Widerspruch zu einer Reihe individueller Interessen, zum Beispiel dem Wunsch nach Bequemlichkeit und Effizienz.

Die Stärke des Designs liegt in seinem Potenzial, zwischen diesen verschiedenen Interessen zu vermitteln. Die gewünschte gesellschaftliche Wirkung ergibt sich aus gemeinsamen Interessen und definiert, welches Verhalten aus gesellschaftlicher

---

20 Kollektive Interessen sind Interessen, die wir als Gesellschaft, Organisation, Familie oder andere soziale Gruppe haben. Individuelle Interessen sind unsere Interessen als Individuum. Individuelle Interessen können jedoch sozialer Art sein (zum Beispiel das Interesse einer Person, geliebt zu werden).

21 Paul A. M. van Lange und Jeff A. Joireman. 2008. How We Can Promote Behavior That Serves All of Us in the Future. *Social Issues and Policy Review* 2,1: 127–157.

Sicht wünschenswert ist. Die Aufgabe der Designer*innen besteht dann darin, individuelle Interessen im Zusammenspiel mit dem Produkt zu berücksichtigen, um dieses Verhalten zu bewirken. Wenn man herausfinden möchte, welche Art von Einfluss und Strategien womöglich zum Erfolg führt, ist es hilfreich, die Beziehung zwischen kollektiven und individuellen Interessen zu verstehen, ganz gleich, ob sie kollidieren oder zusammenfallen.

Verhalten hemmen und anregen

Wir unterscheiden zwischen der Hemmung unerwünschten Verhaltens und der Förderung gewünschten Verhaltens. Produkte, die bewusst auf Verhaltensänderung ausgelegt sind, gehen oft vom Auftreten unerwünschten Verhaltens aus. Menschen ernähren sich ungesund, fahren riskant, halten sich störend an bestimmten Orten auf oder bezahlen ihre Bahnfahrkarten nicht. Designer*innen können entweder eingreifen, indem sie das problematische Verhalten hemmen oder andere gewünschte oder akzeptierte Verhaltensweisen fördern, die mit diesem unerwünschten Verhalten nicht zu vereinbaren sind. Die Förderung eines bestimmten Verhaltens kann allerdings auch ein Selbstzweck sein. Diese Unterscheidung ist erforderlich, um zu verstehen, wie die Gestaltung mit der Absicht der Gebrauchenden, sich in einer bestimmten Weise zu verhalten, und ihre Motivation, sich anders zu verhalten, in Konflikt gerät, da beide die Gebrauchserfahrung beeinflussen.

Zwei gezielte Maßnahmen, um das Schwarzfahren zu unterbinden oder zu erschweren, also Reaktionen auf unerwünschtes Verhalten, machen diese unterschiedlichen Herangehensweisen an Verhaltensänderungen deutlich. Schwarzfahren ist schlichtweg illegal und kollidiert mit unserem kollektiven Interesse an Gleichheit und Ehrlichkeit. Keinen Fahrschein zu kaufen kann jedoch verschiedene Gründe haben, die sich aus individuellen Interessen ergeben. Vielleicht haben Leute nicht genug Geld, um die Fahrtkosten zu bezahlen, oder sie genießen das Gefühl, illegal zu handeln; manche Menschen vergessen einfach, eine Fahrkarte zu kaufen, und andere kaufen keine, weil Schwarzfahren so einfach ist. Im Folgenden vergleichen wir zwei Maßnahmen, die auf dieses unerwünschte Verhalten reagieren: die Fahrscheinschranke und das Lotterielos. Erstere ist darauf ausgelegt, ein unerwünschtes Verhalten einzuschränken, während Letzteres darauf abzielt, ein gewünschtes Verhalten zu fördern, das mit dem unerwünschten Verhalten nicht vereinbar ist.

Die Fahrscheinschranke (Abb. 2) befindet sich am Eingang eines Bahnhofs; sie öffnet sich erst beim Einführen eines Fahrscheins und erschwert somit das Schwarzfahren. Die einzige Möglichkeit schwarzzufahren ist, über die Schranke zu springen und dabei sein illegales Verhalten für andere sichtbar zu machen. Sobald es um Menschen geht, die schwarzfahren, weil sie nicht genug Geld haben oder den Kick illegaler Handlungen genießen, wird es fraglich, ob diese Maßnahme ausreicht. Wenn jedoch die Mehrheit der Schwarzfahrer einfach nur vergisst, ein Ticket zu kaufen, kann sie durchaus erfolgreich sein.

Eine andere mögliche Maßnahme besteht darin, jedem Ticket einen doppelten Nutzen zu geben: Um die Menschen zum Kauf eines Fahrscheins anzuregen, ist er gleichzeitig ein Lotterielos (Abb. 3). Wenn die Fahrkarte gleichzeitig die Chance mit sich bringt, einen bestimmten Geldbetrag zu gewinnen, könnte das Schwarzfahrer*innen, die nicht viel Geld haben, sowie diejenigen, die einen riskanten Lebensstil genießen, zum Kauf verführen. Es könnte außerdem zusätzliche Aufmerksamkeit auf die Fahrkartenschalter lenken und damit die Menschen, die den Fahrscheinkauf häufig vergessen, dazu anregen, auch eine Fahrkarte zu lösen.

Abb. 2

Fahrscheinschranke.
Foto: Nynke Tromp

Abb. 3

Straßenbahnfahrschein als Lotterielos.
Scan: Nynke Tromp

Diese beiden Beispiele zeigen, dass die Gebrauchserfahrung mit dem Produkt ein wichtiger Faktor für die Motivation der Gebrauchenden ist, ihr Verhalten zu ändern.

Unterschiedliche psychologische Prozesse

Um genauer zu klären, auf welche unterschiedliche Weisen Produkte psychologische Prozesse anstoßen können, untersuchen wir einige Maßnahmen, um riskantes Fahrverhalten zu stoppen, darunter Rüttelschwellen, Radarkontrollen, „Rue-de-la-mort"-Schilder, die Kampagne „Mit dem Herzen fahren", Countdowns und eine Verkehrskreuzung ohne jegliche Schilder. Bei all diesen Maßnahmen ist klar, dass sie im Hinblick auf kollektive Sicherheits- und Verantwortungsinteressen konzipiert wurden. Obwohl Sicherheit zweifellos auch ein individuelles Interesse ist, können verschiedenste Gründe, die sich aus anderen individuellen Interessen ergeben, dieses Interesse leicht aushebeln.

Die bereits beschriebene Rüttelschwelle wurde entwickelt, um unverantwortliches Fahrverhalten zu verhindern (Abb. 4). Sie beschädigt das Fahrzeug, wenn der*die Fahrer*in nicht abbremst. In den meisten Fällen spielt die Sorge um den Zustand des Fahrzeugs und über den Aufwand zur Behebung des Schadens eine größere Rolle als das individuelle Sicherheitsinteresse oder Verantwortungsbewusstsein. Die Rüttelschwelle ahndet unerwünschtes Verhalten. Die Radarkontrolle (Abb. 5) verfolgt dieselbe Strategie, bedient aber ein anderes Interesse (das heißt Sorge hinsichtlich der Kosten). Aber auch hier werden die Gebrauchenden bestraft, wenn sie das unerwünschte Verhalten zeigen. Bei beiden Beispielen ist die Motivation zur Veränderung des Verhaltens extern geregelt, das heißt, die Gebrauchenden erleben das Verhalten als kontrolliert oder reglementiert.[22]

Abb. 4
Rüttelschwelle.
Foto: Nynke Tromp

---

22 Richard M. Ryan und Edward L. Deci. 2000. Intrinsic and Extrinsic Motivations. Classic Definitions and New Directions. *Contemporary Educational Psychology* 25: 54–67.

Abb. 5   **Abb. 6**

Radarkontrolle.   „Rue-de-la-mort"-Schild.
Foto: Nynke Tromp   Foto: Nynke Tromp

Schilder mit der Aufschrift „Rue-de-la-mort" [„Tödliche Straße"] (Abb. 6) verfolgen
eine andere Strategie. Sie symbolisieren Menschen, die bei Autounfällen ums Leben
kamen, und zwar am Straßenrand bei der tatsächlichen Unfallstelle. Die Darstel-
lungen der menschlichen Körper sind anonym; nur die Anzahl der Unfälle auf der
jeweiligen Straße und die Zahl der bei den Unfällen getöteten Personen werden
genannt. Die Schilder sollen die Nutzer*innen der Straße auf deren Gefährlichkeit
aufmerksam machen und so ein verantwortungsbewusstes Fahrverhalten fördern.
Dahinter steckt die Idee, dass die Autofahrer*innen ihr eigenes Fahrverhalten ändern,
um negative Folgen zu vermeiden, wenn sie sich der möglichen Auswirkungen eines
unverantwortlichen Fahrverhaltens bewusst werden. Etwas anders, aber nach dem
gleichen Prinzip funktioniert die Kampagne „Mit dem Herzen fahren" (Abb. 7).
Die Botschaft rückt ausdrücklich die Verantwortung der Fahrer*innen gegenüber
anderen Verkehrsteilnehmer*innen in den Vordergrund. Kommt diese Botschaft
an, wird das kollektive Interesse der Verantwortlichkeit durch Identifikation[23]
gesteuert (das heißt indem es zu einem individuellen Interesse wird).

Alle diese vier Maßnahmen versuchen explizit, die Fahrer*innen zu einem
verantwortungsvolleren Fahrstil zu motivieren. Der Countdown (Abb. 8) und die
Kreuzung ohne Schilder (Abb. 9) sind zwei Maßnahmen, die auf andere Weise ein
verantwortungsvolles Fahrverhalten bewirken sollen. Der Countdown zeigt die

---

23   Ryan und Deci 2000.

Anzahl der Sekunden, die es noch dauert, bis die Ampel grün wird. Dieses Herunterzählen beugt Unsicherheitsgefühlen vor, denn die Fahrer*innen wissen, was sie erwartet, und dadurch sinkt ihr Stress- und Erregungsniveau. Dieser Stressabbau verringert automatisch auch die Wahrscheinlichkeit eines unverantwortlichen Fahrverhaltens. Die schilderlose Kreuzung stellt eine umgekehrt funktionierende Maßnahme dar. Eine bestimmte Straßenkreuzung im Norden der Niederlande war für ihre hohe Zahl von Verkehrsunfällen bekannt. Eine immer größere Anzahl von Schildern und Ampeln an der Kreuzung, die die Sicherheit erhöhen sollten, war wirkungslos. Erst als die Gemeinde entschied, alle Schilder zu entfernen, sank die Zahl der Unfälle. Ohne jegliche Hinweis- oder Warnschilder bremsten die Menschen an der Kreuzung aufgrund mangelnder Sicht automatisch ab.[24] Diese beiden Maßnahmen zeigen, wie Gestaltung indirekt gewünschtes Verhalten hervorrufen kann, indem sie die Bedingungen für stärker automatisierte Reaktionen schafft.

Abb. 7
Kampagne „Mit dem Herzen fahren".
Foto: Nynke Tromp

Abb. 8
Countdown. Foto: Paul Hekkert

Abb. 9
Verkehrskreuzung ohne Schilder.
Quelle: http://www.fietsberaad.nl
(Zugriff: 2009)

---

24 Fryslân-Province. 2005. *Shared Space – Room for Everyone. A New Vision for Public Space*. Leeuwarden: Fryslân Province.

Eine Klassifizierung des Produkteinflusses

Wir haben gezeigt, dass Produkte Verhalten hemmen oder fördern können und damit in der Lage sind, unterschiedliche psychologische Prozesse auszulösen. Um den Produkteinfluss auf Grundlage der angestrebten Gebrauchserfahrung zu klassifizieren, haben wir eine Reihe von Produkten zusammengestellt, die entweder für einen bestimmten Einfluss auf das Gebrauchsverhalten konzipiert wurden oder einen solchen zu haben scheinen. Wir haben nur solche das Verhalten beeinflussende Produkte berücksichtigt, die eine gesellschaftliche Wirkung haben. So wurden beispielsweise Produkte und Dienstleistungen ausgeschlossen, die Menschen durch ihre Gestaltung helfen, beim Verlassen des Hauses an ihre Schlüssel zu denken (ein Verhalten ohne klare gesellschaftliche Auswirkungen). Außerdem haben wir den Einfluss jedes Produkts analysiert, indem wir bei den einzelnen Interventionen davon ausgegangen sind, dass sie ein Verhalten hervorrufen, das sonst nicht aufgetreten wäre. Bei der Gestaltung von gesellschaftlich relevanten Themen können individuelle und kollektive Interessen leicht kollidieren; daher kann es sein, dass Nutzer*innen wenig motiviert sind, ihr Verhalten zu ändern. Dadurch, dass wir jede Maßnahme im Hinblick auf unmotivierte Nutzer*innen untersuchten, konnten wir die wirkungsvollsten Designstrategien herausarbeiten.

Mit der Wahl dieser Gebrauchsperspektive haben wir die einigen Entwürfen zugrunde liegenden Ideen oder Intentionen bewusst außen vor gelassen. Zum Beispiel betrachten wir die von Niederer[25] entworfenen Social Cups (Soziale Becher) als eine mögliche Maßnahme zur Lösung sozialer Probleme (zum Beispiel Zusammenhalt innerhalb eines Unternehmens), obwohl wir wissen, dass die Intentionen des Entwurfs andere sind. Die Idee des Entwurfs ist, dass die Becher nur in Verbindung mit anderen Bechern stabil auf dem Tisch platziert werden können. Diese Bedingung erfordert soziale Interaktion, denn die Nutzer*innen müssen mit anderen zusammenwirken, damit die Becher stehen bleiben. Wenn man davon ausgeht, dass sie ohne die Becher nicht motiviert sind zu interagieren (aus Angst oder aufgrund anderer Bedenken), sind sich diese Menschen wahrscheinlich der Beeinflussung vollkommen bewusst und werden diese Maßnahme vermutlich als wirkungsvoll erleben. Eine andere Verwendung der Becher ist nach wie vor möglich, aber ihre ‚korrekte' Handhabung zwingt die Nutzer*innen zur Interaktion mit anderen.

Dieses Beispiel zeigt sehr deutlich die beiden verschiedenen Dimensionen, anhand derer wir die Wahrnehmung des Einflusses klassifizieren können: Wir-

---

25 Kristina Niederer. 2007. Designing Mindful Interaction. The Category of Performative Object. *Design Issues* 23,1: 3–17.

kungskraft und Auffälligkeit. Der Einfluss einer Gestaltung kann von schwach bis stark (Wirkungskraft) sowie von indirekt bis explizit variieren (Auffälligkeit). Auf Grundlage dieser beiden Dimensionen der Einflussnahme unterscheiden wir vier Arten von Einfluss, den ein Produkt ausüben kann: zwingenden, überzeugenden, verführenden und entscheidenden (Abb. 10).

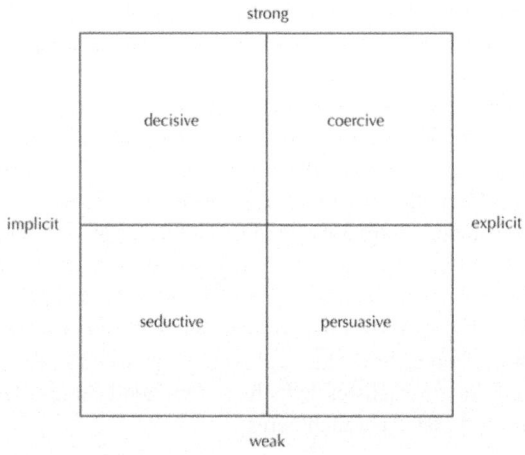

Abb. 10
Vier Arten von Einfluss,
abhängig von dem Aus-
maß an Wirkungskraft
und Auffälligkeit

Zwingendes Design hat einen starken und expliziten Einfluss (zum Beispiel die Radarkontrolle, um das schnelle Fahren einzuschränken). Menschen, die durch Design zu etwas gezwungen werden, sind sich des Einflusses bewusst und erleben diesen Einfluss als stark wirkende Kraft. Eine Verhaltensänderung wird daher als Reaktion auf den Einfluss (das heißt als extern motiviert) betrachtet. Diese Perspektive gilt auch für die Überzeugung, obwohl der Einfluss dann als schwach empfunden wird. Überzeugendes Design hat einen schwachen und expliziten Einfluss (zum Beispiel eine Kampagne zur Förderung gesunder Ernährung). Verführendes Design hat einen schwachen und indirekten Einfluss (zum Beispiel die Auswirkungen einer Mikrowelle auf Familienabendessen). Menschen, die von Design verführt werden, sind sich des Einflusses nicht bewusst und betrachten ihr Verhalten höchstwahrscheinlich als innerlich motiviert. Entscheidendes Design hat einen starken und indirekten Einfluss (zum Beispiel ein Gebäude ohne Aufzüge, was für körperliche Aktivität sorgen soll). Menschen, die auf entscheidendes Design treffen, erleben ihr Verhalten als fremdbestimmt, erkennen diese Reglementierung aber nicht als bewussten Einfluss der Gestalter*innen.

Zwar führen wir zur Verdeutlichung der Kategorien einige Entwürfe auf, aber die Kategorisierung anhand der Gebrauchserfahrung bedeutet, dass ein Produkt als solches keiner Kategorie zugeordnet werden kann. Nur die Nutzer*innen, die tatsächlich Erfahrungen mit dem Design machen, können es als zwingend, überzeugend, verführend oder entscheidend einstufen. Diese individuelle Kategorisierung hat zwei Konsequenzen: Erstens können verschiedene Personen das gleiche Produkt einer anderen Kategorie zuordnen. Menschen, die den Einfluss der Mikrowelle auf ihr Essverhalten bemerken, erleben ein Überzeugt-Werden; andere, die dies nicht tun, erleben ein Verführt-Werden. Manche Menschen nehmen eine Radarkontrolle als überzeugend wahr, andere als zwingend. Zweitens kann eine Person das gleiche Produkt im Laufe der Zeit verschiedenen Kategorien zuordnen. So kann eine Person beispielsweise leichtfertig viel Geld ausgeben (das heißt dazu veranlasst werden, Geld auszugeben), nachdem ihr eine Kreditkarte angeboten wurde, aber sich dieses Einflusses erst bewusst werden, wenn sie ihre Kreditkartenabrechnung sieht. Die Schilder und Linien, die zur Markierung von Parkplätzen verwendet werden (zum Beispiel für Behinderte, Schwangere oder Fahrer von Hybridfahrzeugen), können an einem Tag als überzeugend empfunden werden, am nächsten jedoch als zwingend, wenn die Zeit knapp ist und schnell ein Parkplatz gebraucht wird.

Auf individuellen Interessen beruhende Designstrategien

Auch wenn es unmöglich ist, Produkte anhand der Gebrauchserfahrung eindeutig einer der Kategorien zuzuordnen, schlagen wir vor, Gestaltungsstrategien anhand dieser Kategorien einzuteilen. Diese Strategien zeigen, wie Designer*innen verschiedene psychologische Prozesse auslösen und damit die Gebrauchserfahrung beeinflussen können. Obwohl wir diese Strategien in Beziehung zu der erwarteten Gebrauchserfahrung setzen, gestaltet sich diese komplizierter, als mithilfe der Kategorien zwingend, überzeugend, verführend oder entscheidend allein beschrieben werden kann. Auch wenn eine Gestaltung zwingenden Einfluss ausübt und ein*e Nutzer*in diesen Einfluss tatsächlich als zwingend empfindet, kann diese Wahrnehmung in ihren Nuancen noch unterschiedlich sein. Manche könnten das Design zum Beispiel als ,erzieherisch' erleben, während andere sie als ,wirkungsvoll' empfinden.

Wir erläutern die einzelnen Strategien sowohl allgemein als auch anhand eines aussagekräftigen Beispiels. Diese Auflistung von Strategien ist nicht abschließend. Außerdem können diese Strategien *nicht* garantieren, dass die Gebrauchenden eine bestimmte Art von Einfluss wahrnehmen. Da sie jedoch darauf abzielen, mehr oder weniger wirksame psychologische Prozesse auszulösen, die mehr oder weniger bewusst ablaufen können, lassen sich die Strategien jeweils einer der vier Kategorien zuordnen. Die Verwendung von körperlichem Schmerz zur Beeinflussung ist stärker wirksam als das Auslösen von Emotionen, um Handlungen zu motivieren. Darüber hinaus ist die Argumentation für ein bestimmtes Verhalten in der Regel eine auffälligere Art und Weise der Beeinflussung als die Nutzung physiologischer Prozesse. Obwohl die Strategien nie eine Garantie für ein bestimmtes Ergebnis bieten, weil die Art und Weise, wie ein*e Designer*in die Strategie schließlich anwendet, von großem Einfluss ist, glauben wir behaupten zu können, dass bestimmte Strategien die Chancen, einen bestimmten Einfluss auszuüben, erhöhen oder verringern. Abbildung 11 zeigt den Zusammenhang zwischen den Designstrategien und der Art des Einflusses, den das Produkt höchstwahrscheinlich ausüben wird.

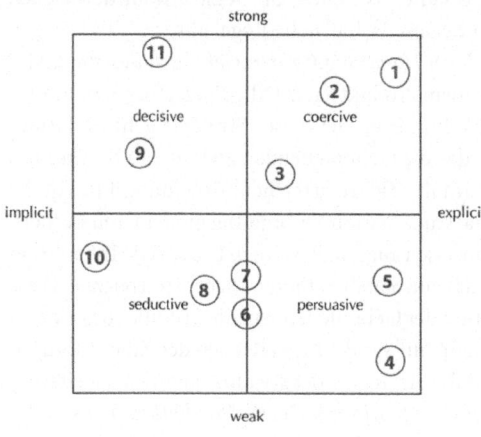

Abb. 11
Vier Arten von Einfluss und damit verbundene Strategien

Abb. 12
Steine, die das Parken verhindern. Foto: Nynke Tromp

1. *Eine wahrnehmbare Barriere für unerwünschtes Verhalten schaffen (Schmerz).*
   Diese Strategie warnt die Gebrauchenden vor Verletzungen oder verwendet tatsächliche körperliche Impulse, die entweder den Gebrauchenden oder den von
   ihnen verwendeten Produkten (zum Beispiel einem Auto) schaden. Abbildung 12
   zeigt das Aufstellen von Natursteinen, die verhindern sollen, dass Autos an nicht
   für diesen Zweck vorgesehen Orten abgestellt werden. Diese Strategie bedient
   sich einer physischen Strafe für unerwünschtes Verhalten (das Auto wird stark
   beschädigt, wenn man sich entschließt, trotzdem dort zu parken). Psychologen
   sind sich einig, dass eine dauerhafte Verhaltensänderung nur dann erreicht
   werden kann, wenn dem Verhalten konsequent eine Verstärkung und keine
   Strafe folgt. Obwohl sehr effektiv, ist dieser spezielle Ansatz eine situative und
   temporäre Lösung und führt nicht zu einer dauerhaften Änderung des Verhaltens.
2. *Inakzeptables Gebrauchsverhalten aufdecken (Scham).* Diese Strategie führt zu
   Produkten, die illegales Verhalten oder Verhalten, das wir üblicherweise als gesellschaftlich inakzeptabel betrachten, öffentlich sichtbar machen. Abbildung 13
   zeigt den Hygiene Guard (Hygienewächter), der sicherstellen soll, dass sich die
   Mitarbeiter*innen einer Firma nach dem Toilettengang die Hände waschen. Der
   Hygiene Guard aktiviert ein flackerndes Licht am Namensschild der Angestellten,
   sobald der Seifenspender nicht benutzt wird und/oder der Wasserhahn nicht
   mindestens 15 Sekunden lang gelaufen ist. Diese Strategie erhöht den Druck
   und weitet eine bereits bestehende gesellschaftliche Regel aus.
3. *Das Verhalten zu einer notwendigen Handlung für den Gebrauch des Produktes
   machen.* Bei der Interaktion mit einem Produkt hat der*die Nutzer*in ein bestimmtes Ziel in Bezug auf die Produktfunktion. Bei dieser Strategie geht es darum,
   ein Designelement einzubauen, das die Gebrauchenden zwingt, ein bestimmtes
   Verhalten an den Tag zu legen, um ihr Ziel zu erreichen. Abbildung 14 zeigt die
   von Niedderer entworfenen Social Cups. Nur in Verbindung mit anderen Bechern
   können die Becher sicher auf dem Tisch abgestellt werden. Die soziale Interaktion
   wird zu einer notwendigen Aktivität, um Stabilität für die Becher zu erreichen. Diese
   Strategie basiert auf der Motivation der Gebrauchenden, die Produktfunktion zu
   nutzen. Sobald das Verhalten mehr Aufwand zum Erreichen des Ziels erfordert,
   als sie bereit sind zu geben, wird die Strategie höchstwahrscheinlich scheitern.
4. *Den Nutzer*innen Argumente für ein bestimmtes Verhalten liefern.* Diese Strategie versorgt die Nutzer*innen mit objektiven Informationen über die Folgen
   eines bestimmten Verhaltens. Ein bekanntes Beispiel, das in Abbildung 15
   dargestellt ist, sind die Zigarettenverpackungen, die über die Folgen des Rau-
   chens informieren. Diese Strategie versucht Einstellungen anzusprechen, zu
   beeinflussen oder zu verändern, anstatt unmittelbar das Verhalten zu steuern.
   Studien haben gezeigt, dass Menschen lieber Entscheidungen treffen, die sich

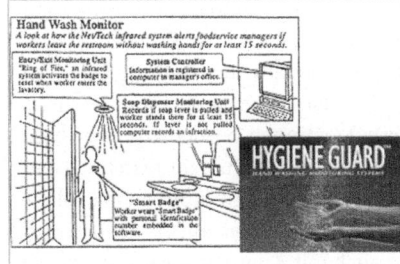

Abb. 13

Hygiene Guard. Quelle: http://captology.
stanford.edu/Examples/hygieneguard.
html (Zugriff: 2009)

Abb. 14

Kristina Niedderer, Social Cups, 1999.
Foto: Kristina Niedderer

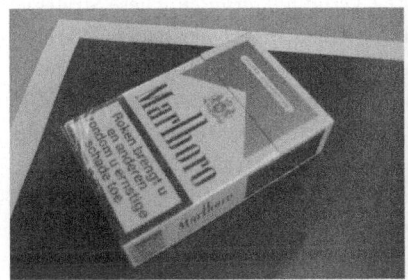

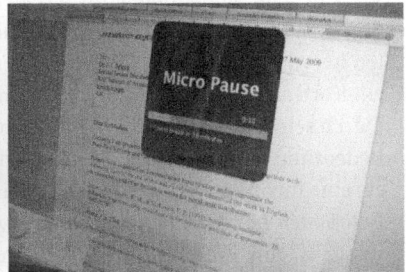

Abb. 15

Beschriftung einer Zigarettenverpackung.
Foto: Nynke Tromp

Abb. 16

Mausarm-Präventionssoftware.
Foto: Nynke Tromp

Abb. 17

Mülleimer als Basketballkorb.
Foto: Nynke Tromp

leicht durch verbale Argumente begründen lassen, auch wenn sie andere Optionen letztlich als die besseren einschätzen würden.[26]

5. *Handlungen vorschlagen.* Diese Strategie schlägt explizit bestimmte Handlungen oder ein bestimmtes Verhalten vor. Beispielsweise empfiehlt die typische Mausarm-Präventionssoftware Computernutzer*innen, bei der Arbeit an ihrem Computer kleine Übungen durchzuführen, um die Gefahr der Entstehung dauerhafter Schäden zu verringern (Abb. 16). Diese Strategie kann auch explizite Informationen zur Begründung des Vorschlags verwenden, dies ist jedoch nicht unbedingt notwendig. Wenn das Produkt auch mit Argumenten aufwartet, zielt es darauf ab, Einstellungen zu ändern und Verhaltensweisen zu unterstützen. Wenn dies nicht der Fall ist, versucht es, eine vorübergehende und automatische Reaktion auszulösen (zum Beispiel eine Schaltanzeige auf dem Armaturenbrett eines Autos, die dem*der Fahrenden empfiehlt, den Gang zu wechseln).

6. *Verschiedene Motivationen für das gleiche Verhalten auslösen.* Diese Strategie fügt dem Produkt eine zusätzliche Funktion hinzu, die das gewünschte Verhalten hervorruft. Beispielsweise bei einem Mülleimer an der Autobahn, der wie ein Korb gestaltet ist, der im Sport dem Sammeln von Punkten dient (Abb. 17). Durch sein Design gibt er der Handlung des Wegwerfens von Müll eine andere Bedeutung. Ein wichtiger Aspekt ist dabei, dass die Strategie auf eine andere als eine intrinsische Motivation für das Verhalten abzielt.

7. *Emotionen hervorrufen, um Handlungsneigungen auszulösen.* Diese Strategie versucht, eine Emotion hervorzurufen, um Menschen zu bestimmten Reaktionen zu verführen. Das Smiley in Abbildung 18 befindet sich am Rand eines Straßenabschnitts, der instandgesetzt werden muss, und zwingt die Fahrenden abzubremsen. In der Hoffnung, dass sie sich nicht aufregen und rücksichtslos fahren, dankt das Smiley den Autofahrer*innen explizit für ihr Verständnis. Diese Strategie zielt darauf ab, die affektive Komponente des Einstellungssystems zu beeinflussen, um eine Einstellung und das sich daraus ergebende Verhalten zu beeinflussen oder zu verändern.

8. *Physiologische Prozesse aktivieren, um ein Verhalten zu bewirken.* Diese Strategie nutzt menschliche physiologische Prozesse, die sich aus körperlichen Zuständen ergeben, sodass ein bestimmtes Verhalten wahrscheinlicher wird. Der Tisch Go-to-Move („Bewegen gehen") in Abbildung 19 veranlasst seine Nutzer*innen, während einer Besprechung zu stehen und nicht zu sitzen. Die stehende Position soll zu einer aktiveren Haltung führen. Diese Strategie zielt darauf ab.

---

26 Timothy D. Wilson, Douglas Lisle, Jonathan W. Schooler, Sara D. Hodges, Kristen J. Klaaren und Suzanne J. LaFleur. 1993. Introspecting About Reasons Can Reduce Post-Choice Satisfaction. *Personality and Social Psychology Bulletin* 19,3: 331–339.

Abb. 18

Smiley-Verkehrsschild
an der Autobahn.
Foto: Nynke Tromp

Abb. 19

Tisch Go-to-Move. Quelle:
http://www.arboportaal.nl/
arbo-magazine/staand-ver-
gaderen-bespaart-miljarden
(Zugriff 2009)

Abb. 20

Puzzle Switch, Karin Ehrn-
berger und Loove Broms,
2007. Quelle: http://www.tii.
se/groups/ener- gydesign/
press (Zugriff 2009)

gewünschte Einstellungen zu stimulieren, indem sie physiologische Prozesse aktiviert, die die Nutzer*innen häufig nicht wahrnehmen.

9. *Menschliche Neigungen ansprechen, um automatische Verhaltensreaktionen zu erreichen.* Diese Strategie aktiviert eine menschliche Neigung, indem sie einen Wahrnehmungsreiz erzeugt. Der Lichtschalter in Abbildung 20 spielt mit dem menschlichen Hang zur Ordnung und einer Vorliebe für Symmetrie.[27] Indem er die Aufmerksamkeit auf seine asymmetrische Position lenkt, wenn das Licht eingeschaltet ist, wird der*die Nutzer*in eher geneigt sein, das Licht auszuschalten, wenn es nicht benötigt wird oder wenn er*sie den Raum verlässt. Diese Strategie nutzt automatische Verhaltensreaktionen des Menschen, die intuitiv oder erlernt sind.

10. *Optimale Bedingungen für ein bestimmtes Verhalten schaffen.* Diese Strategie nutzt Design, um die optimalen Voraussetzungen dafür zu schaffen, dass das gewünschte Verhalten spontan erfolgt. Ein Beispiel ist die Kaffeemaschine im Flur eines Unternehmens. Eine Kaffeemaschine im Flur (Abb. 21) unterstützt Menschen dabei, sich an einem neutralen Ort zu begegnen. Diese Situation

---

27 Paul Hekkert und Helmut Leder. 2008. Product Aesthetics. In *Product Experience*, Hrsg. H. N. J. Schifferstein und P. Hekkert, 259–285. San Diego, New York, London, Burlington: Elsevier Science Publishers.

führt auf natürlichem Weg zu einem Smalltalk zwischen Kolleg*innen, die im regulären Tagesverlauf möglicherweise nicht interagieren. Diese Strategie manipuliert die Rahmenbedingungen so, dass das Verhalten wie von selbst erfolgen kann, aber sie greift nicht unbedingt in die dem Verhalten zugrunde liegenden psychologischen Prozesse ein.

11. *Das gewünschte Verhalten zum einzig möglichen Verhalten machen.* Diese Strategie nutzt Design, um andere als die gewünschten Verhaltensweisen unmöglich zu machen. Ein Beispiel ist die Positionierung von Bushaltestellen, die die von den Fahrgästen zu Fuß zurückzulegende Entfernung und damit ihre körperliche Betätigung bestimmt (Abb. 22). Wenn diese Strategie auf unmotivierte Nutzer*innen angewendet wird, erleben sie ihr Verhalten als fremdbestimmt, obwohl möglicherweise gar kein bewusster Einfluss wahrgenommen wird.

Abb. 21   **Abb. 22**

Kaffeemaschine im Flur   Bushaltestelle.
eines Unternehmens.   Foto: Nynke Tromp
Foto: Nynke Tromp

Zwischen Interessen vermitteln. Neupositionierung der Designer*innen

Unser Bezugsrahmen in Abbildung 1 zeigt, dass ein Produkt seinen Einfluss erst in der Interaktion ausübt; auch individuelle Interessen werden in dieser Interaktion angesprochen. Nun stellt sich die Frage, wie man über die Art des Einflusses entscheidet, den man ausüben will. In dieser Phase spielt die Beziehung zwischen individuellen und kollektiven Interessen eine Rolle. Sobald auf der Grundlage kollektiver Interessen ein wünschenswertes Verhalten definiert wird, muss geprüft werden, wie diese Interessen mit möglichen zukünftigen Nutzer*innen zusammenhängen. Bei den Beziehungen zwischen kollektiven und individuellen Interessen können wir zwei Typen unterscheiden, je nachdem, ob die beiden Interessen sich im Einklang oder im Konflikt miteinander befinden. Allgemein lässt sich sagen, dass zwingender Einfluss wirksam ist, wenn es um Konflikte geht, ein überzeugender Einfluss, wenn die Interessen im Einklang stehen, und ein verführender oder entscheidender Einfluss ist für beide geeignet. Die Wahl einer Strategie erfordert jedoch einige zusätzliche Überlegungen.

Zwingender Einfluss kann eine effektive Maßnahme für bestimmte Arten von gesellschaftlichen Problemen sein. Zwangsmaßnahmen werden oft als Widerspruch zur individuellen Freiheit erlebt und können daher nur in Fällen angewendet werden, in denen das gewünschte Verhalten fast einstimmig vereinbart wurde. Niemand widersetzt sich der Argumentation hinter einer solchen Gestaltungsstrategie, wenn es um Fragen von Leben und Tod geht. Es ist akzeptabel und einleuchtend, Hindernisse zu schaffen, die dafür sorgen, dass Autofahrer*innen an einer Schule oder einem Spielplatz die Grenze von 30 Kilometern pro Stunde nicht überschreiten können. Die Gestaltung von Barrieren, die Obdachlose daran hindern, auf öffentlichen Bänken zu schlafen, ist allerdings bereits stärker umstritten. Zwingender Einfluss ist sehr restriktiv und muss daher durch Behörden angewendet werden. Infolgedessen ist eine zwingende Gestaltung oft für den öffentlichen und institutionellen Bereich geeignet, da Regierung und Verwaltungen die Befugnis haben, solche Maßnahmen durchzuführen. Im privaten Bereich ist ein Radio für den persönlichen Gebrauch, das bei zu hohem Energieverbrauch eine Funktionsstörung[28] zeigt, ein Beispiel für Zwang. Innerhalb der Privatsphäre kann ein zwingender Einfluss nur dann ausgeübt werden, wenn kollektive und individuelle Interessen im Einklang miteinander stehen.

---

28 Erratic Radio, besprochen von Johan Redström. 2006. Persuasive Design. Fringes and Foundations. *Proceedings of PERSUASIVE*.

Überzeugender Einfluss wird ebenfalls am besten dann ausgeübt, wenn kollektive Interessen mit individuellen Interessen übereinstimmen, was bedeutet, dass sie leicht als individuelle Interessen identifiziert oder erlebt werden können. Viele Maßnahmen, die Überzeugungsarbeit leisten, beziehen sich auf Gesundheits- oder Sicherheitsfragen, die problemlos auf die einzelne Person bezogen und von dieser akzeptiert werden können. Überzeugende Maßnahmen können jedoch leicht scheitern, sobald es sich um Verhaltensweisen handelt, die langfristige Auswirkungen haben, aber mit kurzfristigen Faktoren kollidieren. Ein gutes Beispiel ist das Rauchverhalten. Langfristig steht das Rauchen im Widerspruch zu gesundheitlichen Interessen, kurzfristig geht es jedoch um ein Genussinteresse. Überzeugende Maßnahmen gibt es in allen Bereichen, sie sind aber vermutlich am erfolgreichsten, wenn die Interaktion mit ihnen auf freiwilliger Basis erfolgt. Eine Werbekampagne am Straßenrand, die ein risikofreies Fahrverhaltens propagiert, ist bei der Beeinflussung des Verhaltens höchstwahrscheinlich weniger effektiv als der (gekaufte) digitale Personal Trainer, der das Trainingsverhalten organisiert.

Natürlich geht es bei gesellschaftlichen Fragen in der Regel nicht um Fragen von Leben und Tod oder um Interessen, die mit kurzfristigen individuellen Interessen im Einklang stehen. Viele Probleme drehen sich um kollektive Interessen, die oft keinen Bezug zu individuellem Verhalten haben. Neben der Nachhaltigkeit sind dies häufig gesellschaftlich konstruierte Themen wie Einwanderung, Integration, Diskriminierung und sozialer Zusammenhalt. Bei solchen Phänomenen kann der verführende Einfluss sehr nützlich sein, um das gewünschte Verhalten hervorzurufen, da diese Phänomene häufig keine Zwangsmaßnahmen oder expliziten Argumente zulassen. Menschen zu zwingen, mit ihren fremden Nachbarn zu sprechen, ist schlicht undenkbar, und explizite Aufklärungsarbeit darüber, wie der Kontakt mit Nachbarn zum Zusammenhalt in der Gegend beiträgt, wird kaum geeignet sein, das Verhalten zu beeinflussen. Gerade bei diesen Themen, bei denen die staatlichen Institutionen machtlos sind, kann das Design elegantere Maßnahmen bereitstellen.

Entscheidender Einfluss ist ein sehr starker Einfluss, da die Gestaltung das gewünschte Verhalten zum einzig möglichen macht. Die Anwendbarkeit dieser Art des Einflusses ist jedoch begrenzt. Die Gestaltung von Infrastruktureinrichtungen und Gebäuden ist in der Regel eine entscheidende Gestaltung: Die Gestaltung der Infrastruktur bestimmt die Entfernung einer öffentlichen Einrichtung zu einer Bushaltestelle und beeinflusst damit die körperliche Aktivität oder bestimmt die Breite einer Allee und damit ihre Erreichbarkeit für Autos. Sozialverhalten wie beispielsweise Kommunikation ist durch entscheidendes Design jedoch nur schwer zu beeinflussen. Darüber hinaus kann entscheidende Gestaltung leicht zu unangenehmen Erfahrungen führen. Wenn die Behörde entscheidet, die Hälfte der Bushaltestellen zu entfernen, um die körperliche Aktivität zu fördern, sind Einwände zu erwarten.

Die meisten, wenn nicht gar alle gesellschaftlichen Fragen befassen sich mit dem menschlichen Verhalten. Die bewusste Beeinflussung des Verhaltens zur Förderung spezifischer gesellschaftlicher Auswirkungen erfordert eine Neudefinition der Rolle von Designer*innen. Obwohl diese die sozialen Auswirkungen ihrer Entwürfe nie vollständig vorhersagen können und sich die politische Bedeutung von Artefakten im Laufe der Zeit ändert,[29] bedeutet diese Tatsache nicht, dass Designer*innen davon absehen sollten, die gesellschaftlichen Auswirkungen ihrer Entwürfe ernst zu nehmen. Sie können sich nicht mehr hinter den Bedürfnissen und Wünschen der Konsument*innen verstecken, sondern müssen Verantwortung als „Gestalter*innen" der Gesellschaft übernehmen. Dies bedeutet einen Wandel von einem nutzer*innenzentrierten zu einem gesellschaftlich orientierten Ansatz. Bei der Definition der gewünschten gesellschaftlichen Auswirkungen und Verhaltensweisen ist es die Aufgabe von Designer*innen, einschlägige Fachleute wie Soziolog*innen und politische Entscheidungsträger*innen sowie Bürger*innen einzubeziehen. Schließlich können Designer*innen aufgrund ihrer Kompetenz und Erfahrung die kollektiven Interessen durch Gestaltung in individuelle Interessen übersetzen.

Literatur

Akrich, Madeleine. 1992. The De-Scription of Technical Objects. In *Shaping Technology/Building Society. Studies in Sociotechnical Change*, Hrsg. W. E. Bijker und J. Laws, 205–224. Cambridge, MA: MIT Press.

Brown, Tim. 2016. *Change by Design. Wie Design Thinking Organisationen verändert und zu mehr Innovationen führt.* München: Verlag Franz Wahlen.

Burns, Colin, Hilary Cottam, Chris Vanstone und Jennie Winhall. 2006. Transformation Design. In *RED Paper Design Council.* London, UK.

Davey, Caroline L., Rachel Cooper, Mike Press, Andrew B. Wootton und Eric Olson. 2002. Design against Crime. Paper presented at *Design Management Institute Conference.* Boston, USA: 12. Juni 2002.

Fogg, B. J. 2003. *Persuasive Technology. Using Computers to Change What We Think and Do.* San Francisco: Morgan Kauffman Publishers.

Fogg, B. J. und Jason Hreha. 2010. Behavior Wizard. A Method for Matching Target Behaviors with Solutions. In *Persuasive 2010.* Berlin, Heidelberg: Springer-Verlag.

---

29 In „Which Politics for Which Artifacts?" (Latour 2004), erklärt Latour, dass die politische Bedeutung von Artefakten konkretisiert und verhandelbar gemacht werden müsse. In der Politik dürften nicht nur Menschen vertreten sein, sondern auch nichtmenschliche Akteure müssten einbezogen werden. Designer haben das Potenzial, diese Verbindung zwischen den menschlichen und nichtmenschlichen Elementen der Politik zu bilden.

Fryslân-Province. 2005. *Shared Space – Room for Everyone. A New Vision for Public Space.* Leeuwarden: Fryslân Province.

Gibson, James J. 1979. *The Ecological Approach to Visual Perception.* Hillsdale, New Jersey: Lawrence Erlbaum Associates.

Ham, Jaap und Cees Midden. 2010. Ambient Persuasive Technology Needs Little Cognitive Effort. The Differential Effects of Cognitive Load on Lightning Feedback Versus Factual Feedback. In *Persuasive 2010.* Berlin, Heidelberg: Springer-Verlag.

Hekkert, Paul und Helmut Leder. 2008. Product Aesthetics. In *Product Experience,* Hrsg. H.N.J. Schifferstein und P. Hekkert, 259–285. San Diego, New York, London, Burlington: Elsevier Science Publishers.

Joerges, Bernward. 1999. Do Politics Have Artefacts?. *Social Studies of Science* 29,3: 411–431.

Kaptein, Maurits und Dean Eckles. 2010. Selecting Effective Means to Any End. Futures and Ethics of Persuasion Profiling. In *Persuasive 2010.* Berlin, Heidelberg: Springer-Verlag.

Khaslavsky, Julie und Nathan Shedroff. 1999. Understanding the Seductive Experience. *Communications of the ACM,* 42,5: 45–49.

Latour, Bruno. 1992. Where Are the Missing Masses? The Sociology of a Few Mundane Artifacts. In *Shaping Technology/Building Society. Studies in Sociotechnical Change,* Hrsg. W.E. Bijker und J. Laws, 225–258. Cambridge, MA: MIT Press.

Latour, Bruno. 2004. Which Politics for Which Artifacts?. *Domus,* http://www.bruno-latour.fr/presse/presse_art/ GB-06%20DOMUS%2006-04.html. Zugegriffen: April 2011.

Lilley, Debra, Vicky Lofthouse, und Tracy Bhamra. 2005. Towards Instinctive Sustainable Product Use. Paper presented at *Sustainability Creating The Culture.* Aberdeen, Schottland: 2.–4. November 2005.

Lockton, Dan, David Harrison und Neville A. Stanton. 2008. Making the User More Efficient. Design for Sustainable Behaviour. *International Journal of Sustainable Engineering* 1,1: 3–8.

Lockton, Dan, David Harrison und Neville A. Stanton. 2009. The Design with Intent Method. A Design Tool for Influencing User Behaviour. *Applied Ergonomics* 41: 382–392.

Niedderer, Kristina. 2007. Designing Mindful Interaction. The Category of Performative Object. *Design Issues* 23,1: 3–17.

Redström, Johan. 2006. Persuasive Design. Fringes and Foundations. *Proceedings of PERSUASIVE.*

Ryan, Richard M. und Edward L. Deci. 2000. Intrinsic and Extrinsic Motivations. Classic Definitions and New Directions. *Contemporary Educational Psychology* 25: 54–67.

Segerståhl, Katarina, Tanja Kotro und Kaisa Väänänen-Vainio-Mattila. 2010. Pitfalls in Persuasion. How Do Users Experience Persuasive Techniques in a Web Service?. In *Persuasive 2010.* Berlin, Heidelberg: Springer-Verlag.

Torning, Kristián und Harri Oinas-Kukkonen. 2009. Persuasive System Design. State of the Art and Future Directions. In *Persuasive 2009.* ACM International Conference Proceeding Series.

Van Lange, Paul A.M. und Jeff A. Joireman. 2008. How We Can Promote Behavior That Serves All of Us in the Future. *Social Issues and Policy Review* 2,1: 127–157.

Verbeek, Peter-Paul. 2005. *What Things Do. Philosophical Reflections on Technology, Agency, and Design.* University Park, PA: The Pennsylvania State University Press.

Wansink, Brian. 2004. Environmental Factors That Increase the Food Intake and Consumption Volume of Unknowing Consumers. *Annual Review of Nutrition* 24: 455–479.

Wever, Renee, Jasper Van Kuijk und Casper Boks. 2008. User-Centred Design for Sustainable Behaviour. *International Journal of Sustainable Engineering* 1,1: 9–20.

Wilson, Timothy D., Douglas Lisle, Jonathan W. Schooler, Sara D. Hodges, Kristen J. Klaaren und Suzanne J. LaFleur. 1993. Introspecting About Reasons Can Reduce Post-Choice Satisfaction. *Personality and Social Psychology Bulletin* 19,3: 331–339.
Winner, Langdon. 1980. Do Artifacts Have Politics?. *Daedalus* 109,1: 121–136.
Woolgar, Steve und Geoff Cooper. 1999. Do Artefacts Have Ambivalence? Moses' Bridges, Winner's Bridges and Other Urban Legends in S&Ts. *Social Studies of Science*, 29,3: 433–449.

Autorin und Autoren

Nynke Tromp ist Assistenzprofessorin für Social Design und Verhaltensänderung am Department für Industriedesign der Technischen Universität Delft. Nach ihrer Promotion und Tätigkeit als soziale Gestalterin bei Reframing Studio führte sie ihr Studium des verborgenen Einflusses von Design fort, um sozialen Problemen entgegenzuwirken. Sie ist Mitglied von Redesigning Politics, einem kreativen Think Tank, der darauf abzielt, Denken, Institute, Strukturen und Interaktionen im Bereich der Politik neu zu gestalten. Ihre Forschung zielt darauf ab, Wissen über den sozialen Einfluss von Design zu gewinnen und für Gestalter*innen verfügbar zu machen, damit dieser Einfluss gestaltbar wird und prosoziales Verhalten fördert. Im Fokus stehen hierbei drängende soziale Probleme der Gegenwart wie Fettleibigkeit, Ressourcenknappheit oder Migration. Zu ihren aktuellen Publikationen zählen *Designing for Society. Products and Services for a Better World* (2019, mit Paul Hekkert) und „The hidden influence of design" in *Design for Behaviour Change* (2018, mit Paul Hekkert).

Paul Hekkert ist Professor für Formtheorie und Leiter der Abteilung für Industrial Design an der Technischen Universität Delft, wo er auch der Gruppe für Designästhetik vorsteht. Seine Forschung befasst sich mit der Art und Weise, wie sich Produkte auf das menschliche Erleben und Verhalten auswirken. Er hat in internationalen Zeitschriften über Produkterfahrung und Ästhetik veröffentlicht und ist Mitherausgeber von *Design and Emotion. The experience of everyday things* (2004), *Product experience* (2008) und *Vision in Design. A guidebook for innovators* (2011, mit Matthijs van Dijk) sowie *Designing for Society. Products and Services for a Better World* (2019, mit Nynke Tromp). Paul Hekkert ist Mitglied der Editorial Boards von *The Design Journal* und *Empirical Studies*. Außerdem ist er Mitbegründer und Vorsitzender der Design and Emotion Society.

Peter-Paul Verbeek ist Professor für Technikphilosophie, Vizedekan der Fakultät für Verhaltens-, Management- und Sozialwissenschaften sowie Ko-Direktor des DesignLab der Universität von Twente in Holland. Er ist außerdem Honorarprofessor für Technoanthropologie an der Universität Aalborg in Dänemark. Seine Forschung konzentriert sich auf die Philosophie der Mensch-Technik-Beziehungen und trägt zur philosophischen Theorie, zur ethischen Reflexion und zu Praktiken von Design und Innovation bei. Zu seinen Publikationen zählen *What Things Do. Philosophical Reflections on Technology, Agency, and Design* (2005), *Moralizing Technology. Understanding and Designing the Morality of Things* (2011), *The Moral Status of Technical Artefacts* (2014, mit P. Kroes) sowie *Postphenomenological Investigations. Essays on Human-Technology Relations* (2015, mit R. Rosenberger).

Latour, Heidegger und die Frage nach dem Ding

Daniel Martin Feige

In verschiedenen wissenschaftlichen Disziplinen proben die Dinge derzeit den Aufstand gegen ein, so zumindest die Auskunft,[1] jahrhundertelanges Regiment der Menschen: Ehedem übergangen, marginalisiert und als transparenter Ausdruck menschlicher Zwecke missverstanden, rücken sie und ihr Eigensinn in den letzten Dekaden ins Zentrum des Interesses. Sei es, dass anhand historischer Dinge und der mit ihnen verbundenen Praxis neue Dimensionen der Geschichtsschreibung erarbeitet werden,[2] sei es, dass der in der Designforschung verbreitete Topos des Designs als besonderer Form des Wissens auch unter Rekurs auf die Dinge, mit denen die Designpraxis hantiert und die sie hervorbringt, begründet wird:[3] Dinge sind im Kommen – und waren in Wahrheit immer schon da.

Ausgehend von diesem Befund möchte ich mit Blick auf die Frage, wie und ob Design an zwischenmenschlichen Beziehungen mitarbeitet, im Folgenden drei Gedanken entwickeln. Im ersten Teil meiner Überlegungen werde ich in kritischer Absicht überspannte Lesarten der Wende zu den Dingen beziehungsweise des *material turn* argumentativ zurückweisen. Meine Absicht ist nicht so sehr genealogischer Natur – es ließe sich zeigen, dass die jüngeren Diskussionen etwa in ihrem vermeintlichen Antipoden, dem ,Idealisten' Hegel mit seiner Kategorie

---

1   Vgl. etwa die Einleitung in Peter-Paul Verbeek. 2005. *What Things Do. Philosophical Reflections on Technology, Agency, and Design.* University Park/Pennsylvania: The Pennsylvania State University Press.

2   Vgl. etwa mit Blick auf vormoderne Gesellschaften die Beiträge in Anna Mühlherr, Heike Sahm, Monika Schausten und Bruno Quast, Hrsg. 2016. *Dingkulturen. Objekte in Literatur, Kunst und Gesellschaft der Vormoderne.* Berlin: De Gruyter.

3   Vgl. dazu etwa die Beiträge in Claudia Mareis und Christof Windgätter, Hrsg. 2016. *Wild Thing. Unordentliche Prozesse zwischen Design und Wissenschaft.* Berlin: Kadmos.

© Springer Fachmedien Wiesbaden GmbH, ein Teil von Springer Nature 2020
M. Fineder und J. Lang (Hrsg.), *Zwischenmenschliches Design*,
https://doi.org/10.1007/978-3-658-30269-6_7

des objektiven Geistes,[4] einen veritablen Vorläufer haben. Vielmehr möchte ich auf der kategorialen Differenz zwischen menschlichen und nichtmenschlichen Wesen bestehen, und zwar anhand der durchaus klassischen Bestimmung, dass Menschen – anders als Tiere und Pflanzen – Lebewesen sind, die ausgehend von ihrer Vernünftigkeit, das heißt ihrer Fähigkeit, sich selbst zu bestimmen, gedacht werden müssen. Mit anderen Worten: Wir sollten in der Frage nach zwischenmenschlichen Beziehungen den besonderen Fokus auf das spezifisch *Menschliche* dieser Beziehungen legen. In den letzten Dekaden ist vor allem Bruno Latour mit der Gegenthese bekannt geworden: Das Konzept sozialer Interaktion sei aufgrund der Tatsache, dass der Begriff des „Sozialen" hier als ein unerklärter Erklärer fungiere, zugunsten einer „Soziologie der Assoziationen" fallenzulassen,[5] die eben nicht allein menschliche Akteure, sondern auch nichtmenschliche Akteure zulasse. Latours Agenda scheint mir mit Blick auf die Frage dieses Bandes so einschlägig, dass ich den Ausgangspunkt meiner Überlegungen bei seinem Vorschlag nehmen werde. Demnach gilt der erste Teil der Frage, wovon wir überhaupt sprechen, wenn wir von zwischenmenschlichen Beziehungen sprechen. Im Hintergrund der Kritik an Latour stehen dabei grundsätzlich aristotelische Lektionen, die die Entgrenzung des Sozialen beziehungsweise seine Verabschiedung fragwürdig werden lässt. Gleichwohl – und insofern dient mein Rückgriff auf Latour nicht primär polemischen Zwecken – kann uns Latour für die Tatsache sensibilisieren, dass wir für einen angemessenen Begriff von zwischenmenschlichen Beziehungen auch die Rolle der Dinge berücksichtigen müssen.

Im zweiten Teil werde ich in Martin Heideggers klassischer Zeuganalyse nach einem konstruktiven Ausgangspunkt für die Frage nach der Rolle der Dinge in zwischenmenschlichen Beziehungen suchen. Heidegger hat in seinem frühen Hauptwerk *Sein und Zeit* dem epistemologischen Dualismus von Subjekt und Objekt sowie dem Gedanken einer primär theoretischen Rekonstruktion von Sinn vor allem im Rahmen seiner wirkmächtigen Zeuganalyse eine Absage erteilt: Wir hätten ein eingeschränktes und unvollständiges Bild unseres praktischen Weltbezugs und damit auch unserer Vernünftigkeit, wenn wir diese nicht zugleich ausgehend von einer Verstrickung mit den Dingen denken, mit denen wir es in alltäglichen wie nichtalltäglichen Situationen zu tun haben. Bestimmt Heidegger – anders als Latour – unseren Umgang mit Dingen überzeugenderweise ausgehend von der besonderen Art von Lebewesen, die wir sind, so bleibt bei seiner Kategorie des

4   Vgl. dazu Georg W. F. Hegel. 1986a. *Enzyklopädie der philosophischen Wissenschaften* (Band 3). Frankfurt am Main: Suhrkamp, § 483 ff.
5   Bruno Latour. 2007. *Eine neue Soziologie für eine neue Gesellschaft.* Frankfurt am Main: Suhrkamp, S. 23.

„Mitseins" gleichwohl gerade das soziale Moment dieser Praxis unterthematisiert.[6] Zugleich kann die Zeuganalyse offensichtlich nichts Spezifisches zum Design etwa im Kontrast zu handwerklich hergestellten Gegenständen oder gar zu Naturgegenständen sagen, die zu bestimmten Zwecken verwendet werden.[7]

Diese Kritikpunkte werden mich in einem dritten und letzten Schritt vor die Frage stellen, in welcher Weise die entsprechenden Überlegungen Latours und Heideggers stärker sozialphilosophisch gelesen werden können – wohlgemerkt ohne dass damit die Relevanz der Dinge, auf die beide pochen, eingeschränkt wird. Ich möchte in diesem letzten Teil meines Beitrags in Form eines programmatischen Ausblicks skizzieren, wie man in dieser Frage weiter vorgehen sollte. Mit dem Gedanken, dass Designgegenstände produktive Verkörperungen von Praxis und damit zugleich auch produktive Verkörperungen von zwischenmenschlichen Beziehungen sind, werde ich entsprechend schließen. Mein Beitrag entwickelt damit weder eine Phänomenologie zwischenmenschlicher Beziehungen im Lichte von Designgegenständen, noch buchstabiert er eine Theorie derselben aus. Vielmehr möchte er Grundlagen bereitstellen, von denen aus meines Erachtens eine solche Theorie sinnvollerweise überhaupt erst in Angriff genommen werden könnte.

Latours Soziologie der Assoziationen und die Theorie des Eigensinns der Dinge

Die Behauptung, dass Bruno Latours wissenschaftstheoretische Arbeiten einen maßgeblichen Anteil an der Rückkehr der Dinge hätten, scheint mir wenig kontrovers. Im Folgenden werde ich an einige Aspekte der Theorie Latours erinnern,[8] die mir für die Frage nach der Rolle der Dinge in zwischenmenschlichen Beziehungen insofern relevant zu sein scheinen, als sie gerade das genuin Menschliche dieser Beziehungen in Zweifel ziehen. Ansetzen lässt sich mit Blick auf Latours revisionistischen Begriff der Praxis im Umgang mit Dingen bei seinem klassischen Essay zur Moderne beziehungsweise seiner These, dass die Selbstbeschreibung der

---

6 Martin Heidegger. 1964. *Sein und Zeit*. Tübingen: Niemeyer, § 25 ff.

7 Vgl. zu Letzterem Heidegger 1964, etwa § 15 und § 17.

8 Unklar ist dabei bereits, ob man von einer einzigen und kohärenten Theorie Latours sprechen kann. Vgl. dazu Ingo Schulz-Schaeffer. 2008. Technik in heterogener Assoziation. Vier Konzeptionen der gesellschaftlichen Wirksamkeit von Technik im Werk Latours. In *Bruno Latours Kollektive. Kontroversen zur Entgrenzung des Sozialen*, Hrsg. Georg Kneer, Markus Schroer und Erhard Schüttpelz, 108–152. Frankfurt am Main: Suhrkamp.

Moderne letztlich eine Fehlbeschreibung darstelle:[9] Die saubere Trennung von natürlichen und gesellschaftlichen Tatsachen hat es für Latour auch in der Moderne
nie gegeben – Laborergebnisse etwa sind nicht ohne Ensembles sozialer Praktiken,
Technologien und Objekte zu haben und bleiben letztlich auch an diese je besonders
konturierten Praktiken gebunden, sodass wissenschaftliche Generalisierungen
immer zugleich mit einem Export entsprechender Praxiszusammenhänge in die
Wirklichkeit außerhalb des Labors einhergehen.[10] In Wahrheit produzieren auch
unsere westlichen Gesellschaften ständig hybride Wesen – und nur durch die Arbeit
der Reinigung, also durch Diskurse, die Hybridität gerade bestreiten, erwecken sie
den Eindruck, dass es auf der einen Seite das Reich der Natur und auf der anderen
Seite das Reich der Gesellschaft gibt.[11]

Was ist Latours alternatives Bild unserer Gesellschaft, die viele vertraute Unterscheidungen – wie etwa diejenige zwischen dem Kontext der Entdeckung und
dem Kontext der Rechtfertigung – letztlich verabschiedet? Es besteht laut Latour
grundsätzlich darin, dass nicht allein menschliche Akteure Handlungsmacht haben,
sondern dass es auch andere, nichtmenschliche Akteure gibt, denen wir etwas Entsprechendes zugestehen müssen. Mit Blick auf die wissenschaftliche Praxis ist hier
offensichtlich nicht allein an die Instrumente im Labor zu denken, sondern Latour
zufolge auch an das, was sie jeweils entdecken: Teilchen, Gravitationswellen oder
Milchsäurefermente. Latours überraschende Auskunft ist, dass in all diesen Fällen
nicht einfach ein Aspekt der Realität entdeckt wird, der unabhängig von dem Akt
der Entdeckung bereits vorhanden war. Vielmehr ist es so, dass sich die Realität
selbst verändert hat, und das maßgeblich durch Handlungen nichtmenschlicher
Akteure. Die Milchsäurefermente Pasteurs etwa haben aktiv am Prozess ihrer

---

9   Vgl. Bruno Latour. 2002b. *Wir sind nie modern gewesen. Versuch einer symmetrischen
     Anthropologie.* Frankfurt am Main: Fischer. In jüngerer Zeit hat Latour die Grundthesen
     dieses Essays systematisch weiterentwickelt. Vgl. Bruno Latour. 2014. *Existenzweisen.
     Eine Anthropologie der Moderne.* Berlin: Suhrkamp.

10   Vgl. dazu vor allem Bruno Latour. 2002a. *Die Hoffnung der Pandora. Untersuchungen
     zur Wirklichkeit der Wissenschaft.* Frankfurt am Main: Suhrkamp, insbesondere Ka-
     pitel 4.

11   Georg Kneer hat dabei die berechtigte Kritik geäußert, Latour könne nur deshalb
     von beiden Praktiken, nämlich Übersetzung und Reinigung, ausgehen, weil er einem
     verkürzten und letztlich idiosynkratischen Verständnis der Moderne verpflichtet sei,
     und das Verhältnis beider Praktiken bleibe notorisch unklar. Vgl. den ersten Teil von
     Georg Kneer. 2008. Hybridizität, zirkulierende Referenz, Amoderne? Eine Kritik an
     Latours Soziologie der Assoziationen. In *Bruno Latours Kollektive. Kontroversen zur
     Entgrenzung des Sozialen,* Hrsg. Georg Kneer, Markus Schroer und Erhard Schüttpelz,
     261–305. Frankfurt am Main: Suhrkamp.

Entdeckung mitgearbeitet,[12] genauer: Pasteur hat einem nichtmenschlichen Wesen, den Milchsäurefermenten, seine Stimme geliehen: „Pasteur autorisiert die Hefe, ihn zu autorisieren, in ihrem Namen zu sprechen."[13] Nicht Entdeckung ereignet sich durch das gelungene Experiment und die vielfältigen Diskurse und Techniken, die mit ihm verbunden sind und an seinem Gelingen später mitarbeiten, sondern Veränderung von Natur und Gesellschaft.

Wichtig ist es festzuhalten, dass Latour damit keineswegs einem simplen Sozialkonstruktivismus das Wort redet: Für ihn ist es gerade nicht so, dass Pasteur mit seinen Instrumenten die Milchsäure ‚konstruiert' hat. Vielmehr haben Pasteur und die Milchsäure – zusammen mit vielen weiteren nichtmenschlichen und menschlichen Akteuren – für Latour ein neues Kollektiv gebildet haben. Zugleich ist Latour auch kein Advokat eines seichten Antirealismus und spricht der Wissenschaft keineswegs ihre Wissenschaftlichkeit ab. Vielmehr schlägt er einen anderen *Begriff* der Realität vor und eine andere *Beschreibung* wissenschaftlicher Praxis. Wissenschaftliche Forschung bewährt sich nicht etwa deshalb, weil sie in ihren Experimenten und Theorien eine gesellschaftsunabhängige Wirklichkeit bloß widerspiegeln würde. Vielmehr bewährt sie sich, wie bereits gesagt, darin, dass sie die Infrastrukturen aus dem Labor exportiert. Nicht die Widerspiegelung der Wirklichkeit, sondern die Kontinuität von Übersetzungen interpretierter Tatsachen in andere Interpretationsformen wird damit kriterial für die Frage, was wirklich ist und was nicht.[14]

Latours Überlegungen erweisen sich für die Frage, wie Design zwischenmenschliche Beziehungen prägt, insofern als instruktiv, als sie es erlauben, die Rolle der Dinge, die in solchen Beziehungen beteiligt sind, ernst zu nehmen. Denn die Realität selbst wird von ihm als ein Multiversum unterschiedlicher beweglicher und vor ihrem Zustandekommen weder prognostizierbarer noch kontrollierbarer Assoziationen verstanden – Assoziationen von menschlichen und nichtmenschlichen Wesen.[15] Wenn man seine Thesen weniger radikal liest, als er sie formuliert, lassen sie sich so verstehen, *dass die Zwecke, deren Ausdruck unsere Praktiken sind, erst durch die Dinge, die in ihnen eine Rolle spielen, ihre spezifische Kontur gewinnen.*

---

12 Vgl. unter anderem Latour 2002a, Kapitel 4.

13 Latour 2002a, S. 160. Als Präzisierung des Gedankens, dass man nichtmenschlichen Wesen die Stimme leihen könne, siehe auch Bruno Latour. 2001. *Das Parlament der Dinge*. Frankfurt am Main: Suhrkamp, vor allem Kapitel 2.

14 Vgl. dazu Latour 2002a, Kapitel 1.

15 In jüngerer Zeit hat Latour diese Überlegungen nicht zuletzt mit Blick auf Fragen der Klimapolitik und einer politischen Ökologie weiterentwickelt. Vgl. vor allem Bruno Latour. 2017. *Kampf um Gaia. Acht Vorträge über das neue Klimaregime*. Berlin: Suhrkamp.

Es macht schließlich einen Unterschied, ob ich mit dem Tintenfüller einen Brief schreibe oder mit dem Computer eine EMail – wie es einen Unterschied macht, ob ich auf einem handwerklich hergestellten Stuhl aus Holz sitze oder auf einem massenindustriell produzierten Bürosessel. Je nachdem, ob ich dieses oder jenes mit diesem oder jenem mache, ist die entsprechende Praxis anders zu beschreiben. Wenn wir die konkreten Objekte dieser Praxis nicht in den Blick nehmen, entgeht uns ein wesentlicher Aspekt dieser Praxis, der ihre spezifische Kontur mitbestimmt. Es bedarf einer – um einen Begriff Foucaults zweckfremd zu verwenden[16] – Mikrophysik der Praxis und der Dinge, durch die diese Praxis letztlich bestimmt wird.

Diese produktiven Einsichten rechtfertigen aber meines Erachtens *nicht* Latours radikalere Agenda, die er mit der Soziologie der Assoziationen verbindet.[17] Anders gesagt: Indem Latour Praxis und Kollektivität nicht mehr von einer Theorie des Menschen aus denkt, verschenkt er meiner Ansicht nach die soeben genannten Einsichten. Ich möchte an dieser Stelle nur zwei Kritikpunkte nennen – von denen ausgehend ich dann im zweiten Schritt mit Heidegger ein modifiziertes Bild der Rolle der Dinge in unserer Praxis zeichnen werde: Erstens bringt Latour letztlich wenige überzeugende Argumente vor, die dafür sprechen, dass Begriffe, die herkömmlicherweise einer Beschreibung der menschlichen Lebensform dienen, auch für nichtmenschliche Entitäten zu verwenden. Zweitens kann Latours Soziologie der Assoziationen anders, als sie vorgibt, die Dynamik unserer von Dingen mitkonstituierten Praxis gerade nicht angemessen denken.

Entsprechend ist erstens Latours terminologisches Vorgehen zu kritisieren. In seinen Büchern lässt er begrifflich keinen Stein auf dem anderen. Aber um die These zu verteidigen, dass es auch nichtmenschliche Akteure gebe, reicht es nicht, einfach den Begriff des Handelns umzudefinieren. Natürlich steht es jeder Theorie prinzipiell offen, eine eigene Terminologie einzuführen. Handelt es sich allerdings um Begriffe, die in unserer Praxis bereits Verwendungen kennen, so läuft dieses Vorgehen immer Gefahr, etwas anderes zu definieren als das, was wir eigentlich mit diesem Begriff im Zuge seiner Verwendungsweisen meinen. Das lässt sich anhand von Latours Reformulierung des Handlungsbegriffs gut zeigen. Wenn er diesem Begriff einen gegenüber seiner üblichen Verwendung anderen Sinn zuschreibt, stellt sich die Frage, warum wir das, worum es ihm hier geht, *überhaupt* noch Handlungen

16 Michel Foucault. 1977. *Mikrophysik der Macht*. Berlin: Merve.

17 Zudem sind seine Thesen im Lichte der historischen Wende der klassischen analytischen Wissenschaftstheorie weniger originell, als sie zunächst anmuten. Vgl. dazu vor allem Thomas S. Kuhn. 1981. *Die Struktur wissenschaftlicher Revolutionen*. Frankfurt am Main: Suhrkamp; Paul Feyerabend. 1976. *Wider den Methodenzwang. Skizzen einer anarchischen Erkenntnistheorie*. Frankfurt am Main: Suhrkamp.

nennen sollten.[18] Behauptet Latour, das Handeln sei „nicht transparent" und stehe nicht „unter der vollen Kontrolle des Bewusstseins", so ist diese Auskunft zum einen wenig originell, denn der Gegner ist hier nicht bloß in der Soziologie, sondern auch in der philosophischen Handlungstheorie ein Strohmann.[19] Zum anderen scheint mir der Handlungsbegriff in Latours weiterer Bestimmung, dass Handeln „ein Knoten, eine Schlinge, ein Konglomerat aus vielen überraschenden Handlungsquellen [ist], die man eine nach der anderen zu entwirren lernen muss"[20], letztlich sinnlos zu werden. Die These, dass es verschiedenste kausale Antezedenzien von Handlungen gibt, ist ebenso unproblematisch wie die These, dass es in Handlungen zu vielfältigen Formen von Störungen, Fehlern und Privationen kommen kann.[21] Denn warum sollten wir hinter entsprechenden Antezedenzien wie Faktoren das ,Handeln' nichtmenschlicher Akteure vermuten? Klassische Positionen der jüngeren Handlungstheorie haben überzeugend gezeigt, dass aus der Tatsache, dass sich Handlungen prinzipiell in unendlich vielen verschiedenen Weisen beschreiben lassen, nicht folgt, dass jede dieser Beschreibungen tatsächlich auch eine Beschreibung einer Handlung *als* Handlung ist.[22] Nicht zuletzt müssten wir, wenn wir von nichtmenschlichen Akteuren ausgehen, annehmen, dass wir diesen Akteuren die Konsequenzen ihres ,Handelns' auch vorwerfen können.[23] Aus Latours berechtigtem Gedanken, dass Sozialwissenschaftler*innen nicht vorschnell Äußerungen ihrer Proband*innen nicht vorschnell an das eigene durch theoretische Vorannahmen geleitete Vokabular anpassen sollten, folgt nicht schon, dass seine Soziologie der Assoziationen diesen Äußerungen gerecht würde:[24] Es ist schlichtweg nicht der Fall, dass wir, die Proband*innen der Sozialwissenschaftler*innen, Mikroben, Hotelzimmerschlüsseln und selbst Schusswaffen moralische Verantwortlichkeit unterstellen – diese unterstellen wir weder Dingen noch Tieren oder Pflanzen, sondern allein Menschen, und das heißt: dem vernünftigen Tier. Latours Theorie

---

18 Vgl. zu dieser Lektion vor allem Ludwig Wittgenstein. 2003. *Philosophische Untersuchungen*. Frankfurt am Main: Suhrkamp, §§ 243 ff.

19 Vgl. noch einmal Kneer 2008.

20 Latour 2007, S. 81.

21 Besonders überzeugend in der Auslotung feiner Unterschiede und Typen solcher Störungen, Fehler und Privationen sind Ludwig Wittgenstein und G. E. M. Anscombe.

22 Vgl. etwa Donald Davidson. 1990. Handeln. In *Handlung und Ereignis*, 73–98. Frankfurt am Main: Suhrkamp, S. 73–98.

23 Das gilt natürlich und gerade nicht für alle Konsequenzen; vgl. dazu Hegels Unterscheidung von Handlung und Tat: Georg W. F. Hegel. 1986b. *Grundlinien der Philosophie des Rechts oder Naturrecht und Staatswissenschaft im Grundrisse*. Frankfurt am Main: Suhrkamp, §§ 115 ff.

24 Latour 2007, vor allem S. 85 ff.

kann sich gerade nicht auf den vorwissenschaftlichen Sprachgebrauch berufen, wenn er im Fall einer Sängerin, die behauptet, ihre Stimme bringe sie dazu, etwas Bestimmtes zu tun, darauf pocht, dass ihre Stimme eine Akteurin werde[25] – denn so weit würde die Sängerin dann wohl doch nicht gehen. Er verhält sich in dieser Hinsicht also nicht besser als die Soziolog*innen, die er kritisiert, da er seinen fiktiven wie faktischen Proband*innen letztlich seine Soziologie der Assoziationen in den Mund legt.

Latours Soziologie der Assoziationen mag zunächst deshalb attraktiv erscheinen, weil sie auf den ersten Blick ein dynamisches und plurales Gefüge von Beziehungen und damit die Veränderbarkeit und Partikularität je singulärer Kollektive zu denken erlaubt. Entsprechend könnte man mit Blick auf die Frage des vorliegenden Bandes auch vermuten, dass Latours Theorie auch die je besonderen zwischenmenschlichen Beziehungen erfasst, die jeweils mit besonderen Assoziationen von menschlichen und nichtmenschlichen Akteuren verbunden sind. Der zweite Kritikpunkt, den ich vorbringen möchte, lautet, dass dieser Eindruck täuscht. Indem Latour in seiner Kritik des Modernitätsparadigmas bestreitet, dass es einen genuinen Wandel unserer sozialen Seinsweise in der Moderne gegeben habe, verpflichtet er sich letztlich auf eine *monotone* und *undynamische* Anthropologie.[26] Anders gesagt: Die Arbeit der Reinigung, die er der Moderne unterstellt, wird von ihm letztlich allein als Zensur gedacht, aber nicht als produktiv in dem Sinne, dass sich durch sie etwas an den ontologischen Grundannahmen ändern würde. So schreibt er in *Die Hoffnung der Pandora*: „Es gibt nur eine, nicht-moderne Menschheit – und in diesem Sinne glaube ich an eine universalistische Anthropologie."[27] *Monoton* ist Latours Anthropologie, weil sie letztlich keinen Unterschied zwischen dem antiken Menschen und dem Menschen der Moderne machen kann, ebenso wenig zwischen dem Menschen, der im östlichen Kulturkreis sozialisiert ist, und dem Menschen, der im westlichen Kulturkreis sozialisiert ist. Der Unterschied besteht lediglich in den empirisch je unterschiedenen Kollektiven, in die Menschen als ein Element unter anderen eingespeist werden. Damit aber geriert sich Latours Anthropologie, die keine mehr sein will, als Karikatur eines humanistischen Universalismus, der den Menschen als primären Bezugspunkt der Analyse zugleich ausgetrieben hat.[28] Entsprechend ist Latours Anthropologie zugleich *undynamisch*, weil sich

---

25 Latour 2007, S. 85.
26 Vgl. in diesem Sinne auch Kneer 2008, S. 267 f.
27 Latour 2002a, S. 240.
28 Anders könnte man auch sagen: Latour hat in seiner Theorie keine Ressourcen für das, was Martin Heidegger, in seiner Austreibung des Menschen aus der Theorie zumindest im Spätwerk ähnlich konsequent, das Wahrheitsgeschehen genannt hat – das heißt eine

das Element des Menschen *als* Mensch durch entsprechende Assoziationen nicht weiterentwickelt. Zwar ändert es sich durchaus je nach den Assoziationen, in denen es steht. Es gibt aber keine Geschichte mehr zu erzählen, die als Veränderung *des* Menschen verständlich gemacht werden könnte. Eine angemessene Erläuterung von Unterschieden würde demgegenüber in Rechnung stellen, dass der Mensch als das Lebewesen, das ein Verständnis seiner selbst hat und sich anhand von Gründen in seinem Handeln und Denken wechselseitig kritisiert, im Rahmen der Aushandlung dessen, was zu tun und was zu denken ist, zugleich das aushandelt, was er selbst ist.[29]

Diese kritischen Bemerkungen sollen anzeigen, dass wir einen anspruchsvollen Begriff des Menschen ebenso wie den Begriff der Geschichtlichkeit des Menschen auch im Rahmen des Versuchs, den Eigensinn der Dinge angemessen zu würdigen, nicht ohne hohe Kosten verabschieden können. Mein Ziel ist es an dieser Stelle nicht, eine entsprechende Anthropologie explizit auszuarbeiten. Vielmehr möchte ich vor dem Hintergrund der Diagnose, dass Latour einerseits zu Recht auf eine Aufwertung des Eigensinns der Dinge pocht, jedoch andererseits darin scheitert, nichtmenschliche Entitäten zu Akteur*innen zu erklären, im Folgenden mit Martin Heideggers Zeuganalyse eine Position ins Spiel bringen, von der ich glaube, dass sich von ihr aus produktiv weiterdenken lässt, wenn es um die Frage nach der Rolle von Dingen in zwischenmenschlichen Beziehungen geht.

Heideggers Zeuganalyse und die Rolle der Dinge in kollektiven Praktiken

Heideggers Explikation unseres alltäglichen Umgangs mit den Dingen im Rahmen seiner Zeuganalyse in seinem frühen Hauptwerk *Sein und Zeit* erlaubt es ebenso wie Latours Analyse, die Eigensinnigkeit der Dinge ernst zu nehmen. Anders als Latour denkt Heidegger diese jedoch von einer *menschlichen* Praxis aus und damit vor dem Hintergrund der Frage, wie die Dinge ihren Eigensinn im Rahmen *unserer* Zwecke

---

historisch jeweils unterschiedliche und dabei aufeinander unverrechenbare Konstitution dessen, was wir und die Dinge sind. Vgl. dazu Martin Heidegger. 2003b. Die Zeit des Weltbildes. In *Holzwege*, 75–113. Frankfurt am Main: Klostermann, S. 75–113.

29 Vgl. zu dieser Frage auch Terry Pinkard. 2017. *Does History make Sense? Hegel on the Historical Shape of Justice*. Cambridge, Mass.: Harvard University Press und meine Versuche: Daniel M. Feige. 2018. Retroaktive Teleologie. Zur Aktualität geschichtsphilosophischen Denkens. In *Zeitschrift für Kulturphilosophie*. doi: 10.28937/1000108268; Daniel M. Feige. 2018. *Design. Eine philosophische Analyse*. Berlin: Suhrkamp, Kap. 2 und 3.

geltend machen. Designtheoretisch attraktiv ist Heideggers Zeuganalyse nicht allein aus dem Grund,[30] dass sie mit ihrer Kritik an einem einseitig theoretischen Wissensmodell, das unseren Weltbezug so erläutert, als würden die objektiv bestehenden Tatsachen der Welt in unserem subjektiven Bewusstsein entweder zutreffend oder unzutreffend widergespiegelt, eine Analyse der alltäglichen menschlichen Praxis an erste Stelle setzt. Vielmehr ist sie auch deshalb designtheoretisch interessant, weil Heidegger den Dingen in dieser Praxis eine besondere Rolle zuspricht. Es ist nicht so, dass es zunächst gewissermaßen weltfreie Zwecke gäbe, die dann zusätzlich sekundär oder bloß äußerlich in Kontakt mit den Dingen träten. Vielmehr sind unsere Zwecke in ihren spezifischen Ausprägungen immer schon durch die Dinge und ihre Rolle und Kontur im Rahmen unserer Praktiken geformt. Entsprechend heißt den Eigensinn der Dinge zu denken gerade nicht, ihn so zu verstehen, dass die Dinge uns als etwas bloß Fremdes und Unverständliches gegenübertreten – und erst recht nicht als quasi gleichberechtigte Akteure unserer Praxis. Ausgehend vom Erbe des aristotelischen Denkens betont Heidegger deutlich die Sonderstellung des Menschen:[31] Fremdheit und Unverständlichkeit sind sekundäre und privative Modi eines Weltbezugs, in denen die Dinge grundsätzlich zunächst und zumeist sich problemlos unseren Zwecken fügen. Dass das so ist, heißt aber wiederum nicht, dass Dinge damit hinsichtlich der Zwecke, die wir im Rahmen ihrer Benutzung verfolgen, transparent wären und unsere Zwecke nicht auch selbst formen würden. Dies ist jedoch ein anderer Gedanke als Latours Gedanke, dass sich in unserem Handeln andere, nichtmenschliche Akteure dahingehend Gehör verschaffen, dass sie unsere Handlungen gewissermaßen übernehmen. Um den Dingen ihr Recht zu verschaffen, führt Heidegger keine nichtmenschlichen Akteur*innen ein, sondern weist uns auf die wesentliche Bestimmtheit unserer Praxis just durch die Dinge hin, die in ihnen eine Rolle spielen.

Heideggers Alternative zur – zumindest, wie eingangs gesagt, einer verbreiteten Auffassung nach – herkömmlichen Neutralisierung der Dinge und auch Latours überspitzter Aufwertung der Dinge besteht nicht darin, die Welt zugunsten ihrer

---

30 Sie ist bereits vielfach für designtheoretische Fragen fruchtbar gemacht worden. Vgl. etwa Hyun Kang Kim. 2016. Vom Dasein zum Design. Heideggers „Zuhandenheit" und „Mitsein" als philosophische Grundlagen des Social Design. In *Design & Philosophie. Schnittstellen und Wahlverwandtschaften*, Hrsg. Julia-Constance Dissel, 59–73. Bielefeld: Transcript; Verbeek 2005, Teil I, Kap. 4; Karl H. Hörning. 2012. Praxis und Ästhetik. Das Ding im Fadenkreuz sozialer und kultureller Praktiken. In *Das Design der Gesellschaft. Zur Kultursoziologie des Designs*, Hrsg. Stephan Moebius und Sophia Prinz, 29–47. Bielefeld: Transcript, vor allem Abschnitt II; Feige 2018, Kap. 3.3.

31 Vgl. in diesem Sinne schon Heideggers Arbeit vor *Sein und Zeit*: Martin Heidegger. 1988. *Ontologie. Hermeneutik der Faktizität*. Frankfurt am Main: Klostermann.

bloß subjektiven Erschlossenheit zu verabschieden. Vielmehr schlägt er im Rahmen seiner Zeuganalyse vor, Welt anders zu denken: Sie wird nicht mehr als die Gesamtheit bewusstseinsunabhängiger Gegenstände und Tatsachen verstanden und ihre Erforschung nicht länger an die Naturwissenschaften delegiert. Vielmehr meint Welt für ihn den *unthematischen Horizont praktischer Verständnisse*, im Rahmen dessen das, was es gibt, bereits vorgängig erschlossen ist. Und ein entsprechender Horizont, der sich in Formen praktischen Wissens und damit in einem Können artikuliert, ist immer schon geprägt von den Dingen, an denen sich dieses Wissen betätigt beziehungsweise mit denen es praktisch-hantierend umgeht. Terminologisch fasst Heidegger die Dinge des alltäglichen Gebrauchs bekanntermaßen als „Zeug" und zeigt damit an,[32] dass es sich hier nicht um zunächst bloß vorhandene Gegenstände handelt, auf die dann in einem zweiten Schritt noch Sinn projiziert würde. Vielmehr ist ihre Materialität, ihr Werkstoff davon geprägt, wozu sie jeweils da sind – „Undurchlässiges für den Krug, hinreichend Hartes für die Axt, Festes und zugleich Biegsames für die Schuhe"[33]. Anstatt *vor*handen zu sein, sind die Dinge des alltäglichen Gebrauchs *zu*handen: Das, was sie als die Dinge sind, die sie sind, wird von ihrer Rolle in unserer Praxis her bestimmt. Wir kommen der Erforschung des Wesens von Alfonso Bialettis Moka Express gerade nicht näher, wenn wir diese mit Blick auf ihre chemischen oder physikalischen Bestandteile im Labor untersuchen – und das nicht allein deshalb, weil der Designgegenstand offensichtlich nicht mit einem einzigen raumzeitlichen Gegenstand identisch ist und es offensichtlich verschiedene gleichwertige Exemplare des Designgegenstandes gibt.[34] Ebenso wenig verpasst eine naturwissenschaftliche Erkundung Designgegenstände allein deshalb, weil sie in ihrer experimentellen Forschung selbst auf verschiedene Arten von Designgegenständen angewiesen ist – Mikroskope, Spektrografen usf.[35] Sie verpasst die Eigenart von Designobjekten vielmehr deshalb, weil sich das, was sie sind, nur in ihrem und durch ihren Gebrauch zeigt. Die Moka ist zum Kochen von Kaffee da – und man hat sie nur verstanden, wenn man über praktisches

---

32 Heidegger 1964, S. 68.

33 Martin Heidegger. 2003a. Der Ursprung des Kunstwerks. In *Holzwege*, 1–74. Frankfurt am Main: Klostermann, S. 14.

34 Vgl. dazu ausführlicher Feige 2018, Kapitel 7.

35 Aus dieser Feststellung folgt gleichwohl nicht die deutlich stärkere und meines Erachtens sehr viel kontroversere These, die Wolfgang Schäffner vertreten hat, dass nämlich naturwissenschaftliche Experimente insgesamt nun primär unter einem designtheoretischen Gesichtspunkt betrachtet werden müssten. Vgl. Wolfgang Schäffner. 2010. The Design Turn. Eine wissenschaftliche Revolution im Geiste der Gestaltung. In *Entwerfen – Wissen – Produzieren. Designforschung im Anwendungskontext*, Hrsg. Claudia Mareis, Gesche Joost und Kora Kimpel, 33–45. Bielefeld: Transcript.

Wissen verfügt, über die Fähigkeit, sie kompetent zu bedienen. Wer versucht, eine Nespresso-Kapsel in eine Moka einzusetzen oder nach dem Stromkabel und dem Knopf zum Anschalten sucht, hat kein Wissen von diesem Gegenstand. Bei einem solchen Wissen handelt es sich nicht um theoretisches Wissen, sondern um praktisches Wissen, also ein Können[36] – um ein Wissen, das zugleich ein Können ist. Ich weiß, was eine Moka ist, wenn ich in der Lage bin, sie kompetent zu benutzen. Der Eigensinn der Dinge bleibt dann in normalen Situationen ihres Gebrauchs entsprechend unsichtbar. Er zeigt sich vielmehr dann, wenn diese Gegenstände, wie Heidegger sagt, auffällig, aufdringlich oder aufsässig werden,[37] das heißt wenn sie nicht mehr funktionieren, wenn sie fehlen oder wenn sie derart stören, dass sie für die entsprechende Praxis die falschen Gegenstände sind. Während sie im alltäglichen Gebrauch unsichtbar bleiben, zeigen sich die Gegenstände gerade in ihren privativen Modi der Auffälligkeit, Aufdringlichkeit und Aufsässigkeit als solche, die unsere Praxis immer schon formen und ihr eine besondere Kontur verleihen.

Heideggers Kritik an dem herkömmlichen Begriff des Gegenstands führt ihn auch zu der These, dass wir es nie mit einzelnen Gegenständen zu tun haben, sondern immer mit einer Ganzheit von Gegenständen, die im Rahmen unseres praktischen Wissens gleichursprünglich erschlossen ist. Unter dem Begriff der Verwiesenheit klagt Heidegger die wesentlich *holistische* Konstitution der Gegenstände unseres alltäglichen Gebrauchs ein:[38] Man hat die Moka nicht verstanden, wenn man nicht versteht, wie und welcher Kaffee in sie eingeführt werden kann und wie und in welcher Weise sie erwärmt werden kann. Kurz gesagt: Hätten wir keine Herdplatten, auf denen wir die entsprechende Moka erhitzen können, so wäre sie nicht der Gegenstand, der sie ist; sie ist logisch nicht als Atom individuiert, das anschließend und sekundär in eine Relation mit anderen Atomen in Kontakt tritt, sondern sie ist durch ihre Rolle in einem Netz mit anderen Gegenständen individuiert.[39] Erst in einer unabgeschlossenen genauso wie offenen und prozessualen Ganzheit und durch diese erhält das einzelne Zeug seine Kontur und Funktion und wird damit erst das, was es jeweils ist.

---

36 Heideggers These lautet dabei weitergehend, dass jedes theoretische Wissen in einem praktischen Wissen und damit einem Können gründe – jedes „Wissen, dass" gründe in einem „Wissen, wie".

37 Vgl. Heidegger 1964, S. 72 ff.

38 Vgl. Heidegger 1964, S. 83 ff.

39 Heideggers Diagnose, dass Zeug holistisch konstituiert sei, rückt seine Überlegungen ebenso in die Nähe von Lucius Burckhardts klassischer Analyse wie sein Gedanke, dass Zeug im Gebrauch wesentlich unsichtbar sei. Vgl. Lucius Burckhardt. 2010. Design ist unsichtbar. In *Gestaltung Denken. Grundlagentexte zu Design und Architektur*, Hrsg. Klaus T. Edelmann und Gerrit Terstiege, 211–217. Basel: Birkhäuser.

So produktiv Heideggers Zeuganalyse als Ausgangspunkt für Überlegungen zum Design in zwischenmenschlichen Beziehungen auch ist – in mindestens zwei Hinsichten bleibt sie unzureichend. Erstens ist gerade Heideggers unter dem Terminus des „Mitseins" durchgeführte Analyse der Intersubjektivität von Welt unter sozialphilosophischer Perspektive blass. Die Dinge spielen hier nicht die Rolle, die ihnen eigentlich zuteilwerden müsste. Sie werden, anders als die Zeuganalyse programmatisch verkündet, unter sozialphilosophischer Perspektive tendenziell doch reduziert. Zweitens bringt Heideggers Zeuganalyse kein hinreichendes begriffliches Instrumentarium ins Spiel, um zwischen Naturgegenständen, Gegenständen des Handwerks und Designgegenständen zu unterscheiden. Bevor ich abschließend in einem kurzen letzten Teil einen Ausblick darauf geben werde, wie meines Erachtens vor dem Hintergrund der hier entwickelten Überlegungen eine konstruktive Antwort auf die Frage der Rolle von Designgegenständen in zwischenmenschlichen Beziehungen grundsätzlich aussehen könnte, möchte ich diese beiden Kritikpunkte kurz ausführen.

Aus designphilosophischer Perspektive ist an Heideggers Zeuganalyse zunächst (1) zu kritisieren, dass gerade die soziale Dimension der Praxis unterthematisiert bleibt. Mit der Kategorie des Mitseins führt Heidegger zwar terminologisch einen Begriff ein, der dem Phänomen Rechnung tragen soll, dass die Welt immer schon eine kollektiv erschlossene ist: Ich bin nicht zunächst für mich allein und treffe dann irgendwann noch einmal auf andere, sondern ich bin von jeher mit anderen in der Welt. Und unter der Kategorie des Mitdaseins fasst Heidegger wiederum terminologisch,[40] dass diejenigen, die uns hier begegnen, selbst nicht Zeuge sind, sondern in ihrer Seinsart solche wie wir. Wenn Heidegger aber schreibt, dass „[a] uf dem Grunde dieses mithaften In-der-Welt-seins [...] die Welt je schon immer die [ist], die ich mit Anderen teile"[41], so wird er – wie ich in einer Abwandlung des Kritikpunktes sagen möchte, den ich in anderer Hinsicht an Latour adressiert habe – dem dynamischen und prozessualen Charakter dieser Welt gerade dadurch, dass es eine wesentlich geteilte Welt ist, nicht hinreichend gerecht. Heidegger zufolge ist die Welt für verschiedene Menschen die, die sie ist, und die Dinge sind für verschiedene Menschen die, die sie sind, weil Menschen durch dieselben Existenzialien bestimmt sind. Nicht der offene und ungesicherte kollektive Charakter von Praktiken stiftet beziehungsweise entzieht Gemeinsamkeit, sondern vorgängig gegebene und fundamentalontologisch bestimmte Strukturen sichern diese.[42] Anders

---

40 Vgl. Heidegger 1964, S. 72 ff.
41 Heidegger 1964, S. 118.
42 Davon abgesehen ist Heideggers bekannte Analyse des Man, die gerade auf die kollektive Dimension unserer Verständnisse zielt, nicht zuletzt deshalb unzureichend, weil das

gesagt: Die Ungesichertheit der Kollektivität von Praktiken bleibt bei Heidegger unterthematisiert – eine Ungesichertheit, die gerade im Medium von auf Dinge bezogenen Praktiken wieder thematisiert werden würde.

Diese kritische Bemerkung lässt sich in anderer Hinsicht auch mit Blick auf die Tatsache geltend machen, dass Heideggers Begriff des Zeugs keine informativen Differenzierungen etwa zwischen handwerklich hergestellten Gegenständen, als Anzeichen benutzten Ereignissen der Natur und eben Designgegenständen bereitstellt (2). Zwar bin ich der Auffassung, dass Heideggers Zeuganalyse mit ihrem Gedanken, dass Dinge des alltäglichen Gebrauchs vor einem unthematischen Horizont praktischer Verständnisse gebraucht werden, auch für Designgegenstände zutreffend ist. Das bedeutet auch eine Absage an solche Designauffassungen, die Designobjekte wesentlich als Gegenstände verstehen, die sich im Lichte des Gebrauchs selbst reflektieren: Selbst wenn die Benutzer*innen von Designgegenständen in Momenten der Reflexion auf diese die Gestaltbarkeit der Dinge der Welt erfahren mögen, ist ein solch reflexives Verhältnis nicht der paradigmatische Fall einer Erläuterung dessen, was es heißt, dass Designgegenstände gebraucht werden. Um es deutlich zu sagen: Diese These des *Gebrauchens* von Designgegenständen darf keinesfalls als These über die Tätigkeit des Entwerfens und Gestaltens und damit als These über die *Produktion* von Design missverstanden werden. Denn der Prozess des Entwerfens und Gestaltens ist natürlich in sehr verschiedenen Hinsichten mit Reflexionen über das Ziel, die Technologien und Materialien ebenso wie über den Prozess insgesamt verbunden. Aber so wenig wie aus der Tatsache, dass das Einspielen einer Klaviersonate von Beethoven vielfältige praktische wie theoretische Kenntnisse der Musik erfordert, folgt, dass das Hören einer solchen Klaviersonateneinspielung dieselben Kenntnisse wie ihr Hervorbringen erfordert, so wenig ist der Gebrauch von Designgegenständen mit denselben Begriffen zu beschreiben wie das Gestalten und Entwerfen von Designgegenständen. Was Heidegger letztlich unzureichend thematisiert, ist, in welcher Weise spezifische Gegenstände als spezifische Gegenstände des Designs unserer Praxis spezifische Konturen verleihen.

In Form eines kurzen Ausblicks möchte ich abschließend eine Richtung andeuten, in der ich glaube, eine Antwort auf diese Frage finden zu können – in der sich auch eine Antwort auf die Frage nach der Rolle von Designgegenständen in zwischenmenschlichen Beziehungen ergeben kann.

Man hier zwar als notwendiges Moment unserer Lebensführung auftaucht, aber zugleich in weiten Teilen negativ bestimmt wird: Eigentlichkeit ist nur um den Preis zu haben, dass wir durch das dunkle Tal des Man gegangen sind. Vgl. Heidegger 1964, S. 126 ff.

Design als Formung kollektiver Praxis –
Design als Aushandlung von Kollektivität

Von Latour und Heidegger lässt sich lernen, dass wir, wenn wir unseren praktischen Weltbezug angemessen denken wollen, nicht um eine Würdigung der Dinge herumkommen, mit denen wir es zu tun haben. Latour verspielt diese Einsicht meines Erachtens aber tendenziell, weil er eine genuin menschliche Perspektive verabschieden möchte, indem er zumindest programmatisch von einer Perspektive von Hotelzimmerschlüsseln, Buntstiften, Milchsäurefermenten, automatischen Türschließern und Schusswaffen ausgeht. Diesen Fehler macht Heidegger nicht: Er denkt den Eigensinn der Dinge von menschlichen Praktiken aus, in denen er sich geltend macht. Dabei gelingt es ihm aber nur unzureichend, den kollektiven Charakter dieser Praktiken selbst im Register der Dinge, an denen sie sich betätigen, zu denken und der Spezifik unterschiedlicher Arten von Dingen Rechnung zu tragen. Ich möchte zum Zusammenhang dieser beiden Kritikpunkte Folgendes festhalten: Heidegger gelingt es deshalb unzureichend, die Dinge in unsere Sozialität einzutragen, gerade *weil* er nichts zu unterschiedlichen Arten von Dingen sagt, die in unserer Praxis eine Rolle spielen. Alle Dinge, mit denen wir es zu tun haben, sind für ihn bloß Exemplifikationen unseres praktischen Weltbezugs insgesamt.

Man kommt einer designspezifischen Art der Formung unseres praktischen Weltbezugs dann näher, wenn man festhält, dass im Design die *Geformtheit* funktionaler Gegenstände zum zentralen Problem wird und diese Geformtheit als wesentlich *ästhetisch* zu beschreibende Dimension zu verstehen ist. Unter dem Begriff des Ästhetischen verstehe ich gegenüber der sensualistischen Tradition in grundsätzlichem Anschluss an den deutschen Idealismus gerade *nicht*,[43] dass es in solchen Gegenständen um eine Darbietung ihrer sinnlichen Eigenarten gehen würde. Diese These wäre sowohl zu inklusiv – nahezu alle Dinge der Welt können in dieser Weise immer auch als Dinge verstanden werden, die sich sinnlich darbieten. Zugleich wäre sie zu exklusiv – die Originalität eines musikalischen Werks gehört wie die Eleganz eines mathematischen Beweises sicherlich zu den ästhetischen Eigenarten dieses Werks beziehungsweise dieses Beweises, aber es handelt sich dabei nicht um Eigenarten, die sich uns sinnlich darbieten würden. Mit dem deutschen Idealismus möchte ich demgegenüber festhalten, dass es im Ästhetischen um eine *Beurteilung des Besonderen als Besonderen und nicht als*

---

43 In diesem Punkt berührt sich meine Agenda mit derjenigen Jane Forseys. Vgl. Jane Forsey. 2013. *The Aesthetics of Design*. Oxford: Oxford University Press.

bloßen Fall eines Allgemeinen geht.[44] Entsprechend ist Design deshalb ästhetisch,
weil es derart singuläre Gegenstände hervorbringt, dass eine Moka von Bialetti eben
nicht eine Krups Essenza ist, obzwar beide zum Kochen von Kaffee dienen – und
Letztere vielleicht auch als Ausdruck des eigenen Status, Erstere als Ausdruck eines
gediegenen Geschmacks usf. Mit Blick auf die Diskussion von Latour und Heidegger ist festzuhalten: Unzureichend an beiden Theorien ist, dass sie das wesentlich
ästhetische Moment von Designgegenständen verpassen. Wenn Designgegenstände
eine Rolle in unserer Praxis spielen und eine Ästhetik des Designs dort beginnt,
wo subsumptive Urteile über solche Gegenstände unzureichend bleiben, muss
festgehalten werden, dass die Formgebungen, die die Funktionen entsprechender
Gegenstände neu- und weiterbestimmen, zugleich auch unsere Praxis selbst formen:
Über Kaffeemaschinen als Designgegenstände ebenso wie über Stühle als Designgegenstände und sogar Mikroskope sowie alles, was im Labor an Instrumenten unter
designtheoretischer Perspektive auftaucht, fängt man erst dann an nachzudenken,
wenn man *das Werden unserer Praxis* des Sitzens, Kaffeetrinkens und Forschens
selbst in den Blick nimmt. Der klassische Funktionalismus hat heute in der Designtheorie einen schlechten Leumund. Einerseits zu Recht: Der Gedanke, dass die
Form aus der Funktion solcher Gegenstände folge, ist irreführend. Andererseits
zu Unrecht: Der Gedanke, dass Designgegenstände anders etwa als Kunstwerke
zu etwas Bestimmtem da sind, sodass der Begriff der Funktion beziehungsweise
eigentlich des Zwecks ein wesentliches Moment der Explikation des Begriffs des
Designs ist, trifft zu.[45] Der Spezifik des Designs trägt man begrifflich allerdings erst
dann Rechnung, wenn man die wesentliche Geformtheit unserer Zwecke in und
durch entsprechende Gegenstände in den Blick nimmt.

Praktiken, die von Designgegenständen geformt sind, sind wesentlich kollektive
Praktiken – Praktiken des Kaffeetrinkens, des Sitzens, des Forschens. Es handelt
sich um Praktiken, die die meisten Formen unserer Mobilität ebenso betreffen,
wie sie die intimsten zwischenmenschlichen Relationen wie Liebe und Sexualität
formen. Eine Praxis, die tatsächlich nur einer oder eine vollzieht, wäre keine Praxis.
Praxis wird selbst in dem Fall, in dem sie gerade von nur einer Person vollzogen
wird, potenziell immer auch von anderen Subjekten ebenfalls vollzogen. Ich möchte
mit einem Gedanken schließen, der nicht die Formung zwischenmenschlicher

---

44 Ich habe dieses Ästhetikverständnis systematisch verteidigt und mit Blick auf Design
     ausgearbeitet in Feige 2018, Kapitel 5.
45 Wie Glenn Parsons verteidige ich damit eine im Grundzug modernistische Auffassung
     von Design. Vgl. Glenn Parsons. 2016. *The Philosophy of Design.* Cambridge: Polity Press.
     In eine vergleichbare Kerbe schlägt auch Andreas Dorschels wichtiges Buch: Andreas
     Dorschel. 2003. *Gestaltung – Zur Ästhetik des Brauchbaren.* Heidelberg: Winter.

Beziehungen in und durch Designgegenstände betrifft, sondern diese vielmehr als Problem begreift. Denn aufgrund der Tatsache, dass Design die meisten unserer Praktiken, in denen wir involviert sind, nicht auf eine Weise formt, die von reflexiven Thematisierungen abhängig wäre, ist eine *Kritik des Designs* nötig – und damit etwas, das wiederum *selbst* eine besondere Art kollektiver Praxis ist, nämlich ein gemeinsamer *Streit*, eine Aushandlung der Frage, inwieweit bestimmte Designgegenstände wünschenswert sind oder nicht. Genau diese Dimension, nämlich die Dimension der reflexiven Thematisierung von Praxis, kommt nicht allein in Latours Entwurf, sondern auch in Heideggers Zeuganalyse zu kurz. Dieser Einwand ist vor dem Hintergrund meiner Kritik an beiden so zu verstehen, dass in beiden Positionen eine Charakterisierung des Menschen als das Lebewesen, das sich selbst bestimmt, zu kurz kommt. Wie wäre ein entsprechendes Aushandlungsgeschehen zu beschreiben?[46]

Ich denke, dass wir mindestens zwei Arten der Beurteilung unterscheiden müssen: Einerseits die Beurteilung der Zwecke selbst, denen bestimmte Designgegenstände dienen, andererseits die Beurteilung der Art und Weise, wie bestimmte Designgegenstände diese Zwecke formen. Bei Schusswaffen, Zwangsjacken und Atombomben wäre es ein problematischer Gedanke, allein die Frage nach dem ‚Wie‘ des Funktionierens zu stellen.[47] Hingegen kann man Blue Jeans oder Mikroskopen die Zwecke selbst wohl kaum vorwerfen – man kann ihnen hingegen die Art und Weise, wie sie sie formen, vorwerfen; sei es, dass sie nicht nachhaltig konzipiert sind oder dass sie schlichtweg nicht gut funktionieren. Eine tendenziell andere Beurteilung besteht darin, die Art und Weise der Produktion solcher Gegenstände zu beurteilen – Blue Jeans können etwa nicht allein deshalb nicht nachhaltig sein, weil sie nach wenigen Wochen des Tragens kaputt gehen, sondern auch deshalb, weil bei ihrer Produktion zahlreiche schädliche Substanzen verwendet wurden oder ihre Energiebilanz indiskutabel ist. Solche Beurteilungsformen als Momente einer Kritik des Designs befinden sich, wenn man Latour und Heidegger grundsätzlich folgt, als Reflexionspraktiken selbst wiederum nicht außerhalb von auf Dingen bezogenen Praktiken. Vielmehr sind auch hier die Dinge in Rechnung zu stellen – sei es, dass eine solche kritische Diskussion in informellen Kontexten oder politischen Foren ausgetragen wird; sei es, dass sie in Form von Büchern oder in Dialogen zwischen Einzelpersonen verhandelt wird. Ich möchte also abschließend festhalten: Wenn man über die Formung zwischenmenschlicher Beziehungen durch Designgegenstände nachdenkt, muss man in Rechnung stellen, dass solche

---

46 Vgl. dazu und auch als kritische Diskussion des Social Designs ausführlicher Feige 2018, Kapitel 8.

47 Vgl. in diesem Sinne auch Burckhardt 2010.

Gegenstände in unserer Praxis zunächst und zumeist grundsätzlich unthematisch diese Praxis formen. Entsprechend machen sie eine Kritik des Designs notwendig, die ein gemeinsames Ringen um Antworten auf die Frage nicht allein des ‚Wie‘, sondern auch des ‚Was‘ dieser Gegenstände ist. Anders gesagt, ist Design selbst keine Praxis der Kritik, sondern eine Praxis der Formung unserer Praxis. Um Design zu streiten, heißt damit immer auch darüber zu streiten, wie wir gemeinsam leben wollen und was es heißt, ein gutes Leben zu führen.

Literatur

Burckhardt, Lucius. 2010. Design ist unsichtbar. In *Gestaltung Denken. Grundlagentexte zu Design und Architektur*, Hrsg. Klaus T. Edelmann und Gerrit Terstiege, 211–217. Basel: Birkhäuser.

Davidson, Donald. 1990. Handeln. In *Handlung und Ereignis*, 73–98. Frankfurt am Main: Suhrkamp.

Dorschel, Andreas. 2003. *Gestaltung – Zur Ästhetik des Brauchbaren*. Heidelberg: Winter.

Feige, Daniel M. 2018. *Design. Eine philosophische Analyse*. Berlin: Suhrkamp.

Feige, Daniel M. 2018. Retroaktive Teleologie. Zur Aktualität geschichtsphilosophischen Denkens. In *Zeitschrift für Kulturphilosophie*. doi: 10.28937/1000108268.

Feyerabend, Paul. 1976. *Wider den Methodenzwang. Skizzen einer anarchistischen Erkenntnistheorie*. Frankfurt am Main: Suhrkamp.

Forsey, Jane. 2013. *The Aesthetics of Design*. Oxford: Oxford University Press.

Foucault, Michel. 1977. *Mikrophysik der Macht*. Berlin: Merve.

Hegel, Georg W. F. 1986a. *Enzyklopädie der philosophischen Wissenschaften* (Band 3). Frankfurt am Main: Suhrkamp.

Hegel, Georg W. F. 1986b. *Grundlinien der Philosophie des Rechts oder Naturrecht und Staatswissenschaft im Grundrisse*. Frankfurt am Main: Suhrkamp.

Heidegger, Martin. 1964. *Sein und Zeit*. Tübingen: Niemeyer.

Heidegger, Martin. 1988. *Ontologie. Hermeneutik der Faktizität*. Frankfurt am Main: Klostermann.

Heidegger, Martin. 2003a. Der Ursprung des Kunstwerks. In *Holzwege*, 1–74. Frankfurt am Main: Klostermann.

Heidegger, Martin. 2003b. Die Zeit des Weltbildes. In *Holzwege*, 75–113. Frankfurt am Main: Klostermann.

Hörning, Karl H. 2012. Praxis und Ästhetik. Das Ding im Fadenkreuz sozialer und kultureller Praktiken. In *Das Design der Gesellschaft. Zur Kultursoziologie des Designs*, Hrsg. Stephan Moebius und Sophia Prinz, 29–47. Bielefeld: Transcript.

Kim, Hyun Kang. 2016. Vom Dasein zum Design. Heideggers „Zuhandenheit“ und „Mitsein“ als philosophische Grundlagen des Social Design. In *Design & Philosophie. Schnittstellen und Wahlverwandtschaften*, Hrsg. Julia-Constance Dissel, 59–73. Bielefeld: Transcript.

Kneer, Georg. 2008. Hybridizität, zirkulierende Referenz, Amoderne? Eine Kritik an Latours Soziologie der Assoziationen. In *Bruno Latours Kollektive. Kontroversen zur Entgrenzung des Sozialen*, Hrsg. Georg Kneer, Markus Schroer und Erhard Schüttpelz, 261–305. Frankfurt am Main: Suhrkamp.

Kuhn, Thomas S. 1981. *Die Struktur wissenschaftlicher Revolutionen.* Frankfurt am Main: Suhrkamp.

Latour, Bruno. 2001. *Das Parlament der Dinge.* Frankfurt am Main: Suhrkamp.

Latour, Bruno. 2002a. *Die Hoffnung der Pandora. Untersuchungen zur Wirklichkeit der Wissenschaft.* Frankfurt am Main: Suhrkamp.

Latour, Bruno. 2002b. *Wir sind nie modern gewesen. Versuch einer symmetrischen Anthropologie.* Frankfurt am Main: Fischer.

Latour, Bruno. 2007. *Eine neue Soziologie für eine neue Gesellschaft.* Frankfurt am Main: Suhrkamp.

Latour, Bruno. 2014. *Existenzweisen. Eine Anthropologie der Moderne.* Berlin: Suhrkamp.

Latour, Bruno. 2017. *Kampf um Gaia. Acht Vorträge über das neue Klimaregime.* Berlin: Suhrkamp.

Mareis, Claudia, und Christof Windgätter, Hrsg. 2016. *Wild Thing. Unordentliche Prozesse zwischen Design und Wissenschaft.* Berlin: Kadmos.

Mühlherr, Anna, Heike Sahm, Monika Schausten und Bruno Quast, Hrsg. 2016. *Dingkulturen. Objekte in Literatur, Kunst und Gesellschaft der Vormoderne.* Berlin: De Gruyter.

Parsons, Glenn. 2016. *The Philosophy of Design.* Cambridge: Polity Press.

Pinkard, Terry. 2017. *Does History make Sense? Hegel on the Historical Shape of Justice.* Cambridge, Mass.: Harvard University Press.

Schäffner, Wolfgang. 2010. The Design Turn. Eine wissenschaftliche Revolution im Geiste der Gestaltung. In *Entwerfen – Wissen – Produzieren. Designforschung im Anwendungskontext*, Hrsg. Claudia Mareis, Gesche Joost und Kora Kimpel, 33–45. Bielefeld: Transcript.

Schulz-Schaeffer, Ingo. 2008. Technik in heterogener Assoziation. Vier Konzeptionen der gesellschaftlichen Wirksamkeit von Technik im Werk Latours. In *Bruno Latours Kollektive. Kontroversen zur Entgrenzung des Sozialen*, Hrsg. Georg Kneer, Markus Schroer und Erhard Schüttpelz, 108–152. Frankfurt am Main: Suhrkamp.

Verbeek, Peter-Paul. 2005. *What Things Do. Philosophical Reflections on Technology, Agency, and Design.* University Park/Pennsylvania: The Pennsylvania State University Press.

Wittgenstein, Ludwig. 2003. *Philosophische Untersuchungen.* Frankfurt am Main: Suhrkamp.

Autor

Daniel M. Feige ist Professor für Philosophie und Ästhetik an der Staatlichen Akademie der Bildenden Künste Stuttgart. Er studierte zunächst Jazzpiano in Amsterdam, dann Philosophie, Germanistik und Psychologie an den Universitäten Gießen und Frankfurt am Main. 2009 wurde er mit einer Arbeit zur Kunsttheorie Hegels an der Goethe-Universität Frankfurt am Main promoviert und war daraufhin von 2009–2015 wissenschaftlicher Mitarbeiter im SFB 626, „Ästhetische Erfahrung im Zeichen der Entgrenzung der Künste" an der Freien Universität Berlin, wo er

2017 seine Habilitation mit Arbeiten zur Ästhetik abschloss und die Venia Legendi in Philosophie erwarb. 2018 war er Gastprofessor für Designtheorie an der Burg Giebichenstein in Halle. Seine Forschungsschwerpunkte liegen an der Schnittstelle von Ästhetik und theoretischer Philosophie. Zuletzt hat er im Suhrkamp-Verlag das Buch *Design. Eine philosophische Analyse* veröffentlicht. Demnächst erscheinen seine Bücher *Musik für Designer* und *Die Natur des Menschen. Eine dialektische Anthropologie.*

Die soziale Valenz profaner Architektur[1]

Albena Yaneva

Wie können ein Gebäude, eine Brücke, ein Masterplan, ein Schlüssel oder ein Stuhl sozial sein? Welche Wirkung hat ein Atrium? Wie erlangen materielle Anordnungen soziale Bedeutung? Auf welche Weise kann die Gestaltung eines Hörsaals das Denken anregen? Wie können Alltagsaktivitäten wie Treppensteigen oder Aufzugfahren soziale Auswirkungen haben? In Design- und Planungsprozessen werden diese im täglichen Leben häufig genutzten Gegenstände und Umgebungen viel diskutiert. Um ihre soziale Valenz zu verstehen, muss unser Blick darauf ein dynamischer sein. Anstatt davon auszugehen, dass es eine Gesellschaft *hinter* einem Gebäude, einem Hörsaal oder Aufzug gibt, möchte ich zeigen, dass soziale Beziehungen eher etwas sind, das beobachtet werden kann, indem wir mit diesen Elementen und Anordnungen profaner Architektur interagieren, in ihnen herumschlendern, in ihnen leben und uns durch sie leiten lassen. Aus dieser dynamischen Sicht sind Gebäude keine statischen Projektionsflächen für die Gesellschaft, sondern befinden sich wie Etienne Jules Mareys[2] Möwe im Flug – in einem Flug, der „sozial" oder „politisch" werden kann.

Um das zu veranschaulichen, möchte ich Sie zu einem Spaziergang auf dem Campus der Manchester School of Architecture, in der ich unterrichte, mitnehmen, und wir besuchen zusammen das Benzie-Gebäude – den Sitz der Manchester School of Arts (Abb. 1) –, sein Atrium, seine Verkehrsflächen und Lehrräume. Zunächst werde ich eine Zeit lang in dem spektakulären Atrium des Benzie-Gebäudes um-

---

1   Dieser Text basiert auf dem dritten Kapitel von Albena Yaneva. 2017. *Five Ways to Make Architecture Political. An Introduction to the Politics of Design Practice.* London: Bloomsbury.

2   Bruno Latour und Albena Yaneva. 2008. Give Me a Gun and I Will Make All Buildings Move. An ANT's View of Architecture. In *Explorations in Architecture. Teaching, Design, Research,* Hrsg. Reto Geiser, 80–89, Basel: Birkhäuser.

© Springer Fachmedien Wiesbaden GmbH, ein Teil von Springer Nature 2020
M. Fineder und J. Lang (Hrsg.), *Zwischenmenschliches Design,*
https://doi.org/10.1007/978-3-658-30269-6_8

herschlendern, um den Raum auf mich wirken zu lassen. Dann beschäftige ich mich mit einer Reihe von Gebrauchsgegenständen und Teilen der Gebäudetechnik und analysiere, welche spezifische soziale Wirkung sie erzeugen.

Abb. 1

Das Benzie-Gebäude, Manchester School of Arts. Foto: Hufton Crow

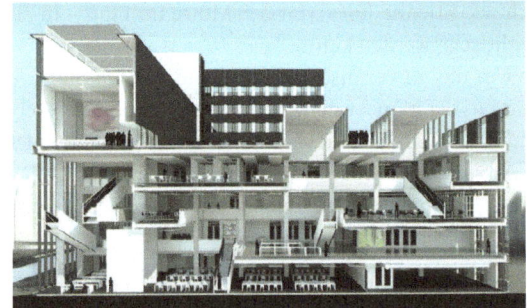

Abb. 2

Eine Schnittaxonometrie des Benzie-Gebäudes, die die Räume der verschiedenen Fachbereiche zeigt. Foto: FCBStudios

Das ursprüngliche Gebäude der Architekturfakultät, das Chatham-Gebäude, ist von S. G. Besant Roberts vom City Architect's Department entworfen und zwischen

1966 und 1971 gebaut worden. Es wurde von dem Architekturbüro FCBStudios renoviert, und ein neuer Gebäudeteil kam hinzu – das am 19. November 2013 eröffnete Benzie-Gebäude. Es beherbergt eine eindrucksvolle vertikale Galerie (oder ein Atrium), Werkstätten, einen Dachgarten und Bereiche mit Mehrzweckateliers, die flexible Räume für verschiedene Veranstaltungen von Meetings und Konferenzen bis zu Produktpräsentationen und Ausstellungen bieten (Abb. 2).

Anhand der Dichotomie Form/Funktion oder ästhetischer beziehungsweise stilistischer Muster lässt sich dieses Gebäude kaum beschreiben. Folgen wir stattdessen dem Weg einer Studentin, die mit einem Kaffee in der Hand von der Cafeteria im Erdgeschoss durch die spektakuläre neue Eingangsgalerie (Abb. 3) geht, über die Verkehrs- und Ausstellungsfläche schlendert, mit Blick auf den Himmel, Ateliers und Ausstellungen von Studienkolleg*innen die große Treppe des Gebäudes hinaufsteigt und dabei verschiedene Gruppen von Menschen trifft, die hier morgens entlanglaufen. Was führt sie durch den Raum? Ist es die Anlage des Gebäudes? Ist es etwas anderes? Es gibt ein komplettes von Designer*innen orchestriertes Nutzungsszenario, das bestimmte im Raum stattfindende Interaktionsmuster zwischen Student*innen und Tutor*innen vorhersagt. Wie aber kann es sein, dass die Architektur eines Universitätsgebäudes die Entstehung spezifischer Forschungskulturen fördert, indem wir in ihm herumschlendern?

Abb. 3
Studierende im
Benzie-Gebäude.
Foto: Hufton Crow

Offenheit, Vielseitigkeit und Hybridität sind die wichtigsten Kriterien für die Gestaltung von Bildungseinrichtungen im Kunstbereich. Die allgemeinen räumlichen Qualitäten von Architekturschulen, die spezifische materielle Einrichtung der Ateliers, die räumliche Organisation der Studiengänge beeinflussen die Art und Weise, wie die Studierenden lernen und interagieren. Man weiß, dass das Konzept der offenen Ateliers immer auch die gegenseitige Befruchtung mit Ideen und Wissen fördert. Moussavis analytischer Vergleich zwischen der Architectural Association (AA) und der Harvard Graduate School of Design (GDS) ist in dieser Hinsicht sehr erhellend.[3] Die räumliche Anordnung und pädagogische Strategie der Schule, so schreibt sie, haben einen Einfluss darauf, zu welcher Persönlichkeit Studierende zukünftig werden. Die kompakte Bauweise der AA und die kleinen Räume schaffen ein Gefühl der Intimität, denn in den Räumen können Tutorials als individuelle Übungen durchgeführt werden, die möglicherweise zu mehr Selbstvertrauen und Vertrauen in die eigenen Projekte führen. Im Gegensatz dazu hat die GSD einen einzigen Hauptraum, die Gund Hall, in der alle Studierenden nebeneinander arbeiten, was dazu führt, dass individuelle Projekte unterlassen werden und eine Atmosphäre der Kollektivität entsteht, die Kooperationen und gemeinsame Ideen fördert. Der interdisziplinäre Dialog steht im Mittelpunkt jedes Fachbereichs, was die Notwendigkeit bekräftigt, die räumliche Geometrie und das kognitive Potenzial von Räumen für die gemeinschaftliche Forschung und die Vernetzung neu zu erfinden und die soziale Wirkung von akademischen Gebäuden zu verbessern. Daher ist es nicht verwunderlich, dass heutzutage besonderes Augenmerk auf das Atrium als einer spezifischen Umgebung, die Interaktionen und gemeinschaftliches Denken fördert, gelegt wird.

Das Atrium zeitgenössischer Hochschulgebäude verbindet verschiedene Studiengänge und nimmt im Alltag vieler Forschungsuniversitäten eine Schlüsselrolle ein. Es ist eine zentrale Typologie einer neuen Generation von Hochschulgebäuden, die ein hohes Maß an Flexibilität ermöglicht, weil sie sich bei Bedarf leicht rekonfigurieren und wenn nötig unterteilen lässt. Der Bedarf an dieser Art von Raum ist mit der Tendenz entstanden, Forscher*innen, die traditionell über einen Universitätscampus verstreut sind, zusammenzubringen und unter einem neuen Dach in einer interaktiven Umgebung arbeiten zu lassen – in der Hoffnung, dass Funken überspringen. Doch wie kann im Einzelnen dieser Raum soziale Dimensionen hervorbringen?

---

3   Farshid Moussavi. 2012. School Buildings Produce Culture. *The Architectural Review*, 28. September 2012. http://www.architectural-review.com/view/overview/school-buildings-produce-culture/8636270.article/. Zugegriffen: 5. Dezember 2018.

Spaziergang durch eine vertikale Galerie

Wir befinden uns im Benzie-Gebäude. Lassen Sie uns einen genaueren Blick auf das Atrium werfen, seine Gestaltung, seine Materialität und seine soziale Nutzung; schlendern wir in ihm herum, um seine Architektur auf eine dynamische, erfahrungsorientierte Weise zu erkunden. Indem wir uns verlangsamen und die Interaktionen anderer Menschen in diesen Räumen verfolgen, können wir beobachten, auf welche Weise das Atrium Vernetzung erleichtert, den Publikumsverkehr entzerrt, Beziehungen vermittelt und die soziale Leistungsfähigkeit eines Hochschulgebäudes verbessert. Sobald wir durch die Eingangstür treten, befinden wir uns im Atrium und werden sofort von dem quirligen Treiben verschiedenster Aktivitäten erfasst. Das Benzie-Atrium, das Innen- und Außenraum miteinander verbindet und mithilfe unterschiedlicher Gestaltungsansätze offene, natürlich beleuchtete Räume schafft, fördert die Herstellung neuer Verbindungen zwischen Wissenschaftler*innen und Studierenden verschiedener Kunstrichtungen sowie zwischen Universitätsangehörigen und zufälligen Besucher*innen (Abb. 4). Nachdem die Unterrichtszeit verkürzt und damit die Zeit des persönlichen Lehrkontakts reduziert wurde, soll das Atrium verhindern, dass die Menschen „zu Hause in ihren Wohnungen bleiben und eine Atelierkultur jenseits der vorgesehenen Atelierräume entwickeln"[4]. So soll das Atrium einen Anreiz für Wissenschaftler*innen und Studierende bieten, sich länger auf dem Campus aufzuhalten, anstatt isoliert von zu Hause oder der Bibliothek aus zu arbeiten. Das Atrium, das das Homeoffice, den Bibliotheksschreibtisch, aber auch den Atelierraum ersetzt, bietet eine einzigartige Arbeitsumgebung, in der sich förmliche und ungezwungene Formen der Kommunikation vermischen können, einen Ort, an dem sich sorgfältige materielle Anordnungen mit einem gewissen kreativen Durcheinander auf schwindelerregende Weise verbinden. Es bietet „Schlupfwinkel", in denen man diskutieren, Tutor*innen treffen, Vorträge planen und einen Kaffee trinken kann, um den Tag in langsamerem Tempo und außerhalb der offiziellen Lehrräume und Ateliers fortzusetzen.

---

4 Gespräch mit Tom Jarman, Partner bei den FCBStudios, 11. November 2015, Manchester.

Abb. 4

Das Benzie-Atrium. Foto:
Hufton Crow

Alle Gestaltungsaspekte des Atriums im Benzie-Gebäude regen zu der Art mul-
tidisziplinärer und teamorientierter Forschung an, die für die Weiterentwicklung
der Künste erforderlich ist. Die Probleme, denen Kunst heute gegenübersteht, sind
viel zu komplex, um sie in einem traditionellen künstlerischen Umfeld zu lösen,
und das Atrium bietet eine maßgeschneiderte Umgebung, um auf diese Herausforderung zu reagieren. Dabei bietet es jedoch nicht einfach Räume für soziale und
intellektuelle Begegnungen. Ebenso wenig geht es darum, einen Freizeitbereich
bereitzustellen. Die flexible Gestaltung und der offene Grundriss des Atriums
sorgen dafür, dass sich Architekt*innen und Kunststudierende in den Fluren
und den großen Treppenhäusern sowie im großen Cafeteriabereich begegnen.
Das Atrium trägt auch dazu bei, die Ströme von Studierenden und Lehrkräften
zu mischen und alle möglichen materiellen Bestandteile von Kunst und Design
einzubeziehen: Muster, Stoffe, Modelle und Werkzeichnungen. Architektur- und
Kunststudierende sowie Wissenschaftler*innen, die im Gebäude arbeiten, verlassen das Atelier oder den Hörsaal häufig mit einem Papierentwurf, einer raschen
Skizze, einem unvollendeten Modell, einem Stoffmuster, einer Mappe mit Bildern
(Abb. 5). Diese Objekte zirkulieren in verschiedenen Umlaufbahnen, in denen es
zu sporadischen Interaktionen zwischen Studierenden und Wissenschaftler*innen
kommen kann. Die Gestaltung des Atriums intensiviert diese Begegnungen und

beschleunigt den Austausch, indem es den Menschen, die mit diesen verschiedenen nichtmenschlichen Beteiligten verbunden sind, ermöglicht, Ideen auszutesten und zu festigen. Die großen Flure und das offene Treppenhaus erhöhen die Wahrscheinlichkeit, dass sich Kolleg*innen zufällig begegnen und in einen informellen Dialog treten. So schafft das Atrium die Voraussetzungen für völlig neue Mischungen aller konstitutiven Bestandteile des künstlerischen Schaffens im akademischen Kontext; es wird zu einem kreativen Raum. Diese Mischungen fördern neue Dialoge, neue Formen von Forschungspartnerschaften und der Kunstpraxis.

Abb. 5

Studierende und
Wissenschaftler*innen
verschiedener Disziplinen
mischen sich im
Benzie-Atrium.
Foto: Hufton Crow

Die Philosophie der Gestaltung von Atriumräumen zielt jedoch nicht nur darauf ab, die zufälligen Begegnungen zwischen Fachleuten verschiedener Disziplinen zu fördern, um zu neuen Forschungsansätzen und zum Überdenken kreativer Verfahren anzuregen. Der Grundgedanke ist, dass eine verstärkte Zirkulation von Menschen innerhalb eines großen Gebäudes dazu beiträgt, dass sie ein Gemeinschaftsgefühl erleben. Darin besteht seine soziale Dimension: dass es Menschen zusammenbringt, verbindet und neu gruppiert. Die vertikale Galerie im Benzie-Gebäude lässt Wissenschaftler*innen und Studierende einander begegnen, obwohl sie unterschiedlichen Disziplinen angehören. In einem derart komplexen Gebäude wird das Atrium zu einem wichtigen Schnittpunkt der täglichen Forschung und der pädagogischen Netzwerke. Es wird zu einem sozialen Knotenpunkt, der die Veranstaltungsströme bündelt und neu ausrichtet, Studierende und Professor*innen, Campuspersonal und zufällige Besucher*innen, Materialien und Menschen wieder miteinander verbindet und intensiver zirkulieren lässt. Das Atrium macht einen Unterschied in ihrem täglichen Leben: Es kartiert ihre Standorte, leitet ihre Bewegungen und vermittelt die Transaktionen zwischen ihnen. Damit trägt es dazu bei, dass das akademische Gebäude mehr leistet, als nur sporadische intersubjektive Begegnungen zu ermöglichen: Das Gebäude wird zu einem bedeutsamen Ort, der verändert, Menschen einbezieht und die Wege von Menschen und Dingen verschiebt.

Damit verfolgt das Atrium ein eigenes soziales Programm: Es setzt das Studienprogramm außerhalb des Hörsaals fort, es bringt Mitarbeiter*innen und Studierende dazu, sich stärker zu mischen und mehr zu interagieren, es regt neue Dialoge und die Bildung neuer Gruppen an. Es fungiert als verbindendes Element und soziales Zentrum. Diese neuen Verbindungen sind von entscheidender Bedeutung für die Entwicklung innovativer Forschung, sie lassen neue Zusammenhänge zwischen verschiedenen Menschen und materiellen Dingen, die in diesen Raum gebracht werden, entstehen und schaffen neue Gruppierungen. Sie sind sozial. Die Gestaltung des Atriums kann jedoch keine bestimmte Art des Verhaltens determinieren; es kann uns nicht zwingen, uns alle zu mischen und miteinander zu interagieren. Um die Beziehungen innerhalb der in ihm versammelten akademischen Welt neu zu gestalten, lädt das Hochschulgebäude zur Herausbildung bestimmter kognitiver und kommunikativer Aktivitäten ein, es fördert und ermöglicht sie, und es wirkt als Vermittler. Doch es ist zu keinem Zeitpunkt in der Lage, unser Verhalten zu beherrschen, immer wieder dieselben Reaktionen zu erzwingen oder zu steuern, die Bewegungsabläufe von Menschen und Dingen auf eine vorher festgelegte Weise zu gestalten. Raum ist bedeutsam, er greift ein, verwandelt sich; Design bewirkt etwas: Das ist seine subtile Art, sozial zu sein.

Ein morgendlicher Weg: Handläufe, Treppen und Aufzugstasten

Auf dem Weg zu meinen Vorlesungen betrete ich hastig das Benzie-Gebäude. Wie immer stehe ich sogleich vor der Wahl zwischen Treppe und Aufzug (Abb. 6). Beide würden mich zu meinem Büro bringen. Ich frage mich, welchen Weg ich wählen soll: Die Treppe und der Aufzug bieten zwei unterschiedlich schnelle Möglichkeiten, den Hörsaal zu erreichen. Da ich in diesem Moment in Eile bin, habe ich keine Zeit, die angenehme Umgebung zu genießen. Ich haste voran und mache mir Gedanken über die bevorstehende Ankunft in dem mit Studierenden gefüllten Hörsaal. Indem ich mich zwischen Treppe und Aufzug entscheide, wähle ich nicht einfach zwischen zwei Arten, das Gebäude wahrzunehmen, zwischen Mobilität und Immobilität, Aktivität und Trägheit, Kontrolle anderer und Selbstkontrolle; vielmehr wird meine Entscheidung zwischen Treppe und Aufzug zu unterschiedlichen Handlungen und Erfahrungen mit ihnen führen.

Abb. 6

Vorne: Architekt Tom Jarman von FCBStudios; im Hintergrund: große Treppe und Aufzüge im Benzie-Atrium. Foto: Albena Yaneva

Die Treppen zeichnen sich vor allem durch ihre Ästhetik aus und versprechen einen angenehmen Spaziergang durch das Gebäude: Sie erinnern an schöne Holzskulpturen, die mit einer Reihe von Holzbrücken verbunden sind und zusammen ein geometrisches Ganzes bilden, das uns in eine Art mythische Escher-Welt zu entführen versucht. Wenn ich mich für die Treppe entscheide, eröffnet sich mir das ganze Benzie-Gebäude. Sobald ich meinen Fuß auf die erste Stufe setze, spüre ich die Dimensionen der Treppe, die dramatisch in die Luft steigt. Das kommt mir aus

irgendeinem Grund seltsam vor. In der Regel ist Treppensteigen ja ein sehr kurz-
sichtiges Erlebnis: Ich setze einen Fuß vor den anderen, ich achte auf die rutschige
Oberfläche der Treppe, ich probiere, über meinen Absätzen das Gleichgewicht zu
halten, meine Augen versuchen vorsichtig, den Handlauf und die Treppe unter
meinen Absätzen auszurichten, hin und her, her und hin, bis ich Stabilität erlangt
habe. Ich habe nie Zeit innezuhalten und die skulpturale Pracht des vor meinen
Augen aufsteigenden Treppenhauses zu betrachten. Aber jetzt tue ich es. Die
vertikale Galerie im Benzie-Gebäude erinnert an ein klobiges, aber spektakuläres
Ensemble von hölzernen Wolkenkratzern und überwältigt zunehmend meinen
Sehsinn, während ich hochsteige, mich ausbalanciere und zögernd verlangsame.
Wenn ich den Gesetzen der Schwerkraft trotzend auf der Treppe herumspaziere,
fühle ich mich wie in einer geheimnisvollen Lithografie von Escher: Ich gehe höher
und höher und zugleich herunter.

Die Reihe von Treppen und Brücken „schafft mehr Verbundenheit und eine
größere Geschlossenheit zwischen dem neuen Teil und dem Altbau"[5]. In die Konstruktion des Treppenhauses ist ein „Weltbild" eingeschrieben, ein spezifisches
Handlungsszenario, ein Skript[6]: Die Breite der Stufen, die Steigung der Treppe,
die Materialität des Handlaufs, all diese Gestaltungsmerkmale sind für mich
wichtig, wenn ich die Treppe hinaufsteige. Die Bezeichnung „Skript" impliziert,
das Design weltlich ist und wir der modernen Trennung zwischen intrinsischer
Materialität (materieller, realer, objektiver und sachlicher) und/oder symbolischen
Aspekten (sozialen, subjektiven) entgehen können. Das Skript verweist auch auf
die Vorstellung, dass Materie in Bedeutung aufgeht[7], dass es ein Weltbild gibt, das
in Gegenstände, Gebäude und materielle Anordnungen eingeschrieben ist und
ein spezifisches Handlungsprogramm vorschlägt. Deshalb ist die Materialität der
Treppe für meine Erfahrungen als Bewohnerin dieses Gebäudes nicht unerheblich.
Die unterschiedlichen Qualitäten des Handlaufs gewähren bestimmte Handlungen.
Aufgrund der Glätte und Wärme seiner Holzoberfläche kann meine Hand ihn beim
Hinaufgehen leichter greifen. Seine breite und angenehme Oberfläche bringt mich
dazu, mich bei Begegnungen auf der Treppe im Gespräch mit Kolleg*innen darauf
zu stützen. Die schmale Treppenbreite macht es unmöglich, andere zu ignorieren,

---

5 Gespräch mit Tom Jarman 2015.
6 Akrich, M. (1992). The De-Scription of Technical Objects. In W. E. Bijker & J. Law, eds.
   Shaping Technology / Building Society: Studies in Sociotechnical Change. Cambridge,
   MA: MIT Press.
7 Sophie Dubuisson und Antoine Hennion. 1995. Le design industriel, entre création,
   technique et marché. Sociologie de l'art, 8: 9–30; Albena Yaneva. 2001. L'affluence des
   objets: pragmatique comparée de l'art contemporain et de l'artisanat d'art. PhD diss,
   Ecole Nationale Supérieure des Mines de Paris.

denen ich vielleicht zufällig begegne. Die Gestaltung der Treppe ermöglicht spontane persönliche Gespräche, in denen wir die Diskussionen im Hörsaal oder im Atelier vertiefen können. Sie veranlasst meinen Körper, einen Teil der Aktivität an die Umgebung zu übertragen; ich fühle mich wohl, wenn ich die Treppe hinuntergehe (und weniger wohl, wenn ich sie wieder hinaufsteige). Das Treppenhaus wird nicht nur durch die chaotische Intervention von Menschen belebt, die durch es hindurchgehen, sich begegnen, interagieren und denselben Raum nutzen, sondern es ist auch voll von Geräuschen und Gerüchen aus der Cafeteria. Ich bewege mich durch das Gebäude und begegne Kolleg*innen und Studierenden. Beim Zusammentreffen und Plaudern auf der Treppe befinde ich mich in Interaktionen, die durch die besondere Gestaltung des Gebäudes, des Treppenhauses und der zahlreichen Gegenstände vermittelt werden, die meinen morgendlichen Weg erleichtern und für ein angenehmes Ankommen sorgen.

Wenn ich hinauf- und hinuntergehe, sehe ich einen Strom von Menschen, und wenn ich mich entschließe, mich auf einer der großen parallelogrammförmigen Brücken auszuruhen, die meinen von den hohen Absätzen ermüdeten Beinen die ersehnte Zuflucht bieten, dann erlebe ich, wie sich dieser Strom in alle Richtungen auflöst. Wenn ich den Foyerbereich aufmerksam beobachte, kann ich feststellen, dass sich mehr Menschen dafür entscheiden, die drei Aufzüge für ihre Auf- und Abwärtsbewegung zu benutzen. Jeden Morgen sehe ich große Schlangen von Studierenden und Angestellten bei den Aufzügen, und aufgrund der offenen Bauweise kann man beobachten, wie Menschen im ersten, zweiten und dritten Stock aussteigen. Wenn ich mich im zweiten oder dritten Stock positioniere, nehme ich wahr, wie die Menschenmengen sich aufwärts und abwärts bewegen und kann zwischen denen, die den Aufzug und denen, die die Treppe wählen, unterscheiden. Wie die FCB-Architekten erklären, „besteht der Vorteil der Aufzüge darin, dass sie sich unmittelbar zur langen Seite des Atriums der vorderen Galerie hin öffnen und auf diese beziehen; selbst wenn man nur schnell hinein- und herausspringt, ist man also *gezwungen, mit dem Raum zu interagieren*"[8]. Wer den Aufzug nimmt, wartet nicht passiv darauf, befördert zu werden. Wenn ich den Knopf drücke, überlasse ich damit nicht die gesamte Aktivität dem Aufzug, der geduldig darauf wartet, vom Erdgeschoss in den zweiten oder dritten Stock, zum Hörsaal oder zu einem Büro bewegt zu werden. Ich *delegiere* einen Teil meiner Aktivität an den Etagenanzeiger und bleibe in einem Zustand der ambivalenten Anspannung, der bangen Untätigkeit, der Angst vor einem möglichen Unfall oder der Beunruhigung durch die Anwesenheit anderer Menschen. Auch wenn die Möglichkeiten sozialer Interaktion im Aufzug nicht mit denen auf der Treppe zu vergleichen sind, „gibt

---

8   Gespräch mit Tom Jarman 2015.

es im Aufzug ebenfalls eine Reihe von Interaktionen und werden Menschen eine Zeit lang *zusammengedrängt und unterhalten sich*"[9]. Umschlossen von der Aufzugskabine, werden unsere Handlungen durch technische Vorrichtungen subtil beeinflusst: Die Aufzugstasten, die Etagenanzeige und die Alarmanlage heben die soziale Dimension des Zusammenseins hervor.[10] Wenn wir im Aufzug und auf der Treppe unterschiedlich kommunizieren, liegt das daran, dass sie zwei verschiedene Möglichkeiten der Interaktion mit der Umgebung anbieten. Gestalter*innen haben zwischen zwei Möglichkeiten, Handlungen an nichtmenschliche Akteure zu *delegieren*, gewählt: zwischen Aufzügen und Treppenhäusern, Fluren und Räumen, Geländern und Wänden.

Wenn der morgendliche Weg vielen Universitätsprofessor*innen wie mir angenehm ist, dann deshalb, weil zahlreiche Gegenstände unsere Arbeit *ermöglichen* und *erleichtern, uns helfen*, bestimmte Dinge zu tun, und uns verbieten, andere zu tun. Auf diese Weise sorgen sie dafür, dass ich rechtzeitig und öfter in guter Stimmung bei meinen Studierenden ankomme. Designer*innen haben intensiv daran gearbeitet, eine Welt aus Gegenständen und Umgebungen zu schaffen, die darauf abzielen, Menschen, die wie ich das Gebäude nutzen, zu unterstützen und ihr Wohlbefinden zu steigern; es ist, wie ich hier zeigen möchte, eine besondere soziale Zufriedenheit, die zunimmt, wenn wir die Freude am Aufenthalt in Gebäuden mit anderen teilen. Das Vergnügen besteht in einem gemeinsamen Genuss, einem Werturteil oder einer Wertschätzung, die sich verstärkt, wenn sie von vielen Nutzer*innen wie mir aufgegriffen und *wiederholt* wird. Design hat eine soziale Bedeutung, indem es danach strebt, gesellschaftliche Bindungen zu bereichern und nicht zu reduzieren, zu stärken und nicht zu schwächen.

Lassen Sie mich einen Moment innehalten und auf die Gegenstände zurückschauen, die mich auf meinem morgendlichen Weg geleitet haben. Um diesen routinemäßigen Weg zu beschreiben, habe ich das materielle Umfeld der Universität betrachtet und Gebrauchsgegenstände pragmatisch beschrieben. Ein analytisches Vorgehen habe ich dabei vermieden. Durch diese Herangehensweise konnte ich sehen, was architektonische Objekte leisten, und ihre tägliche praktische Bedeutung verstehen. Wenn wir ausführlich analysieren, wie verschieden Gegenstände und gestaltete Umgebungen wirken und inwiefern sie in der Lage sind zu agieren, stoßen wir zwangsläufig auf Fragen des alltäglichen zwischenmenschlichen Zusammenlebens. Wenn man davon ausgeht, dass die Struktur der materiellen Welt auf den Menschen zurückwirkt, kann man durchaus die These vertreten, dass Gebäude,

9   Gespräch mit Tom Jarman 2015.
10 Stephan Hirschauer. 2005. The Accomplishment of Strangeness and the Minimization of Presence. An Elevator Trip. *Journal for the Theory of Social Behaviour*, 35(1): 41–67.

Gegenstände und materielle Anordnungen darauf angelegt sind, menschliches Handeln zu beeinflussen oder sogar zu ersetzen. Sie können zwar nicht vorherbestimmen, welche Entscheidungen wir treffen, aber sie können sie anregen und erleichtern; sie können unser Handeln beeinflussen und die Art und Weise, wie wir uns in der Welt bewegen, verändern. Dadurch spielen sie eine wichtige Rolle bei der Gestaltung menschlicher Beziehungen – indem sie Menschen neu gruppieren und zusammenbringen, soziale Bindungen schaffen und neu formulieren.

Türen, Schlösser, Schließanlagen und Hörsäle

Auf der ersten Etage verschafft mir eine Magnetkarte Zugang zu den Atelierräumen der Kunstschule. Die schnelle Geste des Kartendurchziehens, die auf magische Weise den Zugang zum Raum freigibt, unterscheidet sich stark von dem langsamen Eintreten durch eine mit einem Code gesicherte Tür. Ein Code statt einer Magnetkarte wird benötigt, um den Materialraum zu öffnen (während mein Schlüssel – der in meiner Tasche immer zwischen den Vorlesungsunterlagen und Büchern verloren geht – mir den Zugang zu meinem persönlichen Büro verschafft). Vor diesem speziellen mechanischen Codeschloss stehe ich nun.

Eine Taste auf der rechten Seite, dann zwei auf der linken Seite und dann … noch eine rechts … noch zwei links. Ich weiß den Code nicht mehr; meine Hand erinnert sich und wiederholt hektisch eine Bewegung, die sie sich durch unzählige Wiederholungen eingeprägt hat, die sich mein schwaches, träges Morgenhirn aber kaum noch ins Gedächtnis rufen kann … Ich lasse meine Hand sie wiederholen und befinde mich im Materialraum. Diese rein mechanische Tastenbetätigung ist eine ganz andere als die, die meine Hand morgens ausführen muss, um den Alarm einzustellen, wenn ich zur Arbeit aus dem Haus gehe. Diese Sicherungsmethode hat gegenüber dem herkömmlichen Einzelschlüssel, der mein persönliches Büro aufschließt, mehrere Vorteile: Man braucht keinen zusätzlichen Schlüssel mitzunehmen, um den Materialraum zu öffnen, man muss die Tür nicht abschließen, wenn man hinausgeht (sie schließt sich von selbst ab), und wo ein verlorener Schlüssel einen zwingen würde, das Schloss zu entfernen, reichen einige Sekunden, um den Code zu ändern. Dieses mechanische, schlüssellose Codeschloss-System *ermöglicht* meinen Kollegen aus unserem Forschungszentrum den Zugang zum Materialraum, *verpflichtet* uns, die dahinter liegende Tür zu schließen (da die Tür zu schwer ist), um zufällige Besucher daran zu hindern, Universitätsmaterialien zu nutzen, und *verhindert*, dass Kollegen aus anderen Forschungseinheiten Zugang zum Raum erhalten (sie können nicht die gleiche Tastenkombination verwenden).

Ein simples schlüsselloses Türschloss erzählt uns einiges über das soziale Leben an der Universität. Um das Schloss zu verstehen, sollten wir Latours Anregung ernst nehmen, der schrieb: „Wir sollten nicht sagen: ‚Siehst du dich einem Objekt gegenüber, dann ignoriere seinen Inhalt und suche nach den sozialen Aspekten, die es umgeben.' Statt dessen sollte man eher sagen: ‚Siehst du dich einem Objekt gegenüber, dann achte zuerst auf die Assoziationen, aus denen es zusammengesetzt ist, und sieh erst später nach, wie es das Repertoire sozialer Bindungen erneuert hat.'"[11] Die Bedeutung der besonderen Gestaltung des Schlosses kann nicht auf die symbolischen Beziehungen zwischen den Fachbereichen, den Hierarchien der Disziplinen, der Arbeitsteilung, der Gestaltung des Universitätsgebäudes, den psychologischen Bedürfnissen der Universitätsmitarbeiter*innen nach einer Verdoppelung der Anzahl von Schließmechanismen und Schlüsseln, die ihnen den Zugang zu ihren Briefkästen und Kopiergeräten ermöglichen würden, übertragen werden. Wir sollten nicht versuchen, den „versteckten Sinn" seiner Gestaltung zu enthüllen; die Herstellung dieses Schlosses setzt eine besondere Art der Regulierung und Aufrechterhaltung der sozialen Beziehungen voraus. Um nur Kolleg*innen den Zugang zu den Materialien der Forschungsgruppe zu ermöglichen und andere an deren Nutzung zu hindern, trennt und verbindet dieses einfache mechanische Türschloss die Hochschulmitglieder in besonderer Weise. Es stärkt die Kolleg*innen und schafft ein Zugehörigkeitsgefühl unter denjenigen, die den passenden Code haben und im Universitätsgebäude nutzen. Es vermittelt die sozialen Beziehungen zwischen Forschenden, Studierenden, zufälligen Besucher*innen und Kolleg*innen aus den anderen Fachbereichen. Das Schloss bringt nicht die Universitätspolitik, die institutionellen Ordnungen und Regeln zum Ausdruck oder spiegelt sie wieder (und dient somit nicht als Spiegel des institutionellen Lebens), sondern ist ein *Mittler*, der Beziehungen herstellt, neu erschafft und modifiziert. Indem es nur meine Kolleg*innen *autorisiert*, den Materialraum zu betreten, und diejenigen *abweist*, die die Tasten nicht auf die korrekte Weise drücken können, gruppiert das Schloss Universitätsangehörige um und verbindet sie auf neue Weise. Das heißt, *Design ist sozial wirksam*, löst Handlungen aus, die viele betreffen – durch die Gestaltung von Bündnissen, die Bildung von Gruppen, die Neuordnung von Positionen und die Wiederverbindung von Objekten offenbart Design seine stärker werdende soziale Dimension. Die Gesellschaft befindet sich nicht außerhalb von ihm, in kosmischer Entfernung von diesen Gegenständen, sondern vielmehr *in* ihm. Durch seine Gestaltung kann dieses Türschloss den unterschiedlichen Wünschen und Bedürfnissen vieler Universitätskolleg*innen gerecht werden. „Es *übersetzt* und *verlagert* die

---

11 Bruno Latour. 2007. *Eine neue Soziologie für eine neue Gesellschaft. Einführung in die Akteur-Netzwerk-Theorie.* Frankfurt am Main: Suhrkamp, S. 401.

widersprüchlichen Interessen von Menschen und Dingen".[12] Indem wir Schlösser und Schlüssel[13], Türen und Flure[14] benutzen und missbrauchen, beschäftigen wir uns mit sozialen Beziehungen, die auch durch andere Mittel wie Holz, Stahl, Glas, Metallknöpfe vorangetrieben und durch deren Gestaltung verstärkt werden.

Die Gestaltung des Hörsaals, in dem mein morgendlicher Weg endet, hat auch Auswirkungen auf die Art und Weise, wie ich unterrichte, und auf die besonderen Formen der sozialen Beziehungen zu Studierenden und Kolleg*innen. Sie schafft ein kognitives Umfeld, das an die Aufgabe der Ausbildung angepasst ist. Im Folgenden analysiere ich die mögliche Handlungsgrammatik, die diese Gestaltung haben kann, und nicht ihre symbolische Sprache. Wenn ich in einem kreisförmigen Raum unterrichten würde, böte dieser eine ungehinderte Sicht, weil die Studierenden in einem Kreis in gleicher Entfernung von mir als Dozentin sitzen könnten; bei dieser Lösung wären aller Augen auf mich als Sprecherin gerichtet, und die Studierenden könnten gleichzeitig ihre Kommiliton*innen sehen. Indem er die Studierenden sich sehen und von anderen gesehen werden lässt, schafft der kreisförmige Raum auch eine Form der Gleichheit. Seine Anordnung würde eine bestimmte Art der Kommunikation erleichtern. Sie beruht auf der transparenten Unmittelbarkeit des Sehens und führt zu einem kollektiven gegenseitigen Blick. Eine kreisförmige Anordnung des Hörsaals würde bedeuten, dass die Standpunkte und Fragen der Studierenden aus allen Richtungen auftauchen könnten. Doch gab es bei dieser Art von Hörsaal bislang häufig ein hartnäckiges Problem bei der Ausbreitung von Geräuschen und Sprache. Aufgrund der schlechten Akustik müsste die Dozentin ihre Stimme erheben und auf eine „gewaltsamere" oder autoritärere Art kommunizieren.

Alternativ würde ein halbkreisförmiger Hörsaal eine andere materielle Anordnung mit sich bringen und gleichzeitig eine unterschiedliche kognitive Umgebung für das Lehren und Lernen bieten. Die in der Mitte platzierte Dozentin würde die Augen und die Aufmerksamkeit aller auf sich ziehen; sie wäre leicht zu sehen und zu hören. Diese Raumanordnung bietet den Studierenden einen Blick auf die Dozentin und den Bildschirm neben ihr, wo auch immer sie im Halbkreis sitzen. Der Raum in einem solchen Saal ist auf den Pol der Dozentinnenrede – das Rednerpult – fokussiert, und der Abstand zwischen der Sprecherin auf dem Podium und den Zuhörer*innen ist architektonisch festgelegt. Diese beiden Arten der materiellen Anordnung des Hörsaals entsprechen zwei verschiedenen Arten der kognitiven Gestaltung,

12 Bruno Latour. 1996. On Interobjectivity. *Mind, Culture and Activity*, 3(4): 229.

13 Bruno Latour. 2000. The Berlin Key or How to Do Things with Words. In *Matter, Materiality and Modern Culture*, Hrsg. Paul M. Graves-Brown, 10–21, London: Routledge.

14 Robin Evans. 1997. *Translations from Drawing to Building.* Cambridge, MA: MIT Press.

zwei unterschiedlichen Formen der Kommunikation zwischen Studierenden und Lehrenden und zwei verschiedenen pädagogischen Ansätzen, zwei Lehrmethoden: Die kreisförmige Anordnung fördert hauptsächlich die visuelle Kommunikation, während die halbkreisförmige Anordnung sich auf Sprache stützt. Das kognitive Arbeitsumfeld der Hörsäle ermöglicht auch die Schaffung verschiedener Arten von Verbindung zwischen Lehrkräften, Studierenden, Lehrgegenständen und Studienverwaltung und erleichtert verschiedene Arten von Aktivitäten.

Ich befinde mich im Benzie-Gebäude jedoch in einem rechteckigen Hörsaal. Dies ist eine völlig andere Form, die nur selten diskutiert wird. Die Diskussion über die Wahl der Form von Versammlungsräumen (kreisförmig versus halbkreisförmig) zur Zeit der Französischen Revolution zeigt, wie Gestaltung ein bestimmtes Handlungsspektrum ermöglicht und sich unterschiedlich auf das parlamentarische Geschehen ausgewirkt hat.[15] Der rechteckige Saal hat eine akzentuiertere soziale Struktur. Aus vielen archäologischen Fundstätten auf der ganzen Welt ist bekannt, dass rechteckige Gebäude im Laufe der Zeit kreisförmige ersetzt haben. Der rechteckige Saal ähnelt dem halbkreisförmigen, hat aber eine bessere Akustik.[16] Er hat den Vorteil, dass seine Seitenwände tendenziell die seitliche Schallreflexion in Richtung Publikum erhöhen und der Schall gleichmäßiger vom Podium in die hinteren Bereiche des Auditoriums geleitet wird, was zum besseren Verständnis des Vortrags beitragen kann. Das Publikum wird auf Distanz gehalten und damit die formelle Autorität der Vortragenden gestärkt. Dieses Konzept eignet sich für Vorlesungen und sorgt für gute Sichtlinien. Die Rede ist sehr stark in eine Richtung orientiert, und die vertikal hintereinander angeordneten Sitzreihen halten das Publikum in einer angemessenen Entfernung zu der nach vorne ausgerichteten Rednerin, was deren Autorität verstärkt. Aufgrund der direkten Klang- und Sichtlinien können Gehörtes und Gesehenes mit der Dozentin verbunden werden. Darüber hinaus wird der Klang von der Decke günstig reflektiert und verstärkt, was die etwaige Verständigung zwischen Sprecherin und Publikum erleichtert und den Raum zu einem sozialeren Ort macht.

So, wie die Gesamtausrichtung und das Drehbuch für den Hörsaal eine spezifische Umgebung schaffen, die sich auf die Art und Weise auswirkt, wie ich unterrichte und mit den Studierenden kommuniziere, schafft das Türschloss des Materialraums abwechselnd eine Umgebung der Privatheit und Abgeschiedenheit oder einen Ort der Kommunikation mit anderen Fellows derselben Forschungsgruppe; diese dop-

---

15 Jean-Philippe Heurtin. 1999. *L'espace publique parlamentaire. Essai sur les raisons du législateur*. Paris: Presses Universitaires de France – P. U. F.

16 Esmond Reid. 1984. *Understanding Buildings. A Multidisciplinary Approach*. Cambridge, MA: MIT Press.

pelte Bedingung der Abgrenzung und der Kommunikation ist für die Forschung günstiger. Gestaltung bietet uns ein Instrument, um das Hochschulleben durch Segmentierung und Neugruppierung, Abgrenzung und Zusammenführung zu strukturieren und zu bereichern.

Indem wir die codierte Tür auf die gleiche Weise wie unsere Kolleg*innen öffnen, wissen wir, dass wir zur selben Forschungseinheit gehören und das kleine Vergnügen teilen, einen Designgegenstand erfolgreich einzusetzen. Aufgrund der erfolgreichen Kommunikation in einem großen Hörsaal wissen wir, dass wir uns im gleichen institutionellen Raum befinden. Dieses kleine Morgenritual schafft Selbstvertrauen – ich bin hier, und wenn sich die Tür öffnet, weil ich zu *dieser* Gruppe, zu *dieser* Institution gehöre, ich etwas mit *dieser* Gemeinschaft teile, bin ich Teil *dieses* institutionellen Rhythmus. Wenn Sie mich im Hörsaal hören und sehen können, bedeutet das, dass wir denselben sozialen Rhythmus des Lehrens und Lernens haben, der durch die Hörsaalarchitektur vermittelt wird. Die Gestaltung von Türschlössern und Unterrichtsräumen kann mir Freude bereiten. Das ist ein zusätzlicher Ansporn für meine Arbeit, der meinen morgendlichen Weg zum Hörsaal und meine universitäre Tätigkeit zum Vergnügen macht. Wenn ich erleichtert bin, dass sich die Tür endlich öffnet und meine Hand die Bewegung, die sie vor Jahren gelernt hat, erfolgreich ausführt, wenn die Studierenden auf meine Vorlesung reagieren und angeregt diskutieren, dann weiß ich, dass ich mit den anderen nicht nur den Universitätsausweis gemeinsam habe, sondern auch eine Reihe von Sorgen. Habe ich den Code vergessen? Oder mache ich eine falsche Handbewegung? Finde ich die Tür offen und verantwortungslos ungesichert vor? War die Raumakustik gut genug? Konnten alle meine Folien sehen? Erleichterung gibt es auch darüber, endlich die Tür zu öffnen und in dem großen Hörsaal ein Zeichen der Aufmerksamkeit zu bekommen. Ich freue mich, und ich weiß, dass diese Freude heute von anderen Kolleg*innen geteilt wird, das heißt, wir haben etwas mehr gemeinsam als die Universitätspolitik oder die institutionellen Regeln. Wir haben die Möglichkeit gemeinsam, mit speziell gestalteten Türen, Schlössern, Hörsälen und Atrien verbunden zu sein. Wir sind durch Design verbunden, und das ist ein gesellschaftliches Vergnügen. Wir werden voneinander getrennt, auf Distanz gebracht, isoliert, entmächtigt; oder einander nähergebracht, zusammengeführt, ermächtigt. Darin liegt die soziale Dimension des Designs.

Fazit

Die Gegenstände und materiellen Anordnungen aus meinen Universitätsvormittagen (das Atrium, mein Schlüssel, das Türschloss des Materialraums, die Aufzugstasten, das Treppengeländer, die Hörsaalanordnung) stehen weder für gesellschaftliche Strukturen noch repräsentieren sie symbolisch die Ordnung, Hierarchie, Arbeitsteilung oder Geschlechterungleichheit der Universität; vielmehr vollziehen sie das Soziale, indem wir sie nutzen, sie verbinden uns mit Kolleg*innen, Studierenden und der Universitätsverwaltung. Wir bleiben verbunden, indem wir die gleichen architektonischen Elemente benutzen, indem wir uns den gleichen funktionalen Problemen stellen, indem wir die gleichen ergonomischen Fehler begehen. Wenn wir den Türcode vergessen, öffnen wir uns ebenso für individuelle Schwächen, wie wir das Funktionieren von Gegenständen genießen, das durch eine optimierte Gestaltung verbessert wurde. Mit ihrem Geflecht aus unterschiedlichen Materialien leitet uns die Gestaltung in Universitätsräume, ermöglicht unsere Bewegungen, vermindert unsere Unsicherheit, stärkt unsere Kompetenz im Hörsaal und bringt unsere soziale Zusammenarbeit mit anderen akademischen Kolleg*innen in Einklang. Design steht hier für das, was die soziale Vielfalt einer Hochschulwelt zusammenhält.

Wir können nicht verstehen, wie eine Universität funktioniert, wenn wir nicht verstehen, wie ihre architektonische Gestaltung dazu beiträgt, alltägliche soziale Verbindungen zu ermöglichen. Stellen Sie sich vor, wie viele Menschen wie ich heute Morgen das gleiche Ritual durchführen werden, indem sie das Benzie-Gebäude betreten, zwischen Treppe und Aufzug wählen, vor dem Materialraum ihren Code vergessen und mit der Tür kämpfen, bevor sie schließlich den Hörsaal betreten. Um mich als gute Nutzerin des Gebäudes zu erweisen, beobachte ich, wie andere diese Dinge einsetzen und in dieser Umgebung navigieren, wie sie den Aufzug mitbenutzen und mit dem Türcode kämpfen. Dies sind alles soziale Handlungen; ohne das Beispiel anderer Menschen, die das Gebäude bevölkern und deren Fehler ich unfreiwillig wiederhole, wären wir nicht in der Lage, gesellschaftlich zu handeln. So sorgt die Gestaltung dafür, das viele *nachahmende* und *sich wiederholende* Handlungen sich verbreiten und neue soziale Verbindungen schaffen. Wie Gabriel Tarde sagte, erzeugt *nachahmende Wiederholung* soziale Bindungen.[17] Alle diese Morgenrituale werden von vielen meiner Kolleg*innen sowie von meinen Studierenden gleichzeitig durchgeführt, und das macht die Nutzung eines Universitätsgebäudes zu einem besonders sozialen Vorgang. Das Atrium, die Treppe, der Hörsaal, die Schlüssel

---

17 Gabriel Tarde. 1895. Les Deux éléments de la sociologie. In *Études de psychologie sociale*, 63–94, Paris: Giard et Brière.

und die Tasten des Aufzugs teilen uns in Gruppen ein und gruppieren uns je nach Art der Umgebung, in der wir leben und agieren, neu; sie geben uns das Gefühl, Teil derselben Institution zu sein. Einige dieser Handlungsmuster erlangen *durch ihre Wiederholung* eine gewisse Konsistenz und Verlässlichkeit.

Design verschafft uns Zugang zum Sozialen, aber es ist ein mikroskopisches Soziales, das in einzelnen Gegenständen, Nutzer*innen, Designer*innen und Erfinder*innen entdeckt wird. Wenn nicht viele Menschen wie ich *wiederholen*, was die Gestaltung nahegelegt hat, bleibt vom Sozialen nichts übrig. Design stellt sicher, dass wir in unseren Routinegängen auf zahlreiche nichtmenschliche Objekte und Umgebungen treffen, und vermittelt unsere Kommunikation mit anderen Menschen. Es ermöglicht die universitäre Ordnung, akademische Zusammenarbeit, Kollegialität und Unterrichtsphilosophie. Diese Ordnung wird weitergegeben, nicht von der gesellschaftlichen Institution (oder sozialen Gruppe) gemeinsam an die Einzelperson, sondern von einer Einzelperson an die andere, von einem Kollegen an einen anderen, vom Studierenden an die Dozentin, und sie wird bei der Weitergabe von einem Menschen an einen anderen Menschen gebrochen. Die Summe dieser Verbindungen, vom ersten Impuls eines Erfinders, einer Entdeckerin, einer Innovatorin oder eines Transformators an, ganz gleich, ob er oder sie unbekannt oder berühmt ist, ist die gesamte Realität des Sozialen.

Der Spaziergang durch das Benzie-Gebäude offenbart ein Musterbeispiel für alltägliches soziales Miteinander. Ein streng deterministisches Modell würde davon ausgehen, dass man es hier mit Social Engineering zu tun hat, denn Machtverhältnisse können buchstäblich in Stein, Glas und Ziegel eingebaut werden. Ein weicheres Modell würde umgekehrt eine gewisse interpretative Flexibilität implizieren, bei der gebaute Umgebungen als Medien betrachtet werden, die denjenigen, die lesen und hören können, etwas sagen. Wie alle Texte kann jeder sie anders lesen und damit die eigene kontingente Art und Weise, Werte zu formulieren, offenbaren. Die Benzie-Spaziergänge zeigen jedoch, dass beide Konzepte irrelevant sind; wir können weder sagen, dass das Benzie eine bestimmte Reihe von Handlungen und Verhaltensweisen hervorruft, die immer in einer bestimmten Reihenfolge ausgeführt werden; noch können wir behaupten, dass wir seine Bedeutungen entsprechend den verschiedenen individuellen Eigenarten unterschiedlich interpretieren. Aber wenn keines dieser Modelle greift, gibt es dann einen Mittelweg zwischen Kontrolle und Kontingenz? In welcher Weise deutet das Beispiel Benzie auf diese alternativen Möglichkeiten hin?

Die Lösung, die wir hier anbieten, ist ziemlich einfach: Schlendern Sie herum und gehen Sie auf Entdeckungsreise, lassen Sie sich von architektonischen Objekten und Anordnungen leiten, lassen Sie sie auf sich wirken, und Sie erhalten Einblick in die Art und Weise, wie sie die gegenseitigen Erwartungen von Designer*innen und Menschen vermitteln. Ein Gebäude zu nutzen erfordert einen symmetrischen Reigen des Handelns: Anstatt von Anfang an menschliche Planungen vorzugeben, stimmen Designer*innen und Nutzer*innen ihre Pläne auf das ab, was das Gebäude tut und wozu es uns bringt. Indem wir herumschlendern, ausprobieren, uns leiten lassen, erfahren wir die vielfältigen materiellen Dimensionen der Dinge und werden ihnen gerecht, ohne sie von vornherein auf reine Materialeigenschaften oder Symbole zu beschränken. Das Gebäude erscheint als ontologisches Theater, das Handlungsreigen von Nutzer*innen und Designer*innen inszeniert und sich einer festen Form widersetzt. Die Kraft von Gebäuden liegt also nicht *in ihnen selbst*; ihre soziale Wirkung hängt ganz davon ab, wie sie mit anderen Dingen vernetzt sind, wie Gegenstände, Fähigkeiten, Erbauer*innen, Materialien, Umgebungen, Designer*innen und Finanzen aufeinander abgestimmt sind.

Bei meinem Spaziergang durch das Benzie-Gebäude habe ich gezeigt, dass Materialität auf der einen Seite und Soziales auf der anderen Seite zusammenwachsen sollten. Gebäude sind keine neutralen Umgebungen: Ihre materielle Gestaltung kann gesellschaftlich oder politisch sein. Indem wir uns darauf einlassen, in bestimmten architektonischen Umgebungen zu „leben", treffen wir eine Entscheidung, die soziale Auswirkungen haben kann. Indem wir in einer bestimmten Weise gestalten, die spezielle Gegebenheiten, tektonische Muster und materielle Zwänge berücksichtigt, entscheiden wir uns bereits für eine bestimmte Art sozialer Wirkungen, die unsere Gestaltung hervorrufen kann.

Literatur

Akrich, M. 1992. The De-Scription of Technical Objects. In W. E. Bijker & J. Law, eds. *Shaping Technology / Building Society: Studies in Sociotechnical Change*, 205-225, Cambridge, MA: MIT Press.

Dubuisson, Sophie, und Antoine Hennion. 1995. Le design industriel, entre création, technique et marché. *Sociologie de l'art*, 8: 9–30.

Evans, Robin. 1997. *Translations from Drawing to Building*. Cambridge, MA: MIT Press.

Gespräch mit Tom Jarman, Partner bei den FCBStudios, 11. November 2015, Manchester.

Heurtin, Jean-Philippe. 1999. *L'espace publique parlamentaire. Essai sur les raisons du législateur*. Paris: Presses Universitaires de France – P. U. F.

Hirschauer, Stephan. 2005. The Accomplishment of Strangeness and the Minimization of Presence. An Elevator Trip. *Journal for the Theory of Social Behaviour*, 35(1): 41–67.

Latour, Bruno. 1996. On Interobjectivity. *Mind, Culture and Activity*, 3(4): 228–245.

Latour, Bruno. 2000. The Berlin Key or How to Do Things with Words. In *Matter, Materiality and Modern Culture*, Hrsg. Paul M. Graves-Brown, 10–21, London: Routledge.
Latour, Bruno. 2007. *Eine neue Soziologie für eine neue Gesellschaft. Einführung in die Akteur-Netzwerk-Theorie*. Frankfurt am Main: Suhrkamp.
Latour, Bruno, und Albena Yaneva. 2008. Give Me a Gun and I Will Make All Buildings Move. An ANT's View of Architecture. In *Explorations in Architecture. Teaching, Design, Research*, Hrsg. Reto Geiser, 80–89, Basel: Birkhäuser.
Moussavi, Farshid. 2012. School Buildings Produce Culture. *The Architectural Review*, 28. September 2012. http://www.architectural-review.com/view/overview/school-buildings-produce-culture/8636270.article/. Zugegriffen: 5. Dezember 2018.
Reid, Esmond. 1984. *Understanding Buildings. A Multidisciplinary Approach*. Cambridge, MA: MIT Press.
Tarde, Gabriel. 1895. Les Deux éléments de la sociologie. In *Études de psychologie sociale*, 63–94, Paris: Giard et Brière.
Yaneva, Albena. 2001. *L'affluence des objets: pragmatique comparée de l'art contemporain et de l'artisanat d'art*. PhD diss, Ecole Nationale Supérieure des Mines de Paris.
Yaneva, Albena. 2017. *Five Ways to Make Architecture Political. An Introduction to the Politics of Design Practice*. London: Bloomsbury.

Autorin

Albena Yaneva ist Professorin für Architekturtheorie an der University of Manchester, Großbritannien. Sie hat an der Princeton School of Architecture und an der Parsons School of Design gearbeitet und war Inhaberin der angesehenen Lise-Meitner-Gastprofessur in Lund, Schweden. Sie hat verschiedene Bücher verfasst: *The Making of a Building* (2009), *Made by the OMA. An Ethnography of Design* (2009), *Mapping controversies in architecture* (2012), *Five Ways to Make Architecture Political. An Introduction to the Politics of Design Practice* (2017), *Crafting History. Archiving and the Quest for Architectural Legacy* (2020) und gemeinsam mit Kostya S. Novoselov *The New Architecture of Science. Learning from Graphene* (2020). Ihre Arbeit wurde ins Deutsche, Italienische, Spanische, Französische, Portugiesische, Thailändische, Polnische, Türkische und Japanische übersetzt. Yaneva wurde mit dem Preis des RIBA-Präsidenten für herausragende Forschung ausgezeichnet.

Design und soziomaterielle Choreografien des Alltags

Judith Seng

Im Verlauf meiner künstlerischen Forschung verdichteten sich verschiedene Elemente nach und nach zu einer Herangehensweise, die ich heute als choreografischen Gestaltungsansatz bezeichne. Der Begriff ‚Choreografie' beschrieb ursprünglich die Aufzeichnung *(graphē)* der kreisförmigen Bewegungen des Chores *(choreia)* im griechischen Drama und wurde später zu einer Bezeichnung jeglicher Form der Notation von zumeist Tanzbewegungen. Heute ist mit ‚Choreografie' das Erfinden und Einstudieren von Bewegungen gemeint, insbesondere im Zusammenhang mit Tanz. Dabei wird das Mittel der Handlung (die Körper) immer im Zusammenhang mit der Intention der Handlungen (den Körperbewegungen) gestaltet. Ebenso wie die tänzerische Handlung nicht getrennt von dem Körper betrachtet werden kann, in dem sie sich manifestiert, sind auch Objekte eng mit Handlungen und zwischenmenschlicher Interaktion verflochten. Design kann aus choreografischer Perspektive als Gestaltung der performativen Praxis, die im Umgang zwischen Dingen und Menschen im Alltag entsteht, betrachtet werden. Deshalb eröffnet ein choreografischer Gestaltungsansatz womöglich Formate und Perspektiven für das Design, die in der Lage sind, das dynamische Gesamtgefüge aus Objekten, Räumen, Körpern und ihren materiellen, sozialen, kulturellen und politischen Zusammenhängen in Situationen des Alltags sichtbar zu machen, zu untersuchen und zu gestalten.

In meiner Arbeit versuche ich mich diesem Gedanken in erster Linie praktisch anzunähern und werde hier daher zunächst Ausschnitte aus meiner eigenen künstlerischen Forschung vorstellen. Anhand der ersten drei von bisher sieben Experimenten der fortlaufenden Projektreihe *Acting Things* versuche ich zu beschreiben, wie in einem kontinuierlichen Wechselspiel von experimentellen Versuchsaufbauten und Reflexionen relevante Aspekte einer dynamischen, soziomateriellen Gestaltungspraxis zutage treten. Im zweiten Teil werde ich anhand von Beispielen aus meiner Lehrtätigkeit Möglichkeiten erörtern, die in den abstrakteren Experimenten

© Springer Fachmedien Wiesbaden GmbH, ein Teil von Springer Nature 2020
M. Fineder und J. Lang (Hrsg.), *Zwischenmenschliches Design*,
https://doi.org/10.1007/978-3-658-30269-6_9

gewonnenen Erkenntnisse auch für die Gestaltung von Choreografien des Alltags fruchtbar zu machen.

Acting Things – oder kann das Design von den performativen Künsten lernen?

Ausgangspunkt für die Projektreihe *Acting Things* war die zufällige Begegnung mit einem folkloristischen Ereignis im Süden Deutschlands. Rund um einen vier Meter hohen Maibaum tanzte eine Gruppe von Männern und Frauen den traditionellen Bandltanz[1], bei dem durch die Bewegung der Tanzenden ein Gewebe geflochten und wieder aufgelöst wird. Die Choreografie und die Form des Gewebes waren unmittelbar miteinander verknüpft und bildeten eine dynamische Einheit aus Materialien und Menschen. Ich sah weniger ein folkloristisches Fruchtbarkeitsritual als einen Produktionsprozess unter anderen Vorzeichen und fragte mich, welche Perspektiven sich eröffnen, wenn wir Arbeit als gesellschaftliches Ritual betrachten oder Produktion als Tanz oder Spiel. Betrachten wir Prozesse des Alltags als gestaltbare Choreografie, offenbart sich eine dynamische Vielfalt an materiellen und immateriellen Gestaltungsmitteln: Körper, Objekte, Räume, Materialien, Atmosphären, Interaktionen, Narrationen, Regeln sowie die jeweils individuellen Agenden dieser Akteur*innen.

Alle diese Elemente agieren in jeder noch so pragmatischen, alltäglichen Situation, oft aber ‚inoffiziell' und im Verborgenen. So war die Intention des ersten *Acting-Things*-Experiments, den Tisch als einen Gegenstand des alltäglichen Gebrauchs im Zusammenspiel mit seinen soziomateriellen Prozessen in einem Raum und innerhalb eines Zeitfensters zu versammeln und sichtbar zu machen. *Acting Things I – Produktionstheater*[2] begann als normaler Theaterabend im Berliner Theater HAU Hebbel am Ufer. Interessierte Gäste konnten Eintrittskarten reservieren, auf denen statt eines Kaufpreises 45 Minuten Arbeitszeit ausgewiesen waren. Am Eingang zum Bühnenraum wurden den Gästen Hammer oder Nägel ausgehändigt, verbunden mit der Einladung, auf der Bühne Mobiliar aus Holzlat-

1 Der Bandltanz wurde einst als folkloristisches Fruchtbarkeitsritual praktiziert, um den Übergang in eine fruchtbare Phase des Kalenderjahres zu zelebrieren und um das Männliche und Weibliche sowie Himmel und Erde miteinander zu verweben. Für einen Eindruck von dem Tanz vgl. http://www.judithseng.de/projects/acting-things/. Zugegriffen: 28. März 2020.
2 Acting Things I. Produktionstheater. Hebbeltheater am Ufer (HAU) Berlin, 24. Juni 2011, http://www.judithseng.de/projects/acting-things-i/. Zugegriffen: 28. März 2020.

ten zu bauen, um später gemeinsam daran zu speisen. Sowohl Material als auch Werkzeuge waren nummeriert, sodass zufällige Versammlungen aus Holzlatten, Nägeln, Hammer, Zange, zwei Menschen sowie deren Vorstellungen, Intentionen und sozialen Interaktionen entstanden. Der Prozess, der sich daraus entspann, war nur durch einige wenige Instruktionen angeleitet und entwickelte sich maßgeblich erst in der Interaktion mit dem Material sowie den jeweiligen Vorstellungen, wie gemeinsam zu speisen sei und was dafür benötigt werde. Im Verlauf des Abends entstanden aus vielfältigen soziomateriellen Interaktionen, aus interpretierten Regeln und individuellen Zielsetzungen 27 verschiedene ‚Stücke', die Theaterstück und Möbelstück zugleich waren. Jede*r Teilnehmer*in war zugleich Gestalter*in und Nutzer*in, Regisseur*in und Zuschauer*in der einzigartigen Entstehungsgeschichte seines*ihres ‚Stücks'. Nur eine Kamera an der Decke beobachtete von außen die übergeordnete Choreografie, die zwischen den 27 einzelnen Stücken entstand (Abb. 1a–d). Die hergestellten Objekte wurden später fotografisch dokumentiert: Halb Möbel, halb Spuren von Handlungen, verwiesen sie jeweils auf die dynamischen Prozesse der individuellen Verhandlungen zwischen Menschen, Materialien, Werkzeugen und Intentionen.

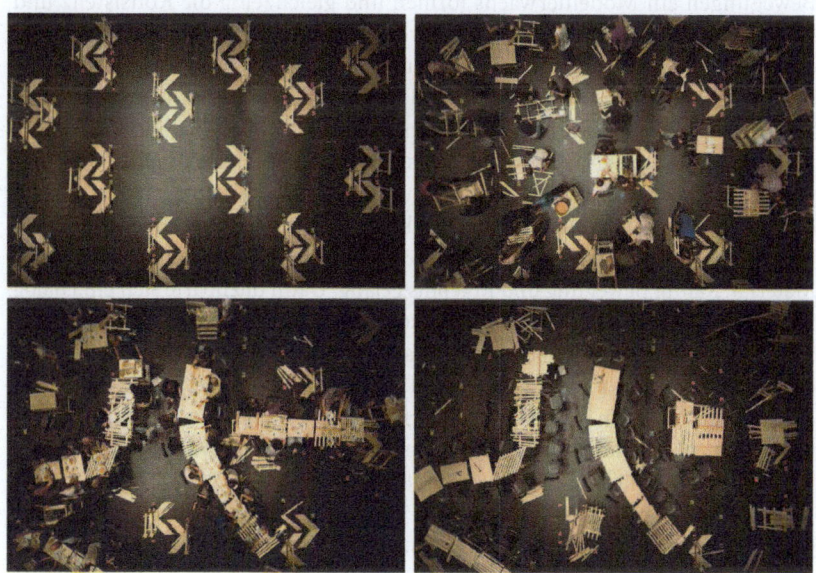

Abb. 1a–d *Acting Things* I – *Produktionstheater*, Hebbel Theater am Ufer HAU, 2011. Fotos: Studio Judith Seng

Wir sind es gewohnt, Prozesse auf einer Bühne als gestaltbar zu betrachten. Dort können Prioritäten verschoben werden und Abläufe sich überraschend entwickeln und so neue Sichtweisen auf das Bekannte eröffnen. Bei *Acting Things I* stand nicht die Vorführung eines ‚Making-of' im Vordergrund, sondern das Experiment beziehungsweise der Versuchsaufbau, um soziomaterielle Produktionsprozesse mit theatralischen und performativen Mitteln zu untersuchen und erfahrbar zu machen. Gestaltet wurde weniger das Ergebnis, sondern vielmehr der Versuchsaufbau als Ganzes: der Raum, die Materialien, die Regeln und die Narration. Erst im Moment der Aktivierung entstand die Dynamik zwischen Menschen, Prozessen, Dingen und Räumen. Erst dann eröffnete sich ein Erfahrungsraum, in dem das Vermögen der Materialität, Prozesse nicht nur sichtbar zu machen, sondern auch zu gestalten, greifbar wurde.

Diese Beobachtung führte zur Entwicklung des zweiten Experiments und der Auseinandersetzung damit, wer oder was auf welche Art und Weise einen Produktionsprozess choreografiert. *Acting Things II – Dialogue*[3] untersuchte die Schnittstelle, an der sich Körper und Material gegenseitig beeinflussen und Mensch und Objekt sich zu überlagern scheinen. Ich lud die Tänzerin Barbara Berti ein, in einen improvisierten Dialog mit einem Material zu treten. Sie sollte durch ihre Bewegungen ein Modellierwachs formen und gleichzeitig die Konsistenz und sich verändernde Form des Materials ihre Bewegungen leiten lassen. Zusammen entwickelten wir einen tänzerischen Produktionsprozess in Form einer kontinuierlichen Suchbewegung zwischen Tanz und Handwerk. Lag die Aufmerksamkeit der Tänzerin zu sehr auf Bewegung und Raum, verkam das Objekt zur reinen Requisite für den Tanz. Fokussierte sie andererseits zu sehr auf die Herstellung des Objekts, schienen die Bewegungen des Körpers nur diesem Zweck zu dienen und glichen einer eigenartigen handwerklichen Tätigkeit. Interessant waren jene Momente, in denen ein Tanz mit gleichwertiger und gleichzeitiger Aufmerksamkeit auf Körper, Material, Raum, Bewegung und Ergebnis gelang. Dann offenbarte sich ein Dialog zwischen Mensch und Material, in dem kontinuierlich neu verhandelt wurde, wer wen auf welche Art und Weise beeinflusste und bedingte. Nach der ersten Probe erzählte die Tänzerin, wie das Material ihren Atem verändert habe. Vielleicht ergeht es uns allen im Umgang mit Dingen und Materialien so, ohne dass wir es wahrnehmen. Die Tänzerin dagegen fokussiert auf ihren Körper und scheint daher in der Lage zu sein, vom Einfluss des Materials zu berichten.

Nur während einer kurzen Zeitspanne von etwa 15 Minuten hatte das Wachs die geeignete Konsistenz für den tänzerischen Dialog: weich genug, um sich formen zu

---

3   Acting Things II. Dialogue. 6. Juni 2011 im Depot Basel, Tänzerin: Barbara Berti, http://www.judithseng.de/projects/acting-things-ii/. Zugegriffen: 28. März 2020.

lassen, und hart genug, um dem Körper Widerstand zu leisten. Die Vorbereitung des Materials erstreckte sich über drei Stunden und erforderte eine kontinuierliche Betreuung des Schmelzvorgangs bis hin zum langsamen Aushärten. Die Aufgabe erinnerte an die einer Gärtner*in, die versucht, durch günstige Bedingungen den Transformationsprozess des Materials zu beeinflussen. Letztendlich entzogen sich die Veränderungsprozesse des Wachses jedoch der vollständigen Planbarkeit, sodass sich das Material als der eigentliche Taktgeber des Produktionsexperiments entpuppte. Um die Rolle des Materials im Prozess zu untersuchen, wurden im darauffolgenden Experiment *Acting Things III – Over Work*[4] alle menschlichen und nichtmenschlichen Akteure dieses Produktionsprozesses über 10 Stunden hinweg möglichst gleichwertig versammelt (Abb. 2a–2c). Die im vorigen Experiment entstandenen Objekte wurden wieder eingeschmolzen, um einen neuen Herstellungsprozess und die daraus resultierenden soziomateriellen Interaktionen zu initiieren. So markierten die festen Objekte nur den Anfangs- und Endpunkt eines Arbeitsprozesses und eröffneten einen Kreislauf von Materialtransformationen, der sich von flüssig über formbar zu fest und wieder flüssig unendlich fortführen ließe. Der Prozess entwickelte sich sehr langsam und forderte Zurückhaltung sowie das Abpassen des richtigen Moments. Anstatt den Zeitpunkt der Interaktion einfach zu bestimmen, beobachteten die Akteur*innen die Transformation des Materials und warteten auf den richtigen Moment, um einzugreifen. Es entstand eine ganz eigene, fließende Dramaturgie mit wenigen Höhepunkten im herkömmlichen Sinne, aber viel Raum und Zeit für kleine, leicht zu übersehende Beobachtungen. Ein Zuschauer verfolgte über 40 Minuten hinweg das langsame Schmelzen des Materials und verließ den Raum nur kurz, bevor die richtige Konsistenz für den Tanz erreicht war. Andere versuchten lediglich den vermeintlichen Höhepunkt – den Tanz – abzupassen. Das gelang aber nur in den seltensten Fällen, denn nicht nur die Agierenden, sondern auch die Zuschauenden mussten sich auf das Tempo, den Rhythmus und die Dramaturgie des Materials einlassen, um das Experiment als solches selbst zu erfahren. Dann offenbarten sich die zeitlichen, rhythmischen und dramaturgischen Bestandteile der Situation und damit auch die Dimension von Zeit, wenn wir Design als Choreografie des Alltags betrachten.

---

4   Acting Things III. Over Work. 20. Oktober 2012 zur Graduale im Amerikahaus Berlin, Tänzerin: Barbara Berti, http://www.judithseng.de/projects/acting-things-iii/. Zugegriffen: 28. März 2020.

Abb. 2a–b
Videostills *Acting Things
III – Over Work*, Amerika
Haus Berlin, 2012, Tänze-
rin: Barbara Berti. Video:
Rudi Schröder

Abb. 2c
Objekt aus *Acting Things
III – Over Work*, Amerika
Haus Berlin, 2012. Foto:
Studio Judith Seng

Aspekte einer choreografischen Gestaltung

In den *Acting-Things*-Experimenten dient das Theater oder das Museum als konkreter, wenn auch abstrahierter Raum, der von den unmittelbaren Zwängen des
Alltags entkoppelt ist, sich aber dennoch auf diesen bezieht. Die Bühne oder der
Ausstellungsraum fungiert hier als Labor, in dem das Zusammenspiel von Raum,
Objekt und sozialer Interaktion auch mit seinen unbewussten, flüchtigen und nicht
greifbaren Anteilen in Raum und Zeit erfahrbar und denkbar werden kann. In einem
solchen Versuchsaufbau können die vielfältigen Ingredienzien wahrgenommen und
neu kombiniert sowie Regeln und Zielsetzungen anders gedacht und ausprobiert
werden. Das Konzept der Bühne lässt sich aber auch als eine Art Denkrahmen auffassen, als choreografischer Blick, der unseren Umgang mit den Dingen im Alltag
als performative Praxis versteht und in der Unübersichtlichkeit und Vertrautheit
unserer Alltagsprozesse nach den zugrunde liegenden Gestaltungsmustern sucht.
Er ähnelt dem Blick eines Reisenden, dem sich in einer ihm neuen Art und Weise,
die Dinge des Alltags zu tun, die zugrunde liegende Choreografie zeigt. Der cho-

reografische Blick beschreibt also den Moment, in dem wir den ganz normalen Alltag als Bühne und alltägliche Prozesse als Performance und damit als gestaltbar wahrnehmen. Er ermöglicht, grundlegende Gestaltungsmuster einer Situation zu erkennen, zur Diskussion zu stellen und gegebenenfalls neu zu gestalten. Ich möchte dies anhand des Workshops *Reverse Script Writing*, den ich im Rahmen des Masterstudiengangs Social Design an der Design Academy Eindhoven gab, veranschaulichen. Die Studierenden hatten die Aufgabe, die zugrundeliegenden Scripts alltäglicher Situationen in Eindhoven zu erkennen und so zu notieren, dass anhand dieses Skripts die Situation von einer beliebigen Person wiederaufgeführt werden könnte. Im zweiten Schritt des Workshops sollte das erstellte Skript an sich umgestaltet und anschließend ausgeführt werden. Eine Gruppe von Studierenden notierte zum Beispiel jede einzelne Bewegung eines Supermarktverkäufers, der ein Regal mit Lebensmitteln auffüllte. Das Skript beschrieb eintönige schnelle Bewegungen des Körpers und damit die Intention, das Regal in möglichst kurzer Zeit aufzufüllen. Dieses Skript wurde von den Studierenden derart umgeschrieben, dass die Priorität beim Regaleinräumen nun darauf lag, den Körper der Supermarkt-mitarbeiter*innen möglichst vielseitig zu bewegen. Diese neue Art und Weise, ein Regal aufzufüllen, wurde in einem Versuchsaufbau mit Probanden getestet, in ihren Auswirkungen beobachtet und reflektiert.

Wie unsichtbare Gestaltungsmuster sichtbar und damit greifbar werden können, zeigt das Projekt *Friction Atlas*[5] von Paolo Patelli und Giuditta Vendrame (La Jetée), das ich als Mentorin des Teilprojekts *Walking the City* im Kontext der Designbiennale BIO50 in Ljubljana begleitet habe (Abb. 3). Gesetze regulieren, wie wir uns zum Beispiel im öffentlichen Raum verhalten dürfen. Sie sind an sich unsichtbar, werden aber tagtäglich von Menschen verkörpert und zur Aufführung gebracht. Das Projekt *Friction Atlas* übersetzte ausgewählte Gesetze in farbige Diagramme und installierte diese auf öffentlichen Plätzen in verschiedenen Städten dieser Welt. Wie ein Spielbrett forderten die Diagramme die Öffentlichkeit dazu auf, die Regeln gemeinsam zu ‚spielen'. In Kairo zum Beispiel muss eine Versammlung von mehr als neun Menschen im öffentlichen Raum genehmigt werden. Das Diagramm von *Friction Atlas* machte dieses Gesetz erfahrbar und lud gleichzeitig dazu ein, dessen Grenzen spielerisch auszuloten. Die Anweisung lautete: „Act together – Without patterns of connection". Es ging also darum zu erörtern, welche Formationen dazu führen, dass die gleichzeitige Anwesenheit von Menschen im öffentlichen Raum als Gruppe betrachtet wird, oder nicht. Die Teilnehmer*innen begriffen durch die körperliche Erfahrung des Ausprobierens das beschriebene Gesetz und diskutierten es gleichzeitig, indem sie spielerisch ausloteten, wie die Aufführung dieses Gesetzes

---

5   https://friction-atlas.tumblr.com. Zugegriffen: 28. März 2020.

verändert werden könnte. So wurden die Regeln des öffentlichen Raums nicht nur sichtbar, sondern auch erfahrbar. Und damit möglicherweise auch (an)greifbar.

Auf ähnliche Art und Weise entwickelten die Studierenden Leonarda Spassova und Moritz Koch erste Ansätze, um Entscheidungsprozesse innerhalb einer Gruppe mit gestalterischen Mitteln zu moderieren: Welche Wechselwirkung besteht zwischen der Choreografie der Entscheidungsfindung und der Art der Entscheidung, die durch diese entsteht? Können mögliche Konsequenzen bereits im Moment der Entscheidungsfindung erfahrbar werden? Und wie beeinflusst diese Erfahrung den Verlauf des Prozesses? Ihr Projekt *Lineatur* besteht aus einer Ansammlung von grafischen Elementen am Boden (Abb. 4). Sie dienen dazu, den Prozess der Entscheidungsfindung durch räumliche und körperliche Erfahrung zu unterstützen: Positionen werden tatsächlich bezogen, Meinungen teilen sich, einzelne Standpunkte sind isoliert oder konfrontieren einander. In Anlehnung an Bodenmarkierungen in Sporthallen, die Regeln und Rahmenbedingungen der jeweiligen Spielart markieren, versucht *Lineatur* mittels räumlich-visueller Gestaltung eine Gruppenentscheidung

Abb. 3

Friction Atlas, Giuditta Vendrame, Paolo Patelli (la Jetée) im Rahmen des Projekts *The Agency of Walking*, BIO.50 Ljubljana, 2014. Foto: Giuditta Vendrame, Paolo Patelli

Abb. 4

Lineatur, Moritz Koch, Leonarda Spassova im Rahmen des Projekts *Choreografien des Alltags* an der Kunsthochschule Burg Giebichenstein, 2016. Foto: Moritz Koch, Leonarda Spassova

machen. So fließt die unmittelbare Wahrnehmung möglicher Konsequenzen – zum Beispiel dass ein Teilnehmer auf seiner Position ganz alleine steht – in Form von Erfahrungswissen bereits in den Entwicklungsprozess ein.

Man kann den choreografischen Gestaltungsansatz auch als eine besondere Art des Prototyping erläutern. Als Erweiterung eines Prototypings, das sich auf das Objekt an sich konzentriert, handelt es sich dabei um ein Prototyping von soziomateriellen Dynamiken. Dabei entsteht eine Realität auf Probe, in der das Ausprobieren eines Tuns und das Nachdenken über dieses Tun zum erfahrbaren und begreifbaren Ergebnis werden: einem Erfahrungsraum für die beteiligten Akteur*innen selbst, aber auch für weitere Rezipient*innen, die durch Beobachtung, Dokumentation und Reflexion an diesem Prozess teilhaben können. Prototyping und die Erfahrungen, die im Umgang mit Realitäten auf Probe entstehen, sind ein wesentliches Element für gestalterisches Entwickeln, Untersuchen und Reflektieren. In einem anderen Workshop an der Designakademie Eindhoven arbeiteten die Studierenden mit verkörpernden, aber dynamischen Gestaltungsmethoden, um soziale Aspekte in Wechselwirkung mit materialisierten Dingen und Räumen zu untersuchen und zu gestalten (Abb. 5). Zum Beispiel bestand die Aufgabe darin, neue gesellschaftliche Rituale für unsere Zeit zu entwerfen und zu erproben. Um die Dynamik zwischen den materiellen, prozessualen und atmosphärischen Bestandteilen einer Ritualidee als Gestaltungsmaterial greifbar zu machen, wurden diese als System im Raum aufgestellt, ihre Relationen diskutiert und weiterentwickelt. Dies geschah in loser Anlehnung an Methoden der systemischen Aufstellungsarbeit, die zum Beispiel in der Organsisationsberatung zur Anwendung kommt. Um die wichtigsten Elemente des Rituals in Relation zueinander zu repräsentieren, wurde stellvertretend jeweils eine Person an einer passenden Position im Raum aufgestellt. Die Stellvertreter*innen wurden aufgefordert, nicht über das Ritual nachzudenken, sondern lediglich ihren körperlichen Impulsen (zum Beispiel sich wegzudrehen, näher zu kommen usw.) zu folgen. Die einzelnen Elemente des Systems bewegten sich so lange, bis alle eine gute Position zueinander gefunden hatten: Manchmal stand das falsche Element im Zentrum, oder ein anderes fehlte. Zwei weitere konnten keine Nähe zueinander aufbauen, oder eines saß dem anderen unangenehm im Nacken. Es geht in diesem Projekt weniger darum, die formulierte Idee des Rituals im Raum zu skizzieren. Vielmehr generieren die Stellvertreter*innen aus ihren jeweiligen Perspektiven Einsichten in die Konstruktion und die daraus resultierenden Dynamiken des Rituals. Im Unterschied zu einer Diskussion, in der individuelle Ansichten über eine Sache verhandelt werden, steht hier im Vordergrund, eine Idee so lange weiterzuentwickeln, bis die Eigendynamik zwischen den wichtigsten Elementen gut funktioniert. Auf Basis dieser Aufstellungen wurden die Rituale weiter ausgestaltet, um ihre Wirkung in einer Art dynamischem Prototyp mit der

Gruppe zu testen. Zum Beispiel hatte eines der Rituale das Ziel, Konfliktpotenzial im sozialen Miteinander vorausschauend abzufangen. Zu diesem Zweck wurde von dem Gesicht jedes Gruppenmitglieds eine Maske angefertigt. Im Rahmen des Rituals wurde jedes dieser Gesichter von einer anderen Person getragen. Dann sprachen die Gruppenmitglieder über die Erfahrungen der vergangenen Woche; allerdings jeweils aus der Perspektive der Person, deren Maske sie gerade trugen. Bei einem Ritual geht es weniger um die Gestaltung einzelner Objekte, vielmehr wird hier zum Beispiel die Maske zu einem Mittel, mit dessen Hilfe die Erfahrung von Empathie und des Perspektivwechsels in einer Gruppe initiiert und moderiert wird. Ähnlich wie bei Ritualen liegt die Herausforderung einer choreografischen Gestaltung darin, materielle sowie immaterielle Rahmenbedingungen zu schaffen, innerhalb und mittels derer sich verschiedenste Prozesse eigendynamisch, situativ und teilweise ungeplant entfalten können.

Abb. 5
Rituale Workshop im
MA Social Design an
der Design Academy
Eindhoven, 2015.
Foto: Sophie Rezpecky

Potenziale eines choreografischen Gestaltungsansatzes

Verstehen wir die Gestaltung unserer alltäglichen Welt als soziomaterielle, choreografische Praxis, dann umfasst die Gestaltung von Objekten und Räumen auch deren dynamisches Zusammenspiel mit sozialen, kulturellen, ökonomischen und politischen Prozessen. Betrachten wir es als essenzielle Kompetenz der Gestaltungsdisziplin, auf verkörpernde Art und Weise zu denken, zu untersuchen und zu entwickeln, dann gilt es, die bewährten Gestaltungsmethoden an ein erweitertes

Designverständnis anzupassen, wie es zum Beispiel Lucius Burkhard beschreibt: „Unsichtbares Design. Damit ist heute gemeint: das konventionelle Design, das seine Sozialfunktion selber nicht bemerkt. Damit könnte aber auch gemeint sein: ein Design von morgen, das unsichtbare Gesamtsysteme, bestehend aus Objekten und zwischenmenschlichen Beziehungen, bewusst zu berücksichtigen imstande ist."[6] Gestalter*innen werden bei jeder Fragestellung mit materiellen und immateriellen Aspekten konfrontiert, die in komplexe, dynamische und einzigartige Situationen eingebettet sind. Der reine Fokus auf materielle Objekte mag zwar Industrien, Märkte und die disziplinäre Identität bedienen, aber auch wenn wir zum Beispiel einen Stuhl entwerfen, gestalten wir mittels des Objekts natürlich auch den körperlichen und kulturellen Vorgang des Sitzens mit, den Umgang mit Ressourcen und unserem Planeten sowie Arbeitsprozesse von Maschinen und Menschen und damit auch gesellschaftliche ebenso wie individuelle Strukturen zum Beispiel in Form von Arbeitsplätzen und so weiter. In manchen Fällen ist es sinnvoll, die bestehenden Choreografien des Alltags – die Formen der Interaktion mittels Objekten – zu bestätigen und zu wiederholen. In anderen Fällen kommen wir nicht weiter, wenn wir nur auf das materielle Objekt oder nur auf das Soziale fokussieren. „Was wir brauchen, ist ein komplett anderes Leben, nicht das Auswechseln altmodisch gewordener Technologien gegen andere"[7], schreiben Harald Welzer und Bernd Sommer vor dem Hintergrund aktueller gesellschaftlicher Herausforderungen. In diesem Sinne besteht Design darin, die Art und Weise, wie wir miteinander leben, mittels des Zusammenspiels von Objekten, Räumen, Skripten oder sozialen Interaktionen zu gestalten. Ein choreografischer Gestaltungsansatz kann das soziomaterielle Zusammenspiel zwischen den verschiedenen Elementen einer alltäglichen Situation greifbar machen, damit sie in Relation zueinander gestaltet werden können. Eine Choreografie versammelt nicht nur die verschiedensten Bestandteile, sondern adressiert die spezifische Gestaltung einer solchen Versammlung (Form, Rhythmus und Relationen sowie zugrunde liegende Strukturen wie Machtverteilung, Intentionen, Werte oder Normen) als Werk. Die entsprechenden Formate und Methoden versuchen, die vielfältigsten materiellen und immateriellen Ingredienzien einer Situation zutagezufördern und in ihrer Dynamik für den Gestaltungsprozess greifbar zu machen. Die Gestaltung eines Prozesses kann sich von der Planung eines Prozesses dadurch unterscheiden, dass

---

6   Lucius Burckhardt. 2013. Design ist Unsichtbar. In: Lucius Burckhardt. *Design heißt Entwurf*, Hrsg. Jesko Fezer, Oliver Gemballa, Matthias Görlich, Hamburg: Adocs Verlag, S. 45.

7   Harald Welzer und Bernd Sommer. 2014. *Transformationsdesign. Wege in eine zukunftsfähige Moderne.* München: Oekom Verlag.

gestalterische und verkörpernde Kompetenzen in den Entwicklungs- und Denk-
prozess einfließen. Die Art und Weise, wie wir miteinander leben, tatsächlich zu
gestalten und nicht nur zu planen, zu organisieren oder zu verwalten, ist eines der
wesentlichen Anliegen eines choreografischen Gestaltungsansatzes.

Literatur und Quellen

Acting Things I – Produktionstheater. Hebbeltheater am Ufer (HAU) Berlin, 24. Juni 2011,
    http://www.judithseng.de/projects/acting-things-i/. Zugegriffen: 28. März 2020.
Acting Things II – Dialogue. 6. Juni 2011 im Depot Basel, Tänzerin: Barbara Berti, http://
    www.judithseng.de/projects/acting-things-ii/. Zugegriffen: 28. März 2020.
Acting Things III – Over Work. 20. Oktober 2012 zur Graduale im Amerikahaus Berlin,
    Tänzerin: Barbara Berti, http://www.judithseng.de/projects/acting-things-iii/. Zuge-
    griffen: 28. März 2020.
Burckhardt, Lucius. 2013. Design ist Unsichtbar. In: Lucius Burckhardt. *Design heißt Ent-
    wurf,* Hrsg. Jesko Fezer, Oliver Gemballa, Matthias Görlich, Hamburg: Adocs Verlag.
Welzer, Harald, und Bernd Sommer. 2014. *Transformationsdesign. Wege in eine zukunftsfähige
    Moderne.* München: Oekom Verlag.
https://friction-atlas.tumblr.com. Zugegriffen: 28. März 2020.
http://www.judithseng.de/projects/acting-things/. Zugegriffen: 28. März 2020.

Autorin

Judith Seng erforscht und gestaltet das Zusammenspiel von Objekten, Räumen und
Prozessen. Als Fellow der Graduiertenschule für die Künste und Wissenschaften
der UdK Berlin initiierte sie die fortlaufende Projektreihe „Acting Things", um ein
erweitertes Verständnis von Gestaltung im Hinblick auf materielle und performative Relationen zu untersuchen. Ihre Arbeiten werden sowohl in akademischen
Zusammenhängen rezipiert als auch in internationalen Ausstellungskontexten
präsentiert (u. a. design/miami basel, Kyoto Art Center, Theater Hebbel am Ufer,
Z33 House of Contemporary Art, Gent Design Museum, Kunstgewerbemuseum
Dresden). Sie betreibt ihr eigenes Studio in Berlin und ist derzeit Professorin an
der HDK – Valand Academy of Art and Design in Göteborg, Schweden.

Quantensprünge im Design
Wie aus Gebrauchsgegenständen über Nacht ein Politikum wird

Martin Gessmann

I

In den ‚Beziehungskisten‘[1] tut sich etwas. Wie die Herausgeber*innen einleitend referieren, hat die Geisteswissenschaft inzwischen nachvollzogen, dass Beziehungen zwischen Menschen nicht nur von den beteiligten Personen abhängen, sondern auch von den ‚Kisten‘, in denen sie zusammenkommen oder sich auseinanderleben. Soziale Beziehungen haben demnach materielle Voraussetzungen. Darunter kann man konkrete Dinge verstehen, deren Handhabung oder Umgebung unser Zusammenkommen erst möglich machen, oder auch abstraktere Strukturen, in deren Vorgaben solche Gegenstände eingebettet werden. Philosophisch schließt man damit zum einen an Theorien der „Lebenswelt" an, wie sie etwa mit Edmund Husserl[2] und Martin Heidegger[3] in den späten 1920er-Jahren aufkamen, zum anderen an Konzepte der Institutionen, wie sie im Gefolge von Arnold Gehlen und seiner Vorstellung einer zivilisatorischen „Superstruktur"[4] Mitte der 1950er-Jahre formuliert wurden. In jedem Fall handelt es sich dabei um eine Art ‚Gehäuse‘, das

---

1 ‚Beziehungskisten‘ war der Titel der Tagung, die diesem Band zugrundeliegt: *Beziehungskisten. Sozialität und Soziabilität durch Dinge*, Internationale und Interdisziplinäre Tagung der Bauhaus-Universität Weimar, 11. – 12. November 2016 (Anmerkung der Herausgeber*innen).

2 Edmund Husserl. 2008. *Die Lebenswelt. Auslegungen der vorgegebenen Welt und ihrer Konstitution*. Dordrecht: Springer.

3 Martin Heidegger. 1985. *Phänomenologische Interpretationen zu Aristoteles. Einführung in die phänomenologische Forschung, Wintersemester 1921/22*. In *Gesamtausgabe*, Bd. 61, Frankfurt am Main: Klostermann, S. 6, 96, 115, 146, 172.

4 Vgl. Arnold Gehlen. 1957. *Die Seele im technischen Zeitalter. Sozialpsychologische Probleme in der industriellen Gesellschaft*. Hamburg: Rowohlt, S. 10.

© Springer Fachmedien Wiesbaden GmbH, ein Teil von Springer Nature 2020
M. Fineder und J. Lang (Hrsg.), *Zwischenmenschliches Design*,
https://doi.org/10.1007/978-3-658-30269-6_10

um unsere alltäglichen Praxen herumgebaut wird und in dem wir – je nach philosophischer Zuspitzung und epochaler Einordnung – uns entweder als Menschen frei und kreativ entfalten können oder eingeschränkt und entfremdet einfach nur vorfinden. Beides ist möglich: offener Erlebnisraum und Max Webers sprichwörtlich gewordenes „stahlhartes Gehäuse"[5]. Unnötig zu sagen, dass wir Modernen – spätestens im 20. Jahrhundert – die schlechtere der beiden Karten gezogen haben.

Ausgehend von letzterem Befund sah man sich soziologisch genötigt, spätestens seit den 1960er-Jahren, Alternativen aufzuzeigen. Die eine geht dahin, zu denunzieren, so vorwurfsvoll es rein theoretisch überhaupt nur geht. So unterstellte man besonders dem zeitgenössischen Design eine Komplizenschaft bei dem Anliegen, unsere prekären Entfaltungsspielräume noch weiter einzuengen. Design erschien in dem Zusammenhang als eine Magd eines industriellen Kapitalismus, der auf weiter steigende Umsatz- und Profitraten aus sein muss, auch dann noch, wenn alle grundlegenden Bedürfnisse schon befriedigt sind. Die – frei nach Raymond Loewy[6] – attraktiv gestaltete Hülle erschien als ein geeignetes Lockmittel, um den eigentlich schon satten Konsument*innen noch mehr zur Einverleibung anzudrehen. Fritz Haugs ästhetische *Kritik der Warenästhetik*[7] ist seit den frühen 1970er-Jahren vermutlich der krudeste Versuch geblieben, eine allgemeine Kulturkritik Adorno'scher Prägung in eine konkretere Gegenstandsschelte umzuformen.

Die andere Alternative ist darauf aus, mit einem neu gestalteten Anschein der Dinge eine Form von Befreiung wenigstens denkbar zu machen. Jean Baudrillard sah Ende der 1960er-Jahre für einen kurzen historischen Augenblick die Möglichkeit gekommen, mit einem durchdesignten *System der Dinge*[8] auch zu emanzipierten Gesellschaftsverhältnissen beizutragen. Schon in den 1970ern ging die ästhetische Drift bei ihm in die Gefilde einer Simulation, in der man bestenfalls noch von leuchtenden Gegenmodellen zur Wirklichkeit ausgehen konnte, auch wenn jenes simulative Leuchten unserer Scheinwelten mit den Jahren immer dunkler und düsterer wurde.[9]

Spätestens mit Pierre Bourdieu kam Ende der 1970er-Jahre die Ernüchterung in die Soziologie und ihr Verhältnis zum Design. Die spätmoderne Gesellschaft ist nun, wie sie ist, der ideologische Gegner der 1968er-Bewegung hatte im Durch-

---

5 Max Weber. 1986. *Schriften zur Religionssoziologie* I. Tübingen: J.C.B. Mohr, S. 221.

6 Vgl. Raymond Loewy. 1979. *Industrial Design*. London u. a.: Faber and Faber.

7 Wolfgang Fritz Haug. 1971. *Kritik der Warenästhetik*. Frankfurt am Main: Suhrkamp.

8 Jean Baudrillard. 1991. *Das System der Dinge. Über unser Verhältnis zu den alltäglichen Gegenständen*. Frankfurt am Main: Campus-Verlag (Original: 1968. *Le système des objets*. Paris: Gallimard).

9 Vgl. etwa Pierre Bourdieu. 1985. *Simulacres et Simulation*. Paris: Éditions Galilée.

halten eines universalen Verwertungssystems schließlich die Oberhand behalten. Jetzt galt es, zynisch genug, aber auch durchaus befreit, aus den gestalteten Dingen soziologisches Kapital zu schlagen, erst recht sozusagen. Man stilisierte das Raubtierhafte des Kapitalismus mit einem auf links gedrehten Nietzsche und sah darin zugleich die Lizenz, das schiere, eben noch zu blamierende Machtkalkül der Moderne konsequent zu ästhetisieren. Mit Nietzsche den Tiger zu reiten hieß jetzt, methodisch verstanden, künstlerisch gestaltete Dinge als subtile Druckmittel im Kampf um Aufstieg und Abstieg in der Gesellschaft einzusetzen. Bourdieus Soziologie der *feinen Unterschiede*[10] setzte dementsprechend darauf, dass in einem Modell festgefahrener Hierarchien der Kampf um größere Anerkennung mit der Aufmerksamkeit auf die kleineren Dinge des Lebens gelingt. Man rechnet mit einer Anwartschaft auf Eintritt in elitärere Zirkel, indem man dazu in einem extravagant entworfenen Daherkommen das nötige Ticket löst. Sportaccessoires wie Tennisrackets oder Golfschläger, ein besonderes Möbeldesign und die Rücksicht auf Mode, das Erlernen besonderer Gesten und das angemessene Spreizen einer Redewendung: All das spielt Kundigen und Willigen in die Hände, die gesellschaftlich nach oben wollen. Im Grunde handelt es sich um eine Soziologie, die nur widerspiegelt, wie es in der feinen Pariser Gesellschaft wohl immer schon zuging. Kundig und lehrerhaft zu reden, etwa über Kunst, ist etwas für Kleingeister und Verlierer. Bourdieu macht es an Beispielen der oberen Zehntausend fest: Höhere Töchter oder Söhne, welche beiläufig bemerken, dass ein Bild eines Malers, über den im Unterricht gesprochen wird, zuhause im Salon über dem Sofa hängt, gehören zu den Gewinnern. Selbstverständliche Bekanntschaft mit den Dingen ist besser als gelehrte Kennerschaft.

Ein solcherart ernüchtertes Verhältnis zum Design wird noch einmal weiter versachlicht, wenn Anfang des 21. Jahrhunderts schließlich neue und existenziell erscheinende Bedrohungen den (bis dahin immer noch postmodern bunt erleuchteten) Ideenhimmel eintrüben. Es besteht jetzt Gefahr, dass die Menschheit durch immer mehr Konsum ihre Lebensgrundlagen zerstört: materiell durch Klimawandel, Feinstaub und Mikroplastik etc.; ideell, indem sich Überwachungsnetze mithilfe smarter Technik und ihrer Algorithmen immer einschneidender um uns herumschnüren lassen und wir in der Folge gezielten Aushorchens in so ziemlich allen Lebensbereichen mehr und mehr manipuliert werden können. Die Integrität von Natur und Freiheit insgesamt steht auf dem Spiel.

Design erscheint wie eine Art letzte Patrone im Lauf all derer, die es noch gut mit unserer Umwelt meinen: Geoengineering soll die Erde als ganze neu gestalten,

---

10 Pierre Bourdieu. 1982. *Die feinen Unterschiede. Kritik der gesellschaftlichen Urteilskraft.* Frankfurt am Main: Suhrkamp (Original: 1979. *La Distinction. Critique sociale du jugement.* Paris: Les Éditions de Minuit).

etwa durch Veränderung der Atmosphäre und Aufspannen von ‚Sonnenschirmen‘ aus Schwefelpartikeln im All oder in hohen Luftschichten oder durch Düngung der Meere oder Einlagern von CO_2 in Stollen und so weiter;[11] ‚Social Design‘ soll zum Erziehungsgehilfen einer umweltfreundlichen Politik werden und die Menschen dazu bringen, weniger Plastikmüll zu verursachen, weniger mit dem Auto zu fahren oder weniger Flugreisen zu unternehmen; ‚Sustainable Design‘ soll die Konsumschraube ganz allgemein in die Gegenrichtung von Wachstum drehen, indem die Dinge des Verbrauchs länger halten und ästhetisch nicht so schnell veralten; ‚Universal Design‘ soll dabei helfen, in allen Lebenslagen und Lebensaltern mit Konsumgegenständen überhaupt noch zurechtzukommen, wie dies in speziellerer Hinsicht ein ‚Inclusive Design‘ erreichen will. Die Herausgeber*innen des Bandes haben in ihrer Einleitung die Einordnung in soziologischer Hinsicht schon gegeben.

Anschließend an Aktionen zur Rettung der Umwelt muss es dem Design auch um unsere erheblich bedrohte Freiheit gehen. Der Dramatik des Augenblicks geschuldet, stehen erneut Not- und Sofortmaßnahmen auf der Tagesordnung, am besten solche, die sich handwerklich leicht bewerkstelligen lassen, wie etwa das Zukleben des Kameraknopfes an Desktops und Laptops, das Aussperren von Menschen mit Google-Glass-Brillen oder ähnlichem Gerät; das Einpacken von Kreditkarten in Hüllen, die ein heimliches Abbuchen unmöglich machen, das Einhüllen von Handys in strahlungssichere Boxen, um eine Ortung durch Triangulation zu vermeiden, Baseball Caps mit tiefgezogenem Schild, damit Passant*innen nicht von Überwachungskameras erkannt werden können – und so weiter und so fort. Langfristige Überlegungen versuchen das Problem weniger äußerlich anzugehen und reichen dann bis zur Wiederbelebung subversiver oder anarchischer Bewegungen. Das kann szenemäßig in Form einer Hackerkultur geschehen oder aber behördenmäßig gefördert werden in Cyberabteilungen von Verteidigungseinrichtungen. ‚Ziviler Ungehorsam‘ gegenüber der Macht der Internetriesen hat die beste Chance auf Erfolg schließlich dadurch, dass man einfach nicht mitmacht. Am besten, die fraglichen Knöpfe am Gerät fehlen von vornherein. Zuletzt geht es damit dem Design und das Hervorbringen einer angemessenen Haltung und verantwortlichen Lebenseinstellung.

---

11 Vgl. die kundige Studie aus philosophischer und medienkritischer Perspektive von Hannes Fernow. 2014. *Der Klimawandel im Zeitalter technischer Reproduzierbarkeit. Climate Engineering zwischen Risiko und Praxis.* Wiesbaden: Springer.

II

In den Beziehungskisten tut sich etwas, und angesichts der historischen Hintergründe und Umstände kann auch gleich festgestellt werden, in welche Richtung die laufenden Umbauten und Veränderungen gehen. Einen Schlüssel zum Verständnis bietet die besondere Definition, welche die Herausgeber*innen ihrem Verständnis von ‚Soziabilität‘ gegeben haben. Gemeint sind mit dem Terminus die Vorgaben, „in welcher Weise die Gestaltung von Dingen beziehungsstiftend und beziehungsregulierend“ sein kann. Die These ist nun, dass Design heute und in absehbarer Zukunft darauf aus sein muss, die Gestaltung von Dingen in grundsätzlich *neuer* Art beziehungsstiftend beziehungsweise regulierend anzugehen. Neu ist an der Art und Weise im historischen Vergleich, dass es nun nicht mehr vorrangig nur darum gehen muss, Notmaßnahmen zu treffen im Hinblick auf unmittelbar drängende Sachprobleme; dass wir, noch grundsätzlicher, auch nicht mehr in erster Linie darum ringen, mit ständig wachsendem Konsum und all seinen unerwünschten Nebenfolgen zurande zu kommen. Ganz grundsätzlich kann vermutlich auch das Abarbeiten am ‚stahlharten Gehäuse‘ der Moderne für einen historischen Moment pausieren. Das heißt nichts anderes, als dass gestaltete Dinge und sie umgebende Strukturen nicht mehr *notwendig* einem Schema folgen müssen, das in der Einschätzung von Philosophie und Soziologie durch und durch von anonymen Verwertungszusammenhängen geprägt ist – Verwertungszusammenhängen, denen wiederum ein nicht zu überwindendes Streben nach Profit und Macht zugrunde liegt.

Die neue Art und Weise von Design, die „Gestaltung von Dingen beziehungsstiftend und beziehungsregulierend“ anzugehen, muss demgegenüber eine neue Perspektive ins Spiel bringen. Jene Perspektive kann man als eine grundsätzlich *politische* bezeichnen. Gemeint ist damit, dass die Beziehungen zwischen Menschen, insofern sie durch gestaltete Dinge neu bestimmt werden, etwas mit *Gemeinschaftsbildung* zu tun haben. Es geht dann um grundsätzliche Fragen, wie die äußerlichen Verbindungen und innerlichen Bindungen im Umgang miteinander aussehen sollen. Sind die gestalteten Gegenstände künftig hilfreich in der Hinsicht, dass wir Menschen alle grundsätzlich eines Sinnes sind und am selben Strang ziehen? Oder will man mithilfe ausgeklügelten Designs mehr Freiräume schaffen und damit uns allen einen besonderen Willen und Eigensinn lassen?

Mit derartigen Fragen ist man disziplinär gedacht auch bereits im Umkreis einer politischen Theorie angelangt, die alternative Modelle konzipiert und es dementsprechend denkbar sein lässt, dass es entweder liberal oder republikanisch oder aber vor allem sozial gerecht zugehen soll in unserer Welt. So ungefähr stellt sich jedenfalls eine Grobauswahl dar, die mit Jean-Jacques Rousseau, John Stuart Mill und John Rawls ihre jeweiligen Hauptvertreter findet.

Da wir es beim Design mit einer bewusst vollzogenen und willentlich ein-
gegangenen Gestaltungsmaßnahme zu tun haben, verwundert es im Übrigen
nicht, wenn auch eine sich daran anschließende politische Theorie jenen Zug ins
Durchreflektierte und Wirklich-Gewollte annimmt. Ebenso wie die Dinge künstlich
neu arrangiert werden müssen, müssen auch die daran geknüpften menschlichen
Bande als hervorgebracht angenommen werden, und als das passende Mittel für
ein grundlegend neues Gesellschaftsdesign gilt in der politischen Theorie der
sogenannte *Gesellschaftsvertrag*. Ein Gesellschaftsvertrag sieht vor, dass man sich
in einem formalen Akt darauf einigt, künftig eines Sinnes zu sein, das heißt: Alle
sind grundsätzlich damit einverstanden, dass man überhaupt zusammen etwas will
und nicht jede*r nur für sich. Zuletzt will man also nur *gemeinsam* etwas Wollen
oder, noch genauer formuliert, man einigt sich *vertraglich* auf das *gemeinsame
Wollen* selbst. *Wie* das genau aussieht, *was* man will, regeln im Anschluss eine
Verfassung in aller Allgemeinheit und im Besonderen der politische Betrieb und
seine Institutionen.[12]

Im Folgenden ist also der Punkt zu machen: Ein neues Dingdesign führt notwendig zu einem neuen Gesellschaftsdesign, und ein neues Gesellschaftsdesign muss
als eine Form von Gesellschaftsvertrag verstanden werden – wenn man politische
Theorie als den dazugehörigen gedanklichen Bezugsrahmen aufspannt.

III

In zwei Schritten soll im Folgenden für den angekündigten Perspektivwechsel
geworben werden. Zuerst gilt es, eine mögliche Überwindung der sozialen Frage
anzumoderieren – dies geschieht in der Hinsicht, dass die menschliche Gesellschaft
künftig mehr und mehr *entlastet* werden könnte durch das Hinzukommen einer
smarten maschinellen Sozietät.

---

12 Grundsätzliches zu den verschiedenen Theorien des Gesellschaftsvertrags findet sich in
    den Kommentaren zu ihren jeweiligen Protagonisten, zu denen in der Reihe Klassiker
    Auslegen des Akademie-Verlags wichtige Aufsätze versammelt sind: Wolfgang Kersting,
    Hrsg. 2008. Thomas Hobbes. Leviathan oder Stoff, Form und Gewalt eines kirchlichen
    und bürgerlichen Staates. Buchreihe *Klassiker Auslegen*, Bd. 5. Berlin: Akademie Verlag;
    Reinhard Brand und Karlfriedrich Herb, Hrsg. 2012. Jean-Jacques Rousseau. Vom Ge-
    sellschaftsvertrag oder Prinzipien des Staatsrechts. Buchreihe *Klassiker Auslegen*, Bd. 20.
    Berlin: Akademie Verlag; Ottfried Höffe, Hrsg. 2011. Aristoteles. Politik. Buchreihe
    Klassiker Auslegen, Bd. 23. Berlin: Akademie Verlag.

Die damit in Aussicht gestellte Entlastung bezöge sich vor allem auf die Sphäre gesellschaftlicher Arbeit. Anschließend daran ist in einem zweiten Schritt nachzufragen, ob die menschliche Gesellschaft im Zuge derselben Veränderungen auch noch *bereichert* werden könnte. Eine solche Bereicherung würde sich dann nicht mehr auf eine Ersetzung menschlicher Arbeit beziehen, sondern auf eine anstehende Erweiterung unserer menschlichen Gemeinschaft durch künstlich intelligente Assistent*innen. Im Zuge einer solchen Erweiterung und ihrer neu entstandenen Möglichkeiten gilt es nachzufragen, wie wir unser menschliches Zusammenleben künftig verstehen wollen und was den Kern unseres menschlichen Zusammenseins ausmacht. Der Kern einer solchen Überlegung muss dann politisch im ursprünglichsten Sinne erscheinen.

Die erste Tendenz im Design hat ihr politisches Element darin, dass sie also grundsätzlich mit *Entlastung* zu tun hat und damit etwas möglich macht, was uns zuvor verwehrt war – möglich wiederum im Sinne politischer Freiräume. Entlastung ist dabei nicht einfach als das Gegenteil von Belastung zu verstehen, die es körperlicherseits oder mental zu ertragen galt. Sie hat auch mit einer entscheidenden Rücknahme an *Entfremdung* zu tun, gemäß einer soziologischen Sicht auf die technischen Dinge seit Karl Marx, der zufolge Menschen nicht bei sich und ihren ureigenen Angelegenheiten bleiben können. Letzteres, weil sie sich einem technischen Fremdregime an körperlichen Zumutungen oder geistigen Exerzitien beugen müssen.

Wie bei allem, was uns heute im Zuge der Digitalisierung an Neuerungen entgegentritt, gab es bereits analoge Vorläufer, und so sprach schon in den 1990er-Jahren Mark Weiser vom Aufkommen einer „Calm Technology".[13] Eine derart beruhigte Technik zeichnet sich dadurch aus vor allem anderen, dass sie nicht mehr auffällig sein will. Während das Design auch und gerade in Zeiten der Postmoderne versuchte, nicht zu behebende Umständlichkeiten auch noch ästhetisch hervorzuheben und herauszuputzen – man denke etwa an die Strategien von Apple Ende der 1990er-Jahre, die damaligen Röhrenbildschirme in der ersten Generation der iMacs kunterbunt und mit Durchsicht auf die darin verbaute Technik zu gestalten –, geht es im Umkehrschluss nun darum, die Technik möglichst zum Verschwinden zu bringen. Calm Technology bedeutete dann in der damaligen Praxis etwa, Verbrennungsmotoren in Fahrzeugen akustisch so gut zu isolieren, dass man sie kaum mehr wahrnimmt, oder Abläufe so zu gestalten, dass sie nicht mehr umständ-

---

13 Mark Weiser hat den Begriff zum ersten Mal in einem Aufsatz erwähnt, den er zusammen John Seely Brown veröffentlichte: Mark Weiser und John Seely Brown. 21. Dezember 1995. Designing Calm Technology. *Xerox PARC.* https://www.karlstechnology.com/blog/designing-calm-technology/. Zugegriffen: 28. März 2020.

lich erscheinen, wie es beispielsweise bei den Menüstrukturen der Mobiltelefone
Mitte der 1990er-Jahre noch der Fall war. Calm Technology geht heute wesentlich
weiter, indem sich die akustische Metapher von einst inzwischen auf jede Form
von Auffälligkeit beziehen lässt.

Den Anfang machten die Benutzeroberflächen. Wo vorher Schalter und Knöpfe
um Platz und Aufmerksamkeit buhlten, wurde das Arrangement konsequent
auseinandergenommen und nachhaltig aufgeräumt. Als hervorstechendes Beispiel
kann man die Armaturenbretter und Mittelkonsolen in Autos ansehen. Sah es in
den 1980er-Jahren über dem Ganghebel buttonmäßig noch so bunt und vielfältig
aus wie auf der Brust eines sowjetischen Generals, ist heute einfach gar nichts
mehr zu sehen. Bildschirme sind naht- und randlos in den Oberflächen verbaut,
und erst mit dem Beginn ihrer Animation kann man überhaupt etwas damit an-
fangen. Unnötig zu sagen, dass die Entwicklung inzwischen nicht mehr haltmacht
bei einer einfachen Digitalisierung von analogen Schaltern und Tasten. Eingaben
per Sprachbefehl und vorausschauendes Gedankenlesen (das Gerät lernt die
Gewohnheiten des Users zu verstehen und reagiert dann vorauseilend, also noch
bevor ein Wunsch oder Wille als solcher artikuliert wird) lassen die Steuerung
berührungsfrei werden. Vielleicht kommt eines Tages auch noch die Ansteuerung
durch Gedankenübertragung mit hinzu.

Die Flurbereinigung der Calm Technology erschöpft sich aber nicht in der Gestaltung der Oberflächen. Der Trend im Design geht aktuell dahin zu erkennen,
dass es auch kein eigenständiges Ding mehr braucht, um eine bestimmte Funktion
nutzbar zu machen. Beispiel Staubsauger: Seitdem die Geräte robotisch und autonom
agieren, haben wir es nicht mehr mit der klassischen dreidimensionalen Architektur
von Saugeinrichtung und Elementen der Handhabung zu tun. Das Gerät versucht
sich vielmehr flach zu machen und in Bodennähe zu halten und damit beinahe
zweidimensional zu werden. Es kommt, wenn wir das so wünschen, überhaupt
erst dann zum Einsatz, wenn wir nicht anwesend sind. Ansonsten verschwindet
es aus unserer Sicht, indem es unter Sesseln oder Couchen parkt und seine Akkus
an einer Ladestation mit Strom versorgt. Anderes Beispiel: Lampen und Leuchten.
Bislang gingen wir davon aus, es bräuchte eine Stand- oder Hängevorrichtung und
daran angeschlossen ein Ding mit darin verbautem Leuchtmittel. Heute kann
durch OLED-Technik oder geschickt platzierte Linsensysteme die Lichtregie ebenso effektiv und punktgenau erfolgen, indem Oberflächen zum Leuchten gebracht
oder Leuchtkegel aus den richtigen Winkeln auf das gewünschte Ziel ausgerichtet
werden. Viele andere Beispiele mehr wären zu nennen, angefangen beim Fernseher
– der nicht mehr als Kasten im Raum steht, sondern flach wie ein Bild an der Wand
hängt und als solches dann bei Nichtgebrauch auch erscheint, indem das TV-Gerät

mit dem gewünschten Bildinhalt bespielt wird (Samsung „The Frame"[14]) oder in einem Spiegel verbaut ist – über Soundsysteme, die ebenfalls keine eigenständigen Lautsprecher mehr in den Raum stellen (flache Gerätschaften wie die eben genannten Fernseher dienen jetzt selbst als Membran[15]), bis hin zu vielfältigen Systemen einer ‚augmented reality', mit deren Hilfe nur noch simulativ vor Augen steht, was ansonsten im Raum platziert werden musste.

Unsere ganze Geräteontologie in Sachen Gebrauchsdinge verändert sich damit radikal in dem Sinn, dass wir vom bisherigen Substanzdenken Abstand nehmen können. Funktionen wechseln über: von einer Lokalisierung im zentral aufgestellten Gegenstand in die ihn umgebende Peripherie. Gesellschaftlich weitergedacht ergibt sich daraus auch noch die Aussicht, sich vom eigenen Besitzdenken zu verabschieden und dagegen auf Teilhabe an einer öffentlichen Infrastruktur zu setzen. Eine derartige Möglichkeit bietet sich überall dort, wo wir neuerdings Zugänge zur Nutzung präferieren vor dem Erwerb und dem Wegparken einer Gerätschaft. Taxiservice statt eigenem PKW (auf anderem Luxusniveau: Zugang zu Lounges statt Privatjet) und überhaupt alles, was man besser least als besitzt: zu ladende Akkus, Speicherplatz auf Servern, kostspielige Übersetzungsprogramme und so weiter.

Calm Technology führt zum Schluss einer solchen Betrachtung schließlich dazu, dass smarte Technik uns überhaupt alles aus der Hand nimmt, was jemals im Sinne einer Technikkritik zur Klage über Fremdbestimmung und das Umständlich-Werden menschlichen Lebens führen konnte. Die Vorstellungen von einer ‚dunklen Fabrik', wie sie momentan eher für bedenkliche Schlagzeilen sorgen, haben so gesehen humanistisch helle Untertöne. Eine dunkle Fabrik ist eine solche, in der gar kein Licht mehr angeschaltet wird, weil die darin arbeitenden Roboter, Server und Systeme allesamt keine Optik mehr brauchen, um sich zu orientieren und zu koordinieren. So gespenstisch die Szenerie manchem auch anmutet, indem nur noch robotische Schatten hinter fensterlosen Mauern wandeln, so befreiend können solche Schilderungen auch sein, im Sinne wahrgewordener Märchen beinahe. Denn die romantisch eingefärbten Klagen Marxens über eine durch und durch entmenschlichende Fabrikarbeit hätten mit dem verborgenen Auftreten robotischer (und anders als bei Goethe wohlwollender) Zauberlehrlinge ein passendes Antidot gefunden.

---

14 Geworben wird mit dem Slogan: „TV when it's on. ART when it's off" (https://www.samsung.com/de/tvs/the-frame/highlights/. Zugegriffen: 28. März 2020).

15 So etwa in den TV-Gerät Sony AF8: Christoph de Leuw. 2018. Beim Sony AR8 ist der Bildschirm der Lautsprecher. Welt.de. https://www.welt.de/wirtschaft/webwelt/article172338797/OLED-TV-Beim-Sony-Bravia-AF8-ist-der-Bildschirm-der-Lautsprecher. html. Zugegriffen: 28. März 2020.

Bei der zweiten Tendenz geht es um die Möglichkeiten gemeinschaftlicher *Bereicherung*. In der eben geschilderten Rückzugsvariante hatten sich die gestalteten Gegenstände unserer Umgebung zuerst aus unserem Blickfeld entfernt und am Ende auch noch der Notwendigkeit unseres Bedienungs-Zugriffs entzogen. Damit wird dem Menschen ein humaner Freiraum zur Entfaltung zurückgegeben – wenn man noch einmal von der Klagerhetorik der Entfremdungstheorien seit dem 19. Jahrhundert und dem Beginn der Industrialisierung ausgeht. Über eine solche Form bloßer Entlastung gehen die Möglichkeiten einer gesellschaftlichen Bereicherung hinaus, insofern jetzt nicht einfach nur arbeitstechnische Unbill wegfällt, sondern soziale Assistenz hinzukommt. Die handelnden Geräte ziehen sich nicht einfach nur zurück und lassen uns (endlich) in Ruhe, sie schicken sich vielmehr an, auf dem Niveau gesellschaftlich anspruchsvollen Umgangs mit uns zusammen etwas hervorzubringen. In solcher Anmoderation klingt die gegebene Aussicht womöglich etwas utopisch, deshalb gleich Beispiele, was damit gemeint sein kann.

Prominent in der Diskussion sind drei Bereiche: Pflege, Kriegshandwerk und Autonomes Fahren. Bei der Pflege versteht es sich, dass man die Pflegeroboter nicht einfach hantieren lassen kann wie unter ihresgleichen in einer ‚dunklen Fabrik‘. Es schaut nämlich jemand zu und ist zugleich betroffen, wenn sie zu Werke gehen. Kann es fabrikmäßig so rau und ungeschlacht zugehen, wie es nur das Material aushält, braucht es bei der menschlichen Pflege umgekehrt größtmögliche Rücksichtnahme und Einfühlsamkeit. Es geht zuletzt darum, dass Menschen, die sich nicht selbst versorgen und helfen können, so gut es geht wieder autark werden bei allem, was es zum Leben braucht. Roboter unterstützen und leiten an, wo nötig und genau dem Maße, wie es den Hilfsbedürftigen richtig und opportun erscheint. Die körperlich betonte Hilfsarbeit und medizinische Assistenz muss demnach den zwischenmenschlichen Standards entsprechen, die für solche Tätigkeiten vorgesehen sind. Und womöglich ist das auch noch untertrieben, wenn wir uns nämlich wünschen können, dass die smarten mechanischen Helfer unsere menschlichen Schwächen und Unvermögen nicht teilen müssen. Wo wir körperlich ermüden und auch geistig irgendwann in Stress geraten, könnten die Maschinen immer noch den gleichen Grad an Wachheit und Hilfsbereitschaft an den Tag legen, über die wir verfügen, wenn wir noch im Vollbesitz unserer Arbeitskräfte sind. Die Anforderungen an die Maschine dürfen so gesehen noch die Anspruchshaltung gegenüber uns Menschen übertreffen, nicht unbedingt, was die bestmögliche Qualität der Pflege betrifft, dafür aber, was ihre Quantität und das Durchhaltevermögen angeht.

Ähnlich verhält es sich in Fragen des Kriegshandwerks, wenn dort mit einem Einsatz von Drohnen und Robotern gerechnet wird. Voraussetzung ist erneut, dass die Gerätschaften ihren Zwist nicht ausschließlich unter sich austragen, auf einem ‚dunklen Schlachtfeld‘, selbst wenn es hell ist; sondern Menschen weiterhin beteiligt sind. In der Diskussion unterscheidet man dementsprechend die Hinsicht: „human-in-the-loop"[16] von jener: „human-on-the-loop", wenn dem Menschen nur noch ein letztes Vetorecht bleibt, eine Maßnahme abzubrechen oder das ganze System abzuschalten. Mit der Option „human-out-of-the-loop" ist die noch weitergehende Aussicht verbunden, dass Maschinen schließlich vollständig autonom agieren. Wie schon bei der Pflege ist auch in dem Zusammenhang nachzufragen, was es braucht, um einen im klassischen Jargon ‚tapferen' Mitstreiter an seiner Seite zu haben. Und erneut könnten Ansprüche an Qualität und Quantität des Mitstreitens unterschiedlich veranschlagt werden.

In Sachen autonomes Fahren erscheinen die Dinge womöglich am leichtesten einsehbar und nachvollziehbar. Während ein reiner Güterverkehr die möglichen Umgangsformen bis zur ‚Schmerzgrenze' der Transportgegenstände ausreizen könnte, muss es im Falle von ‚human on board' anders zugehen. Kriterien kommen ins Spiel, die mit der Anmutung der Abläufe zu tun haben, also zuletzt ästhetisch beurteilt werden müssen, ebenso wie solche einer offenen Funktionalität – wenn allererst klar werden muss, welche*r Verkehrsteilnehmer*in Vorrechte vor anderen haben sollte (etwa Rettungsfahrzeuge, Krankenfahrzeuge, Ordnungskräfte etc.) oder auch nicht (etwa Raser*innen, Selbstmörder*innen und so weiter). Auch theoretische Hinsichten sind am Ende mit zu bedenken: Wie kann das System insgesamt so gestaltet werden, dass am wenigsten Reibungsverluste auftreten? Wer nach philosophischen Vorbildern für solche Überlegungen sucht, wird womöglich bei Leibnizens mathematischer Version der ‚besten aller möglichen Welten'[17] passende Anhaltspunkte finden. Das autonome Fahren entwickelt sich so gesehen auch zu einem anschaulichen Modell, wie wir uns in Zukunft das Zusammenspiel unserer Gesellschaft im Großen und Ganzen vorstellen. Wie es auf den Straßen zugeht, galt ja immer schon als ein Spiegel der Gesellschaft. Unnötig zu sagen, auch in diesem Zusammenhang, dass wir abermals mit Bestformen rechnen können dahingehend, was überhaupt menschenmöglich und künftig auch maschinentauglich ist, und damit in einer Konsequenz und konzeptuellen Reinheit planen können, die uns in allzu menschlicher Umgebung undenkbar erschien.

---

16 Vgl. Jean-Baptiste Jeangène Vilmer. 2018. Terminator-Ethik. Sollten Killerroboter verboten werden? In *3TH1CS. Die Ethik der digitalen Zeit*, Hrsg. Philipp Otto und Eike Gräf, 114–132. Berlin: iRights.Media, Philipp Otto.

17 Das Zitat im Original: „[O]n peut dire de même en matière de parfaite sagesse, qui n'est pas moins réglée que les mathématiques, que s'il n'y avait pas le meilleur (optimum) parmi tous les mondes possibles, Dieu n'en aurait produit aucun", Gottfried Wilhelm Leibniz. 1900. Essais de Théodicée. In *Œuvres philosophiques de Leibniz*, Texte établi par Paul Janet. Paris: Félix Alcan, Bd. 2, 83–145, S. 88.

Sprechen wir von einer möglichen *Bereicherung*, haben wir also nicht eine Parallelgesellschaft mehr vor Augen, die eine Assoziation von Maschinen unter sich ausbildet, sondern eine neue Sozietät, in der einerseits technische Systeme der gängigen Bezeichnung nach autonom agieren, andererseits aber ‚Schulter an Schulter‘ mit dem Menschen auftreten, wie es in den Aussichten auf eine Industrie 4.0 gerne bezeichnet wird – könnte man im Hinblick auf das autonome Fahren weniger anspruchsvoll auch von ‚Hintern auf Sessel‘ sprechen.

Von einer möglichen Bereicherung wäre schon einmal in der Hinsicht auszugehen, dass die gegebenen Standards an Menschlichkeit von den Maschinen in einem Maße befolgt werden könnten, wie es Menschen gemeinhin nicht möglich ist. Ein gewisser Erziehungseffekt wäre demnach im besten Falle denkbar, wenn uns die Erinnerung an das, was man als Mensch gerne sein würde, mit einem Maschinenlächeln entgegengebracht würde. Das kann man auch anders sehen, nämlich als die sehr viel weniger schöne Aussicht einer Bevormundung, das ist dem Autor des Artikels bei der Formulierung dieser Annahme bewusst. Nicht jede moralische Blamage muss man als willkommen ansehen.

Von einer möglichen sozialen Bereicherung wäre aber uneingeschränkt auszugehen, wenn man sich klar macht, dass nun auch die grundlegenden Standards unseres sozialen Beisammenseins überdacht und neu formuliert werden *müssen* – müssen deshalb, weil eine Erweiterung unserer Gesellschaft durch smarte technische Assistent*innen zumindest ein Nachdenken darüber erfordert, wie wir unsere Pflege-, Beistands- und Verkehrsangelegenheiten grundsätzlich für richtig und wünschenswert ansehen. Schon ein gedankliches Übereinkommen über das, was wir eigentlich wollen, muss als Gewinn im Sinne einer modernen politischen Theorie erscheinen. Erst recht ist die Rede vom Zugewinn berechtigt, wenn es auch noch gelingt, das neu formulierte Programm sinnvoll in die Praxis umzusetzen.

Dass die politischen Dinge überhaupt wieder verhandelbar werden, war den politischen Theorien der Neuzeit – und unter ihnen besonders den Vertragstheorien – ein Anliegen. Sie rechneten damit, dass aus einer technischen Zurüstung zuletzt auch politisches Kapital zu schlagen ist. Nicht umsonst ging die Aufklärung so weit, den Menschen – wie zuletzt und ausdrücklich bei Julien Offray de La Mettrie – als einen „homme machine"[18] anzusehen, als einen solchen Menschen also, der durch eine Art Neuprogrammierung seiner humanen Bestimmung näherkommt. Die Dringlichkeit solchen Tuns ergab sich aus den Krisen, die es jeweils zu überwinden galt, von Religions- über Bürgerkriege bis hin zu bevorstehenden Revolutionen. Das Mittel, ein neues ‚mind-set‘ und damit eine neue gesellschaftliche Geisteshaltung hervorzubringen, war der Gesellschaftsvertrag. Er sollte als eine

---

18 Julien Offray de La Mettrie. 1747. *L'Homme-Machine* (anonym erschienen).

unbedingt anzusetzende Verpflichtung gelten, künftig – wie oben skizziert – nur noch das tun zu wollen, was im grundsätzlich politischen Sinne von allen gewollt sein kann. Dass wir heute mit der Konzeption smarter Assistenten auf dem besten Wege sind, von einem ‚homme machine' nicht nur metaphorisch zu sprechen, lässt uns nahtlos an die damaligen Grundsatzdebatten anschließen. Zwar sind wir nicht mehr unmittelbar und selbst gemeint, vielmehr sind es unsere smarten robotischen ‚hommes machine'. Die Frage aber, wie eine Gesellschaft im Lichte einer Neuausrichtung und damit zugleich im besten Falle auszusehen hat, bleibt bestehen – auch wenn wir selbst künftig nur die etwas weniger konsequenten Mitbürger*innen im sozialen Verbund der Zukunft sein sollten. Es geht uns zuletzt um das Ganze der Gesellschaft, das technisch zur Disposition steht und politisch so gut wie möglich ausgefüllt werden muss.

Dass die politischen Dinge überhaupt wieder verhandelbar werden, zeigt sich auch über das Formale der Vertragstechnik hinaus. Es wird deutlich, indem es neuerdings wieder um die zentralen Inhalte politischer Grundverständigung geht. Schon die angesprochenen Themengebiete Mitgefühl, Militär und Mobilität stehen exemplarisch für jene drei Sektoren, die von der Antike bis in die frühe Neuzeit als Stände verstanden wurden und das gesellschaftliche Leben aufteilen in die Sphären des Erwerbs, der Verteidigung und der Regierung. Dass man auf eine derart vormoderne Aufteilung zurückkommt, rührt nicht von ungefähr. Die smarten Assistent*innen werden in erster Linie als mögliche Erfüllungsgehilf*innen verstanden. Als solche finden sie sich wieder in Gedankenspielen, die allesamt mit einer Aufteilung der Gesellschaft in solche Agent*innen rechnet, die nicht die Ziele ihres Tuns selbst bestimmen – in dieser Hinsicht sind die Erwerbskunst und das Militär anzusprechen – und solche, die bestimmen, wo es langgeht: Gemeint sind jene Zielsetzer*innen, die in Demokratien als freie und unabhängige Bürger*innen erscheinen. Letzterer Definition entsprechend sind sie entlastet von allen Arbeiten, die nur der Subsistenz dienen, das ist alles, was im Haushalt erledigt werden muss oder mit dem Erwerb des Lebensnotwendigen zu tun hat, also im entlohnten Beruf für den nötigen Unterhalt abgeleistet werden muss. Schlüssel für eine solche Zuordnung ist zuletzt eine Handlungstheorie, die grundsätzlich mit Zweck-Mittel-Hierarchien rechnet und diese dann – strukturell ausdifferenziert – ins Gesellschaftliche hinein überträgt.

Innerhalb eines solchen Handlungsschemas, wie man es etwa bei Aristoteles findet, rücken die smarten Assistent*innen vorhersehbar in die Rolle der Agent*innen ein, die untergeordnete Arbeiten verrichten. Plakativer und mit Aristoteles selbst gesprochen: Sie werden wie Sklaven behandelt. Wenn wir heute gewillt sind, anders als im Rückblick auf antike Verhältnisse, eine bevorstehende Versklavung von Maschinen für moralisch unbedenklich zu halten, ergeben sich daraus sogleich neue Perspektiven. Wir *alle* können jetzt Bürger*innen sein und wie freie Bürger*innen agieren, und *wir* bestimmen also, was mit uns und unseren Mitbürger*innen künftig geschehen soll.[19] Konsequenterweise gehen wir damit davon aus, dass eine Grundsicherung in Sachen Lebenserhaltung kein prinzipielles Problem mehr sein muss. Die zumeist populär geführten Diskussionen um ein bedingungsloses Grundeinkommen geben davon Zeugnis.[20] Eine vergleichbare Aussicht besteht im Anschluss an die Erwerbsdinge darin, auch im Militärischen die Aufgaben an Helfer*innen zu delegieren, denen körperliche Verwundung und psychische Traumatisierung im Grunde nichts anhaben können. Es bleibt dann in der vorgestellten Gleichung nur noch der Regierungssektor als eine genuin menschliche Domäne übrig. In ihm haben wir Menschen nicht nur das Sagen, sondern auch das dazugehörige Handeln zu übernehmen.

Was es inhaltlich neu zu verhandeln gilt, ergibt sich aus solchem Rückblick folgerichtig. Es sind jene Ideale, mit denen die grundsätzlichen Ziele der drei gesellschaftlichen Sektoren versehen sein müssen. Hinsichtlich der Erwerbssphäre geht die politische Theorie der Antike von Autarkie aus. Alle Maßnahmen, die mit Produktion und Dienstleistung dahingehend zu tun haben, müssen den Menschen zuletzt befähigen, sein Leben eigenständig und von anderen unabhängig zu führen. Wie das in der als Beispiel angesprochenen Sphäre des Pflege geschieht, wie weit eine Assistenz gehen darf, ohne dass eine Bevormundung ins Spiel kommt, muss im breiten Diskurs herausgefunden werden – nochmals betont: unter den neuen Bedingungen, dass wir künftig, im besten Fall gedacht, wesentlich intensiver, sachlich angemessener und ohne Rücksicht auf die aufzuwendenden Mittel vorgehen können. Und analog dazu gilt es selbstverständlich auf allen angrenzenden Gebieten einer smart unterstützten Selbstertüchtigung vorzugehen. Wichtig ist in dem Zusammenhang: Wir müssen erst einmal wissen, was wir *wirklich* wollen.

Ebenso wichtig ist eine solch grundsätzliche Zielbestimmung anschließend im Militärischen. Zieht man noch einmal das klassische Ideal der Tapferkeit heran, wäre nachzufragen, wo heute wohl der bessere Teil der Tapferkeit liegen mag. In der Antike einigte man sich zuweilen, große Heerschlachten zu vermeiden, indem man

---

19 Vgl. Dem entspricht die Rede von der Aussicht auf ein ‚Digital Athens'. Die Bezeichnung wird immer wieder dem Wirtschaftswissenschaftler Erik Brynjolfsson zugeschrieben, vgl. z. B. Amitai Etzioni. 2017. Job Collapse on the Road to New Athens. *Challenge* 60, 327–346. Grundlage für eine solche Zuschreibung ist die Publikation Erik Brynjolffson und Andrez McAfee. 2016. *The Second Machine Age. Work, Progress, and Prosperity in a Time of Brilliant Technologies.* New York/London: W. W. Norton & Company.

20 Vgl. dazu Richard David Precht. 2018. *Jäger, Hirten, Kritiker. Eine Utopie für die digitale Gesellschaft.* München: Goldmann; sowie Martin Ford. 2015. *The rise of the robots. Technology and the Threat of Mass Unemployment.* London: Oneworld, besonders S. 256 ff.

stellvertretend nur die zwei jeweils besten Kämpfer der Opponenten gegeneinander antreten ließ. In vergleichbarer Weise könnte man sich künftig darauf verständigen, das Wetteifern auf dem Schlachtfeld zu ersetzen durch ein technisches Wettrüsten, das in der Konfrontation ausgefeilter Technik unter sich schließlich entschieden wird. Eine Art Technik-Schach. Noch weitergehend könnte man die Tapferkeit am Ende ganz von der körperlich-technischen Auseinandersetzung lösen und damit auf die diplomatische und politische Ebene überwechseln. Dann wäre, wie es im englischen Sprichwort heißt, in der Tat ‚discretion the better part of valour'.[21]

Wenn es zuletzt um die finalen und zugleich grundsätzlichsten Zweckbestimmungen geht, scheint die materielle Sphäre der Gebrauchsdinge bereits überschritten. Schließlich ist die politische Sphäre der Aushandlung eine rein sprachliche, der Bürger ist nach Aristoteles nicht umsonst das ‚zôon lógon échon',[22] das ‚Sprache habende Lebewesen', und seine vornehmste Tugend die Sophia, also die Weisheit.[23] Wie schon gesehen, haben wir es aber etwa in den materiellen Mobilitätsdingen immer auch schon mit gesellschaftlichen Spiegelverhältnissen zu tun. Wie wir uns im Verkehr zueinander verhalten, wollen wir es vermutlich in der Gesellschaft auch sonst gerne haben. Die Autonomisierung des Verkehrs und die damit verbundene intelligente Ausstattung der Verkehrsmittel bietet nun die Chance, darüber nachzudenken, ob es immer gut so ist, wie es irgendwann einfach geworden ist, oder ob man es nicht grundsätzlich vielleicht ganz anders haben möchte. Verhandeln wir auf dieser – nun womöglich vernunftbegabten – Ebene die Verfassung der Welt unserer Dinge, verhandeln wir zugleich auch über die politische Grundverfassung

---

21 Es versteht sich im vorliegenden Zusammenhang der Argumentation, dass alle hier angesprochenen Sphären der Politik – und ganz besonders die militärische – nicht mit den im Text vorgebrachten, eher aperçuhaften Bemerkungen schon besprochen sein können. Damit soll bestenfalls angedeutet sein, dass sich auch *inhaltlich* neue Perspektiven eröffnen können, wenn man die politische Ordnung formal und im Hinblick auf mögliche Entlastungen und Erweiterungen neu begründet.

22 Das ganze Zitat lautet: „οὐθὲν γάρ, ὡς φαμέν, μάτην ἡ φύσις ποιεῖ· λόγον δὲ μόνον ἄνθρωπος ἔχει τῶν ζῴων", Aristoteles, Politik I. 2 1253 a 9–10. In der gängigen Zitier-Rede verdichtet und verkürzt erscheint die Aussage als: ‚ζῷον λόγον ἔχον', lateinisch gewendet: ‚animal rationale' und ist in solcher Übertragung und nochmaligen Verkürzung im 20. Jahrhundert zum Anlass einer Kulturkritik geworden.

23 Zu den drei angesprochenen Tugenden, im Altgriechischen ‚αὐτάρκεια, ἀνδρεία und σοφία', und wie Aristoteles zu ihrer Auflistung kam, vgl. Carlo Natali. 2010. Particular virtues in the *Nichomachean Ethics* of Aristotle. In *Particulars in Greek Philosophy. The seventh S. V. Keeling Colloquium in Ancient Philosophy, Philosophia Antiqua*, Bd. 120, Hrsg. Robert Sharples. Leiden/London: Brill, 73–86, besonders S. 89; zu den philosophischen Hintergründen vergleiche den Kommentar zur Aristotelischen Politik: Höffe 2011, dort Verweise auf relevante Forschungsliteratur.

unserer Gemeinschaft. Wollen wir etwa, dass es weiter Überholspuren gibt und derjenige Vorfahrt hat, der es sich leisten kann? Oder finden wir, wir sollten in Zukunft keinen mehr bevorzugen und es so einrichten, dass wir alle so schnell wie möglich ans Ziel kommen, ohne Privilegien? Oder schauen wir am Ende vielleicht auch noch über den Tellerrand der menschlichen Dinge hinaus und fragen uns, durch welches smarte Arrangement die Natur am wenigsten leidet unter unseren Aktivitäten? Politisch gesprochen: Wollen wir uns eine liberale Straßenverfassung geben, eine republikanische oder vielleicht eine ökologische? Wie mit dem Verkehrsbeispiel geht es im Anschluss an solche Überlegungen mit allen Dingen, die unser Zusammenkommen irgendwie bedingen, sei es, dass sie mit Kommunikation oder Medien und allen Arten von Infrastruktur etc. zusammenhängen.

IV

Es tut sich etwas in unseren Beziehungskisten. Nach dem bislang Referierten tut sich aber nur etwas bei jenen Dingen in unserer soziologischen Kiste, die wir heute schon smart nennen und die morgen womöglich (künstlich) intelligent genug sind, unser Sozialverhalten perfekt zu imitieren oder sogar in idealer Weise uns vorzuspiegeln. Eine ,anábasis eis állo génos', wie man platonisch sagen würde, also ein Aufstieg in eine andere Kategorie der Betrachtung und Wertschätzung, käme nur für den technischen und zugleich sinnvoll animierten Teil unserer Gebrauchsgegenstände infrage. Nur sie würden künftig unser Verhalten beeinflussen oder mitbestimmen derart, dass davon nicht nur unser soziales Miteinander berührt ist – im Sinne alltäglicher Routinen und untergeordneter Tätigkeiten –, sondern auch unser politisches Grundverständnis von Zusammensein und Gemeinschaft. Wenn man so will, hätten wir damit zwar eine neue Beziehungskiste aufgemacht, aber eben nur eine gefühlte Hälfte der Gebrauchsgegenstände mit hineingenommen.

Dieser Eindruck täuscht. Man kann es als These formulieren und dementsprechend davon ausgehen, dass die politische Animation der Gegenstände beim intelligenten Teil der Ausstattung nicht haltmacht, sondern übergreift auch auf die bislang nicht animiert erscheinenden. Das muss man sich dann ähnlich vorstellen wie in einer Menschengesellschaft, in der plötzlich neue Ideen aufkommen und jene Ideen sich verbreiten und durchsetzen, beinahe unabhängig davon, wie willig oder unwillig sie von Einzelnen aufgenommen werden. Zündet eine Idee, dann bleibt von ihr nichts unberührt, so oder so, irgendwann haben sie alle im Kopf – und ihre Adepten beurteilen die Dinge ganz nach ihrer Vorgabe. Unnötig zu sagen, dass sich bei politischen Idealen eine solche Dynamik der Ansteckung als besonders augenfällig und als unwiderstehlich abzeichnet – im Vergleich etwa zu wissenschaftlichen Paradigmen.

Das Ganze technischer gewendet: Die smarten Gegenstände werden als solche bekanntlich denkbar und wirksam unter der Voraussetzung ihrer gegenseitigen Vernetzung, also einer informations- und kommunikationstechnischen Verbindung. Die Vision, die auf das Ganze einer solchen Vernetzung zielt, heißt Internet der Dinge, in der Abkürzung IoT als Wiedergabe von ‚Internet of Things'. Das IoT, das ist die Pointe in unserem Zusammenhang, umschließt am Ende seiner Ausbreitung jedoch nicht nur jene Gegenstände, die in sich einen Prozessor tragen. Es umfasst auch noch alle nicht aktiv informierenden oder kommunizierenden Dinge. Wie kann das sein? Ganz einfach dadurch, dass die intelligente Vernetzung auch noch die unintelligent erscheinenden Dinge sozusagen kontaminiert, also ansteckt mit ihrer neuen Form der funktionalen Ansprache. Konkreter gesprochen heißt das, sie werden einfach so eingebunden in das Netz, als seien auch sie in irgendeiner Weise fähig zur Information und zur Kommunikation. Man tut also so, *als ob* man mit ihnen nach dem neuen Schema umgehen und sie damit als intelligente Partner ernst nehmen könnte. Und das Wunderbare an einer derart anspruchsvollen Ansprache ist es, dass die so angesprochenen Gegenstände durchaus antworten, und dies auch noch auf angemessenem Niveau.

Beispiel Möbel. Wer die IKEA-Kataloge der Jahrgänge 2017 ff. aufmerksam durchgeblättert hat, konnte nicht umhin, eine Trendwende bei dem schwedischen Möbelhersteller festzustellen. Das sozialdemokratische Flair, das bislang nur die in IKEA-Sesseln sitzende und an IKEA-Tischen verweilende Kundschaft ausstrahlte, schien nun auf die Möbel selbst übergegangen zu sein. Auch diese gaben sich nun im Auftritt bescheiden, aber deshalb nicht unansehnlich, zugleich aber auch anpassungsfähig und damit in der Lage, mit begrenzten Mitteln und begrenzten finanziellen Möglichkeiten alles irgendwie doch noch gut hinzukriegen – so jedenfalls, dass man mit der Würde des bescheiden-zufriedenen Underdogs moralisch ausgezeichnet durchs Leben kommen konnte. Das klingt womöglich etwas blumig, entspricht aber hoffentlich folgender sachlicher Wendung. Ein ästhetisch anspruchsvolles Arrangement mit den Umständen wurde bisher den Möbelnutzer*innen abverlangt; ein ästhetisch anspruchsvolles Arrangement mit den Gegebenheiten – das ist es, was nun auch die Gegenstände, und zwar *von sich aus*, leisten müssen. Es gelingt, indem die Möbel dieselbe Kreativität und Flexibilität an den Tag legen wie ihre Nutzer*innen, um mit ihren begrenzten materiellen Möglichkeiten auszukommen. Eine Garderobe, die bislang nur dazu gut war, Kleidungsstücke an Bügeln aufzuhängen, wird nun im Handumdrehen der Kleiderbügel zugleich zum Raumteiler. Die Wohnzimmercouch, auf der sich Erwachsene vor den Fernseher setzen mochten, taugt zugleich als Trampolin für die Kinder. Die Küche wird durch geschicktes

Arrangement zum Esszimmer, sind die Verhältnisse noch beengter, wird auch das Esszimmer durch geschicktes Stühlerücken wiederum zum Wohnzimmer und so weiter und so fort. Selbst Möbel können so gesehen intelligent erscheinen, indem sie über ihre bisherige Nutzung und Anmutung hinaus andere und neue Funktionen annehmen und erfüllen. Sie reagieren mehr oder weniger auf Ansprache und sind dabei in der Lage, sich wechselnden – und nicht immer einfachen – Umständen anzupassen. Zugestanden, natürlich sind es die Gestalter*innen, die jene smart erscheinenden Lösungen in die Dinge hineinarbeiten, und selbstverständlich sind es wir Nutzer*innen, die sie als solche wahrnehmen und aus dem Gegenstand wieder herausholen. Und dennoch sind auch die bislang stupiden und nicht mit sich reden lassenden Gegenstände plötzlich dazu fähig, auf Nachfrage unsererseits auch Lösungen ihrerseits anzubieten. Sie tun so, *als ob* sie mithalten könnten mit den Dingen, die sich selbst und alleine eine Lösung für uns ausdenken, aber sie tun es so erfolgreich, dass wir das *Als-ob* ihrer (Pseudo)Intelligenz auch gerne und bald wieder vergessen könnten.

Metaphorisch nachgehakt: Luciano Floridi hat sich in einem Beitrag kürzlich gefragt, ob wir wirklich noch sinnvoll unterscheiden können zwischen einer Existenz, die wir *offline* führen, und unserem Netzdasein *online*. Er kam zu dem Schluss, dass uns das kaum mehr gelingen mag. Selbst wenn wir gerade nicht eine E-Mail schreiben, twittern oder nur im Netz surfen, sind wir immer noch irgendwie verbunden mit smarten Gegenständen und damit in irgendeiner Form von vernetzter Positionierung oder Dialog befangen. Es reicht dazu aus, dass ich mich von einem Navigationsgerät leiten lasse, meine Smart-Watch beim Sport trage oder mit der drahtlos übertragenden Kreditkarte an dafür geeigneten Zahlungsportalen vorbeigehe. Unsere Situation vergleicht Floridi mit jener eines Mangrovenwaldes. Mangroven wachsen im Mündungsbereich von Flüssen und kommen mit Brackwasser bestens zurecht. Jenes Wasser ist weder eindeutig Süßwasser, noch ist es deswegen schon salziges Meerwasser. Wenn nun, so Floridi, wir das Süß- und Salzwasser mit unseren Datenströmen online und offline gleichsetzen, sind wir Menschen eben in der Lage von Mangroven, wir sind demnach eine ‚Mangroven-Gesellschaft‘. Das Bild gilt es in unserem Zusammenhang nur noch ins Sachliche zu erweitern. Nicht nur unsere menschliche Präsenz im Netz wäre damit nicht mehr eindeutig als anwesend oder abwesend zu deuten, auch jene der Geräte und Gegenstände unseres Gebrauchs. Sie sind, wenn man das Bild etwas strapazieren möchte, sozusagen die Früchte, die an unserer Zwitterpräsenz online und offline hängen. Sie sind das, was man als zivilisatorische Ernte einfährt, wenn man versteht, dass die Dinge schon nicht mehr unabhängig von unserer neuen und smarten Vernetzung unserer Umgebung denkbar sind.

V

Was sich in unseren soziologischen Beziehungskisten tut, kann man demnach abschließend als eine Art von Emanzipation verstehen. Dinge des Gebrauchs wechseln ihre Rolle: Anstatt unser Dasein nur in sozialer Hinsicht mitzubestimmen, etwa als Statussymbol oder als lebensdienliches Werkzeug, bekommen sie jetzt auch eine gesellschaftspolitische Mitsprache zugestanden. Sag' mir, mit welchen Dingen du umgehst, und ich sage dir, wer du bist: Das gilt jetzt nicht nur für jede*n Einzelne*n von uns, sondern auch für die Gemeinschaft, die wir zusammen bilden wollen. Wir finden uns demnach in einer neuen, *genuin* und ursprünglich politischen Beziehungskiste mit den Dingen wieder.

Wenn das so stimmt, dann befinden wir uns auch in einer geistesgeschichtlich hochinteressanten Lage. Es besteht die Aussicht, dass eine zwei Jahrhunderte andauernde Kulturkritik vor neuen Gegebenheiten steht. Es wäre denkbar, dass die abendländische Technik und ihre Agent*innen nicht mehr ihrer bisherigen Stilisierung folgend ausschließlich als verhängnisvoll wahrgenommen werden, sondern endlich auch einmal für eine konstruktivere Rolle herangezogen würden. Dem scheinbar notwendigen Mangel an Menschlichkeit der Technik könnte eine neue und herausfordernde Variante an die Seite gestellt werden. Oder in der romantischen Terminologie, wie sie die Kulturkritik seit ihren Anfängen zu prägen verstand: „Die Wunde schließt der Speer nur, der sie schlug"[24]. Das alles wird denkbar, wenn man die intellektuellen Quantensprünge im Design nachvollzieht und damit absehen kann, wie aus Gebrauchsgegenständen über Nacht ein Politikum wird.

Literatur

Baudrillard, Jean. 1991. *Das System der Dinge. Über unser Verhältnis zu den alltäglichen Gegenständen*. Frankfurt am Main: Campus-Verlag (Original: 1968. *Le système des objets*. Paris: Gallimard).
Bourdieu. Pierre. 1982. *Die feinen Unterschiede. Kritik der gesellschaftlichen Urteilskraft*. Frankfurt am Main: Suhrkamp (Original: 1979. *La Distinction. Critique sociale du jugement*. Paris: Les Éditions de Minuit).
Bourdieu, Pierre. 1985. *Simulacres et Simulation*. Paris: Éditions Galilée.

---

24 Richard Wagner, Parsifal, 3. Aufzug.

Brand, Reinhard, und Karlfriedrich Herb, Hrsg. 2012. Jean-Jacques Rousseau. Vom Gesell-schaftsvertrag oder Prinzipien des Staatsrechts. Buchreihe *Klassiker Auslegen*, Bd. 20. Berlin: Akademie Verlag.

Brynjolffson, Erik, und Andrez McAfee. 2016. *The Second Machine Age. Work, Progress, and Prosperity in a Time of Brilliant Technologies*. New York/London: W. W. Norton & Company.

Etzioni, Amitai. 2017. Job Collapse on the Road to New Athens. *Challenge* 60, 327–346.

Fernow, Hannes. 2014. *Der Klimawandel im Zeitalter technischer Reproduzierbarkeit. Climate Engineering zwischen Risiko und Praxis*. Wiesbaden: Springer.

Ford, Martin. 2015. *The rise of the robots. Technology and the Threat of Mass Unemployment*. London: Oneworld.

Gehlen, Arnold. 1957. *Die Seele im technischen Zeitalter. Sozialpsychologische Probleme in der industriellen Gesellschaft*. Hamburg: Rowohlt.

Haug, Wolfgang Fritz. 1971. *Kritik der Warenästhetik*. Frankfurt am Main: Suhrkamp.

Heidegger, Martin. 1985. *Phänomenologische Interpretationen zu Aristoteles. Einführung in die phänomenologische Forschung, Wintersemester 1921/22*. In *Gesamtausgabe*, Bd. 61, Frankfurt am Main: Klostermann.

Höffe, Ottfried, Hrsg. 2011. Aristoteles. Politik. Buchreihe *Klassiker Auslegen*, Bd. 23. Berlin: Akademie Verlag.

Husserl, Edmund. 2008. *Die Lebenswelt. Auslegungen der vorgegebenen Welt und ihrer Konstitution*. Dordrecht: Springer.

Kersting, Wolfgang, Hrsg. 2008. Thomas Hobbes. Leviathan oder Stoff, Form und Gewalt eines kirchlichen und bürgerlichen Staates. Buchreihe *Klassiker Auslegen*, Bd. 5. Berlin: Akademie Verlag.

La Mettrie, Julien Offray de. 1747. *L'Homme-Machine* (anonym erschienen).

Leibniz, Gottfried Wilhelm. 1900. Essais de Théodicée. In *Œuvres philosophiques de Leibniz*, Texte établi par Paul Janet. Paris: Félix Alcan, Bd. 2, 83–145.

De Leuw, Christoph. 2018. Beim Sony AR8 ist der Bildschirm der Lautsprecher. Welt.de. https://www.welt.de/wirtschaft/webwelt/article172338797/OLED-TV-Beim-Sony-Bravia-AF8-ist-der-Bildschirm-der-Lautsprecher.html. Zugegriffen: 28. März 2020.

Loewy, Raymond. 1979. *Industrial Design*. London u. a.: Faber and Faber.

Natali, Carlo. 2010. Particular virtues in the *Nichomachean Ethics* of Aristotle. In *Particulars in Greek Philosophy. The seventh S. V. Keeling Colloquium in Ancient Philosophy, Philosophia Antiqua*, Bd. 120, Hrsg. Robert Sharples. Leiden/London: Brill, 73–86.

Precht, Richard David. 2018. *Jäger, Hirten, Kritiker. Eine Utopie für die digitale Gesellschaft*. München: Goldmann.

Vilmer, Jean-Baptiste Jeangène. 2018. Terminator-Ethik. Sollten Killerroboter verboten werden? In *3THICS. Die Ethik der digitalen Zeit*, Hrsg. Philipp Otto und Eike Gräf, 114–132. Berlin: iRights.Media, Philipp Otto.

Weber, Max. 1986. *Schriften zur Religionssoziologie* I. Tübingen: J. C. B. Mohr.

Weiser, Mark, und John Seely Brown. 21. Dezember 1995. Designing Calm Technology. *Xerox PARC*. https://www.karlstechnology.com/blog/designing-calm-technology/. Zugegriffen: 28. März 2020.

Autor

Martin Gessmann hat Philosophie, Germanistik und Romanistik an der Eberhard-Karls-Universität in Tübingen studiert und war hauptberuflich auch als Journalist im öffentlich-rechtlichen Fernsehen tätig. Er promovierte in Tübingen und habilitierte in Heidelberg im Fach Philosophie. Seit 2011 ist er Professor für Kultur- und Techniktheorie und Ästhetik an der Hochschule für Gestaltung in Offenbach. Seine aktuellen Forschungsschwerpunkte sind Technik, Design, natürliche und künstliche Intelligenz. Zuletzt erschien von ihm *Das geniale Gedächtnis* (2015, zusammen mit Hannah Monyer). Martin Gessmann ist überdies Mitherausgeber der *Philosophischen Rundschau*.

III
Zwischenmenschliches Erleben durch Dinge

Von gemeinsam genutzten Dingen zu einer kollektiven Ästhetik

Martina Fineder

Das gemeinsame Nutzen von Dingen hat in den aktuellen Nachhaltigkeitsdebatten eine durchweg positive Konnotation – aus ökonomischer, ökologischer und sozialer Perspektive. Während die ökonomische und die ökologische Perspektive dabei auf die Schonung von Ressourcen wie Raum, Energie oder Bodenschätzen abzielen, ist aus sozialer Perspektive die kollektive Nutzung von Dingen spätestens seit den 1970er-Jahren auch ein Mittel gegen soziale Probleme. Neben sozioökonomischen und soziotechnischen Projekten, die über konstruktive und materialtechnologische Innovationen nach Sparsamkeit streben, spielt unter den Schlagworten Social Design oder Social Innovation das kollaborative und kooperative Entwerfen, Produzieren und Nutzen von Dingen auf der Suche nach nachhaltigen Lebensstilen eine zunehmend wichtige Rolle.[1]

Vor diesem Hintergrund frage ich konkret nach der beziehungsstiftenden Wirkung von gemeinschaftlich genutzten Dingen.[2] Inwiefern initiieren und gestalten sie zwischenmenschliche Beziehungen mit? Welche besondere Rolle spielen sie bei der Beziehungspflege, und unter welchen Umständen können sie störend auf ein

---

1 Letztere reichen von Projekten zur Initiierung nachbarschaftlicher Interaktion im urbanen Raum, etwa mittels mobiler DIY-Küchenobjekte von raumlaborberlin, über Apps für den Fahrradleihverkehr oder zur Freizeitgestaltung gegen Alterseinsamkeit bis hin zu Produktions-Commons. Beispiele finden sich etwa in Anna Meroni, Hrsg. 2007. *Creative Communities. People inventing sustainable ways of living.* Mailand: Edizioni POLI.design; Ezio Manzini. 2015. *Design. When everybody designs. An introduction to design for social innovation.* Cambridge, London: MIT Press; Claudia Banz, Hrsg. 2016. *Social Design. Gestalten für die Transformation der Gesellschaft.* Bielefeld: Transcript; Martina Fineder, Harald Gruendl und Ulrike Haele. 2017. *CityFactory. New Work. New Design.* Wien: Institute for Design Research Vienna. https://issuu.com/idrv1/docs/stadtfabrik-cityfactory-opensourcec [29.07.2019].
2 Siehe dazu auch die Einleitung von Lang und Fineder.

233

Beziehungsgefüge einwirken? Diesen Fragen gehe ich im Folgenden anhand einer empirischen Einzelfallstudie in einem Gemeinschaftshaushalt mit 18 Bewohner*innen nach. Insbesondere untersuche ich dabei die ästhetische Rolle von Dingen für das zwischenmenschliche Wahrnehmen und Erleben. Vor dem Hintergrund der sich rasant wandelnden Formen des Zusammenlebens ist das Ziel dieser Untersuchung, besser zu verstehen, welche Rolle die Dinge für posttraditionale Formen der Vergemeinschaftung spielen, um davon ausgehend allgemeinere Überlegungen für die Erforschung kollaborativer Lebensstile und entsprechender Modelle des Güterteilens aus der Designperspektive anzustellen.

Methodisch baut der Artikel auf qualitative Interviews mit den Hausbewohner*innen, die mittels Sensory Object Elicitation[3] in der Feldforschungspraxis des gemeinsamen Gehens[4] geführt wurden. Das Interview beim Gehen, das sich durch seine hohe Soziabilität[5] und seine Eignung zur Erforschung sozialen Geschmacks[6] auszeichnet, fand zur gemeinsamen Erkundung und sinnlich-ästhetischen Erfahrung der Dinge in Haus und Garten der Wohngemeinschaft statt. Auf diese Weise übernehmen die Dinge die Funktion visuell-materieller Stimuli. Sie locken neben spontanen Reaktionen persönliche Gefühle, biografische Erinnerungen oder identitätsstiftende Momente hervor, bieten aber auch Anlass zur Reflexion aktueller Fragestellungen und Ereignisse. Da ich seit zehn Jahren selbst zu den Bewohner*innen der Mühle gehöre und die vorliegende Untersuchung deshalb autoethnografische Züge[7] aufweist, ist auch die Qualität des Interviews im Gehen zu betonen, besonders für die Erforschung des eigenen alltäglichen Umfelds zu sensibilisieren.[8] Zudem weiß ich als Mitbewohnerin, dass das gemeinsame Sprechen

---

3   Sarah Pink. 2008. Mobilising visual ethnography. Making routes, making place and making images. *Forum Qualitative Social Research*, 9/3, Art. 36; Sarah Pink. 2015. *Doing sensory ethnography*. London: Sage; Sarah Pink, Kerstin Leder Mackley, Roxana Morosanu, Val Mitchell und Tracy Bhamra. 2017. *Making homes. Ethnography and design*. London: Bloomsbury Academic.

4   Jo Lee und Tim Ingold. 2006. Fieldwork on foot. Perceiving, routing, socializing. In *Locating the field. Space, place and context in anthropology*, Hrsg. Simon Coleman und Peter Collins, 67–85. Oxford: Berg. Und z. B. Pink, 2008.

5   Lee und Ingold 2006.

6   Monika Büscher und John Urry. 2009. Mobile Methods and the Empirical. *European Journal of Social Theory*, 12: 99–116.

7   Z. B. Carolyn Ellis, Tony E. Adams und Arthur P. Bochner. 2011. Autoethnography. An Overview. *Forum für Qualitative Sozialforschung*, 12/11/10.

8   Z. B. Lucius Burckhardt. 2006. *Warum ist Landschaft schön? Die Spaziergangswissenschaft*, Hrsg. Markus Ritter und Martin Schmitz. Berlin: Martin Schmitz Verlag. Sowie Bertram Weisshaar. 2013. *Spaziergangswissenschaft in Praxis. Formate der Fortbewegung*. Berlin: JOVIS Verlag.

beim Gehen durch Haus und Garten zur Alltagspraxis der Bewohner*innen gehört, und halte diese methodische Herangehensweise daher für besonders geeignet.[9]

Konkret beschäftigt sich die vorliegende Untersuchung mit der kollektiven Nutzung eines Gebäudeensembles samt Einrichtungs- und Dekorgegenständen sowie umgebendem Garten, welches etwa 100 Kilometer nordöstlich von Wien im niederösterreichischen Waldviertel liegt. Ursprünglich wurde es im 16. Jahrhundert erbaut und diente mit Getreidemühle, Brauhaus, Ställen, Obst- und Gemüsegärten als Versorgungshof der darübergelegenen Burg (Abb. 1a–1b). Einzelne Gebäudeteile wurden bis zum Beginn des 20. Jahrhunderts dazugebaut und bei sich ändernder Nutzung entsprechend adaptiert. Das Waldviertel ist wie viele ländliche Regionen in Österreich aufgrund des strukturellen Wirtschaftswandels von der Abwanderung von Produktionsbetrieben betroffen. So ist der Mühlbetrieb seit vielen Jahren eingestellt. Spätere Nutzungen als Holzsägewerk, Tischlerei oder als Kontor der Lagerhausgenossenschaft hinterließen zwar Spuren in Form von Um- und Einbauten, Gegenständen oder auch Gerüchen, die Liegenschaft aber blieb bei den wechselnden Nutzer*innen sowie bei den Dorfbewohner*innen fest als ‚die Mühle' verankert. Ich bezeichne sie deshalb im Folgenden ebenfalls als ‚die Mühle'.

Abb. 1a
Inschrift an der Fassade des Mühlengebäudes aus dem Jahr 1575.
Foto: Martina Fineder

Abb. 1b
Das Mühlengebäude am Fluss mit Burg und Dorf im Hintergrund.
Foto: Kriso Leinfellner

9   Meine persönlichen Beobachtungen und Erinnerungen, die außerhalb der Interviews gemacht wurden und in Form von Notizen, Fotos, E-Mails und Jour-Fixe-Protokollen dokumentiert sind, fließen in die Untersuchung ein. Sie werden an den entsprechenden Stellen ausgewiesen. Zudem konnte ich aufgrund meiner Beobachtungen während des Zusammenlebens in den Interviewrundgängen gezielt nach Dingen fragen, die von den Interviewpartner*innen nicht erwähnt wurden. Die Interviewrundgänge dauerten zwischen 45 und 90 Minuten.

Gemeinschaftswohnen von Gleichgesinnten als Form
posttraditionaler Vergemeinschaftung

Vor etwa 10 Jahren wurde die Mühle durch eine Anteilseigentümer*innengemein-
schaft erworben. Sie wird seither vorwiegend als Wochenend- und Ferienhaus sowie
Werkstätte und Atelier genutzt. Geplant oder zumindest von einigen Hausbewohner*innen erträumt ist es, darin später einmal ein kollektives Alterswohnprojekt zu
betreiben. Die beziehungsstiftende Wirkung des Gebäudes resultiert aus seiner Lage
und den baulichen Gegebenheiten: Einerseits eint das alte Mühlengebäude am Fluss,
weil es für viele einen romantisch aufgeladenen Sehnsuchtsort materialisiert. So
brachte das Gebäude auch jene heutigen Mitglieder zur Gruppe, die zuvor meinten:
„Ich brauche sicher kein Wochenendhaus, und wenn, dann vielleicht einmal eine
alte Mühle am Fluss."[10] Andererseits verlangte das Gebäude aufgrund seiner Größe
und Renovierungsbedürftigkeit nach finanziellen und zeitlichen Ressourcen, die
die Möglichkeiten der Einzelnen überschritten hätten. Auch konnte sich keines der
heutigen Mitglieder vorstellen, künftig allein für bevorstehende Anschaffungen und
Erhaltungsarbeiten verantwortlich zu sein.[11] Zu diesen eher pragmatischen Beweg-
ründen kommen Motive wie der Wunsch nach Gesellschaft, einerseits um nicht
‚isoliert' irgendwo allein mit den Kindern auf dem Land zu leben, andererseits um
sich die Perspektive zu eröffnen, auch im Alter noch einen leistbaren Platz in einer
selbstbestimmten Lebensform zu haben.[12] Zum Zeitpunkt der Gesellschaftsgrün-
dung geht es aber vor allem um Bedürfnisse, die aus dem Leben mit Kleinkindern
resultieren – einer Lebensphase, in der sich Eltern ohne Familienanschluss vor allem
in Großstädten oft alleine gelassen und in Kombination mit einer Erwerbstätigkeit
angestrengt oder überfordert fühlen. Übergeordnet existiert auch ein gemeinsames
Interesse an der Erprobung eines alternativen Lebensstils im Sinne ökologischer
und sozialer Nachhaltigkeit durch das gemeinsame Nutzen von Dingen.[13] Damit ist
aber keinesfalls an ein Kommunenleben in der Manier manch berühmt-berüchtigter
1970er-Jahre-Projekte gedacht, in denen es neben den praktischen Aspekten kom-
munalen Lebens vorrangig um die Auflösung konventioneller Paarstrukturen und
Besitzverhältnisse ging. Dagegen zielen die angeführten Beweggründe, Wünsche
und Bedürfnisse der Mühlenbewohner*innen vorrangig auf das Teilen von Raum,

10 Aus meiner Erinnerung an wiederholte Erzählungen des ‚Gründungsmythos' notiert.
11 Aus meiner Erinnerung an wiederholte Gespräche zwischen den Gesellschafter*innen
    vor und nach der Gründung der OG notiert.
12 Interview 1, 16.10.2016. Dieses und alle weiteren hier verwendeten Interviews wurden
    von der Autorin geführt und aufgezeichnet.
13 Interview 3, 16.10.2016, und Interview 1, 16.10.2016.

Kosten, Versorgungs- und auch Fürsorgearbeit in Kombination mit einem geselligen Miteinander. In der Terminologie der Soziolog*innen Hitzler, Honer und Pfadenauer verweist das Kollektiv Mühlengesellschaft auf ein aktuelles soziokulturelles „Vergemeinschaftungsmuster", dessen „vergemeinschaftende Kraft" nicht mehr in Klassenmodellen oder traditionellen Gemeinschaften wie Dorfgemeinschaften liegt, sondern durch „ähnliche Lebensziele und ähnliche ästhetische Ausdrucksformen" bestimmt ist.[14] Die Rede ist hier von posttraditionaler Vergemeinschaftung, die sich dadurch auszeichnet, dass sich Individuen freiwillig dafür entscheiden, sich in einem selbstgewählten Grad der Intensität zumindest zeitweilig mit Gleichgesinnten als zusammengehörig zu betrachten.[15]

Zu einer dieser Gemeinschaften gehören über die Mühle aktuell vier Frauen und vier Männer im Alter von 43 bis 55 Jahren sowie zehn Kinder und Jugendliche zwischen neun und 19 Jahren,[16] die sich unter Berücksichtigung heute möglicher Konstellationen in vier Familien einteilen lassen. Sie können der mittleren bis oberen Mittelschicht in Österreich zugerechnet werden. Allerdings weisen sie ausbildungs- und berufsbedingte Besonderheiten auf, die für die Untersuchung der ästhetischen Rolle der Dinge für posttraditionale Vergemeinschaftungsformen relevant sind: Der überwiegende Teil der Bewohner*innen arbeitet in den Bereichen Architektur und Design sowie in artverwandten Wissenschafts- und Kommunikationsbereichen. Gemeinsamkeiten und Übereinstimmungen in Geschmacksfragen und Vorstellungen von gutem Design (etwa in Bezug auf Materialqualitäten, Formgebung oder Fragen der Ressourcenschonung) wurden zum Teil durch Studien an Kunst- und Architekturschulen, später über ähnliche, sich teilweise überschneidende Arbeitsfelder, Freundeskreise und Partner*innen ausgebildet. Daraus resultieren sowohl normative Vorstellungen von Gestaltung wie auch ein gegenseitiges Vertrauen in das Funktionieren des Gemeinschaftsvorhabens in ästhetischer Hinsicht. Als ein empirischer Beleg für die geteilten ästhetischen Vorlieben lässt sich die Aussage eines Bewohners mit Architekturhintergrund anführen: „Ich habe Vertrauen, denn ich habe bei keinem von euch zu Hause etwas gesehen, das mir das Auge einhaut."[17] Auffällig oft wird während der Interviewrundgänge in Dichotomien

---

14   Ronald Hitzler, Anne Honer und Michaela Pfadenhauer. 2008. Zur Einleitung. „Ärgerliche" Gesellungsgebilde? In *Posttraditionale Gemeinschaften. Theoretische und ethnografische Erkundungen*, Hrsg. dies., 9–31. Wiesbaden: VS Verlag für Sozialwissenschaften, S. 9.

15   Hitzler, Honer und Pfadenhauer 2008, S. 10.

16   Obwohl einer der Jugendlichen bereits das gesetzliche Erwachsenenalter erreicht hat, bleibe ich bei dieser Zuordnung. Sie entspricht der organisatorischen und operative Gesellschafts- und Gemeinschaftsstruktur des Kollektivs.

17   Basierend auf meiner Erinnerung an Gespräche vor der OG-Gründung.

wie natürlich–synthetisch, alt–neu und Stadt–Land gesprochen. Im Allgemeinen bewerten die Bewohner*innen Materialien wie Holz, Stein und Metall höher als Kunststoffe und Imitate; ausgenommen hiervon sind Designklassiker mit hoher Haltbarkeit. Bei der Nennung oder Beschreibung von als ‚schön' oder ‚angenehm' empfundenen Materialien reiben einige der Bewohner*innen während der Rundgänge die Finger aneinander, oder sie riechen an den Gegenständen. Morbides und Altes werden weitgehend als charmant, auch als ‚romantisch' empfunden, während Werkstoffe, die aus der Sicht der Bewohner*innen nicht in Würde altern, als ‚scheußlich' angesehen werden.[18]

Die Herausforderung für meine Untersuchung besteht nun darin, die gemeinschaftlich herausgebildete Ästhetik dieser Wohngemeinschaft nicht in Form einer Werte- und Geschmacksstudie der vielzitierten Creative Class[19] zu verhandeln, sondern diese so auszuformulieren, dass sie die bedeutende Rolle von Dingen in und für Beziehungen zwischen Menschen exemplarisch fokussiert. Denn jede soziale Gruppe verfügt über ein gewisses „gemeinsames Sensorium", das ausdrückt, was diese für wichtig erachtet, was gefällt beziehungsweise missfällt.[20] Allerdings geht es mir nicht um das Distinktionsverhalten einer sozialen Gruppe im Verhältnis zu anderen sozialen Gruppen oder Milieus in der Tradition von Pierre Bourdieus „feinen Unterschieden"[21], sondern darum, wie innerhalb einer Gruppe Gemeinsamkeiten und Unterschiede durch Dinge verhandelt werden und sich dabei über die Jahre eine kollektive Ästhetik herausbildet.

---

18 Z. B. Interviews 1, 2 und 4.

19 Creative Class ist die nach dem Sozialwissenschaftler Richard Florida eingeführte Bezeichnung für eine sozioökonomische Gruppe, deren Mitglieder in den sogenannten Creative Industries (Design, Werbung, Musik, Film, Mode, Gameing etc.) tätig sind und denen besondere Konsummuster und Lebensstilmerkmale zugeschrieben werden. Die Creative Class gilt seit den 2000ern als wichtiger Motor für die wirtschaftliche Entwicklung postindustrieller Städte in Europa und den USA. Sie wird aber auch für Gentrifizierungsprobleme mitverantwortlich gemacht.

20 Vgl. hierzu Elke Gaugele. 2014. Aesthetic Politics in Fashion – An Introduction. In *Aesthetic Politics in Fashion*, Hrsg. dies., 11–18. Berlin: Sternberg Press, S. 11–18, basierend auf der „Aufteilung des Sinnlichen" nach Jacques Rancière. 2006. *Die Aufteilung des Sinnlichen. Die Politik der Kunst und ihre Paradoxien.* Hrsg. von Maria Muhle. Berlin: b_books.

21 Pierre Bourdieu. 1987. *Die feinen Unterschiede.* Berlin: Suhrkamp.

Ästhetische Praxis zwischenmenschlicher Beziehungen

Was während der Interviewrundgänge von den Bewohner*innen als ‚schön‘, ‚hässlich‘ oder ‚geschmacklos‘ bezeichnet wird, ist zumeist an Erzählungen geknüpft, in die sowohl die genannten Gemeinsamkeiten (ästhetische Erziehung durch Gestaltungsausbildung und Beruf) als auch die mitgebrachten Differenzen (soziale Prägung in Kindheit und Jugend) einfließen. So machen sich die Bewohner*innen durch das Mitbringen, Pflegen, Ordnen oder Aussortieren von Dingen nicht nur füreinander erlebbar oder erfahrbar, sondern verhandeln durch die Dinge stets ihr erweitertes soziales Umfeld in der Mühlengemeinschaft mit. Der Anthropologe Daniel Miller spricht diesbezüglich von unterschiedlichen „Beziehungsnetzen".[22] Die Ausgestaltung eines Haushalts sieht er als ein Ergebnis von „sich ständig wandelnden und immer neuen Einflüssen, [unter denen] wir unsere Persönlichkeit und unseren Lebensstil [entwickeln], so daß wir uns weniger als autonome Individuen denn als Knotenpunkte von Beziehungsnetzen betrachten sollten".[23] Als zugleich Teil und Ausdruck dieser Beziehungsnetze bilden die in unterschiedlichste Alltagspraktiken eingewobenen Dinge sinnstiftende Muster und Ordnungsprinzipien, die Miller als „Ästhetik" bezeichnet.[24]

Um sich dieser Betrachtungsweise zu nähern, ist es wichtig, das Ästhetische von der Kunstbetrachtung in den Alltag zu öffnen, wie es neben der Kulturanthropologie auch andere Sozial- und Kulturwissenschaften praktizieren, die sich mit den Schlüsselpraktiken des Zusammenlebens wie dem Wohnen oder der Nahrungszubereitung befassen. Im Zuge dessen wird unter anderem über Herbert Meads Theorie der „ästhetischen Erfahrung" der Begriff der Ästhetik in seiner ursprünglichen Bedeutung des griechischen Wortes als „sinnliche vermittelte Wahrnehmung" für die Alltagsforschung zurückgewonnen.[25] Hierbei ist aber nicht nur die sinnliche Wahrnehmung visueller und materieller Qualitäten einzelner Dinge (oder Werke) entsprechend ihrer Form, Farbigkeit oder haptischen Ausgestaltung gemeint, sondern vor allem die gemeinsame oder individuelle Freude am Gebrauch von Gegenständen oder an vollbrachten Arbeiten (wie zum Beispiel der Renovierung einer Wohnung), aber auch die Zubereitung von Mahlzeiten. Alltagshandlungen wie Aufräumen, Kochen, Körperpflege oder die Fürsorge für Kinder sind ästhetische Praktiken, weil sie über die Art und Weise ihrer Ausführung, die von den dafür ausgewählten

---

22 Daniel Miller. 2010. *Der Trost der Dinge*. Berlin: Suhrkamp, S. 215–216.
23 Miller 2010, S. 217.
24 Miller 2010, S. 216.
25 Karl H. Hörning. 2012. Das Ding im Fadenkreuz sozialer und kultureller Praktiken. In *Das Design der Gesellschaft. Zur Kultursoziologie des Designs*, Hrsg. Stephan Moebius und Sophia Prinz, 29–47. Bielefeld: Transkript, S. 42, mit Bezug auf Herbert Mead.

Dingen mitbestimmt wird, individuellen wie sozialen Geschmack, kulturelle Werte
und Gebräuche sinnlich wahrnehmbar vermitteln. Dabei wird das Ästhetische als
„kommunikativer Prozess" verstanden, der zur Verständigung über die individuellen
Auslegungen von Werten und Normen in komplexen Gesellschaften dient.[26] Bei einem Zusammentreffen unterschiedlicher Individuen (etwa beim Zusammenwohnen
oder arbeiten) spielen hierbei die sensorischen, verkörperten Wissensweisen eine
Rolle, die jede*r Einzelne durch den Umgang mit Dingen bei der Ausübung von
Alltagspraktiken zum Ausdruck bringt. Denn obwohl innerhalb bestimmter Milieus
oder Gruppen dem gepflegten Lebensstil entsprechende Vorlieben für ästhetische
Ausdrucksformen geteilt werden, sind im Umgang mit Dingen und bei ihrer Nutzung
von Person zu Person Unterschiede zu verzeichnen.[27] Gerade in Haushaltspraktiken
wirkt – freilich unter dem Einfluss aktueller Moden, sozialer und ökonomischer
Zwänge sowie politischer Überzeugungen und dem jeweiligen ökologischem Gewissen – das durch Erziehung und Ausbildung Erlernte und Erfahrene fort, wobei
es sich um ein anerkennendes oder ablehnendes Fortwirken handeln kann.

Im Fall der Mühlengemeinschaft spielt, wie bereits gesagt, der geschichtsträchtige
Baubestand der Mühle mit seiner Flusslage eine wesentliche Rolle bei der strukturellen sowie rechtlichen Ausgestaltung der Gemeinschaft. Ich beginne deshalb
die Beschreibung der ästhetischen Praxis in der Beziehungskiste ‚Mühle' mit den
Reaktionen der Bewohner*innen auf vorgefundene Dinge, also jene Dinge, die beim
Einzug der Gruppe bereits da waren. Zu diesen Dingen zähle ich auch das Gebäude
selbst, von dem, wie bereits erwähnt, eine besonders beziehungsstiftende Wirkung
ausgeht. Im zweiten Teil der Beschreibung folgt dann eine Auseinandersetzung mit
der beziehungsstiftenden oder störenden Wirkung von Dingen, die nach und nach
von einzelnen Bewohner*innen in den Gemeinschaftshaushalt eingebracht wurden.

Herzstücke und nichtsichtbare Reparaturen.
Beziehungsreaktionen auf vorgefundene Dinge

Die Verfasstheit der Gebäude und ihrer Einrichtungen spielt bereits in der Erwerbs-
sphase eine wichtige Rolle, sie bestimmt die vertragliche Gesellschaftsbeziehung
entscheidend mit. Die damit verbundenen ökonomischen und praktischen Motive
wurden bereits angeführt. An dieser Stelle geht es mir um die sinnlich-ästhetische
Qualität der Dinge und deren vergemeinschaftende Wirkung, welche die Gesell-

---

26 Hörning 2012, S. 42.
27 Vgl. Sarah Pink. 2012. *Situating everyday life*. London: Sage, S. 48ff.

schafter*innen dazu bewegt, das Ensemble nicht zu ‚zerstückeln' und weder Haus noch Grundstück zu parifizieren.[28] Grund dafür ist unter anderem, dass nicht alle Teile gleich bewertet werden und manche Gebäudeteile und Einrichtungen, vor allem jene, die noch vom Mühlbetrieb herrühren, sogar als „Herzstücke" gelten.[29] Dazu zählt etwa der Mühlboden, der in seiner Raumwirkung – von der Vollholzbauweise über die Raumhöhe zu den großen Flügelfenstern – und mit seinen historischen Geräten zum Getreidemahlen besticht (Abb. 2). Deshalb werden die Eigentümer*innen zu Gesellschafter*innen einer Offenen Erwerbsgesellschaft (OG), die zu gleichen Teilen den Gesamtbestand besitzen und nutzen. Sie sind für alle Folgekosten gemeinsam verantwortlich, ebenso wie sie solidarisch füreinander haften. In der Folge gestaltet die Mühle damit nicht nur die rechtliche Gesellschaftsform, sondern auch das weitere zwischenmenschliche Zusammenleben entscheidend mit. Denn von nun an ist für alle baulichen Maßnahmen, alle größeren Anschaffungen sowie sämtliche Eingriffe in die Substanz des gesamten Gebäudes eine Konsenslösung zu finden. Die Bewohner*innen drücken dieses Besitzverhältnis mit den Worten „Allen gehört alles" oder „Alles gehört allen" aus.[30] – Eine Formulierung übrigens, die auch die Beziehungen unter den Kindern wesentlich mitbeeinflusst und etwa bei der Lösung auftretender Streitigkeiten zu hören ist.[31] Es lässt sich also sagen, dass die Wirkungsmacht der Mühle über den Vertrag, den die Erwachsenen geschlossen haben, auch die Beziehungen der Kinder mitgestaltet.

Abb. 2

Blick in den Mühlboden (ursprünglicher Mahlraum). Foto: Andrew Griebl

---

28 Aus meiner Erinnerung an die Gründungsphase notiert. Diese Formulierung taucht heute noch wiederholt in Erzählungen über die Gründung der Gemeinschaft auf.

29 Z. B. Interview 2, 16.10.2016, und Interview 5, 23.10.2016.

30 Anhand meiner Erinnerungen und nach Beobachtungen notiert.

31 Anhand meiner Erinnerungen sowie anhand von Erzählungen der Kinder und Jugendlichen notiert.

Konzeptionell wird das Prinzip „Alles gehört allen" durch ein Rotationsprinzip umgesetzt: Jede Familie bewohnt für einen vorab nicht festgelegten Zeitraum eine sogenannte Wohneinheit, die jeweils aus mindestens zwei Zimmern besteht. Alle anderen Räume sowie der Garten werden kollektiv genutzt. Diese Wohneinheiten liegen im Obergeschoss und beherbergen auch die Dinge, die für die jeweiligen Nutzer*innen von emotionalem oder funktionalem Wert sind (darunter liebge wonnene Erb- und Erinnerungsstücke, Spielsachen, Kleidung und Dokumente, aber auch Möbel). Sie sind privat und wandern mit. Diese Ordnung folgt vor allem Sicherheitsgründen, da die Mühle mit ihrer Flusslage in mehr oder weniger großen Abständen Hochwassergefahren ausgesetzt war und ist. Erst im Jahr 2002 gab es in der Region ein ‚Jahrhunderthochwasser', von dem auch die Mühle stark betroffen war. Auch deshalb wurden alle von einer möglichen Überschwemmung erfassbaren Gebäudeteile aus Gründen kollektiver Haftung als Gemeinschaftsräume deklariert. Vor diesem Hintergrund wirkt das Hochwasser wie ein sogenanntes „Hyperobject" nach Timothy Morton, ein in seiner Form, Quantität und Position variierendes und schwer fassbares „Über-Ding", dessen Omnipräsenz individuelles wie gesellschaftliches Denken und Handeln mitbestimmt.[32] Als solches beeinflusst es über die Jahre hinweg auf ernsthafte wie spaßige Art die Planung von Renovierungs- und Umbauarbeiten der Mühle, wie durch die hier abgebildeten Zeichnungen eines Hausbewohners visualisiert wird (Abb. 3a–3b).

Von besonderem Interesse für diese Untersuchung sind allerdings nicht nur Dinge, die durch ihre Größe, Geschichtsträchtigkeit oder Schönheit Gemeinschaft erzeugen können, sondern auch jene im Haus vorgefundenen Dinge, durch die die Bewohner*innen insbesondere ihre unterschiedlichen sozialen, kulturellen oder auch religiösen Prägungen erfahren und verhandeln. Diese reichen etwa vom bäuerlichen Milieu mit christlich-sozialer Verankerung bis zum linkspolitischen Alt-68er-Elternhaus, in dem das Religiöse und Rituelle weitgehend abgelehnt wurde. Ein signifikantes Beispiel dafür ist der Umgang mit dem sogenannten Herrgottswinkel, einer Mauerecke über dem Esstisch, die mit einem hölzernen Kruzifix besetzt war (Abb. 4a–4b). Dieses Kruzifix wurde von einem der Bewohner durch eine riesige Schöpfkelle aus glänzendem Metall ersetzt, angeregt durch die in Österreich für das Küchenutensil übliche Bezeichnung ‚Schöpfer'. Der Schöpflöffel dient hier zum einen als eine Art Übergangsobjekt, um die eigene religiöse Prägung in der Tradition des Protestantismus und die daraus resultierenden Zweifel an streng konfessioneller Religiosität zu verhandeln. Dabei kommt gleichzeitig die

---

32 Timothy Morton. 2013. *Hyperobjects. Philosophy and ecology after the end of the world.* Minneapolis: University of Minnesota Press. Andere Hyperobjects sind etwa Plastikmüllinseln im Meer oder das Ozonloch.

Abb. 3a–3b Varianten der Fenstergestaltung in Flussrichtung mit und ohne Hochwasserszenario. Zeichnungen: Niels Jonkhans

Bedeutung zum Ausdruck, die der Bewohner der liebevollen Versorgung von Familie und Freunden beimisst, wie er sie selbst im elterlichen Haushalt erfahren hat und weiter praktiziert.[33] Zum anderen macht er sich dadurch für die übrigen Bewohner*innen erfahrbar, die, so zeigen die Interviewrundgänge, die Schöpfkelle im Herrgottswinkel akzeptieren, weil sie daran die ihnen allen zugutekommende

33 Interview 3, 16.10.2016.

Kochleidenschaft ihres Mitbewohners knüpfen, ebenso wie sie dessen Familienge-
schichte respektieren. Das heißt, sie akzeptieren die Schöpfkelle im Herrgottswinkel,
auch wenn sie selbst die Umgestaltung nicht vorgenommen hätten. Signifikant ist
diesbezüglich die Reaktion einer Bewohnerin, die in einer nichtreligiösen Familie
aufgewachsen ist: „Ich finde das lustig mit dem Schöpfer, aber da ich ja selber nicht
getauft bin, hätte ich da ein Kreuz aufgehängt, wenn ich ehrlich bin; weil ich das
nie gehabt habe, dieses Gläubige […]. Das wurde bei uns immer nur lächerlich gemacht zu Hause, was ich aber schwierig finde […]. Die Ironie allem Rituellen und
Spirituellen gegenüber und alles, was nicht dem Praktischen folgt, gleichzeitig ins
Lächerliche zu ziehen. Meine 68er-Eltern haben sich das schon leicht gemacht. Das
ist etwas, das ich nicht will für mein Leben."[34] Dem Schöpflöffel kommt hier in der
Formulierung der neuen selbstgewählten Wertegemeinschaft ‚Mühlenhaushalt' eine
vermittelnde Rolle zu, wie sie für posttraditionale Gemeinschaftsformen, in denen
Individuen nicht den religiösen, politischen oder kulturellen Werten ihrer Familien
folgen, sondern diese aus verschiedenen ihnen bekannten Systemen entsprechend
ihren Vorstellungen zusammenstellen und weiterentwickeln, wesentlich

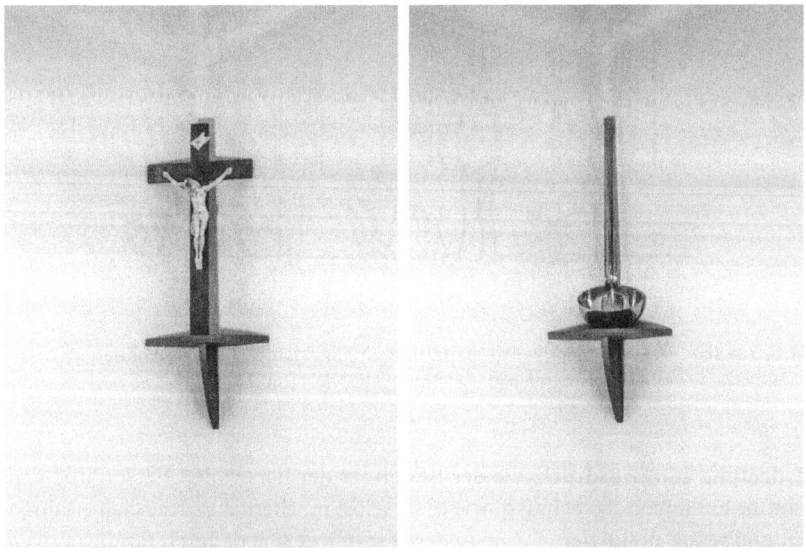

Abb. 4a–4b   Der ‚Herrgottswinkel' in der Mühlenküche vor und nach der
Umgestaltung durch einen Bewohner. Fotos: Albert Handler

---

34 Interview 2, 16.10.2016.

sind. Darüber hinaus bezieht der Schöpflöffel auch Hausgäste und Besucher*innen in Gespräche über Glaubens- und Wertedebatten mit ein, darunter Mitglieder der Herkunftsfamilien ebenso wie den Dorfpfarrer.

Im Umgang mit den vorgefundenen Dingen sind überdies drei Formen der Beziehungspflege mit dem erweiterten sozialen Umfeld herauszustreichen, die freilich ineinander übergreifen und nicht scharf voneinander abgrenzbar sind. Die erste, von den Bewohner*innen als eine Art ‚nichtsichtbare Reparaturen' benannt, drückt insbesondere das Verantwortungsgefühl gegenüber den Vorgängergenerationen aus: „Ich möchte nicht derjenige sein, der das hier gegen die Wand fährt", erklärt ein Bewohner im Interview diesbezüglich.[35] Dabei fallen die Entscheidungen über das entsprechende Verhältnis zwischen der Pflege von Altem und der Schaffung von Neuem innerhalb der Gruppe keinesfalls stets friktionslos aus. Gerade das Spannungsfeld zwischen Alt und Neu ist über die Maßen mit Wertvorstellungen aufgeladen, welche schon von klein auf entwickelt werden und später durch eine Positionierung in Ausbildung und Beruf (etwa die Art und Weise, wie sich Gestalter*innen, Pädagog*innen oder auch Landwirt*innen sozial und ökologisch engagieren) ihre spezifische Ausprägung finden. Als ein Beispiel eignet sich hier ein im Hauseingang gewagt aus der Wand ragendes Regal aus recyceltem Holz, das ohne Füße und Stützen auskommt. Zwar erklärt sein Erbauer im Interviewrundgang, wie gern er sich bei der Bearbeitung der alten Holzbauteile mit modernen Bearbeitungsmaschinen den Tischler vorstelle, der diese früher hergestellt haben könnte, und betont auch die Schönheit der Materialalterung. Gleichzeitig lässt er aber durchblicken, dass sich das Regal in seiner geradlinigen, betont nicht folkloristisch anmutenden Formgebung gegen eine übermäßige Romantisierung des Alten und Ländlichen richte, welche er nicht mit allen hier zu teilen meint. Er bezeichnet diese als „imaginierte Folklore".[36]

Die zweite Form betrifft die Beziehungen zu den Dorfbewohner*innen. Eingangs wurde bereits die besondere Position der Mühle in der Dorfstruktur herausgestellt, als historischer Ort, als Punkt der Orientierung, aber auch als ein Ort, der vor allem den Älteren noch als Arbeitsplatz oder als Geschäft bekannt ist. Dementsprechend standen die ‚Zuagroasten' (Zugezogene) von Beginn an unter besonderer Beobachtung. Überraschend ist in diesem Zusammenhang, wie sich die Art und Weise der Hausrenovierung auf die Beziehung zu einigen Dorfbewohner*innen auswirkt. Denn diese wird von den Dorfbewohner*innen mitverfolgt, bewertet und in etwaige Kooperationsentscheidungen einbezogen. So war ein benachbarter Waldbesitzer erst dazu bereit, Brennholz an die Mühlengemeinschaft zu verkaufen,

---

35 Interview 1, 16.10.2016.
36 Interview 6, 26.07.2018.

nachdem er beobachten konnte, dass die Bewohner*innen selbst Hand anlegen und Zeit und Mühe investieren (Abb. 5). Es gefällt ihm, Ähnlichkeiten zu seinem eigenen Leben zu entdecken, hat er doch, wie in seinem Umfeld üblich, das eigene Haus auch selbst und mit Hilfe von Freunden und Familienmitgliedern renoviert und umgebaut und nicht ein Bauunternehmen beauftragt.[37]

Die dritte Form betrifft die Verbindung zwischen der privaten und der beruflichen Sphäre. Im Allgemeinen haben Menschen bei der Ausgestaltung ihres Wohnraums Personen oder Gruppen im Kopf, deren mutmaßliches Urteil sich mehr oder weniger direkt auf ästhetische wie praktische Entscheidungen auswirkt. Im Fall der professionell als Gestalter*innen tätigen Bewohner*innen der Mühle zeigt sich, dass auch sie bei Gestaltungsfragen ihre berufliche Peergroup im Hinterkopf haben. So werden das Haus und seine Dinge nicht nur zum Austausch mit Arbeitspartner*innen oder Auftraggeber*innen über Gestaltungsfragen genutzt, sondern darüber auch ein erweitertes berufliches Umfeld über Social-Media-Kanäle angesprochen (Abb. 6).

Abb. 5
Bewohner*innen bei Renovierungs- und Umbauarbeiten. Foto: Horst Hochmayr

Abb. 6
Belastungstest des ‚Hängeregals‘ auf Facebook kommuniziert. Screenshot und Foto: Kriso Leinfellner

---

37   Aus meiner Erinnerung an Gespräche mit dem Holzhändler notiert.

Perlen und Anti-Perlen. Zur Wirkung von mitgebrachten Dingen in der Beziehungskiste Mühle

Das Einbringen von Dingen spielt im Beziehungsgefüge des Mühlenhaushalts eine wichtige Rolle, da mit den Dingen oft komplexe Beziehungsnetze mitkommen, seien es familiäre, freundschaftliche oder auch berufliche. In den Interviewrundgängen wird entsprechend oft auf die Bedeutung der Herkunftsgeschichte der Dinge für das Beziehungsgefüge im Mühlenhaushalt verwiesen. Anhand ausgewählter Beispiele stelle ich in diesem Abschnitt unterschiedliche Wirkungsweisen von Dingen heraus und zeige, wie im Zusammenspiel von symbolischer und materieller Verfasstheit eines Einrichtungs- oder Dekorgegenstands und seiner jeweiligen Beziehungsgeschichte Gemeinschaft von Einzelnen oder mehreren als positiv oder negativ erlebt und erfahren wird. Ich beginne mit den besonders positiv besprochen Dingen, den „Perlen" oder „Lieblingsstücken", und fahre sodann mit den „Anti-Perlen" fort, durch die Gemeinschaft lediglich auf rein praktischer Ebene erlebt wird. Anschließend folgen Dinge des Dissenses, die das Beziehungsgefüge zumindest zeitweilig empfindlich stören, sowie Dinge des Konsenses, die als Vermittler in Streitfällen fungieren.

Zu den ersteren, den „Perlen", ist zu sagen, dass Dinge, die aus dem elterlichen oder großelterlichen Haushalt eines*r Bewohner*in stammen, im Allgemeinen positiv aufgenommen werden, auch wenn diese nicht hundertprozentig den Geschmack aller Gruppenmitglieder treffen. Das gilt vor allem dann, wenn die jeweiligen Familienmitglieder den Mühlenbewohner*innen persönlich bekannt sind. Des Weiteren gehören zur ersten Gruppe Dinge aus aktuell für die*den Einzelne*n wichtigen Lebensbereichen (z. B. Berufsleben). Eine Voraussetzung hierfür ist, dass die anderen Bewohner*innen von diesen Kenntnis haben oder zumindest eine Verbindung dazu herstellen können. Beispiele dafür sind etwa die zahlreichen Fundstücke, die ein Architekt in der Gruppe auf Baustellen sowie an diversen anderen Fundorten entdeckt hat und in den Altbestand der Mühle einbaut. Über die Beschreibungen der Fundorte werden nicht nur er als Person und sein Gestaltungsprinzip des Wieder- und Weiterverwendens für andere erfahrbar, sondern auch Bemühungen kommuniziert, den Gemeinschaftshaushalt auf kostengünstige Weise mitzugestalten. Aber auch Neuerwerbungen, die eine gegenseitige Fürsorge erlebbar und erfahrbar machen, indem sie über eine rein zweckrationale Funktion hinaus auch sinnlich-ästhetische Kriterien erfüllen, die die Gruppe aufgrund geteilter Vorstellungen von guter Gestaltung einen, treten hier positiv hervor. Für alle eingebrachten Dinge aus diesen Gruppen gilt: Durch eine entsprechende Erklärung, die einer Art Provenienzgeschichte gleichkommt, werden diese mit zusätzlicher Bedeutung aufgeladen. Als Reaktion auf die Wertschätzung,

die der*die Überbringer*in der Hausgemeinschaft dabei entgegenbringt, erfährt
er*sie wiederum Wertschätzung von der Gruppe, weil entweder etwas Besonderes
geteilt wird (wie z. B. ein Erbstück) oder weil auf der Suche nach einer preiswerten,
aber trotzdem ,schönen' Lösung Zeit und Mühe investiert werden. Diese Investition
gilt als Investition in die Gemeinschaft. Sie erfährt als eine gesamtgesellschaftliche
und ökologische Investition innerhalb der Gruppe eine zusätzliche Aufwertung,
gelten doch der Secondhand-Konsum ebenso wie das Recycling von Dingen als
Formen der Slow-Consumption, durch die Produktions- und Konsumationszyklen
verlangsamt werden können.[38] Hier können Liegestühle, die nach dem Ende der Fuß-
ball-Europameisterschaft von einem Wiener Gastronomen preisgünstig abgegeben
wurden, ebenso wie ausrangierte Wirtshausbänke und Gartenbänke, die viele Gäste
aufnehmen können, sowie Porzellan und Gläser vom Flohmarkt aufgezählt werden
(Abb. 7a–7b). Die wichtige Rolle, die sowohl persönlichen Dingen wie Erbstücken
und anderen Erinnerungstücken als auch einigen dieser Erwerbungen zugesprochen
wird, betont eine Bewohnerin im Interviewrundgang, während ihr Blick über eine
Ansammlung verschiedenartiger Möbel- und Eirichtungsgegenstände streift, die
sich aktuell noch in einem Lagerraum befinden: „Wenn diese Dinge einmal alle
einberufen werden, werden wir es bestimmt sehr schön haben."[39]

Abb. 7a   **Abb. 7b**

Secondhand-Konsum als zeitliche   Gemeinschaftlich genutzter Innenhof
Investition in die Gemeinschaft.   mit eingebrachten und vorgefundenen
Foto: Horst Hochmayr   Sitzgelegenheiten. Foto: Kriso Leinfellner

---

38 Zur Investition von Zeit in Gesellschaft und Umwelt durch Recyclingpraktiken siehe
    z. B.: Susan Strasser. 2000. *Waste and want. A social history of trash*. New York: Holt;
    Nicky Gregson und Louise Crewe. 2003. *Second Hand Cultures*. Oxford: Berg sowie
    Meroni 2007.
39 Interview 4, 22.10.2016.

Ein signifikantes Beispiel für ein Ding, das in den Interviewrundgängen von mehreren Bewohner*innen unabhängig voneinander als „Spitzending", „Lieblingsding" oder als „Perle"[40] bezeichnet wird, ist der sogenannte Sparofen im Zentrum der Gemeinschaftsküche. Der Sparofen, eine Kombination aus Heizofen und Kochstelle mit einer Oberflächenveredelung aus weißem Email, wird ebenso aufgrund seiner sozialen wie seiner praktischen Qualitäten geschätzt, er gefällt aber auch formal und farblich. Rund um den Sparofen trifft man sich zum Kochen, um sich die Hände zu wärmen oder um nasse Wäsche zu trocknen. Dabei begegnet man sich meist zufällig zum kurzen Austausch von Befindlichkeiten, hier finden aber ebenso intensive Gespräche oder auch Klärungen von Unstimmigkeiten statt. Der Sparofen, an den von vier Seiten herangetreten werden kann, wirkt wie ein Lagerfeuer, um das sich Menschen zur Ausübung lebenserhaltender wie ritueller Handlungen versammeln können und durch Beziehungspflege für die Weiterentwicklung sozialer und kultureller Praktiken und Gebräuche sorgen. Während der Interviewrundgänge reiben sich die Gesprächsteilnehmer*innen die Hände über dem Ofen, selbst wenn dieser zur Zeit der Begehung nicht beheizt ist. Besonders liebevoll wird dabei von den duftenden Braten gesprochen, die vor allem mit dem Einbringer des Ofens verbunden werden. Im Zuge dessen wird der Ofen irrtümlicherweise seiner großmütterlichen Bauernhofküche zugeschrieben und über diese mit der Kochtradition der Familie verbunden. Gerade weil diese Zuschreibung fälschlicherweise stattfindet – denn der Ofen wurde tatsächlich im Secondhand-Handel erstanden –, ist sie umso mehr ein Beleg dafür, wie innerhalb dieser Gemeinschaft über die Dinge die Beziehungsnetze mitgepflegt werden, die die einzelnen Bewohner*innen von außen mitbringen.

Während der Ofen rundherum für Wohlbefinden sorgt, weil er sowohl formal wie funktional und emotional den sozialen Bedürfnissen der Gruppe entspricht und positiv im Beziehungsgefüge wirkt, stimmt ein anderer Gegenstand traurig, ja verärgert regelrecht, weil durch ihn Gemeinschaft negativ erfahren wird. Die Rede ist von einem handelsüblichen blau-weißen Schubladenkasten aus Kunststoff, der von ehemaligen Mitbewohner*innen eingebracht wurde.[41] Eine Bewohnerin meint im Interviewrundgang: „Ich finde diesen Schrank hier so etwas von hypergeschmacklos. Ich weiß auch nicht, wer den ausgesucht hat."[42] Eine andere Bewohnerin erinnert sich: „Zwei unserer ehemaligen Mitbewohner*innen haben ihn irgendwann zur Verfügung gestellt und beschriftet; ich weiß nicht mehr, ob es unabgesprochen war

40 Z.B. Interview 2, 16.10.2016, und Interview 5, 23.10.2016.
41 2015 kam es zu einem Wechsel in der Gruppe. Eine vierköpfige Familie trat aus der Gesellschaft aus, eine Familie mit gleicher Personenanzahl übernahm deren Anteile.
42 Interview 4, 22.10.2016.

oder nicht, aber für mich war das wirklich ein totales No-Go". Lachend befindet sie anschließend, dass das Ding zwar „furchtbar" aussieht, aber „total praktisch" ist, „weil jeder weiß, wo was hingehört […]".[43] Eine dritte Bewohnerin reagiert besonders negativ auf die Beschriftung einzelner Schubladen mit Buchstabenkürzeln, die sich aus den Initialen der jeweiligen Familienmitglieder zusammensetzen: KALV zum Beispiel oder OSKA. „Also so was geht gar nicht! Also da auch noch solche Dinger draufzukleben, also, das ist der kleinste gemeinsame Nenner einer Gemeinschaft! Da geht es nur darum, dass wir miteinander funktionieren. Da wird etwas Billiges genommen, etwas Abwaschbares. Das ist das Minimum an Gemeinschaft!"[44] (Abb. 8). Der Schrank wird von dieser Bewohner*in im Rundgang als „Anti-Perle" bezeichnet. Dieses Beispiel bestätigt die in der Einleitung dieses Bandes aufgestellte These[45], dass eine rein an der Nützlichkeit orientierte Gestaltung zwar sozial in dem Sinne sein kann, dass sie den Lebensalltag verbessert (hier das Organisatorische – jeder weiß, wo die Hygiene- und Kosmetikartikel der jeweiligen Familien zu finden sind), dass aber die durch das Ding geleistete Strukturierung zwischenmenschlicher Beziehungen dabei nicht erlebt wird. Die wiederholte Aufregung über diesen eher unscheinbaren Schrank lässt sich auch dadurch erklären, dass die Bewohner*innen ihre Identität als Mitglieder dieser bestimmten Gruppe stark durch das Leben mit Dingen konstruieren.[46] Zumindest in der Mühlengruppe will Gemeinschaft nicht als ‚praktisch' im Sinne von ‚abwaschbar' und schon gar nicht ‚billig' erlebt werden, sondern, wie die Beispiele weiter oben gezeigt haben, als qualitativ hochwertig und langlebig.

Abb. 8 Schubladenschrank mit Beschriftung als ein Ding durch das Gemeinschaft negativ erlebt wird. Foto: Martina Fineder

43 Interview 5, 23.10.2016.
44 Interview 2, 16.10.2016.
45 Siehe dazu die Einleitung Lang und Fineder.
46 Vgl. dazu Judy Attfield. 2000. *Wild things. The material culture of everyday life.* Oxford: Berg.

Auch zeigt sich, dass die Mitgestaltung von Gemeinschaft über Dinge als negativ empfunden wird, wenn über diese ohne vorherige Absprache gestaltend in das Miteinander der Gruppe eingegriffen wird. Die Bewohner*innen reagieren deshalb allergisch auf den Schrank, weil er sie eine Form der sozialen Organisation erleben lässt, die nicht der von ihnen angestrebten entspricht. Der Schrank vermittelt eine Idee sozialer Gemeinschaft, bei der die Mitglieder sich einer vorgefassten Ordnung zu fügen haben, statt durch gegenseitige Wahrnehmung eine passende Ordnung erst zu finden. In den titelgebenden Termini des vorliegenden Buches ausgedrückt, besitzt der Schrank fast ausschließlich Sozialität und keine Soziabilität.[47]

Allerdings belegen die Gespräche mit den Nutzer*innen, dass sich alle der vorgegebenen Ordnung fügen, obwohl sie ihnen missfällt. Selbst jene Bewohnerin, die sich massiv an dem Beschriftungssystem stößt, führt dieses weiter. Als ein neueres Mitglied der Gruppe will sie sich dem eingeführten System anpassen, um nicht durch etwaiges Zuwiderhandeln das Beziehungsgefüge im Haus zu stören.[48] An diesem Beispiel wird nicht nur die Wirkungsmacht der Dinge auf symbolischer wie materieller Ebene deutlich, bei den Nutzer*innen ein bestimmtes Verhalten herbeizuführen, sondern es zeigt auch, wie selbstverständlich sich Menschen durch Dinge an Erwartungen anpassen, von denen sie denken, dass sie innerhalb einer bestimmten Gruppe (oder Gesellschaft) an sie gestellt werden.[49] Eine Voraussetzung dafür ist allerdings, dass man sich als Teil der jeweiligen Gruppe fühlen möchte. Denn zwar kann dieser Einrichtungsgegenstand aufgrund seiner symbolischen und materiellen Verfasstheit ein Ordnungsprinzip derart vermitteln, dass diesem auch wiederholt nachgekommen wird, aber ein bestimmtes Verhalten erzwingen, wie es etwa der durch Bruno Latour berühmt gewordene Berliner Schlüssel oder auch die uns allen bekannten Bremsschwellen tun, kann er lediglich in eingeschränktem Maße.[50] Während die Schwellen einen von unterschiedlichen Akteuren (Bürger*innen, Gesetzgebung, Asphaltbelag etc.) bestimmten Handlungszwang, nämlich einen Bremszwang, auf einen Großteil der Verkehrsteilnehmer*innen ausüben, entfaltet der Schubladenschrank seine Wirkungsweise insbesondere innerhalb des begrenzten Beziehungsgefüges, dem die jeweiligen Personen angehören wollen.

---

47 Siehe dazu die Einleitung von Lang und Fineder.

48 Interview 2, 16.10.2016.

49 Pierre Bourdieu. 2017. Die feinen Unterschiede (1979). In *Ästhetik und Gesellschaft – Grundlagentexte aus Soziologie und Kulturwissenschaften*. Hrsg. Andreas Reckwitz, Sophia Prinz und Hilmar Schäfer. 304–316. Berlin: Suhrkamp, S. 304 f.

50 Bruno Latour. 1996. *Der Berliner Schlüssel. Erkundung eines Liebhabers der Wissenschaft*. Oldenbourg: Akademieverlag; zur Wirkungsmacht der Bodenschwellen siehe auch Peter-Paul Verbeek. 2005. *What things do*. University Park, Pa: Pennsylvania State University Press, S. 159 ff., sowie den Beitrag von Tromp, Hekkert und Verbeek in diesem Band.

Ich möchte von hier aus zur Beschreibung der dritten Gruppe, den ‚Dingen des Dissenses' überleiten, denn diese erlauben es, verstärkt auf die emotionale Wirkung von Dingen einzugehen. Dabei handelt es sich um Dinge, die schmerzhafte Emotionen oder stark negative Erlebnisse aus der Vergangenheit oder der Gegenwart Einzelner evozieren. Als Träger diesbezüglicher Erinnerungen und Gefühle können sie sich belastend auf einzelne Personen und folglich auch auf die Beziehungen innerhalb einer Gruppe auswirken, vor allem dann, wenn die Dinge überraschend in einem Beziehungsgefüge auftauchen. Die bereits eingangs besprochene Auslegung „ästhetischer Erfahrung" nach Herbert Mead verweist darauf, dass Dinge unsere „Erfolge und Enttäuschungen" ebenso wie unsere „Mühen und Leiden" und viele andere Emotionen und Affekte verkörpern.[51] Dabei kann ihre Wirkung sowohl von ihrer materiellen Beschaffenheit als auch von ihrer Form oder Ausführung ausgehen, denken wir nur an den Schubladenschrank, durch den die Bewohner*innen sich selbst und ihr Gemeinschaftsleben abgewertet sehen.

Die Wirkung von Dingen kann aber von ihren materiell-visuellen Qualitäten auch mehr oder weniger unabhängig sein. Stattdessen können sie eine Stellvertreterrolle für Personen oder Personengruppen einnehmen und damit verknüpfte Beziehungen oder Ereignisse verkörpern. Eines dieser Dinge im Gemeinschaftsprojekt Mühle ist eine etwa zwei Meter große Skulptur aus hellen Metallstäben, die, ihrer Doppelfunktion als Skulptur und Rankgerüst entsprechend, von einem Bewohner überraschend im Garten aufgestellt wurde. Sie wurde von einem Künstler angefertigt, der mit einigen der Bewohner*innen in freundschaftlicher Beziehung steht oder diesen zumindest bekannt ist. Für eine Bewohnerin aber ist in dieses Beziehungsgeflecht eine schmerzhafte Liebesbeziehung aus der Vergangenheit eingewoben. Durch die für sie unerwartete Platzierung des Kunstobjekts traten negative Erinnerungen wieder in ihr Bewusstsein, die Präsenz der Skulptur in ihrem neuen Lebensraum kam einer persönlichen Verletzung gleich. Zusammen mit kleineren Konflikten, die zur Zeit der Platzierung zwischen denjenigen Gruppenmitgliedern, die auch mit der Skulptur in Beziehung stehen, vorherrschten, ging von der Skulptur eine massiv beziehungsstörende Wirkung aus, die aber im Laufe der Zeit und unter der Zuhilfenahme von Gruppensupervisionen ausgeräumt werden konnte. Heute ist die Skulptur von Rankpflanzen überwachsen und darunter fast vergessen. Zumindest scheint sie nicht weiter von Bedeutung zu sein; sie wurde weder in den Interviewrundgängen erwähnt, noch sind mir diesbezüglich aktuellere Geschehnisse und Konversationen bekannt.

---

51 George Herbert Mead. 1983. Das Wesen der ästhetischen Erfahrung. In ders., *Gesammelte Aufsätze. Band 2*, 347–359. Frankfurt am Main: Suhrkamp, S. 348.

In einem Gemeinschaftshaushalt, so zeigt sich, wirken durch die gemeinsame Nutzung von Dingen mehrere Beziehungsnetze zusammen. Es wirken berufliche mit freundschaftlichen und familiären, reale mit fiktiven sowie nur kurze mit langjährigen Beziehungen zusammen. Aufgeladen mit moralischen und ethischen, aber auch praktischen und funktionalen Bedeutungen, werden diese Beziehungen durch die Dinge und den Umgang mit ihnen sinnlich vermittelt. In den Interviewrundgängen wird deutlich, dass sich diese Mittlerrolle im Fall von selbst geplanten und selbst gefertigten Möbeln oder Bauten besonders intensiv gestaltet. Ich möchte deshalb die konsensstiftende Wirkung, wie sie eigens gefertigte Dinge ausüben können, abschließend noch an einem solchen Beispiel darstellen. Konkret geht es dabei um eine temporäre Toilettenkabine aus gelben Schalungsplatten. Die Kabine hat eine Grundfläche von einem Quadratmeter und eine Höhe von zwei Metern (Abb. 9). Ein Fest stand kurz bevor, dafür galt es, rasch zusätzliche Toiletten zu schaffen, die über die Festtage hinaus langfristig Bestand haben sollten. Wie vor Bauvorhaben innerhalb der Gruppe üblich, fanden im Vorfeld mündliche Absprachen statt und wurden Skizzen und E-Mails zur Planung ausgetauscht. Diskutiert wurde hierbei etwa, ob zwei Unisex-Toiletten oder je eine Kabine für Männer und Frauen errichtet werden sollten. Abgesehen von Geschlechterfragen, welche auch individuelle Hygienevorstellungen einschließen, galt es vor allem, räumlich-gestalterische Vorstellungen in Bezug auf Raumwirkung und Kosten zu verhandeln. Beide Diskussionspunkte brachten eine Vielzahl an persönlich-emotionalen sowie beruflich-funktionalen Argumenten mit sich – womit nicht gesagt sein soll, dass Argumente aus beruflichen Zusammenhängen weniger emotionalen Gehalt haben, ganz im Gegenteil, denn hier wirkt oft mit, wie jemand über selbstgestaltete Dinge aus fachlicher Perspektive wahrgenommen werden möchte. Um unter dem Zeitdruck der Festvorbereitungen einem drohenden Konflikt auszuweichen, schuf ein Bewohner eine Übergangslösung in Form der besagten gelben Toilettenbox. Die Box signalisiert schon allein durch ihre Materialität, dass es sich um ein temporäres Objekt handelt, sind doch die gelben Schalungsplatten eindeutig dem Einsatz auf Baustellen oder beim Bau temporärer Architekturen zuzuordnen. Zudem steht die Box diagonal zum Raum, ohne das bestehende Mauerwerk zu berühren. Aufgrund dieser Materialität und dieser Positionierung wirkt die Box trotz präziser Verarbeitung und ausgeklügelter Details betont improvisiert. Sie ist das Produkt eines kollektiv geführten Planungs- und Abstimmungsprozesses, der aus Zeitgründen zu keiner für alle Beteiligten zufriedenstellenden Lösung führte. Sie ist ein Provisorium, das der Gemeinschaft als Ventil dient. Als solches wird sie stehen bleiben, bis die offenen Diskussionspunkte geklärt sind und Zeit und Muße da ist, diese auch entsprechend umzusetzen.

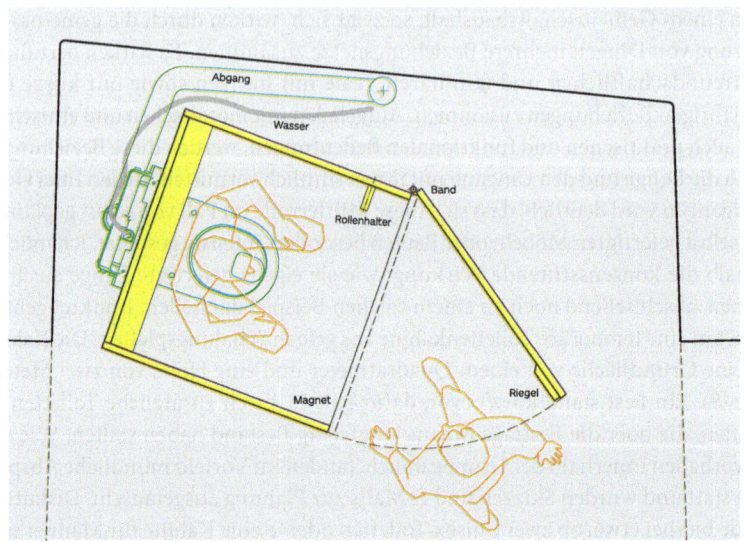

Abb. 9 Grundrisszeichnung der gelben Toilettenbox im Baubestand.
Zeichnung: Kriso Leinfellner

Weiterführende Überlegungen zu kollektiven Lebensstilen und Modellen der Güterteilung

Dieser Beitrag zeigt ausgehend von der beziehungsstiftenden Wirkung eines Hauses, wie sich seine Bewohner*innen durch das gemeinsame Nutzen von Dingen füreinander erlebbar und erfahrbar machen und dabei eine für ihre Hausgemeinschaft spezifische Ästhetik herausbilden. Dabei wurde zunächst die Wirkungsmacht des Hauses und der sich in ihm befindlichen Dinge bei der Initiierung einer Gemeinschaft herausgestellt. Exemplarisch dargelegt wurde, auf welche Art und Weise die symbolische und materielle Verfasstheit von Dingen Gemeinschaft mitgestalten kann beziehungsweise ein Bedürfnis nach Vergemeinschaftung überhaupt erst dermaßen hervorruft, dass in der Folge das Credo des „Alles gehört allen" formuliert wird. In dem besprochenen Fall galt es, die „Perlen" und „Herzstücke" zu erhalten, aber auch keine Ungleichheiten bei der Verteilung aufkommen zu lassen. Neben praktischen Gründen wirkt hier eine die Bewohner*innen auf mehreren Sinnesebenen beeindruckende visuelle und materielle Qualität der Dinge (Größe, Farbe, Bauweise, Licht, Geruch, Alter und Patina etc.). Diese sinnliche Wahrnehmung ist eng verwoben mit der historischen Bedeutung und den an diese geknüpften Beziehungsnetzen (Dorfgemeinschaft, vorangegangene Handwerkergenerationen etc.), welche wiederum durch das Wissen um sie eine besondere Wirkung entfalten. Daher geht die vergemeinschaftende Kraft dieser Dinge weit über eine vorherrschende Übereinstimmung in Lebensstilfragen sowie in der Beurteilung ästhetischer Ausdrucksformen innerhalb der sozialen Gruppe hinaus. Denn über individuell unterschiedliche Ausführung von Alltagspraktiken, welche zum Teil auf Familientraditionen oder prägenden Lebensbereichen wie Schule und Ausbildung der Bewohner*innen beruhen, werden im Erfahrungsraum Mühlenhaushalt auch Unterschiedlichkeiten und Differenzen zutage gefördert. Bei den entsprechenden Verhandlungen kommt den Dingen entweder eine Vermittlerrolle zu, sie können aber auch wie Störenfriede wirken. Diese Vermittlerrolle ist also niemals neutral, sondern gestaltet die Beziehungen zwischen Menschen und ihrer Umwelt aktiv mit.[52] Denn – und hier lässt sich in Anlehnung an Daniel Miller deutlich belegen, dass über die Beziehungen einzelner Bewohner*innen zu ihren Dingen auch Beziehungen beziehungsweise komplexe Beziehungsnetze von außerhalb in eine Gemeinschaft eingebracht werden. Die Aufladung der Dinge mit den unterschiedlichsten moralischen und ethischen Werten – kultureller, religiöser und sozialer, aber auch ökologischer und politischer Art – geschieht demnach in sich mehrfach überlagernder Art und Weise und erfolgt aus unterschiedlichen Richtungen. Ein Haushalt, in dem mehrere Personen mit unterschiedlichen familiären, kulturellen und sozialen Hintergründen leben, ist deshalb kein in sich (ab)geschlossenes System, sondern ein sich wandelnder sinnlich-ästhetischer Erfahrungsraum, der immer wieder neu durch seine Nutzer*innen und deren Reaktionen auf *und* durch ihre materielle und nichtmaterielle Umwelt gestaltet wird.[53] Diesbezüglich lässt sich auch von einer dem Kollektiv eigenen kollektiven Ästhetik sprechen.

Die hier vorgestellte mikrosoziologische Untersuchung mit autoethnografischen Zügen stellt also keinen eigenwilligen Sonderfall in der kollektiven Nutzung von Dingen vor, der sich mir als Mitbewohnerin praktischerweise zur Untersuchung anbot, sondern bietet eine exemplarische Untersuchung zum besseren Verständnis eines kollaborativ geführten Lebensstils in einer zunehmend von neuen Vergemeinschaftungsformen geprägten Welt. Vor dem Hintergrund des strukturellen wie demografischen Wandels unserer Gesellschaft gehen für Zukunftsforscher*innen

---

52 Vgl. Verbeek 2005; siehe dazu auch Tromp, Hekkert und Verbeek in diesem Band.

53 Als ein Nebenergebnis liefert die Untersuchung empirische Daten zur psychologischen Nachhaltigkeit von Gestaltung. Vgl. dazu Johannes Lang. 2020. Designästhetik und psychologische Langlebigkeit. In *Designästhetik. Theorie und soziale Praxis*, Hrsg. Oliver Ruf und Stefan Neuhaus, 109–123. Bielefeld: Transcript.

Entwicklungen wie die Auflösung von traditionellen Familienstrukturen und Beschäftigungsverhältnissen unter anderem Hand in Hand mit der Entwicklung neuer kollaborativer Arbeits- und Lebensformen.[54] Auch die Sinnhaftigkeit von Sharing-Modellen zur Initiierung von Konsumalternativen in Zeiten der Klimakrise steht außer Frage. Die Erforschung der Rolle der Dinge in und für Beziehungen zwischen Menschen wird dabei noch weitere Bedeutung erfahren, schon allein um zu verstehen, was die Menschen am kollektiven Nutzen von Dingen stört oder sie daran hindert, Dinge zu teilen.

Diesbezüglich verweist das vorgestellte Beispiel auf die enorme Bedeutung des physischen Raums als „anchor of cummunality" für Sharing-Kulturen, um einen Begriff aus dem vielbesprochenen Buch *What's Mine Is Yours* von Rachel Botsman und Roo Rogers zu entlehnen.[55] Während es zahlreiche Formen des Teilens wie Car-Sharing oder Bike-Sharing gibt, bei denen keine persönliche Beziehung geknüpft oder gar gepflegt werden muss (die Kommunikation läuft über Webplattformen), geht es bei anderen bewusst um die Gestaltung eines Lebens- oder Arbeitsraumes, in dem Gemeinschaft gepflegt oder zumindest zeitweise erfahren werden kann, etwa beim Couch-Surfing oder auch Community-Gardening. Auf jeden Fall trifft dies auf die Co-Working-Spaces zu, die initiiert wurden, um im Zeitalter der Ich-AGs und Home-Offices nicht der Vereinzelung und Vereinsamung ausgesetzt zu sein, wie Botsman und Rogers anhand von Interviews mit Protagonist*innen entsprechender Sharing-Modelle darlegen.[56]

Zum Verständnis ebendieser Sharing-Modelle, die die essenziellen Bereiche des Alltagslebens wie das Wohnen betreffen und deren Nutzer*innen über das Teilen von Räumen, Produkten oder Services persönliche Beziehungen pflegen wollen, erweist sich eine von der ethnografischen Sozial- und Kulturforschung beeinflusste Design-forschung wie die vorliegende als sehr fruchtbar. Durch objektgeleite Interviews beim gemeinsamen Gehen lassen sich ästhetische Alltagspraktiken samt den den jeweiligen Ausführungen zugrunde liegenden Emotionen und Wertvorstellungen durch die Dinge erfragen und erfahren,[57] anstatt sie lediglich mit einer semioti-schen Brille zu lesen und zu interpretieren. Freilich ist eine solche Vorgehensweise

---

54 Vgl. u.a. Oona Horx-Strathern. 2019. *Home Report 2020 – Zukunft des Wohnens und Bauens.* Frankfurt / Wien: Zukunftsinstitut.

55 Rachel Botsman und Roo Rogers. 2010. *What's mine is yours. The rise of collaborative consumption.* New York: Harper Business, S. 175.

56 Botsman und Rogers 2010, S. 167–169. Hier wird z. B. vom kalifornischen Erfinder der Co-Working-Spaces und seinen Wünschen nach zwischenmenschlichen Begegnungen im Arbeitsalltag berichtet.

57 Vgl. Pink 2015; Lee und Ingold 2006.

zeitaufwendig, und in manchen Forschungskontexten ist eine physisch-räumliche Erfahrung schlichtweg nicht möglich. Dann empfiehlt es sich über Photo-Elicitation zu arbeiten, denn auch das gemeinsame Sprechen bei der Bildbetrachtung vermittelt sinnliche Erinnerungen und Erfahrungen und eröffnet über diese Blicke auf individuell wie kollektiv identitätsstiftende Momente, persönliche Vorstellungen und Gefühlswelten wie auch politische Meinungen.[58]

Die Initiierung und Stärkung kollaborativer Lebensstile über Design erfordert Forschungsmethoden, durch die sich das Zwischenmenschliche über das reine Sprechen oder Schreiben hinaus sinnlich wahrnehmbar vermitteln lässt. Diese Forschung (und mit ihr das Design) spricht eine Einladung an mögliche künftige Nutzer*innen aus, sich auch über ein physisch-räumliches Forschungssetting einzubringen und nicht nur durch die Nutzung digitaler Plattformen zu partizipieren. Das Ziel sollte sein, Entwurfs- und Planungsformen zu entwickeln, die nicht das Persönliche und Verschiedenartige gegen das homogen Durchgestylte (welcher Geschmacksrichtung auch immer) ausspielen oder, mit anderen Worten, die Bricolage nicht gegen den Masterplan stellen. Letztlich geht es darum, über eine aktiv-reflexive Forschungspraxis einem prozessualen und inklusiven Gestaltungsverständnis zuzuarbeiten.

Literatur

Attfield, Judy. 2000. *Wild things. The material culture of everyday life.* Oxford: Berg.

Banz, Claudia, Hrsg. 2016. *Social Design. Gestalten für die Transformation der Gesellschaft.* Bielefeld: Transcript.

Botsman, Rachel, und Roo Rogers. 2010. *What's mine is yours. The rise of collaborative consumption.* New York: Harper Business.

Bourdieu, Pierre. 1987. *Die feinen Unterschiede.* Berlin: Suhrkamp.

Bourdieu, Pierre. 2017. Die feinen Unterschiede (1979). In *Ästhetik und Gesellschaft – Grundlagentexte aus Soziologie und Kulturwissenschaften.* Hrsg. Andreas Reckwitz, Sophia Prinz und Hilmar Schäfer. 304–316. Berlin: Suhrkamp.

Burckhardt, Lucius. 2006. *Warum ist Landschaft schön? Die Spaziergangswissenschaft,* Hrsg. Markus Ritter und Martin Schmitz. Berlin: Martin Schmitz Verlag.

---

58 Siehe Martina Fineder und Luise Reitstätter. 2018. We See, We Sense, We Say. Intergenerational Picture Talks as a Visual-sensory Approach to Citizen Science. *Proceedings der Österreichischen Citizen Science Konferenz 2018*, Hrsg. Florian Heigl; Daniel Dörler und Marlene Ernst, 30–34, Frontiers Abstract Book.

Büscher, Monika, und John Urry. 2009. Mobile Methods and the Empirical. *European Journal of Social Theory*, 12: 99–116.

Ellis, Carolyn, Tony E. Adams und Arthur P. Bochner. 2011. Autoethnography. An Overview. *Forum für Qualitative Sozialforschung*, 12/11/10.

Fineder, Martina. 2016. ‚Rot‘ und ‚Grün‘ – Zur Ästhetik öko-sozialer Verantwortung seit den 1970er Jahren. In *Social Design. Gestalten für die Transformation der Gesellschaft*, Hrsg. Claudia Banz, 165–180. Bielefeld: Transcript.

Fineder, Martina, Harald Gruendl und Ulrike Haele. 2017. *CityFactory. New Work. New Design*. Wien: Institute for Design Research Vienna. https://issuu.com/idrv1/docs/stadtfabrik-cityfactory-opensourcec [29.07.2019].

Fineder, Martina, und Luise Reitstätter. 2018. We See, We Sense, We Say. Intergenerational Picture Talks as a Visual-sensory Approach to Citizen Science. *Proceedings der Österreichischen Citizen Science Konferenz 2018*, Hrsg. Florian Heigl; Daniel Dörler und Marlene Ernst, 30–34, Frontiers Abstract Book.

Gaugele, Elke. 2014. Aesthetic Politics in Fashion – An Introduction. In *Aesthetic Politics in Fashion*, Hrsg. dies., 11–18. Berlin: Sternberg Press.

Gregson, Nicky und Louise Crewe. 2003. *Second Hand Cultures*. Oxford: Berg.

Hitzler, Ronald, Anne Honer und Michaela Pfadenhauer. 2008. Zur Einleitung. „Ärgerliche" Gesellungsgebilde? In *Posttraditionale Gemeinschaften. Theoretische und ethnografische Erkundungen*, Hrsg. dies., 9–31. Wiesbaden: VS Verlag für Sozialwissenschaften.

Horx-Strathern, Oona. 2019. *Home Report 2020 – Zukunft des Wohnens und Bauens*. Frankfurt / Wien: Zukunftsinstitut.

Hörning, Karl H. 2012. Das Ding im Fadenkreuz sozialer und kultureller Praktiken. In *Das Design der Gesellschaft. Zur Kultursoziologie des Designs*, Hrsg. Stephan Moebius und Sophia Prinz, 29–47. Bielefeld: Transkript.

Lang, Johannes und Martina Fineder. 2020. Zwischenmenschliches Design – Eine Einleitung. In diesem Band.

Lang, Johannes. 2020. Designästhetik und psychologische Langlebigkeit. In *Designästhetik. Theorie und soziale Praxis*, Hrsg. Oliver Ruf und Stefan Neuhaus, 109–123. Bielefeld: Transcript.

Latour, Bruno. 1996. *Der Berliner Schlüssel. Erkundung eines Liebhabers der Wissenschaft*. Oldenbourg: Akademieverlag.

Lee, Jo und Tim Ingold. 2006. Fieldwork on foot. Perceiving, routing, socializing. In *Locating the field. Space, place and context in anthropology*, Hrsg. Simon Coleman und Peter Collins, 67–85. Oxford: Berg.

Manzini, Ezio. 2015. *Design. When everybody designs. An introduction to design for social innovation*. Cambridge, London: MIT Press.

Mead, George Herbert. 1983. Das Wesen der ästhetischen Erfahrung. In ders., *Gesammelte Aufsätze. Band 2*, 347–359. Frankfurt am Main: Suhrkamp.

Meroni, Anna, Hrsg. 2007. *Creative Communities. People inventing sustainable ways of living*. Mailand: Edizioni POLI.design.

Miller, Daniel. 2010. *Der Trost der Dinge*. Berlin: Suhrkamp.

Morton, Timothy. 2013. *Hyperobjects. Philosophy and ecology after the end of the world*. Minneapolis: University of Minnesota Press.

Pink, Sarah. 2008. Mobilising visual ethnography. Making routes, making place and making images. *Forum Qualitative Social Research*, 9/3, Art. 36.

Pink, Sarah. 2012. *Situating everyday life*. London: Sage.

Pink, Sarah. 2015. *Doing sensory ethnography*. London: Sage.
Pink, Sarah, Kerstin Leder Mackley, Roxana Morosanu, Val Mitchell und Tracy Bhamra. 2017. *Making homes. Ethnography and design*. London: Bloomsbury Academic.
Rancière, Jacques. 2006. *Die Aufteilung des Sinnlichen. Die Politik der Kunst und ihre Paradoxien*. Hrsg. von Maria Muhle. Berlin: b_books.
Strasser, Susan. 2000. *Waste and want. A social history of trash*. New York: Holt.
Tromp, Nynke, Paul Hekkert und Peter-Paul Verbeek. 2020. Design für sozial verantwortliches Verhalten. Eine Klassifizierung seines Einflusses auf Grundlage der angestrebten Gebrauchserfahrung. In diesem Band.
Verbeek, Peter-Paul. 2005. *What things do*. University Park, Pa: Pennsylvania State University Press.
Weisshaar, Bertram. 2013. *Spaziergangswissenschaft in Praxis. Formate der Fortbewegung*. Berlin: JOVIS Verlag.

Autorin

Martina Fineder ist Professorin für Designtheorie und Designforschung an der Bergischen Universität Wuppertal. Zu ihren Arbeitsschwerpunkten zählen die Erforschung und Vermittlung ökologisch und sozial motivierter Design- und Konsumkulturen. Sie ist Mitbegründerin der Victor J. Papanek Foundation, Mitherausgeberin der deutschen Fassung von Papaneks *Design für die reale Welt* (2009), Ko-Autorin von Buchpublikationen wie *Nomadic Furniture 3.0* (2016), Autorin von Artikeln in Sammelbänden und Zeitschriften zu Social Design sowie Kuratorin von Ausstellungen wie der Vienna-Biennale-Schau *StadtFabrik. Neue Arbeit. Neues Design* (2017). Sie war Gastprofessorin für Geschichte und Theorie des Designs an der Bauhaus-Universität Weimar, wo sie mit dem Lehrpreis ausgezeichnet wurde. Bis 2019 arbeitete sie an der Akademie der bildenden Künste Wien, unter anderem als Projektleiterin zweier BMBWF-geförderter Citizen-Science-Projekte.

Geschmacksbeziehung
Über den Gemeinsinn im Design

Annette Geiger

Die Geschichte des Designs ist ohne den Begriff des Geschmacks nicht denkbar. Schließlich brachte jede Epoche ihre eigenen Geschmacksvorstellungen hervor. Doch wehrt sich die Designtheorie meist gegen die Behauptung, Gestaltung sei vom Geschmack geprägt. Denn alles Geschmackliche riskiert, mit Geschmäcklerischem gleichgesetzt zu werden, und frei nach der Redensart ‚Über Geschmack lässt sich nicht streiten' dürfte dann jede*r seinen/ihren persönlichen Vorlieben folgen, es käme zu unzähligen individuellen Geschmacksausprägungen, eine willkürlicher als die andere. Nicht nur verführerische Ästhetisierung würde das Design bedrohen, sondern auch subjektiver Ästhetizismus – so die Bedenken der Theorie.[1]

Doch hat es je eine Epoche rein subjektiver Geschmacksäußerung geben? Wohl kaum. Und dies liegt ebenfalls am Geschmacksbegriff: Neben der Auffassung, dass Geschmack stets individuell ausfalle, sodass jede*r ihn nach seiner/ihrer Fasson ausleben dürfe, pflegen wir auch die Vorstellung, dass Geschmack eine kollektive zivilisatorische Leistung bilde.

Dem Relativierungsgedanken genau entgegengesetzt, verlangt ‚guter Geschmack' nach dieser Definition, dass man Stil als normativen Ausdruck von Kultur und Bildung zu beherrschen hat. Geschmack muss von einer Gemeinschaft geteilt werden, es gilt, ihn gemeinsam zu leben und zu erleben. Er fällt also keineswegs beliebig beziehungsweise nach Belieben aus.

Widersprüchlicher als das Konzept des Geschmacks kann ein Begriff kaum gefasst sein, hier betont er das Subjektive und Willkürliche, dort das Kollektive und Gemeinschaftsstiftende. Man könnte den Geschmacksbegriff daher als für die

---

1   Diesen Zusammenhang erläutere ich ausführlich in meinem Buch: Annette Geiger. 2018. *Andersmöglichsein. Zur Ästhetik des Designs.* Bielefeld: Transcript. Der vorliegende Beitrag ist die Vorversion des Kapitels „Geschmack als Gemeinsinn. Das Design der Einfachheit um 1800", das noch um Ausführungen zu Kants Ästhetik erweitert wurde.

© Springer Fachmedien Wiesbaden GmbH, ein Teil von Springer Nature 2020
M. Fineder und J. Lang (Hrsg.), *Zwischenmenschliches Design*,
https://doi.org/10.1007/978-3-658-30269-6_12

Auseinandersetzung mit Design untaugliche Kategorie verwerfen, doch damit ginge eine wichtige Kulturtechnik verloren, die gerade für die Geschichte des Designs von großer Bedeutung war.

Geschmack, so möchte ich im Folgenden zeigen, ist eine „Kunst des Handelns" in Michel de Certeaus Sinne: Es gibt keine objektiven Regeln, kein expliziten Gesetze, es gibt nur „stille Produktion" ohne benennbare Epistemologie.[2] Geschmack ist ein Tun ohne Wissen, man kommuniziert durch eine ästhetische Praxis, die sich wissenschaftlich nicht erfassen lässt. Die Codes des Geschmacklichen verfolgen kein Erkenntnisinteresse, werden von niemandem festgelegt, erweisen sich aber als verbindlich für eine bestimmte Kultur. Mehr noch: Der Geschmack bringt als kollektiv verfolgtes Leitbild die jeweiligen Gemeinschaften erst hervor. Er existiert, um zu verbinden, er stiftet Beziehung durch Gemeinsinn.

Zentral für jede Art der Geschmacksbildung ist nicht nur das Aussehen der Gegenstände, sondern auch unser Umgang mit ihnen. Geschmack wird nur von denen hervorgebracht, die ihn auch aktiv praktizieren: Produktions- und Rezeptionsästhetik sind im Geschmacklichen stets verschmolzen, jede*r Rezipient*in ist auch Autor*in und umgekehrt. Aus dieser Perspektive sind Konsument*innen keine verführten Opfer ästhetisierter Waren. Indem die ästhetische Sinnstiftung stets auf einem eigenen Tun beruht, kann sie zur Selbstentfaltung und Selbsttechnik im Sinne Foucaults führen: Geschmack wird nicht vorgegeben, sondern hervorgebracht, er wird nicht befolgt, sondern getätigt – man erfindet ihn stets neu und anders.

Diese ästhetische wie soziale Funktion des Geschmacks möchte ich im Folgenden an dem designhistorisch einflussreichen Leitbild der Einfachheit und Leere, der Schlichtheit und Reduktion erläutern. Dass geschmackvolles Wohnen in der Moderne durch Verzicht auf Kargheit bis hin zur kahlen Wand bewiesen wurde, lässt sich sicher auf keine Notwendigkeit zurückführen oder als Folge der Industrialisierung erklären. Weder Materialersparnis noch Effizienz, weder Funktionalität noch ökonomische Ratio haben das Ideal hervorgebracht, sondern ein geschmackliches Gefallen an der Geste des freiwilligen Verzichts.

Dabei haben sich Nüchternheit und Sachlichkeit ohne Dekor als zentrale Topoi der Gestaltung keineswegs erst mit der klassischen Moderne ab 1900 herausgebildet. Die Ursprünge verweisen auf eine Epoche, die uns heute mindestens so altmodisch erscheint wie der Geschmacksbegriff selbst: das Biedermeier.

Gemeinhin als brav und rückschrittlich belächelt, als allzu häuslich und unpolitisch abgetan, zeugt ausgerechnet diese Zeit von einer ästhetischen Revolution im Design. Geschmack wurde im Biedermeier gerade nicht mit Stilratgebern gleich-

---

2   Michel de Certeau. 1988 [1980]. *Kunst des Handelns*. Berlin: Merve, hier insbesondere S. 26 ff.

gesetzt oder mit Modezarinnen und Stilpäpsten, deren Rezepte es nachzukochen galt. Im Zeitalter der neuen Bürgerlichkeit stand der Geschmacksbegriff für das genaue Gegenteil: Das selbständige Praktizieren einer Designkultur sollte das Individuum aus seiner Unmündigkeit herausführen und dadurch neue gesellschaftliche Beziehungen stiften. Durch Geschmack galt es sich von den alten Autoritäten zu distanzieren und zu emanzipieren – von Adel und Staat, von Kirche und Religion.

Das neue Leitbild der Leere und Einfachheit hat also nicht nur das Aussehen der Räume und Objekte verändert, es bestimmte auch unser Verhältnis zu den Dingen auf neue Weise. Die Gestaltung forderte seit dem Beginn der Moderne um 1800 auf, über die Dinge eine Beziehung zu sich und anderen aufzunehmen. Der moderne Geschmacksbegriff reicht also tief in die sozialen Belange des Menschen hinein.

Bevor wir uns der Designgeschichte der Leere und Einfachheit zuwenden, möchte ich dieses Beziehungsgeflecht von Menschen und Dingen zunächst aus heutiger Theorieperspektive beleuchten.

Dinge als soziale Beziehung

Die Frage, wie Menschen und Dinge einander bedingen, hat Soziologie und Anthropologie beziehungsweise Material Culture Studies in den letzten Jahren verstärkt beschäftigt, sodass man bereits von einem Practical Turn spricht. Dieser Blick auf ein *doing culture* mit den Dingen erweist sich natürlich auch für die Gestaltung als wertvoll.[3] Doch vernachlässigen die sozialwissenschaftlichen Ansätze dabei die ästhetische Dimension der Objekte, sie stellen eine Perspektive in den Vordergrund, die für unsere Geschmacksbildung kaum relevant ist.

Der Unterschied der Ansätze sei hier an der Studie *Der Trost der Dinge* (2008) des britischen Kulturanthropologen Daniel Miller erläutert. Dass Menschen eine Beziehung zu ihren Dingen aufnehmen müssen, um ein gutes Leben zu führen, weist Miller erfolgreich nach: Lebensgefühl und Selbstbewusstsein hängen maßgeblich davon ab, wie man mit seinen materiellen Dingen umgeht.[4]

In diesem Zusammenhang erteilt Miller der pauschalen Konsumkritik der linken Kulturtheorie eine klare Absage: Die Warenästhetik habe auch ihr Gutes,

---

3   Siehe weiterführend zum Beispiel Karl Hörning und Julia Reuter, Hrsg. 2015. *Doing Culture. Neue Positionen zum Verhältnis von Kultur und sozialer Praxis*. Bielefeld: Transcript.

4   Daniel Miller. 2010. *Der Trost der Dinge* (The Comfort of Things, 2008). Frankfurt am Main: Suhrkamp.

wenn sie den Menschen helfe, sich in der Welt zu orientieren. Ob Billigware oder Luxusgut spiele keine Rolle, solange die Dinge eine soziale Beziehung stifteten. Das Konsumieren und Besitzen von Dingen sei nicht nur legitim, wenn die Dinge ihren praktischen Zweck erfüllten. Über ihren Nutzen hinaus erwiesen sie sich als gesellschaftlich relevant: Das Individuum erfahre, identifiziere und positioniere sich durch seine Dinge. Indem man sich um Dinge kümmere und sorge, so Miller, wisse man diese sozialen Fähigkeiten auch auf den Umgang mit anderen zu übertragen.

Wie Menschen durch ihre Dinge an Halt gewinnen, wie sie durch ihre Habseligkeiten die grassierende Vereinzelung und Fragmentierung der Gesellschaft überwinden und sich als sozial integrierte Wesen erfahren, dokumentiert Miller in einer Serie von Porträts. Ausgewählte Personen und ihre höchst persönliche Art, mit Dingen zu wohnen, werden skizziert und interpretiert – auch um zu zeigen, „dass jeder Mensch seine eigene Ästhetik hervorbringt"[5].

Doch was ist ästhetisch daran, dass Menschen Kitsch und Nippes in ihren Wohnungen anhäufen? Miller beschreibt bevorzugt Wohnsituationen, in denen das Sammeln und Bewahren, oft auch das maßlose Anhäufen und Ausbreiten von persönlichen Dingen praktiziert wird. Geschmack wird dabei rein subjektiv ausgelebt, wobei ein solches Hervorbringen der „eigenen Ästhetik" streng genommen bedeutet, gar keine Ästhetik hervorzubringen.

Tatsächlich geht es Miller genau darum: Das Design der Dinge soll im Prozess der sozialen Beziehungen, die er zu beschreiben sucht, dezidiert keine Rolle spielen. Man erfährt in den Porträts nur, was die Menschen besitzen, aber nicht, wie es geformt und gestaltet ist; die Leser*innen ‚sehen' die Dinge nicht, die Miller aufführt. Die Studie bleibt nicht nur aus Personenschutzgründen bilderlos, sondern weil der Autor die genuine Ästhetik der Dinge für unwichtig hält. Denn als gute Begleitung des Menschen, so seine implizite Haltung, erweisen sich nur solche Dinge, die gerade nicht nach Aussehen und Geschmack bewertet werden. Dinge spenden nach Miller nur dann Trost, wenn sie gänzlich individuell beziehungsweise ohne Stilvorgaben und Geschmacksmuster rezipiert werden.

Seine Theorie über den guten Konsum, der Beziehung stiftet, schreibt die Vorurteile der tradierten Kulturtheorie letztlich fort: Das Ästhetische beziehungsweise Warenästhetische müsse immer erst ausgeblendet werden, damit sich das genuin Soziale manifestiere. Oder schärfer formuliert: Im Design gehe die Beziehungsfunktion der Dinge sogar verloren, weil die Ästhetisierung der Dinge die Individuen nur zu Distinktion und Prestigedenken verführe, zu Anpassungsdruck und Geltungsdrang, kurz: jenen gesellschaftlich unerwünschten Verhaltensweisen,

---

5   Miller 2010, S. 16.

die unsere soziale Beziehungen nur stören. Wer dem Design der Dinge folgt, wird doch immer ein Opfer des Konsums bleiben, so muss man mit Miller wohl folgern. Dieses Klischee, dass man sich durch die Demonstration von Geschmack letztlich unsozial verhält, weil man nach falscher Bewunderung strebt, ist tatsächlich weit verbreitet – in der Kulturtheorie wie in der Populärkultur: Unterkühlte, leere ‚Designerwohnungen‘ seien etwas für ‚Psychopathen‘, so ein gängiges Vorurteil, das sich zum Beispiel mit dem blutrünstigen Roman *American Psycho* (1991) von Bret Easton Ellis etabliert hat. Der Protagonist führt vordergründig ein materiell mehr als erfülltes, geradezu perfekt gestyltes Leben. Er verübt aber wegen der inneren Leere, die sein grenzenloser Designkonsum hinterlässt, die schlimmsten Gräueltaten und Gewaltexzesse (ob als reale Tat oder als Phantasma bleibt offen).

Das Narrativ vom bösen Helden, der im sachlich-schlichten, nüchtern-reduzierten Designambiente lebt, führt uns stets vor Augen, dass die Fashion Victims der Ästhetisierung als Individuen entfremdet und beziehungslos bleiben müssen. Markenfetischismus wird hier als Ausdruck von Persönlichkeitsstörung präsentiert.

Mary Harrons gleichnamige Verfilmung von *American Psycho* (2010) inszeniert das Setdesign der Mörderwohnung nicht von ungefähr als leeres, steriles Hochglanzapartment, in dem es keine persönlichen Gegenstände zu geben scheint. Im Wohnraum lassen sich neben schlichtem Weiß und Schwarz, unterkühltem Glas und Metall auch zwei Barcelona-Sessel (1929) von Ludwig Mies van der Rohe sowie ein Hill-House-Stuhl (1902/04) von Charles Rennie Mackintosh erkennen.[6] Das Sammeln von begehrten Klassikern der Moderne versinnbildlicht hier das Befolgen von äußerlichen Geschmacksregeln, zu denen man keine innere Beziehung hat. Design führt zur Unterdrückung von Persönlichkeit, die leere Wohnung steht für die seelenlose Kälte des gnadenlosen Bewohners.

Muss die Gestaltung also umlernen? Seit der Moderne propagiert sie den Verzicht auf Ornament und Dekor, sie lehrt, das Einfache und Schlichte zu schätzen, sie idealisiert die Leere aufgeräumter Räume ohne persönliche Dinge, die überall herumliegen. Für Miller wäre das vermutlich ‚krank‘, die Bewohner*innen könnten ohne Dinge keine Beziehungen zu sich und anderen unterhalten. Daher tragen die ersten beiden Porträts, die Miller in *Der Trost der Dinge* präsentiert, nicht zufällig die Titel „Leere“ und „Fülle“.[7] Das Porträt „Leere“ beschreibt einen psychisch wie sozial gestörten Mann namens George, der in einer beinahe leeren Wohnung haust und aufgrund seiner fehlenden Beziehung zu den Dingen auch kein erfülltes Sozialleben aufbauen kann. Das Porträt „Fülle“ von Mr. und Mrs. Clarke hingegen skizziert

---

6   Zu Abbildungen und Referenzen des Filmsets siehe http://upstagedbydesign.com/ category/modern-film.

7   Miller 2010, S. 19–31 und S. 32–48.

eine zu Weihnachten mit allem erdenklichen Kitsch verzierte Wohnung, die mit solcher Hingabe geschmückt ist, dass keine Leerstelle mehr bleibt. Diese Fürsorge lassen die Clarkes nicht nur den Dingen, sondern auch ihrer Nachbarschaft, der Familie und als Ehepaar einander zukommen. Kurzum: Eine volle Wohnung scheint aus Millers Sicht besser zu sein als eine leere, das schiere Anhäufen von Dingen bezeugt hier die soziale Kompetenz der Bewohner*innen. Der Konflikt zwischen der anthropologischen Sicht und den gestalterischen Idealen der Moderne könnte nicht drastischer ausfallen.

Die meisten Menschen, so muss man wohl eingestehen, folgen wohl eher Millers Modell, die hehren Ziele der Moderne interessieren sie nicht. Auch wer einen historisch bedeutsamen Architekturklassiker bewohnt, muss sich keineswegs seinen ästhetischen Idealen fügen: Die Fotoserie *Leben mit Walter* (2003) von Nils Emde zeigt zum Beispiel ungeschönt und mit trockenem Witz, wie die heutige Bewohnerschaft der berühmten Siedlung Dessau-Törten (1926–1928) von Walter Gropius (Abb. 1–2) ihre Wohnräume mit Möbeln und Dingen so vollrümpelt, dass die Ästhetik der Räume sang- und klanglos untergeht (Abb. 3–6).[8] Sie kann und will ihren Haushalt offensichtlich nicht so leer und sachlich halten wie vom Bauhaus-Geschmack gefordert, das ursprüngliche Konzept wird durch individuelle Umbauten bis zur Unkenntlichkeit entstellt. Architektur- und Designliebhaber*innen mag es bei diesem Anblick grausen, aber die Fotografien zeichnen wohl ein realistisches Bild davon, wie es um die Akzeptanz der Ideale der Moderne in der breiten Bevölkerung steht.[9]

---

8   Zur Fotoserie von Nils Emde siehe http://nilsemde.de/leben-mit-walter. Publikation unter anderem in Regina Bittner, Hrsg. 2003. *Bauhausstil – zwischen International Style und Lifestyle*. Berlin: Jovis.

9   Siehe weiterführend Regina Bittner. 2012. Die Kunst, das Leben zu ordnen. Grenzgängertum in der materiellen Kultur der Moderne. In *Kunst und Design. Eine Affäre*, Hrsg. Annette Geiger und Michael Glasmeier, 37–50. Hamburg: Textem.

Abb. 1

Walter Gropius, Siedlung Dessau-Törten, 1926–28. Quelle: https://en.wikiarquitectura.com/wp-content/uploads/2017/01/Torten_1.jpg (Zugriff: 04.04.2020)

Abb. 2

Marcel Breuer, Inneneinrichtung der Siedlung Dessau-Törten. Quelle: Winfried Nerdinger. 1985. *Walter Gropius*. Berlin: Gebrüder Mann Verlag, S. 89

Abb. 3–6

Nils Emde, *Leben mit Walter*, 2003. Quelle: www.nilsemde.de/leben-mit-walter (Zugriff: 04.04.2020)

Abb. 4

Abb. 5

Abb. 6

Doch was ist damit bewiesen? Soll die Ästhetik der Leere nun als inhuman gelten, beziehungsweise verlangt der gute Geschmack etwas vom Menschen, was ihm gar nicht gut tut? Gert Selle hat dies einmal nahegelegt: Der Führungsanspruch des Designgeschmacks sei heute ebenso fragwürdig geworden wie alle kulturpädagogischen Maßnahmen zur entsprechenden Geschmackserziehung. Design, so forderte er, solle gerade die kleinbürgerliche Lebensfreude honorieren und daher auch den

Kitsch fördern, sofern er nur seriell und rational gefertigt sei.[10] Das Argument der Massenproduktion sollte offenbar sicherstellen, dass der Dekor auch demokratisch ausfiel. Miller zufolge müsste man diesem Ansatz wohl zustimmen, denn die für alle erschwinglichen Dinge würden auch die erwünschten sozialen Beziehungen für alle stiften. Doch möchte man zu solchen Dingen wirklich eine Beziehung aufnehmen? Oder warum hält sich das entgegengesetzte Ideal der kargen Wohnkultur mit den schlichten, reduzierten Dingen nicht minder beharrlich in unserer Kultur?

Betrachtet man heutige Werbeanzeigen, trifft man nach wie vor auf das Leitbild des möglichst reduzierten, beinahe gegenstandslosen Wohnens in großen, leeren Räumen, Loft Living genannt. Es herrscht rigider Minimalismus – einen regelrechten Ekel vor Menschen und Dingen strahlen die Szenarien aus. Je hochpreisiger das angepriesene Design, desto entleerter erscheint das Ambiente. Ideal und Wirklichkeit dürften sich wohl in die Quere kommen, sobald man diese Räume auch zu bewohnen beginnt. Warum verfolgen wir also solche Ideale, die unserem anthropologisch nachgewiesenen Hang zum Sammeln und Horten beziehungsweise unserem Bedürfnis nach persönlich ausgeschmückter Gemütlichkeit derart widersprechen?

Hier lohnt der Blick in die Designgeschichte: Wenn man das negative Image der Moderne als bevormundende, gar inhumane Geschmacklehre entkräften will, sollte man die historischen Ursprünge heranziehen. Wie ich zeigen möchte, kann auch der Verzicht auf Dinge eine soziale Botschaft formulieren, die eine Beziehung zum Selbst und zur Gemeinschaft stiftet. Der Geschmack der Einfachheit strebte allerdings nicht Kitsch und Konsum für jede*n, sondern Bildung für alle an. Dieses Ideal der Geschmacksbildung ist von der Idee einer Geschmackserziehung nach Vorgaben und Regeln, wie sie zum Beispiel Selle kritisierte, strikt zu trennen. Geschmacksbildung setzt Aktivität und Tun voraus, Geschmackserziehung hingegen Passivität und Gehorsam. Der Unterschied ist somit nicht in den Dingen selbst verortet, allein unser Umgang mit ihnen ist hierfür entscheidend.

Seit der Moderne gilt es, dem Wohnen über das Leitbild der Leere und Einfachheit die kleingeistige Selbstzufriedenheit auszutreiben, und dies begann ausgerechnet im Biedermeier. Wie die damals neue Geschmackskultur entstand, möchte ich anhand der sogenannten ‚Zimmerbilder' zeigen: Diese kleinformatige Interieurdarstellung konnte sich im Biedermeier als eigenständige Kunstgattung etablieren. Sie verfolgte keine ikonografisch konnotierte Genremalerei mehr, sondern verlagerte den Akzent auf das Abbilden von realistischen Wohnsituationen. Selbst wenn die abgebildeten Innenräume oft fiktive Idealvorstellungen in Szene setzten, wurden

---

10 Gert Selle. Okt. 1983. Es gibt keinen Kitsch – es gibt nur Design. Notizen zur Ausstellung „Das geniale Design der 80er Jahre". In *Kunstforum International*, 66: 103–111.

diese nicht mehr symbolisch-allegorisch inszeniert, sie bildeten eine gestaltete Lebenswirklichkeit ab, die man tatsächlich bewohnen sollte. Zimmerbilder wurden meist vom Bürgertum in Auftrag gegeben, man stellte das eigene Wohnen aus, um ethisch wie ästhetisch Gesinnung zu demonstrieren. Als quasifotografische Erinnerung aufbewahrt, in Alben gesammelt oder als Geschenk weitergereicht, konnten die Interieurbilder das Porträt des/der Bewohner*in geradezu ersetzen, es wurde als repräsentativ für seine/ihre Persönlichkeit gelesen.

Die nüchterne Ordnung und puristische Strenge, die wir in diesen entleerten Wohnräumen vorfinden, zeugen natürlich nicht von realer Armut, sondern von einem Akt der freiwilligen Selbstbeschränkung. Das Individuum dokumentiert hier nicht nur, wie es sich geschmacklich einrichtet, sondern auch wie es sein Inneres organisiert.[11] Dafür stehen zum Beispiel die vielen Spiegel, die man auf den Zimmerbildern häufig sieht. Im Wohnen formen und befragen wir uns selbst – wie man in einen Spiegel blickt, um zu erfahren, wer man ist. Die klaren Achsen und Symmetrien, die strengen Proportionen aller Maße und Dinge wirken zum Beispiel auf den Interieurdarstellungen von Johann Erdmann Hummel wie die Vermessung einer Wohnbefindlichkeit, die nicht nur den reinlichen Haushalt, sondern auch das geregelte Seelenleben seiner Bewohner zur Anschauung bringt (Abb. 7).

Das Private wurde im historisch neuen Medium des Zimmerbildes innerhalb einer Gemeinschaft von Gleichgesinnten öffentlich gemacht. Die Bilder wurden vorgezeigt, gesammelt und untereinander getauscht. Die Parallele zu heutigen Social-Media-Phänomenen liegt auf der Hand: Man formulierte und dokumentierte sein Selbst über die Demonstration von Geschmack im alltäglichen Leben. Man praktizierte eine Ästhetik in halböffentlichen Zirkeln, um kollektiven Gemeinsinn zu stiften. Ausstellen und Selbsterfinden sind hier eng miteinander verbunden – nicht durch das Befolgen eines vorgegebenen Geschmacks, sondern als das tätige Praktizieren einer gestalteten Geschmackskultur. Betrachten wir an den Zimmerbildern des Biedermeier, welche Rolle dem Design dabei zukommt: Wie stiftet die Ästhetik der Leere und Einfachheit gleichzeitig Selbstermöglichung und soziale Beziehung?

11 Siehe weiterführend Salvatore Pisani und Elisabeth Oy-Marra, Hrsg. 2014. *Ein Haus wie Ich. Die gebaute Autobiographie in der Moderne*. Bielefeld: Transcript.

Abb. 7

Johann Erdmann
Hummel, Interieur mit
drei Spiegeln, um 1820.
Quelle: https://de.wiki-
pedia.org/wiki/Johann_
Erdmann_Hummel#/
media/Datei:Zimmer-
bild_78.jpg (Zugriff:
04.04.2020)

Die Lehre der Leere. Vom Interieur zum Selbstbild

Das Biedermeier, das auf die Restaurationszeit von 1815 bis 1848 datiert wird und
vor allem den deutschsprachigen Raum und die skandinavischen Länder prägte, gilt
als rückschrittliche Zeit. Das aufstrebende Bürgertum fand sich nach dem Wiener
Kongress politisch entmündigt und zog sich daher ins private Idyll zurück – so die
übliche Darstellung. Die Epochenbezeichnung war spöttisch gemeint und wurde
der Zeit erst nachträglich als abwertende Namensgebung angehängt.[12] Doch was
rückwirkend als bürgerliche Kleingeisterei gedeutet wurde, erweist sich bei näherem
Hinsehen als gar nicht so bieder. Insbesondere der Rückzug in die eigenen vier
Wände zielte keineswegs auf brave Selbstgenügsamkeit im trauten Heim. Das Private
stand vielmehr im Zentrum eines stillen Protests. Durch die Entwicklung eines
neuen Kunst- und Designgeschmacks drückte das Bürgertum seinen ästhetischen
Widerstand aus: Die konsequente Gestaltung der Alltagsobjekte und Wohnräume
im Stil der Einfachheit und Leere zeugte nicht von selbstzufriedener Behaglichkeit,
sondern von einer geschmacklichen Arbeit am Selbst.

Allen auf den Zimmerbildern abgebildeten Objekten – Mobiliar, Porzellan,
Kleidung, Musikinstrumente sowie Kunst- und Naturdinge aller Art – kam eine
zentrale Bedeutung zu: Sie wurden als Sinnbilder bürgerlicher Emanzipation gelesen. Man wehrte sich gegen die politische Zurücksetzung, indem man sich vom
dekadenten Lebensstil des Adels selbstbewusst absetzte. Nicht mehr der höfische

---

12 Der Begriff stammt aus der Karikatur, er wurde von der Figur eines fiktiven ‚Herrn
    Biedermeier' mit äußerst schlichtem Gemüt übernommen.

Geschmack war nun das Vorbild des aufstrebenden Bürgertums, sondern eine Avantgarde der Armut.[13]

Letztlich drehte sich die Vorbildfunktion sogar um: Der Adel kopierte nun seinerseits den bürgerlichen Geschmack, denn der eigene Pomp überzeugte nicht mehr. So war es ausgerechnet der für das repressive Klima der Epoche mitverantwortliche Fürst von Metternich, der den rheinländischen Möbelfabrikanten Michael Thonet an den Wiener Hof holte, um dort den Geschmack der Einfachheit zu fördern. Er hatte als einer der Ersten die Qualitäten des schlichten Bugholzstuhls erkannt, jener Designikone, die später die populären Kaffeehäuser prägen würde.[14] Die ersten typischen Thonet-Stühle wurden daher 1842 als ‚Laufsessel' (Polsterstuhl) für das Wiener Palais Lichtenstein entworfen (Abb. 8) und waren das Vorbild für den später berühmten Stuhl No. 1, der um 1850 für das Palais Schwarzenberg entstand. Auch wenn es zunächst die Aufträge des Hofes waren, die der neuen Einfachheit zum Durchbruch verhalfen, konnte der Adel das Prinzip nicht glaubhaft leben.

Abb. 8

Michael Thonet, Laufsessel für das Wiener Palais Lichtenstein, 1842. Quelle: http://museumboppard.de/wp-content/uploads/2015/09/palaislichtenstein_full.jpg (Zugriff: 04.04.2020)

13 Für das Folgende beziehe ich mich auf den Ausstellungskatalog Hans Ottomeyer et al, Hrsg. 2006. *Biedermeier. Die Erfindung der Einfachheit*, Aust.-Kat. Ostfildern: Hatje Cantz.

14 Die Technik des Bugholzstuhls entwickelte Michael Thonet seit den 1830er-Jahren: Weniger Materialverbrauch und vereinfachte Produktion machten die Stühle leichter und billiger als herkömmliche Tischlerstühle. Wirtschaftlichen Erfolg hatte Thonet jedoch nicht, seine Firma stand 1841 vor dem Konkurs, sodass er das Angebot Metternichs, nach Wien umzusiedeln, kaum ausschlagen konnte. Thonet arbeitete zwar stets am Prinzip der Serienproduzierbarkeit, dies aber anfänglich im Auftrag des Hofes, der wiederum auf Exklusivität und Distinktion setzte. Siehe ausführlich Eva Ottillinger. 2003. *Gebrüder Thonet. Möbel aus gebogenem Holz*. Köln: Böhlau.

Am Hof blieb alles Schlichte und Reduzierte immer nur ein Stil, ein Geschmacksrezept, das man nur nachzuahmen hatte. Die eigentliche Botschaft der neuen Ästhetik wusste der Adel weder zu verkörpern noch zu praktizieren. Dafür war er schlichtweg zu reich.

Die Karikatur *Armut, die große Mode* (1920) von Karl Arnold erscheint zwar erst ein Jahrhundert später im Satiremagazin *Simplicissimus*, aber sie trifft just das Problem, um das es schon im Biedermeier ging (Abb. 9): Gezeigt wird ein dicker, reicher Großkotz, der sich beim asketisch-dürren Professor der Architektur eine „ganz bescheidene Hauseinrichtung" bestellt, und zwar „so einfach wie möglich – es kann kosten was es will", so die Bildunterschrift.[15]

Abb. 9
Karl Arnold, „Armut, die große Mode", 1920. Quelle: *Simplicissimus.*, 23. Juni 1920, Heft 13, S. 195. http://www.simplicissimus.info. Hier zitiert nach: https://sheepish. org/simpl/armut.html (Zugriff: 04.04.2020)

Wer nur konsumiert, kann nicht leben beziehungsweise erleben, was mit jenem Geschmacksaufstand der Einfachheit eigentlich gemeint war, der um 1800 begann.

---

15 Siehe *Simplicissimus.* 23. Juni 1920, Heft 13, S. 195. http://www.simplicissimus.info.

Die Tugend des Verzichts ist nicht käuflich. Man muss sie sich durch eigenes Tun
erarbeiten. Die moderne Leere war keine neumodische Form des Dekors, sie
verlangte den Bewohner*innen ein umfassendes Bildungsprogramm ab, das sie
durchlaufen mussten wie die Held*innen im Bildungsroman ihren Reifeprozess.
Diese Form der Emanzipation konnte in der Biedermeierzeit nur im Privaten
erfolgen, im Umgang des Individuums mit seinen Dingen: Die damals beliebtesten
Möbel waren nicht von ungefähr Sekretäre und Beistelltische, Stühle, Sitzbänke und
Kommoden – das heißt Mobiliar zum Lesen und Schreiben, zum Studieren und
Aufbewahren von Utensilien der persönlichen Bildung. Meist kleinformatig oder gar
zierlich gehalten, passten sie in die beengten Raumverhältnisse einer Studierstube
oder luden als Kommunikationsmöbel im Salon zu Gespräch und Geselligkeit ein.
Geschmack zeigte also nur, wer auch praktizierte, wofür die Möbel gedacht waren:
das individuelle Selbststudium und die gebildete Konversation über das Gelernte.

Wofür steht nun das Motiv der Leere in diesem Kontext? Die Schlichtheit
symbolisiert den selbstgewählten Verzicht auf Prunk und Verzierung, das ist
naheliegend. Doch warum diese auffällige Entleerung der Räume, die man auf
den Zimmerbildern des Biedermeier vorfindet? Das bürgerliche Wohnzimmer, so
möchte ich zeigen, sollte dem Atelier von Künstler*innen ähneln, Wohngeschmack
und Kunstanschauung sollten zusammenfinden. Denn Atelier, Museums- beziehungsweise Ausstellungsraum und Wohnraum fungierten gleichermaßen als
Denk- und Bildungsraum.

Um 1800 änderte sich außerdem in allen diesen Räumen die Präsentation der
Kunst: Man hängte die Gemälde nicht mehr wandfüllend und Rahmen an Rahmen
nebeneinander wie zu Zeiten der ,Petersburger Hängung'. Der neue Kunstgeschmack
forderte eine leere Wand, denn die Werke dienten nicht mehr dem Schmuck der
Räume, sie wurden als Studienobjekte auf Augenhöhe präsentiert. Ästhetische
Wahrnehmung, so das neue Ideal, kann sich nur einstellen, wenn der Blick auf das
Kunstwerk ungetrübt und ohne Ablenkung erfolgt.

Der Paradigmenwechsel lässt sich gut an dem Zimmerbild von 1811 nachvoll-
ziehen, das Caspar David Friedrich bei der Arbeit zeigt (Abb. 10). Georg Friedrich
Kersting, der wohl wichtigste Interieurmaler des Biedermeier, schuf damit nicht
nur das Porträt des mit ihm befreundeten Malers, er inszenierte auch das neue
Leitbild der bürgerlichen Geschmackserziehung.

Abb. 10

G. F. Kersting, Caspar David Friedrich im Atelier, 1811. Quelle: https://de.wikipedia. org/wiki/Caspar_David_ Friedrich#/media/File: Kersting_-_Caspar_ David_Friedrich_in_ seinem_Atelier_1811.jpg (Zugriff: 04.04.2020).

Nur in der Leere sieht man gut, so das Credo des dargestellten Raumes: Der Künstler verzichtet am Arbeitsplatz bewusst auf persönliche Dinge und ablenkenden Dekor. Er sitzt vor kahlen Wänden, bei abgedeckten Fenstern, die den Blick in die Außenwelt unterbinden, nur umgeben von seinen Arbeitsutensilien. Das sinnliche Schauen soll sich auf das innere Auge konzentrieren, hatte Friedrich stets betont. Dieses Prinzip wollte er auch beim Ausstellen von Kunst beziehungsweise beim Wohnen mit Kunst realisiert sehen. Friedrich forderte daher, dass man nie mehr als ein Bild je Wand aufhängen sollte:

> „Es macht einen widrigen Eindruck auf mich, in einem Saal oder Zimmer eine Menge Bilder wie Ware ausgestellt oder aufgespeichert zu sehen, wo der Beschauer nicht jedes Gemälde für sich getrennt betrachten kann, ohne zugleich vier halbe andere Bilder mitzusehen. Die Wertschätzung solcher Anhäufungen von Kunstschätzen muss wohl bei jedem Betrachter herabsinken, wenn überdies [...] das Widersprechende

nebeneinander aufgestellt ist, mithin das eine Bild das andere, wenn auch nicht ganz aufhebt, doch schaden muss und der Eindruck beider oder aller geschwächt wird."[16]

Das Betrachten von Kunst in möglichst leeren, zurückgenommenen Räumen prägt seither die moderne Kunstanschauung – bis hin zum musealen White Cube, den wir bis heute als die gängigste Ausstellungsarchitektur vorfinden. Kunst und Leben, Bildung und Alltag sollten in dieser Raumgestaltung zusammengeführt werden. Wie das Leben mit Kunst im Privaten aussehen sollte, zeigt zum Beispiel das Zimmerbild von Franz von Maleck aus dem Jahr 1836 (Abb. 11). In dem Wohnraum befinden sich zwar viele Dinge, aber sie dekorieren ihn nicht, sie stehen nicht für ein Schmuck- oder Repräsentationsbedürfnis. Die Objekte sind ordentlich aufgereiht, auf Augenhöhe präsentiert, damit man sie zum ästhetischen Studium oder zum nützlichen Gebrauch in die Hand nehme (wie zum Beispiel das Teegeschirr). Die Wände hingegen bleiben kahl. Die Staffelei, rechts im Vordergrund platziert, ist hier kein Werkzeug des Künstlers, sondern ein Medium der Bilderausstellung für den Hausgebrauch – korrespondierend mit dem Pflanzenständer auf der linken Seite, der für das Studium der Natur stehen mag. Das Wohnzimmer wird hier als Studierstube für die Geschmacksbildung dargestellt, die Dame des Hauses sitzt dementsprechend konzentriert am Tisch und schreibt.

Die Protagonist*innen der Zimmerbilder werden oft als in ihre Tätigkeit versunken dargestellt, beim Lesen oder Schreiben, bei der Handarbeit oder beim Gespräch. Nie posieren sie vor dem Publikum, sie produzieren sich nicht, um gesehen zu werden, sie fühlen sich geradezu unbeobachtet hinter jener ‚vierten Wand‘, die den Bühnenraum des Bildes gegen das voyeuristische Schauen des Publikums verschließt. Diese „anti-theatralische Absorption"[17] der Figuren charakterisiert auch die Zimmerbilder Kerstings, darunter sein wohl bekanntestes Gemälde *Die Stickerin* von 1812 (Abb. 12).

16 Hier zitiert nach Sigrid Hinz, Hrsg. 1968. *Caspar David Friedrich in Briefen und Zeugnissen*. Berlin: Henschel, S. 85.

17 Siehe dazu Michael Fried. 1980. *Absorption and Theatricality. Painting and Beholder in the Age Diderot*. Berkeley: University of California Press.

Abb. 11

Franz von Maleck, Wohnzimmer, 1836.
Quelle: Hans Ottomeyer, Hrsg. 2006. *Biedermeier. Die Erfindung der Einfachheit.*
Ostfildern: Hatje Cantz, S. 197

Abb. 12

G. F. Kersting, Die Stickerin,
1812 (erste Fassung). Quelle:
https://de.wikipedia.org/wiki/
Die_Stickerin#/media/File:-
Georg_Friedrich_
Kersting_-_Die_
Stickerin_-_1._
Fassung.jpg (Zugriff:
04.04.2020)

Die feministische Lesart mag der Darstellung eine allzu biedere Frauenrolle vorwerfen, da die Protagonistin, abgewandt und in sich gekehrt, bei hingebungsvoller Hausfrauen- beziehungsweise Handarbeit gezeigt wird. Doch bilden Weltfremdheit, häusliche Enge und weiblicher Gehorsam keineswegs die Botschaft von Kerstings Gemälden, im Gegenteil: Entschlüsselt man die Motive, zeigt sich das umfassende Bildungsprogramm der Biedermeierwohnung. In der Öffentlichkeit war das Bürgertum mundtot gemacht worden, aber im Privaten suchte man sich durchaus Freiheiten zu erkämpfen: Dafür stehen zum Beispiel die offenen Fenster, die Kersting und andere Maler immer wieder darstellten, sie eröffnen den freien Blick in die Weite der Welt.[18] Die Verbindung von Außen- und Innenraum verweist zudem auf die Verbindung von Kultur und Natur, sie bezeugt hier gewissermaßen das ‚Naturrecht' des Menschen auf mündige Selbstbestimmung.

---

18 Siehe dazu Sabine Rewald. 2011. *Rooms with a View. The open Window in the 19th Century*, Ausst.-Kat. Metropolitan Museum of Art, New York. New Haven: Yale University Press.

Kersting malte hier zudem keine fiktive Genreszene, sondern porträtierte die Künstlerin Louise Seidler, die als Malerin erfolgreich am Weimarer Hof tätig war. Von hoher Bildung, aber von bürgerlichem Stand, genoss sie Zugang zu den intellektuell und gesellschaftlich relevanten Kreisen ihrer Zeit. Wenn Kersting die Künstlerkollegin in einer privaten Situation beim Sticken darstellte, bedeutete dies sicher keine Geringschätzung ihrer Rolle. Die Stickerei galt in der Romantik als hochgeschätztes Medium, auch Philipp Otto Runge und Karl Friedrich Schinkel hatten Vorlagen für Stickereien entworfen. Kerstings Gemälde inszeniert vielmehr, dass die Malerin die hohen Ideale ihrer Kunst auch im Alltag lebt. Sie widmet sich auch im Privaten der Selbstkultivierung.

Dies belegen vor allem die wenigen, aber durchaus bedeutsamen Objekte, die sie in der kargen Stube umgeben: Neben dem schlichten Biedermeiermobiliar sehen wir eine Gitarre als Zeichen der Musik, ein Gemälde als Symbol der bildenden Künste sowie Zimmerpflanzen am offenen Fenster, die für das Studium der Natur stehen. Diese ausgesuchten, stets einfach gestalteten Dinge spiegeln ihre Identität – sodass das Gesicht der Porträtierten nur noch klein im Spiegel gezeigt werden muss. Sie ist über ihre Dinge und die damit verbundenen Tätigkeiten bereits vollständig als kulturell tätige Frau von hoher Bildung und Geschmack wiedergegeben.

Das Handarbeiten war auf den Zimmerbildern sicherlich den Damen vorbehalten, aber das Lesen und Schreiben galt als vorbildliche Tätigkeit für beide Geschlechter (siehe oben Abb. 7 und 11). Dies belegt zum Beispiel das männliche Pendant zur *Stickerin*: In *Der elegante Leser* von 1812 fügte Kersting als weitere Attribute kultivierter Bildungsarbeit eine Weltkarte, eine kleine Bibliothek und eine Statuette als Zeichen der Bildhauerei hinzu (Abb. 13), sodass die Bilder zusammen die gesamte Breite des Bildungsanspruchs dokumentieren.

Der Herr arbeitet an einem schmucklosen Biedermeiersekretär, der von seinem unermüdlichen Schaffen zeugt: Wie die aufgehängte Uhr anzeigt, ist es bereits nach Mitternacht, aber der fleißige Leser bildet sich auch noch zu später Stunde – im Schein einer Argand-Lampe, die hier recht auffällig in den Bildmittelpunkt gerückt wurde.[19] Diese technisch neu entwickelte Form der Öllampe erzeugte besonders helles Licht, sodass man bei der nächtlichen Arbeit nicht so rasch ermüdete. Als bieder oder gar innovationsfeindlich kann man diese Interieurgestaltung beim besten Willen nicht deuten. Religiöse Motive fehlen auf den Zimmerbildern gänzlich, im Privaten wollte man frei sein von Autoritäten, den kirchlichen wie staatlichen, um sich der Arbeit am Selbst zu widmen.

---

19 Das Motiv der nächtlichen Arbeit und Beleuchtung beschäftigte Kersting auch später noch, siehe zum Beispiel das Gemälde *Junge Frau, beim Schein einer Lampe nähend* von 1823.

Abb. 13

G. F. Kersting, Der
elegante Leser, 1812.
Quelle: https://upload.
wikimedia.org/wiki-
pedia/commons/8/83/
Georg_Friedrich_
Kersting_-_Der_
elegante_Leser.jpg
(Zugriff: 04.04.2020)

Ebenso emanzipiert sollte sich nach Kerstings Sittenbildern auch das Verhältnis
der Geschlechter entwickeln: Das *Paar am Fenster*, das er um 1815 malte, zeigt eine
solche moderne Beziehung (Abb. 14). Wiederum in einem sparsam möblierten
Zimmer, das nicht zufällig durch das offene Fenster den Blick auf eine romantische
Ideallandschaft freigibt, begegnen sich Mann und Frau in nicht minder idealty-
pischer Attitüde. Neben der Harfe als Zeichen für die Musik finden wir vor dem
Spiegel als Symbol des Schreibens noch zwei Tintenfässchen nebst Federkielen
– gehalten im Köcher einer Statuette, die als Darstellung eines dunkelhäutigen
Exoten auf Rousseaus Diskurs vom ‚guten Wilden' anspielen dürfte. Weltoffenheit
und Weltgewandtheit sowie Interesse am kulturell Anderen werden über diese
Attribute bezeugt (auch wenn die Abbildung des ‚Wilden' in Form eines dienenden
Stifthalters heute natürlich als inkorrekt aufstoßen muss).

Abb. 14

G. F. Kersting, Paar am
Fenster, um 1815.
Quelle: https://upload.
wikimedia.org/wiki-
pedia/commons/e/e8/
Kersting_-_Paar_am_
Fenster.jpg (Zugriff:
04.04.2020)

Die Lektion des guten Naturzustands gilt es hier auf die Gleichstellung der Geschlechter zu übertragen: Zwar wirkt der Herr in seiner gelösten Haltung selbst-
bewusster und ungezwungener als die keusch verhüllte Dame. Aber die Kleidung
der beiden Protagonist*innen weist sie als Anhänger der Aufklärung aus: Er trägt
nicht mehr die kurze Kniebundhose des Adels, die sogenannte Culotte, die lange
Zeit die Herrenmode dominiert hatte, sondern die moderne, lange Herrenhose,
die bezeichnenderweise auf die ‚Sansculotten' zurückgeht, jene Aufständischen
der französischen Revolution, die als Zeichen der Rebellion erstmals lange Hosen
trugen. Stock und lässig abgelegter Zylinder kennzeichnen den jungen Mann als
modisch aktuell gekleideten Herrn von schlichter Eleganz.

Dem entspricht auch die Kleidung seiner Partnerin, die modehistorisch noch dem
Empirestil zuzurechnen ist.[20] Um 1800 galt die schmale Silhouette des schlichten,
weißen Musselinkleids als ästhetische Revolution. Der Stil zitierte die Antike, um

---

20 Als ‚Biedermeiermode' wird ein erst um 1850 einsetzender Kleidungsstil bezeichnet, der
    die Einfachheit nach 1800 wieder durch üppige Volants und Krinolinen, Keulenärmel
    und geschnürte Wespentaillen verdrängte – eine, wie mir scheint, recht unglückliche

ein freieres, geradezu emanzipiertes Körpergefühl zu ermöglichen. Der dünne, locker fallende Stoff ließ ein hohes Maß an Bewegung zu. Außerdem konnten die nur unter der Brust lose gebundenen hemdähnlichen Gewänder erstmals ohne Korsett getragen werden. Um das Inszenieren körperlicher Reize sollte es jedoch nicht gehen, wie das einhüllende Schultertuch und die Haube wiederum deutlich machen: Man verführt einander nicht, sondern begegnet sich sittlich auf Augenhöhe. Anstand und Geschmack bedingen einander, so die Lehre von Kerstings Alltags- und Modephilosophie. Das Bekleiden wird hier als Geschmacksdisziplin praktiziert, die frei von Angeberei und Eitelkeit, von Distinktions- und Attraktivitätsmodellen ist.[21]

Ästhetik, so zeigt sich in der Gattung des Zimmerbildes immer wieder, vermag sich in allen Dingen auszudrücken, die man geschmacklich reflektieren kann – vom Kunstgeschmack bis zur Körperpflege, von der Mode bis zum Mobiliar. Die Ethik der Sitten fällt jeweils mit der Ästhetik der Dinge zusammen. Das Individuum kultiviert sich und seine Beziehungen zur Gemeinschaft über den geschmacklichen Umgang mit seinen Dingen.

Die Strenge der Biedermeierinterieurs, die Verzichtsleistung bis hin zur gähnenden Leere gefällt natürlich nicht allen. Jenen „Trost der Dinge", den Daniel Miller beschrieb, fand man hier sicher nicht. Das Interieur sollte nicht behaglich sein, sondern über seine Ästhetik anregen, Widerstand gegen die Entmündigung durch die Obrigkeit zu leisten. Persönliche Geschmacksvorlieben und kitschige Gemütlichkeit mussten in dieser Art des Wohnens zurückgestellt werden, denn nur die disziplinierte Selbsterziehung versprach eine Kultur der Befreiung. An dieses Leitbild, so scheint mir, knüpft auch heutiges Design noch an, indem gute Gestaltung gegen überflüssige Waren und illegitime Warenkreisläufe protestiert.

Begriffsbildung, die nicht der Mentalität des Biedermeier entspricht, sondern der von Spätromantik, Historismus und Gründerzeit.

21 Das Motiv der Damenmode beziehungsweise der entsprechend zurückgenommenen Toilette verfolgte Kersting mehrfach, siehe zum Beispiel das Bild *Vor dem Spiegel* von 1827, das eine junge Frau beim Ankleiden zeigt.

Literatur

Bittner, Regina, Hrsg. 2003. *Bauhausstil – zwischen International Style und Lifestyle.* Berlin: Jovis.

Bittner, Regina. 2012. Die Kunst, das Leben zu ordnen. Grenzgängertum in der materiellen Kultur der Moderne. In *Kunst und Design. Eine Affäre*, Hrsg. Annette Geiger und Michael Glasmeier, 37–50. Hamburg: Textem.

Certeau, Michel de. 1988 [1980]. *Kunst des Handelns.* Berlin: Merve.

Fried, Michael. 1980. *Absorption and Theatricality. Painting and Beholder in the Age Diderot.* Berkeley: University of California Press.

Geiger, Annette. 2018. *Andersmöglichsein. Zur Ästhetik des Designs.* Bielefeld: Transcript.

Hinz, Sigrid, Hrsg. 1968. *Caspar David Friedrich in Briefen und Zeugnissen.* Berlin: Henschel.

Hörning, Karl, und Julia Reuter, Hrsg. 2015. *Doing Culture. Neue Positionen zum Verhältnis von Kultur und sozialer Praxis.* Bielefeld: Transcript.

Miller, Daniel. 2010. *Der Trost der Dinge* (The Comfort of Things, 2008). Frankfurt am Main: Suhrkamp.

Ottillinger, Eva. 2003. *Gebrüder Thonet. Möbel aus gebogenem Holz.* Köln: Böhlau.

Ottomeyer, Hans et al, Hrsg. 2006. *Biedermeier. Die Erfindung der Einfachheit*, Aust.-Kat. Ostfildern: Hatje Cantz.

Pisani, Salvatore und Elisabeth Oy-Marra, Hrsg. 2014. *Ein Haus wie Ich. Die gebaute Autobiographie in der Moderne.* Bielefeld: Transcript.

Rewald, Sabine. 2011. *Rooms with a View. The open Window in the 19th Century*, Ausst.-Kat. Metropolitan Museum of Art, New York. New Haven: Yale University Press.

Selle, Gert. Okt. 1983. Es gibt keinen Kitsch – es gibt nur Design. Notizen zur Ausstellung „Das geniale Design der 80er Jahre". In *Kunstforum International*, 66: 103–111.

Simplicissimus. 23. Juni 1920, Heft 13, S. 195. http://www.simplicissimus.info.

Autorin

Annette Geiger ist Professorin für Theorie und Geschichte der Gestaltung an der Hochschule für Künste Bremen. Sie studierte in Berlin, Grenoble und Paris und promovierte an der Universität Stuttgart in Kunstgeschichte. Heute forscht sie über die Kulturen des Ästhetischen in den verschiedenen Disziplinen des Designs (Zeichen/Dinge, Bilder/Medien, Räume/Orte, Körper/Kleider etc.). Die Frage nach den Spielräumen des Gestaltens, des Ambivalenten und Diversen im Design, steht dabei ebenso im Zentrum wie das Interesse an Diskurs und Kritik. Zu ihren Publikationen zählen die Monografie *Andersmöglichsein. Zur Ästhetik des Designs* (2018) sowie die Sammelbände *Grenzüberschreitungen Mode und Fotografie* (2017) und *Kunst und Design. Eine Affäre* (2012, mit Michael Glasmeier).

Designte Dinge im Postkosmopolitismus

Adam Drazin

Wie sollen soziale Designansätze auf eine neue weltpolitische Situation reagieren, die von Postkosmopolitismus geprägt ist? Die These, dass Design postkosmopolitisch wird, beruht zum einen auf der Beobachtung der Wiederbelebung nationaler und ethnischer Grenzen im Alltag, die Unterschiede behaupten, aber sich ihnen kaum öffnen, und zum anderen auf der Hinwendung zu ,zukunftsorientierten' Ansätzen auf Kosten des Verständnisses für kulturell vielfältige Lebensstile. Ein damit zusammenhängendes Problem ist die Tendenz, designte Dinge vor allem als Resultat der Absichten professioneller Designer*innen zu verstehen und weniger als Resultat der Aushandlung materieller Kulturen als solcher.[1] In diesem Beitrag geht es nicht darum, kosmopolitisch und postkosmopolitisch designte Dinge bloß zu definieren, sondern konkret zu fragen, wie sie im Prozess ihrer Entstehung beschaffen sind, welche soziale Rolle sie spielen, welche Zeitlichkeit sie haben und wie sie sich auf Menschen und Orte beziehen. Die Auffassung, soziale Gestaltung durch Dinge schaffe aktiv Beziehungen, impliziert auch das Potenzial, soziale Grenzen zu überwinden und einer möglicherweise problematischen Weltpolitik der Teilung entgegenzuwirken.

Sozial verantwortliche Bewegungen im Design haben stets dazu tendiert, sich gegen die Vorstellung zu wenden, gutes Design liege allein in der Gestaltungsintention professioneller Designer*innen. Designte Dinge stellen in dieser Hinsicht ein Problem dar, weil sie als artifizielle Manifestationen menschlicher Absichten gelesen werden können, sodass die Erforschung menschlicher Kultur bloß zu einer Erforschung menschlicher Absichten wird. Jüngere ethnografische Studien zeichnen sich jedoch durch ein Designverständnis aus, das auch solche Orte und Artefakte

---

1 Arjun Appadurai. 1986. Introduction: commodities and the politics of value. In *The Social Life of Things*, Hrsg. Arjun Appadurai, 3–63. Cambridge: Cambridge University Press.

© Springer Fachmedien Wiesbaden GmbH, ein Teil von Springer Nature 2020
M. Fineder und J. Lang (Hrsg.), *Zwischenmenschliches Design*,
https://doi.org/10.1007/978-3-658-30269-6_13

als designte Dinge untersucht, die kein gewolltes, beabsichtigtes, geplantes oder entworfenes Design im professionellen Sinne sind. Auf diese Weise werden gerade die nichtintendierten Aspekte der Dinge auffällig: unterschiedlichste Funktionen dieser Dinge, widersprüchliche Beschreibungen dessen, was sie sind, und eine potenziell unendliche Zahl von inhaltlichen Assoziationen und Geschichten. Aus philosophischer Perspektive können designte Dinge vielleicht auf eine einzige Dimension reduziert werden, aber aus sozialwissenschaftlicher Perspektive müssen verschiedene nebeneinander existierende, oft überraschende Möglichkeiten in Betracht gezogen werden.

Soziale Designansätze haben in ihren Designdefinitionen die Orte der Gestaltungsabsichten von Designer*innen, etwa Designateliers, und die Orte, an denen die gestalteten Dinge verwendet werden, in ein Verhältnis gesetzt. Dies gilt insbesondere für die IT-Gestaltung, bei der Unternehmen spezielle Technologien und Fähigkeiten entwickeln und dann jedoch häufig die Erfahrung machen, dass vonseiten der Sozialforschung andere Anforderungen und Bedürfnisse der Nutzer*innen an sie herangetragen werden.

Diese Beziehung zwischen der Arbeit im Atelier und dem Alltag war schon immer von einer kreativen Spannung geprägt. Sie ist der Raum, in dem Designpolitik entsteht: zwischen dem Unternehmen und der Wohnung, zwischen Kunst und Alltäglichem, zwischen Designkompetenz und dem Mangel an Kenntnissen darüber, was Designer*innen tun. Weil sie die wichtigsten Vermittler zwischen dem Atelier und anderen Orten und gleichzeitig Manifestationen dieser Beziehung sind, sind designte Dinge immanent politisch. Selbst Teil eines bestimmten Raumes und einer bestimmten Zeit, evozieren sie andere Orte, Zeiten und Menschen. Wie ich zeigen werde, kann sich das Wesen dieser Politik jedoch ändern, weil sich das Wesen der Ambiguität der designten Dinge selbst verändert. Zweifellos bewegen sich manche sozialen Designansätze bewusst oder aus politischen Gründen weg von der Beschäftigung mit dem Leben entfernter, manchmal exotischer Designnutzer hin zu einer stärkeren Beschäftigung mit ,uns'. Während ich schreibe, verfolgen beispielsweise Regierungen in Großbritannien (meinem eigenen Land), den USA und vielen anderen Ländern eine Politik, die darauf abzielt, Grenzen durchzusetzen, die Ströme von Menschen und Dingen auf der ganzen Welt zu begrenzen oder abzubauen und mehr einzelstaatliche Zukunftsperspektiven zu schaffen. Auch Designrichtlinien werden vielerorts zunehmend stärker von der Idee eines nationalen Interesses bestimmt als von dem Ziel, für eine globale Menschheit zu gestalten. Welche Art von designten Dingen wird diese politische Tendenz hervorbringen, wenn sie sich im Alltag fortsetzt?

Um diesen Fragen nachzugehen, durchquert vorliegender Beitrag ein recht weites, aber wie ich hoffe zusammenhängendes Gebiet. Er skizziert zunächst ein einzelnes konkretes Beispiel für ein ,designtes Ding', das aus einigen Jahren ethnografischer Arbeit erwachsen ist. Dieser Abschnitt erläutert, dass Alterität (das vorstellende

Erfassen anderer Menschen, für die ein Design bestimmt ist) von zentraler Bedeutung dafür ist, dass ein Ding zu einem ‚designten Ding‘ wird. Anschließend
gehe ich der Frage nach, um welche Art von Alterität oder Andersartigkeit es sich
dabei handeln könnte, und stelle die These auf, dass aufgrund dieser intrinsi-
schen Alterität soziale Designansätze in ihrer politischen Ausrichtung seit Jahren
grundsätzlich kosmopolitisch sind. Die zweite Hälfte des Beitrags postuliert, dass
die zunehmende Tendenz zur ‚Zukunftsorientierung‘ in sozialen Designansätzen
mit einer allgemeinen postkosmopolitischen Wende in der Weltpolitik einhergeht.
Anhand eines ethnografischen Beispiels untersuche ich kurz, welche Art von
Dingen für eine kulturelle Situation charakteristisch sein könnte, die sich mit der
Zukunft – häufig unter Ausschluss der Gegenwart – befasst. Abschließend gehe
ich den Implikationen dieser Art von ‚postkosmopolitisch‘ designten Dingen nach.

Was ist ein designtes Ding?

Ich möchte eine Bluse im rumänischen Stil beschreiben, einen Typ Gegenstand,
der dazu beitragen kann zu verstehen, was ein Ding in den letzten Jahren zu
einem ‚designten‘ gemacht hat, und der zeigt, dass dies nicht zwangsläufig auf
professionelle Designarbeit zurückzuführen ist, umgekehrt aber auch nicht alle
Artefakte notwendigerweise designt wurden. In den letzten 27 Jahren habe ich
regelmäßig ethnografische Untersuchungen in Suceava, einer Stadt im Nordosten
Rumäniens, durchgeführt. Im Laufe der Jahrzehnte hat diese Stadt alle möglichen
kulturellen Entwicklungen und Veränderungen erlebt, mehr Veränderungen als
Historiker*innen oder Sozialwissenschaftler*innen aufzeichnen konnten und
wovon die meisten längst vergessen sind. In den letzten Jahren gab es in der Stadt
einen enormen Boom von Blusen im rumänischen Stil. Man kann Frauen bei
vielen Gelegenheiten in bestickten Blusen sehen, ob bei der Arbeit, zu Hause oder
beim Einkaufen. Sie können zu verschiedenen Kleidungsstilen getragen werden,
lässig zu Jeans und Turnschuhen oder zu einem eleganten Anzug und High Heels.
Verschiedenartige Blusenmodelle mit jeweils anderen Arten von Stickerei sind bei
unterschiedlichsten Verkaufsstellen in der ganzen Stadt erhältlich (Abb. 1). So gibt
es Marktstände mit Blusen, die in der Ukraine oder in der Türkei hergestellt werden.
Offizielle Handwerks- und Souvenirläden verkaufen Blusen mit einem rumänischen
Echtheitszertifikat. Multinationale Geschäfte in den Einkaufszentren führen oft
ähnliche Blusen, die nicht an sich rumänisch sind, aber eine Art ländliche Idylle
heraufbeschwören und auf diese Weise die rumänische Ländlichkeit ästhetisch
widerspiegeln. Auch billigere Geschäfte wie die sogenannten chinesischen Märkte

Abb. 1

Zum Kauf angebotene
rumänische Blusen auf
dem Zentralmarkt
(Plaţa Mare) in Suceava.
Foto: Adam Drazin

verkaufen ähnlich bestickte Blusen, die in China oder Indien hergestellt werden.
Alle diese Arten von Waren können als ‚rumänischer Stil' bezeichnet werden und
erinnern an die wertvollen traditionellen Blusen (auf Rumänisch ‚ii' genannt), die
gegen Eintritt in den Panoramaszenen der örtlichen ethnologischen Museen zu
sehen sind und innerhalb von Familien von Generation zu Generation weitergegeben werden. Möglicherweise werden einige dieser erfolgreichen Konsumgüter
mit der Zeit selbst zu Familienerbstücken.

Für mich illustrieren und verkörpern diese Blusen im rumänischen Stil einige wesentliche Merkmale dessen, was ein Ding zu einem designten Ding macht. Wir könnten
sie einfach als eine vorübergehende Modeerscheinung oder Ästhetik betrachten, doch
sie markieren tiefgreifendere historische Veränderungen. In den 1990er-Jahren, kurz
nach dem Kommunismus, konnte nur ein in Rumänien hergestellter Gegenstand als
typisch rumänisch betrachten werden. Für die Menschen, die diese Blusen tragen, ist
es daher nicht selbstverständlich, dass dieser ländliche Stil auf Anerkennung stößt.
Vor zwanzig Jahren hätten viele Menschen ebenso wenig daran gedacht, traditio-

nell bestickte Kleidung anzuziehen, wie Reihen von Bohnen auf ihrem Balkon zu pflanzen oder ein Schwein in der Dusche zu halten; es wäre möglich gewesen, aber kaum nachvollziehbar. Zugegebenermaßen war ich angenehm überrascht, Frauen der verschiedensten Generationen diese wunderbaren bestickten Kleidungsstücke mit der größten Selbstverständlichkeit so locker und lässig tragen zu sehen.

Da sie sehr oft im Ausland hergestellt werden und in den letzten Jahren auch relativ allgegenwärtig waren, markieren diese Blusen im rumänischen Stil einen Wandel von den ‚Made in Romania'-Dingen der 1990er-Jahre (die jedoch selten getragen wurden) zu den 2010er ‚Designed for Rumanians'-Dingen (die jedoch im Ausland hergestellt werden). Diese Entwicklung ist nicht ausschließlich positiv, denn diese Gebrauchsgegenstände sind nicht unbedingt ‚authentisch', sie weisen häufig nur einen ‚authentischen Stil' auf.[2] Dennoch begrüße ich sie. Vor nicht allzu langer Zeit schien es, als wollten die Menschen in Suceava fast ausschließlich für Westeuropäer designte Kleidung tragen. Dinge, die für Rumänen entworfen wurden und für sie bestimmt waren, waren verdächtig oder wurden im Vergleich zu Dingen, die für Deutschland entworfen wurden, zumindest als zweitklassig angesehen.[3] Dies galt auch für das Angebot an qualitativ oft hochwertigen Produkten, die in Rumänien hergestellt wurden. Diejenigen, die für den Export bestimmt waren, galten viele Jahrzehnte lang im Vergleich zu denjenigen, die für den rumänischen Markt bestimmt waren, als besser, weil die Qualitätskontrollen sorgfältiger waren. Daher ist die Vorstellung der materiellen Existenz von Dingen, die für Rumänen entworfen wurden, eine markante Veränderung.

Dieses Erscheinen von ‚designten' Dingen ging mit der Globalisierung einher. In der Zeit des Kommunismus, bis 1989, hatten die Menschen in Rumänien nur sehr eingeschränkte Möglichkeiten zu reisen. In den 1980er-Jahren sollte man es sogar melden, wenn man eine*n Ausländer*in in sein Haus einlud, und alle Auslandskontakte wurden streng kontrolliert. Seit dem Ende des Kommunismus haben Auswanderung, Einwanderung, Verbindungen in die Diaspora und die Möglichkeit des Waren- und Personenverkehrs soziale und wirtschaftliche Brücken zwischen Suceava und Ländern im Westen und Osten, von Kanada bis China, geschlagen. Zu den in Suceava verkauften Blusen im rumänischen Stil gehören Produkte aus China, Indien, der Türkei, der Ukraine und Italien, die alle bewusst Stile nachahmen, die von den Einheimischen als rumänisch anerkannt werden. Diese Produkte implizieren, dass Bekleidungsdesigns, die spezifisch für die Menschen in Suceava sind, in internationalen Netzwerken entworfen, vermittelt und umgesetzt werden.

---

2   Siehe Judy Attfield. 2000. *Wild Things*. London: Berg, S. 101.
3   Siehe Katherine Verdery. 1996. *What Was Socialism and What Comes Next?* Princeton: Princeton University Press.

Obwohl es sich um Gebrauchsgüter handelt, die auf vielfältige Weise seriell hergestellt werden, sind Blusen im rumänischen Stil anders als viele andere Produkte. Jede Bluse wirkt anders, die bunten Ärmel sind mit unterschiedlichen Mustern und Farben versehen. Ihre Vielfalt erscheint grenzenlos und unendlich – durch die Handfertigung an Maschinen können sie gleichzeitig Massenware und unverwechselbar sein. Dabei gibt es eine Hierarchie des Geschmacks. Man könnte diese beliebten Blusen als Äquivalent zu ‚Fast Fashion' auffassen. Eine Designerin kann mithilfe globaler Netzwerke den Modezyklus beschleunigen, indem sie die administrativen und institutionellen Strukturen des Welthandels nutzt, um billige Arbeitskräfte einzusetzen. Doch die Blusen im rumänischen Stil werden nicht in dieser Weise wahrgenommen, sie werden als sehr volkstümlich geschätzt, als Objekte, die traditionelle ethnische Werte ausdrücken und gleichzeitig einen ‚Stil' oder ‚Look' zelebrieren. Sie implementieren oder verankern einen ‚Look', indem sie gleichzeitig den Stil vom Körper loslösen. Wie Attfield[4] bemerkt, können Designprozesse sowohl das Gewöhnliche zum Besonderen erheben als auch besondere Objekte banal und gewöhnlich machen. Design verhandelt dann diese Grenzen und Hierarchien, indem es das Gefühl von Macht als Ordnung sowohl unterläuft als auch gelegentlich kontrolliert und verstärkt. Gerade in diesem Potenzial zeigt sich für Attfield, dass in ‚designten Dingen' eine Art ‚Handlungsmacht' gesehen werden kann.

Wenn wir mithilfe der Ethnografie die soziale Dimension der designten Dinge begreifen wollen, müssen wir zunächst ihre Kontextualität erkennen und verstehen, dass ihr Wesen von Raum und Distanz abhängig ist. Das Aufkommen dieser Blusen in ihrer designten Form ist mit materiellen Prozessen und Reisen verbunden, die die materielle Zusammensetzung des Dings und des Designkonzepts bestimmen.[5] Die Entfernungen, die dabei überwunden werden, tragen dazu bei, diese Binarität über globale Grenzen hinweg zu erzeugen, denn neben dem Transport des hergestellten Gegenstands müssen auch Planung, Intention und die Vermittlung von Konzepten über Entfernungen hinweg erfolgen. Das Wissen um die Entfernungen hilft den Menschen zu erkennen, dass Planung und Prüfung stattfinden; anders ausgedrückt, tragen Entfernungen dazu bei, dass Dinge konzeptuelle Qualitäten entwickeln können. In Beziehungen über Entfernungen hinweg wird deutlicher, dass das Design ‚für' Menschen in Rumänien ist. Wenn zum Beispiel eine Bluse in einer Fabrik in Indien hergestellt wird, die von in Bukarest ansässigen Investoren

4   Attfield 2000.
5   Adam Drazin. 2012. The Social Life of Concepts in Design Anthropology. In *Design Anthropology. Theory and Practice*, Hrsg. Wendy Gunn, Ton Otto und Rachel Charlotte Smith, 33–50. London: Bloomsbury.

gegründet wurde, sind die Waren Teil eines Netzwerks von Handelsbeziehungen, und die Blusen aus dieser Fabrik sind offensichtlich für Menschen in Rumänien konzipiert. Bei in Rumänien hergestellten Dingen fehlt dieser Eindruck, ‚für' Rumänen zu sein, ironischerweise häufig, während ein aus dem Ausland importierter Gegenstand ihn leichter vermitteln kann. Dies ist ein Beispiel für das, was Thrift[6] „räumliches Denken" nennt, eine Manifestation des Denkens, die nicht hauptsächlich auf dem Entwurf einer Sache durch eine*n Designer*in basiert, sondern auf der Bewegung und den inhaltlichen Assoziationen im Raum.

Dieser Sinn für Alterität oder Andersartigkeit ist der wichtigste Aspekt der designten Dinge, auf den ich aufmerksam machen möchte. Bei dem von mir identifizierten speziellen Phänomen der Entwicklung von ‚Made in Romania' zu ‚Designed in Romania' (und möglicherweise auch anderswo) gibt es auch eine Verschiebung zu ‚Made for Romania' und ‚Made for Romanians'. Das ist in vielerlei Hinsicht kontraintuitiv. Es mag merkwürdig erscheinen, dass in der heutigen Zeit, in der viele Designer*innen bei der Herstellung nach einem Ideal der Regionalität streben, lokal hergestellte Objekte nicht für Einheimische bestimmt sind, während anderswo hergestellte Objekte es sind. Dies ist jedoch kein notwendiger Zusammenhang, sondern ein kulturelles Prinzip, das unter bestimmten Umständen entsteht. Die Geschichte dieser Objekte in Rumänien enthält die lokale Vorstellung einer ländlichen handwerkbasierten Wirtschaftsweise. Traditionelle bäuerliche Familien und Kleinbauern sollen sich sozial und kulturell selbst versorgen, indem sie mithilfe verschiedener Nutzpflanzen, ihrer Viehbestände und der eigenen Arbeit alles erzeugen, was für das Leben notwendig ist, einschließlich der traditionellen Kleidung.[7] Es gibt auch ein starkes lokales Bewusstsein für die historische Periode des Kommunismus, während derer die Bekleidungsfabriken immer größere Mengen an häufig unbrauchbaren Waren produzierten[8] und das Modedesign stagnierte. Traditionell hat sich Suceava als Produktions- und nicht als Designstandort verstanden. Designte Dinge sind eher durch die Internationalisierung des Konsumsektors entstanden als durch die Gründung von lokalen Designbüros.

Die Blusen im rumänischen Stil sind also zutiefst faszinierende Objekte, die über die Nutzung globaler Räume einen Sinn für Design geschaffen haben. Ihre Reisen sind eine Art konzeptuelle Arbeit, die die Phantasie oder das Denken der Menschen in Rumänien prägt. Als Objekte, die für Rumäninnen, ihre Werte, Er-

---

6   Nigel Thrift. 2006. Space. *Theory, Culture and Society* 23(2–3): 139–155.

7   Siehe Gail Kligman. 1988. *The Wedding of the Dead.* Berkeley: University of California Press; David A. Kideckel. 1993. *The Solitude of Collectivism. Romanian Villagers to the Revolution and Beyond,* Ithaca: Cornell University Press.

8   Verdery 1996.

fahrungen und Körper bestimmt sind, treten die in China, Indien und der Türkei gefertigten Blusen im rumänischen Stil in ein, wie Charles Pierce sagen würde, indexikalisches Verhältnis zu imaginierten Rumäninnen. Die Blusen sind zum einen brandneu von anonymen Ausländer*innen hergestellte Konsumgegenstände zum Kaufen und Tragen und zum anderen einem lokalen Design entstammende Dinge, die bewusst zurückgekehrt sind.

Das Beispiel der Blusen im rumänischen Stil macht vier Punkte deutlich. Die Mobilität von Design im Raum leistet erstens kulturelle Arbeit und produziert konkrete Vorstellungen. Diese Art von Mobilität ist nicht mit Strömen von Bewusstsein oder körperlichen Arbeitsprozessen gleichzusetzen. Zweitens gibt es für mich als Anthropologen mindestens ebenso viel Grund, Design als ein durch die Zusammenhänge der lokalen Nutzung von Produkten und Dienstleistungen geschaffenes Phänomen zu definieren, wie es anhand der Intentionalität professioneller Designer*innen zu definieren. Zweck, Nutzen und Wert sind beispielsweise nicht so sehr manifeste Eigenschaften eines Produkts, sondern werden durch die ‚Passgenauigkeit‘ des Dings für einen bestimmten gesellschaftlichen Kontext erreicht. Drittens möchte ich die innere Spannung zwischen dem Ding als von Menschen Hergestelltem und dem Ding als Beziehung zwischen Menschen hervorheben. Bei designten Dingen geht es für mich stärker darum, Beziehungen aufzubauen. Viertens und letztens ist die Qualität der ‚Für‘heit von designten Dingen auffallend, die eine Alterität, ein Gefühl für ein Drittes oder einen imaginären Nutzer mit sich bringt. Man wurde als mögliche*r Nutzer*in berücksichtigt oder zumindest jemand wie man selbst.

Die kosmopolitische Alterität der designten Dinge

Designobjekte sind in einen Designprozess eingebettet, der eine*n signifikante*n Andere*n voraussetzt, der*die weder Designer*in noch Ding ist, sondern ein Drittes. Anstatt Gegenstände als funktional, als Akteure oder anthropomorphe Stellvertreter für Designer*innen zu sehen, können wir sie als soziale Kanäle betrachten. Das ist einer der Gründe, weshalb Murphy die Designkultur in Schweden als „auf einen Versorgungsgedanken ausgerichtet"[9] bezeichnet. Damit will er sagen, dass er als amerikanischer Anthropologe, der mit Produkt- und Servicedesignern in Schweden zusammenarbeitet, beeindruckt ist von der Auffassung der Designarbeit als nationales Projekt, bei dem die Designer*innen die anderen Bürger*innen stets

---

9   Keith M. Murphy. 2013. *Swedish Design. An Ethnography.* Ithaca: Cornell University Press, S. 118.

als einen wesentlichen Aspekt ihrer Arbeit betrachten. Das macht ihre Designarbeit an sich zu einer ebenso gesellschaftlichen wie ästhetischen Aufgabe, was nicht bei jeder Form von Designkultur der Fall ist. Die Charakterisierung von Menschen als andere birgt jedoch Risiken. Historisch haben Anthropolog*innen schon immer menschliche Vielfalt erforscht und versucht, mit Menschen zu arbeiten, die sich von ihnen unterschieden. Vielen solcher Studien wurde vorgeworfen, exotisch, romantisierend oder vereinfachend zu sein. Doch methodisch ist die Wertschätzung anderer Menschen und ihres Lebens ein Mittel, um durch Kontrast und Vergleich Kultur sichtbar zu machen. Alterität ist eine unbequeme methodische Notwendigkeit für die Untersuchung von Kultur. Welche Art von Alterität stellen nun aber designte Dinge dar? Eine Möglichkeit wäre, dass Gegenstände Menschen auf indexikalische Weise repräsentieren, dass eine Sache sozusagen eine Person ist. Designte Dinge wären dann auf sehr lockere Weise indexikalisch. Ein Index bezieht sich gewöhnlich auf die Bedeutung der Ergebnisse konkreter Handlungen von Menschen, während sich ein Symbol auf eine sinnbildliche Darstellung einer abstrakten Bedeutung bezieht. Designte Dinge scheinen in mancher Hinsicht auf die Weise bedeutend zu sein, wie es Indizes sind, und in anderer Hinsicht auf die Weise, wie es Symbole sind. Sie beziehen sich auf die konkreten Handlungen ihrer zukünftigen Nutzer*innen und haben in der Tat nur in Bezug auf diese Bedeutung, sind jedoch nicht direkte Ergebnisse dieser Handlungen. In diesem Sinne kann das designte Ding als eine indexikalische Erweiterung der Nutzenden betrachtet werden, die deren Identität materialisiert. Das wäre ein ‚Rosa für Mädchen, Blau für Jungen'-Denken, das durchaus wirksam sein kann und als Instrument der Marktforschung natürlich sehr nützlich ist. Es modelliert die soziale Welt jedoch so, als wäre sie in hohem Maße strukturiert und stärker durch Grenzen und Trennungen als grundsätzlich durch Beziehungen konstituiert. Die Möglichkeit des Engagements wird dabei ebenso wenig berücksichtigt wie ein differenziertes Verständnis von Entwicklung und Wandel. Der*die andere, der*die in einem Objekt unmittelbar verdinglicht wird, riskiert, dass er*sie buchstäblich objektiviert wird, dass seine*ihre Identität, seine*ihre Werte und Motivationen in der Zeit eingefroren werden, ähnlich wie viele Artefakte durch ihre Präsentation in traditionellen Museumsausstellungen. Dieser Ansatz würde die vielen Weisen ignorieren, in denen sowohl Designer*innen als auch Designnutzer*innen an Veränderungskonzepten beteiligt sind, mehr noch als an der Reproduktion von Stagnation.

Ein indexikalischer Zugang zur Alterität berücksichtigt auch nicht die Globalisierung und die damit verbundenen Möglichkeiten der Kopräsenz und Simultaneität über Entfernungen hinweg. Taussig[10] argumentiert, dass Alterität oft von grundlegender Bedeutung für die globale Kultur sei, sich aber aus der Möglichkeit der Auseinandersetzung mit unterschiedlichen Standpunkten ergebe. Die Herstellung von Gebrauchsgegenständen schaffe Dinge, die anders, aber auch gleich und damit unheimlich seien. Diese Alterität, die für ihn „in jeder Hinsicht eine Beziehung ist, nicht ein in sich abgeschlossenes Ding"[11], ist häufig sozial konstitutiv und generativ, weil sie die mögliche Übernahme unterschiedlicher Auffassungen beinhaltet. Massenproduzierte Objekte können an verschiedenen Orten, zu unterschiedlichen Zeiten und für verschiedene Menschen unterschiedlich wirken. Die unterschwellige Mimesis beinhaltet die komplexe Fähigkeit, das Verständnis anderer Menschen von der Bedeutung eines Dings nicht nur zu reproduzieren, sondern auch zu erkennen, anzunehmen, ihm zu widersprechen und es neu zu gestalten. In dieser Hinsicht ist die notwendigerweise globale politische Beziehung, die mit Alterität verbunden ist, eine der gegenseitigen Beteiligung und Auseinandersetzungen und nicht einfach einseitiger Dominanz.

In der globalen Auseinandersetzung mit anderen entsteht ein differenziertes Verständnis von kultureller Kreativität. Das Gefühl eines privilegierten und kreativen Selbst kann aus der Vorstellung heraus entstehen, dass man versteht, wie andere leben. Verschiedene Autor*innen haben beobachtet, wie westliche Anthropolog*innen die Kreativität ihrer eigenen Disziplin vor dem Hintergrund der kulturellen Vielfalt in vielen anderen Teilen der Welt entwickelt haben:

> „‚Wir' setzt voraus, dass Differenzierung und Neuheit angeboren sind, ein Teil der Natur, und wir betrachten die Schaffung von Konventionen als das wichtigste menschliche Projekt. ‚Sie' setzt voraus, dass Konvention angeboren ist und dann Differenzierung und Neuheit hergestellt werden müssen. Kurz gefasst könnte man sagen, dass wir den Einzelnen voraussetzen und die Gesellschaft zu einem Problem machen; sie setzen die Gesellschaft voraus und machen den Einzelnen zu einem Problem."[12]

Ähnliches könnte man von den Designdisziplinen sagen. In der Heraufbeschwörung, Beschreibung oder Vorstellung von anderen Menschen gestaltet sich professionelles Design selbst. In Designstudios gibt es viele Dinge, die diese Art von kulturellem Denken und konzeptioneller Arbeit repräsentieren. Prototypen, Provotypen, De-

---

10 Michael Taussig. 2014. *Mimesis und Alterität. Eine eigenwillige Geschichte der Sinne.* Konstanz: Konstanz University Press.

11 Taussig 2014, S. 186.

12 Joel Robbins. 2002. On the Critical Uses of Difference. *Social Analysis* 46(1): 4–11, S. 7, in einer Zusammenfassung von Roy Wagner. 1985. *The Invention of Culture.* Chicago: University of Chicago Press.

signspiele, Performances, Provokationen, Installationen, all diese Arten von Designdingen erleichtern die Alteritätsarbeit. In solcher Arbeit wird die Beschwörung von Antworten, Vorschlägen und Dingen von der Beschwörung von Designräumen, Möglichkeiten und Themen begleitet. Die verschiedenen Erscheinungsformen des bedeutsamen Anderen des Designs, von Fotos, Videos, Benutzerprofilen, Karten, Diagrammen usw., werden oft zum zentralen Fokus der Designarbeit und erzeugen den emphatischen Status des Designstudios als eine andere Art von Raum, indem sie die vielen Außenschauplätze des Studios in seinem Zentrum erkennen lassen. Durch das Gefühl, die Begegnung mit anderen Menschen unter Kontrolle zu haben, wird auch demonstriert, dass Kreativität grundlegend für den eigenen kulturellen Zustand ist, weil sie die Schaffung von Differenz beinhaltet.

Das bedeutet, dass Designobjekte Dinge sind, die dem Kosmopolitismus Nahrung geben. Der*die Designer*in ist eine Figur, die nicht nur bereit ist, sich mit anderen Menschen und Kulturen auseinanderzusetzen[13], sondern das Engagement zu einem Kernprojekt macht.

> „… Kosmopolitismus im engeren Sinne beinhaltet eine Haltung zur Vielfalt selbst, zur Koexistenz von Kulturen in der individuellen Erfahrung. Echter Kosmopolitismus ist in erster Linie eine Haltung, die Bereitschaft, sich mit dem anderen auseinanderzusetzen. Er bedeutet eine intellektuelle und ästhetische Offenheit gegenüber unterschiedlichen kulturellen Erfahrungen, eher eine Suche nach Gegensätzen als nach Einförmigkeit. Mehr Kulturen kennenzulernen bedeutet, sich zu deren Anhänger*in zu entwickeln, sie als Kunstwerke zu betrachten."[14]

Ein designtes Ding zeigt andere Menschen nicht so direkt, wie eine Fotografie das Abgebildete präsentiert oder die Betrachtung eines Gemäldes eine Begegnung mit dem Geist des Künstlers oder der Künstlerin ist. Stattdessen werden soziale und kulturelle Kontexte durch ein Gefühl der imaginären Ansteckung evoziert. Zum Beispiel kann uns ein Haushaltsgerät vorgestellt werden, das weniger eine bestimmte Art von Person (wie in der Marktforschung) als eine bestimmte Art von Raum, Möbeln und eine Reihe von zeitlichen Routinen und Praktiken nahelegt. Dies ist eine assoziative Bedeutsamkeit, die auf das konzeptionelle Zusammenstellen verschiedener Arten von Dingen hinausläuft. Die Alterität der designten Dinge bedeutet hier eine Beschwörung von spekulativen Räumen, Lebensstilen und zeitlichen Ordnungen. Diese werden dem Verstand nicht als Ursprung des

---

13 Ulf Hannerz. 1990. Cosmopolitans and Locals in World Culture. *Theory, Culture and Society* 7: 237–251.
14 Hannerz 1990, S. 239; zur Kritik siehe auch Pnina Werbner, Hrsg. 2008. *Anthropology and the New Cosmopolitanism*. London: Berg.

Dinges, sondern als sein Zweck angeboten, dem durch das Design eine gewisse Bestimmung gegeben wurde. Zehn andere Menschen stehen für zehn Kontexte und zehn Designschicksale.

Der Idee eines kosmopolitischen Designs, das sehr bewusst auf Vielfalt setzt, ist eine Verbindung zur Anthropologie inhärent. Und da Design in den letzten dreißig Jahren zunehmend sozialer geworden ist und sich stärker mit nutzerzentrierten und kontextuellen Ansätzen beschäftigt, ist zwangsläufig das Feld der Designanthropologie entstanden. In der Designanthropologie gab es eine zunehmende Anerkennung von Design als kooperativem Ansatz (nicht nur von Designer*innen, sondern auch von multidisziplinären Gruppen, in denen verschiedene Mitglieder unterschiedliche, nicht ähnliche Fähigkeiten haben), und es wird mehr und mehr erkannt, dass das Design als solches berechtigt ist, sich mit kulturellen und sozialen Fragen zu befassen. Designarbeit betrifft nicht nur die Produktion von Dingen, sondern auch die Entwicklung von Beziehungen und die Veränderung von Paradigmen des kulturellen Verständnisses und der kulturellen Rahmung. Am Beispiel der Bluse im rumänischen Stil kann man sehen, wie eine bestimmte Art von Objekt Alterität auf eine bestimmte Weise verhandelt, die akzeptabel ist und akzeptiert wird. Eine solche Bluse wurde vielleicht im Ausland hergestellt und in einigen Fällen im Ausland designt, wird aber dennoch gemocht. Das impliziert die Akzeptanz und Würdigung des fragmentierten Spiegelbildes von sich selbst in den Augen eines anderen.

Postkosmopolitisch designte Dinge?

Dieser kosmopolitische Zugang zur Alterität entspricht den Designprozessen, die für eine konzeptionelle Ausrichtung des Designs globale Räume und deren Bewegung nutzen. Doch nicht nur durch Offenheit gegenüber kultureller Vielfalt kann ein Designobjekt ein Gefühl von Andersartigkeit vermitteln. Designpraktiken und Designpolitiken verändern sich ständig, und so entwickelten sich in den letzten Jahren in den Designstudios neue Arten der kulturellen Arbeit, insbesondere das ‚Design Futuring‘, die Orientierung des Designs auf die Zukunft. Diese Entwicklungen markieren möglicherweise eine postkosmopolitische Wende, bei der es in Bezug auf Alterität des Designs um eine andere als die gegenwärtige Zukunft geht. Die kritische Bewertung von Zukunftsperspektiven, oft durch Studioarbeit und Herstellung, nimmt eine bedeutendere Rolle ein als die sozialwissenschaftliche Erforschung der zeitgenössischen kulturellen Vielfalt. In der Sozialforschung sind eine Reihe von Methoden aufgetaucht, die sich für verschiedene Arten der Zukunftsspekulation anbieten. Für eine solche ‚Hinwendung zur Zukunft', insbesondere die wegweisende, kritische und selbstbewusste Arbeit von Dunne und Raby[15], gibt es viele Gründe. All diese zukunftsorientieren Ansätze haben Auswirkungen darauf, wie wir über designte Dinge denken, denn sie beziehen sich direkt auf die bereits diskutierte Spannung zwischen Ansätzen, die versuchen, Dinge durch Betonung des räumlichen Denkens zu kontextualisieren, und solchen, die Zeitlichkeit und Prozesshaftigkeit betonen.

Fry[16] begründet in einer Reihe von Überlegungen am schlüssigsten und genauesten, warum sich Design nicht mit zeitgenössischen Nutzer*innen, sondern vielmehr mit der Zukunft beschäftigen sollte. Eines der großen Themen in seinem vielschichtigen Denken ist das Anthropozän. Überall auf der Welt neigen Menschen dazu, ihre eigene materielle Situation nicht als Resultat der Herstellung neuer Dinge aus natürlichen Ressourcen zu erkennen, sondern als eine einheitliche Welt aus Artefakten, in der alle Dinge bereits durch menschliches Handeln und Design geformt sind. Das bedeutet, dass Design, insbesondere benutzer*innenzentriertes Design, sowohl eine mögliche Lösung als auch die vorrangige Ursache von Problemen ist. Human-centered Design kann auf die kurzfristigen Bedürfnisse, Wünsche und Möglichkeiten einiger weniger Menschen reagieren, zugleich aber auch ein viel größeres kollektives Problem schaffen. Wenn ein kleines Team ein Produkt entwirft und vielleicht eine Designanthropologin beschäftigt, die mit einer Handvoll Menschen forscht, dann werden viele tausend oder hunderttausend Exemplare dieses Produkts hergestellt. Unter diesen Umständen, so Fry, wird es für Menschen unmöglich, ihre eigene soziale und kulturelle Identität weiterhin durch massenproduzierte Güter zu begründen. Es bedarf einer radikal veränderten Designkultur und einer radikal anderen Vorstellung davon, was es bedeutet, Mensch zu sein oder ‚Mensch zu werden'.

Eine der Schwierigkeiten dieser Argumentation besteht darin, dass die Zukunft sehr oft nicht gestaltet, sondern ihr begegnet und entgegengetreten wird. Ein Zukunftskonzept, das von der materiellen Kultur ausgeht, erkennt die Zukunft tendenziell als allgegenwärtig an, als Gemeinschaften und Beziehungen konstituierend.[17] In Zusammenarbeit mit der Bauhaus-Stiftung in Dessau verfolgte

15 Anthony Dunne. 2005. *Hertzian Tales*. Cambridge, Mass.: The MIT Press; Anthony Dunne und Fiona Raby. 2013. *Speculative Everything. Design, Fiction and Social Dreaming*. Cambridge, Mass.: The MIT Press.

16 Tony Fry. 2008. *Design Futuring. Sustainability, Ethics and New Practice*. London: Bloomsbury; Tony Fry. 2012. *Becoming Human by Design*. London: Bloomsbury.

17 Daniel Rosenberg und Susan Harding, Hrsg. 2005. *Histories of the Future*. Durham: Duke University Press.

ein Team von graduierten Anthropologen des UCL, wie die Zukunft von Städten oftmals um das reiche und faszinierende lokale Designerbe herum verhandelt wurde.[18] Dessau war zwar der Sitz der Bauhaus-Bewegung der 1920er-Jahre, die die globale materielle Kultur veränderte, hatte in den letzten Jahrzehnten aber unter einer extremen Abwanderung junger Menschen und postindustriellem Unbehagen zu leiden. Die lokale Bevölkerung, die politischen Entscheidungsträger*innen, Designprofis, Bewohner*innen und Arbeitnehmer*innen in Dessau begegnen auf Schritt und Tritt Teilen des vergangenen Designkulturerbes und stehen vor der Entscheidung, was mit ihnen geschehen soll. In Dessau können Möbel, Waschbecken, Treppen, Abflussrohre und Teller manchmal als Erbe gefeiert werden. Viele dieser Gegenstände sehen aus wie tausend andere ähnliche Dinge auf der ganzen Welt, aber in Dessau wurden in den 1920er-Jahren viele der Formen und Stile, die uns im Alltag umgeben, entwickelt. Berühmte Bauhaus-Designer*innen wie Gropius bauten Wohnanlagen, die ihre Vision vom zukünftigen menschlichen Leben zum Ausdruck brachten: wie die Menschen ihre Tage verbringen, wie sie essen, schlafen und zur Arbeit pendeln würden. Deshalb könnten ganz gewöhnliche Gegenstände, die Dessauer Wohnungen buchstäblich verschandeln, als wertvolles Erbe angesehen und an Bauhaus-Sammlungen gespendet werden, weil sie teilweise den ursprünglichen Bauhaus-Methoden zur Gestaltung und Realisierung einer designten menschlichen Zukunft sehr nahe stehen. Viele zerfallende, rostige, morsche Gegenstände und Bauwerke in dieser Kulturlandschaft stellen die Menschen vor unverhoffte und schwierige Entscheidungen: Dinge wegzuwerfen, zu renovieren, zu bewahren oder an Sammlungen und Museen zu spenden. Angesichts der Zukunftsvorstellungen vergangener Generationen wird die Trennlinie zwischen Kostbarkeit und Müll auf problematische Weise dünn. Interessanterweise geht es bei derartigen Entscheidungen, was mit diesen Materialisierungen ‚vergangener Zukünfte' zu tun ist, tatsächlich darum, wie Menschen und die Gesellschaft ihre eigene Zukunft sehen und wie sich ihre Lebensweise in der Gegenwart entwickelt. Denn die Zukunft von Dessau hängt sowohl von seiner Rolle als potenzielles Designzentrum als auch von seiner Rolle als Kulturerbezentrum ab. Wenn sich die Zukunft also in designten Dingen manifestiert, besteht sie nicht nur aus einer individuellen Vorstellung, sondern auch aus einem gemeinsamen partizipativen sozialen Zusammenhang über die Zeit sowie berufliche Grenzen und soziale Klassen

---

18 Adam Drazin, Robert Knowles, Isabel Bredenbröker und Anais Bloch. 2016. Collaboratively Cleaning, Archiving and Curating the Heritage of the Future. In *Design Anthropological Futures*, Hrsg. Rachel Charlotte Smith, Kasper Tang Vangkilde, Mette Gislev Kjaersgaard, Ton Otto, Joachim Halse und Thomas Binder, 199–214. London: Bloomsbury.

hinweg. Dessau ist reich an vielfältigen, mehrschichtigen Designzukünften, und diese Begegnung mit den Dingen kann als „das problematische ‚Anderssein' der Zukunft"[19] bezeichnet werden. Damit meine ich, dass Zukunft nicht unbedingt aus den Menschen und ihrer Phantasie heraus als Fortsetzung ihrer Gedanken entsteht; vielmehr erleben wir an Orten wie Dessau schwierige Auseinandersetzungen mit bereits existierenden Zukunftsvorstellungen, die nicht elegant und glänzend, sondern oft abgegriffen, provozierend, verrottet und manchmal abstoßend sind und eine Reaktion hervorrufen. Neue Zukunftsvorstellungen entstehen hier durch die Auseinandersetzung mit Relikten der Vergangenheit und mit den Vorstellungen anderer Menschen. Das postsozialistische Deutschland hat sich als besonders ergiebig für die Erforschung solcher Zukunftsverhandlungen anhand designter Dinge und industriellen Erbes erwiesen.[20]

Dies deutet auf eine Situation hin, in der ‚Menschen' das zentrale Problem für das Design sind. Damit meine ich, dass sich Designer*innen weniger mit dem beschäftigen, was aus wissenschaftlicher oder praktischer Sicht möglich ist. Vielmehr befassen sie sich mit den Auswirkungen der Arbeit früherer Designer*innen und den Absichten von Generationen anderer Menschen, die die Welt so geformt haben, wie sie ist. Design muss in einer Umgebung von vielen menschlichen Handlungen und Gedanken funktionieren, die aus verschiedenen Zeiten und Räumen stammen. Meiner Meinung nach sollten die Probleme der designten Dinge nicht (wie von Fry) in einem Übermaß an menschlicher Produktion oder (wie zum Beispiel von Gregory[21]) als posthuman gesehen werden, sondern vielmehr unter dem Aspekt der Schwierigkeiten menschlicher Beziehungen. Designte Dinge verkörpern offensichtlich eine Form des sozialen Gefüges und sozialer Beziehungen über Raum und Zeit hinweg. Die signifikanten Anderen des Designs existieren zunehmend stärker in verschiedenen Zeiten (aber an den gleichen Orten) als an verschiedenen Orten (aber zu der gleichen Zeit). Anstatt über bessere Möglichkeiten der ‚Zukunftsgestaltung' nachzudenken, muss das Design über bessere Möglichkeiten der Verbindung über die Zeit hinweg nachdenken.

Wenn designte Dinge von ihren zukünftigen Beziehungen her verstanden werden, hat das Auswirkungen darauf, was wir als das ansehen, was eine Person

19 Ebd.: 199.

20 Felix Ringel. 2018. *Back to the Postindustrial Future. An Ethnography of Germany's Fastest-Shrinking City.* New York: Berghahn Books; Eli Rubin. 2014. *Synthetic Socialism. Plastics and Dictatorship in the German Democratic Republic.* Chapel Hill: The University of North Carolina Press.

21 Chris Gregory. 2014. On Religiosity and Commercial Life. Toward a Critique of Cultural Economy and Posthumanist Value Theory. *Hau* 4(3): 45–68.

ausmacht, und auf die Ungleichheiten zwischen Menschen. Wenn sich das Design
hin zu Formen der Zukunftsgestaltung bewegt, zu denen einige selbstkritische
Methoden und andere nicht so kritische gehören, müssen wir darüber nachdenken,
wie sich die designten Dinge zwischen professionellen und nichtprofessionellen
Personengruppen positionieren. Wenn designte Dinge zu Objekten werden, die
stärker als die bisherigen Lebensstile die Vorstellung von möglichen zukünftigen
Situationen und Lebensweisen evozieren, kolonisieren sie potenziell auch zukünftige Leben und werden selbstreferenzieller. Dies liegt daran, dass ein Großteil der
Zukunftsarbeit (aber nicht jede) ‚hier‘ und nicht ‚dort‘ stattfindet und die Arbeit
im Atelier über die ethnografische Arbeit stellen kann. „Die Zukunft beginnt hier"
heißt es auf einem Schild am Straßenrand, an dem Suchman[22] auf dem Weg in den
Xerox Parc im Silicon Valley vorbeifährt. Ihr Arbeitsplatz selbst versteht sich als
Verkörperung und Gestaltung der Zukunft. Eines der Probleme, so bemerkt sie,
besteht darin, dass im Umkehrschluss Zukünfte nicht nur zu spekulativen und
kritischen Räumen werden, sie sind als einer der wenigen verbleibenden offenen
Räume in einer überfüllten anthropozänen Welt der Kolonisierung und der In-
besitznahme ausgesetzt. Als die Unternehmensreform in ihrer Firma zu sehr von
abstrakten Zukünften geprägt war, wurden diese Zukünfte ausschließend. „Nicht
teilzunehmen bedeutete die Gefahr, aus dem Blickfeld zu geraten und keinen Platz
mehr in der im Bau befindlichen Zukunft zu haben"[23]. Dieses Beispiel zeigt, wie die
Visionen der Designer*innen diesen Raum ebenso sehr kolonisieren, wie sie über
ihn spekulieren. Das bedeutet, dass die Arten von Beziehungen, die rund um das
Design entstehen, ständig Gefahr laufen, ungleich zu sein, da der*die Designer*in
der Zukunft immer näher erscheint als die Person, die das Design benutzt. Suchman
argumentiert, dass die Antwort darauf nicht notwendigerweise zukunftsorientierte
Methoden sein müssen, sondern ethnografische und anthropologische Arbeit, die
die Reibungen und Widersprüche dieser zukunftsgeprägten Arbeitswelt kritisch
aufzeigen kann.

Daher werden Forderungen, den Zusammenhang der Zukunft mit kollektiven
menschlichen Vorstellungen anzuerkennen, oft durch Versuche untergraben, Designkonzepte, die sich in materiell designten Dingen manifestieren, zu besitzen und
als Eigentum zu entwerfen. Diese potenzielle Exklusivität und soziale Grenzbildung
in zukunftsorientierten Aktionen bietet sich für eine weniger offene, postkosmopolitische Sozialpolitik an. Um auf das Thema der rumänischen Gemeinschaft
zurückzukommen, veranschaulicht ein Beispiel an der Basis, wie Menschen sich

---

22 Lucy Suchman. 2011. Anthropological Relocations and the Limits of Design. *Annual
    Review of Anthropology* 40(1): 1–18.
23 Suchman 2011, S. 11.

kulturell mit dem Aufbau von Zukunftsperspektiven um Objekte herum befassen können, anstatt mit anderen Menschen in der Gegenwart zu interagieren.[24] Seit den 1990er-Jahren hat sich der Ort meiner Langzeitforschung in Rumänien verlagert, weil viele Menschen weggezogen sind, um in anderen Ländern zu leben, und doch oft enge soziale Verbindungen zu den Gemeinden haben, in denen sie geboren wurden. Eines der für diese Bewegung charakteristischen Phänomene ist der Wunsch, in Rumänien ein Haus zu besitzen oder zu bauen. Tatsächlich gibt es in einer Bevölkerung von über zwanzig Millionen Personen eine enorme Vielfalt in dieser Wanderbewegung von Menschen, mit sehr unterschiedlichen Hintergründen und Absichten. Als ich Mitte der 2000er-Jahre, kurz vor dem EU-Beitritt Rumäniens, als nur einige rumänische Bürger*innen legal im Ausland arbeiten durften, in Dublin mit irisch-rumänischen Bürger*innen arbeitete, stieß ich auf viele verschiedene Arten, Gegenstände zu konsumieren und zu benutzen, um eine Vorstellung ihrer eigenen Zukunft und/oder eine Verbindung zu Rumänien zu entwickeln. Einfache häusliche Objekte dienten dazu, Verbindungen und Trennungen innerhalb des gesamten europäischen Raums und über die Zeit hinweg zu schaffen.

Interessanterweise hatten viele Menschen Dinge in ihrer Wohnung, die die Vorstellung eines fernen Rumäniens wachriefen, aber nicht unbedingt benutzt wurden. Bei einer Frau hing eine Karte von Rumänien an der Wand, die sie daran erinnerte, wo sie in Zukunft wohnen würde.[25] Eine andere Familie hatte in der Küche ein Regal für jede Art von Kunsthandwerk, das ihre Verwandten aus Rumänien schickten (Abb. 2). Objekte wie Schalen, die in einer Küche in Rumänien äußerst nützlich wären, wurden in Irland nicht mehr verwendet, denn die Menschen bevorzugen natürlich das Einkaufen vor Ort. Es gibt einige Fälle, wo Menschen in Rumänien ein ‚zukünftiges' Zuhause bauten und einrichteten, während sie in Irland Opfer brachten und eine Zeit lang in relativer Armut lebten, um Geld zu sparen und zu bauen. Manche dieser Menschen zogen zurück nach Rumänien, andere nicht. Aber die Art und Weise, wie die ‚Zukünfte' ihren materiellen Besitz aufteilten, war auffällig. Alltagsgegenstände in einer Dubliner Wohnung waren per Definition nicht für die Zukunft gedacht, sondern wurden benutzt; dagegen brachten unbenutzte Objekte, die sich in einer unbewohnten Wohnung in Rumänien befanden, die Vision eines zukünftigen Lebensstils zum Ausdruck, waren jedoch nicht in Gebrauch. Die Welt der Dinge war in dieser Gemeinschaft oft Anlass für Gespräche über eine soziale

---

24 Adam Drazin. 2014. The Problematic Decision to Live. Irish-Romanian Home-Making and the Anthropology of Uncertainty. In *Love Objects. Emotion, Design and Material Culture*, Hrsg. Anna Moran und Sorcha O'Brien, 125–136. London: Bloomsbury.

25 Drazin 2014.

Kosmologie in Zeit und Raum, die ‚wir heute' von ‚wir in Zukunft' unterschied, ‚wir hier' von ‚wir dort' und auf verschiedene Weise ‚wir' von ‚sie'.

Wichtig ist, dass die Hinwendung zur Zukunft damals oft mit einer stark beeinträchtigten Fähigkeit zur sozialen Teilhabe einherging. Im Bestreben, als Kosmopolit*innen im Ausland zu leben, sich mit vielen Nationalitäten zu vernetzen, neue Sprachen, Kochrezepte, Sportarten, Musik, Erfahrungen und Lebensweisen kennenzulernen, wurden viele Menschen enttäuscht. Die Realität bedeutete oft stärkere Isolation, mit vielen zu Hause verbrachten Abenden und Wochenenden ohne häufiges Ausgehen. Ein Rückzug aus der Gegenwart kann eine Verlagerung des gesellschaftlichen Lebens in eine unsichere und oft nicht zu erreichende Zukunft bedeuten. Die Hausgegenstände waren hier mit Intentionalität getränkt, wobei der materielle Rahmen des Hauses für viele Familien ein kulturelles Vehikel für die Zukunft darstellte.

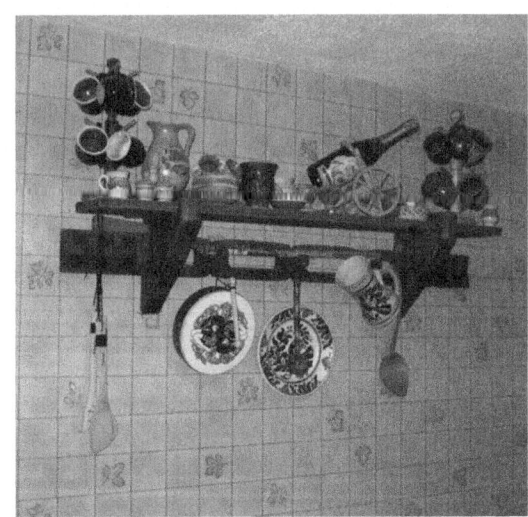

Abb. 2
Kunsthandwerkliche Objekte in einem Regal in einer Dubliner Küche, in einer Ausstellung gezeigt und nicht mehr in Gebrauch.
Foto: Adam Drazin

Ähnlich wie manche professionelle Designer*innen stehen Menschen aus Rumänien daher vor einer kulturellen Situation, in der materielle Dinge Lebensstile und Kontexte evozieren und ihnen helfen, über die Zukunft nachzudenken. Es kann eine deutliche Trennung zwischen den Dingen, die ein Gefühl für eine kosmopolitische, zeitgenössische Lebensweise hervorrufen, und den Dingen, die sehr bewusst für einen zukünftigen Lebensstil bestimmt sind, geben. Dies, so meine ich, entspricht in vielerlei Hinsicht verschiedenen Designalternativen, bei denen der*die signifikante Andere, für den*die die designten Dinge bestimmt sind, ein*e gegenwärtige*r Andere*r oder ein zukünftiges Selbst sein kann.

Resümee

Wir haben in diesem Beitrag eine weite Strecke zurückgelegt, von einer rumänischen Stadt über die Arbeit von Designstudios bis zu der Frage, wie Designforschung sich ihre*n signifikante*n Andere*n vorstellt, und wieder zurück in die rumänische Diaspora. Eine solche Reise ist zwar verwirrend, ähnelt aber den Reisen vieler designter Dinge. Deshalb müssen wir uns ansehen, welche Wege designte Dinge in einer globalisierten Welt nehmen, und müssen, wie Appadurai sagt, „den Dingen selbst folgen".[26] Indem wir stärker verräumlicht als zeitlich denken, können wir soziale Beziehungen, kulturelle Vielfalt und Probleme der Ungleichheit besser berücksichtigen. Das aktuelle Klima im Design tendiert jedoch eher in die entgegengesetzte Richtung, in Richtung Zukunft, und das birgt Risiken in sich.

Die Schlüsselfrage betrifft das, was Thrift „a-whereness" (etwa „Bewusstsein für den Ort") nennen würde.[27] Designte Dinge haben eine schwierige Beziehung zum Ort. Auf der einen Seite streben viele von ihnen danach, Klassiker zu sein: modern, nützlich und schön sowie wichtig an sich und nicht aufgrund des Orts, an dem sie sich befinden. Solche klassischen Designs könnten reibungslos, mühelos und ohne je Wurzeln zu schlagen durch die Welt gleiten. Auf der anderen Seite hängen designte Dinge seltsamerweise aus ähnlichen Gründen von Orten und Kontexten ab, weil sie zu bestimmten Situationen, Handlungen und Menschen passen, für diese geeignet und nützlich sind. Sie helfen uns ständig dabei, uns andere Menschen und Orte und Zeiten vorzustellen, während wir gleichzeitig Möglichkeiten und Potenziale abwägen, die Design in diesen Räumen bieten könnte. Ihre kosmopolitisch anmutende Fähigkeit zur unvollständigen sozialen Loslösung und Neuverknüpfung über Räume hinweg, die die Wertschätzung anderer Menschen hervorruft, ist dann Teil dessen, was die Denkarbeit des Designs erleichtert. Wie wir am Beispiel von Blusen im rumänischen Stil gesehen haben, hilft ein Alteritätsgefühl, Ziele, Intentionen und Absichten hervorzubringen, und Distanz wiederum erzeugt diese Alterität.

---

26 Appadurai 1986, S. 5; siehe auch Arjun Appadurai. 2006. The Thing Itself. *Public Culture* 18: 1.

27 Thrift 2006, S. 140.

Designte Dinge existieren hier und für uns, aber immer mit Bezug auf andere an anderen Orten.

Im Bemühen, über designte Dinge nachzudenken, eröffnen sich zentrale Spannungsfelder. Immer wieder gibt es Versuche, sie als Dinge mit einer gewissen Örtlichkeit im Hier und Jetzt zu betrachten und gleichzeitig ihr Anderswosein zu respektieren. Es ist auch nützlich, die Beziehungen der sozialen Ungleichheit zu berücksichtigen, die sich daraus ergeben können. Wenn die Weltpolitik postkosmopolitisch wird, wenn wieder Barrieren für die Bewegung von Dingen, Menschen und Kapital entstehen, welche Auswirkungen kann diese postkosmopolitische Politik dann auf designte Dinge haben? Ich möchte drei Szenarien anführen.

Erstens sollten wir uns fragen, ob und wie Menschen in einem postkosmopolitischen und vermeintlich posthumanen Design vorkommen können. Wie sollen Menschen und ihr Leben dargestellt, manifestiert, erörtert und berücksichtigt werden? Untersuchungen des Human-centered-design-Ansatzes befassen sich häufig ,von allen Seiten' mit dem Leben der Menschen. Bei der Gestaltung eines Arbeitsplatzes kann ein*e nutzer*innenzentrierter Designer*in die Anliegen der Mitarbeiter*innen, ihre täglichen Wege, ihre Schwierigkeiten, ihre persönlichen Geschichten und Erfahrungen, ihren Wert oder die Bedeutung der Arbeit für sie neben anderen Bereichen ihres Lebens berücksichtigen. Weil also die Person im Mittelpunkt steht, erweitert sich auf der Entwurfsseite der Rahmen, um einen viel breiteren sozialen Bereich einzubeziehen, nicht nur den Arbeitsplatz, sondern auch Haus und Familie, Freizeit und Lebensgeschichte.

Ein zukunftsorientierterer Ansatz könnte fragen, was die Zukunft der Arbeit umfasst, indem er Untersuchungen des Arbeitsplatzes, seiner Technologien, Routinen, sozialen Organisation entwickelt und so die Aufmerksamkeit von den Menschen auf den Ort verlagert. Da Unternehmen oft als konsistentere Einheiten erscheinen als die Menschen, die für sie arbeiten (wenn Sie nach drei Jahren an einen Arbeitsplatz zurückkehren, wird das Unternehmen höchstwahrscheinlich das gleiche sein, aber die Menschen können andere sein), wird man in der Welt der Zukunft eher für das Unternehmen als für den Menschen gestalten. Werden echte, ungeschminkte Menschen in einer solchen Designarbeit vorkommen? Anders ausgedrückt: Es ist möglich, ethnografisch am gegenwärtigen Leben teilzunehmen, aber inwiefern ist es auch möglich, an der Zukunft der Menschen teilzuhaben?

Zweitens sollten wir fragen, wie der Respekt vor der Vielfalt des Designs gewahrt werden kann. Eine der besonderen Versuchungen des zukunftsorientierten Designs ist das Gespür für die Möglichkeiten, die die Zukunft bietet. Alles ist möglich. Doch die Gestaltungsziele, die designte Dinge suggerieren, sollten nicht als soziale Orte ohne eigene kreative und gestalterische Traditionen und Vorstellungen betrachtet werden, als Räume, die durch professionelles Design besetzt werden könnten.

Vielmehr umfassen sie oft eigene alternative, aufstrebende Designtraditionen an der Basis. Für eine designte Welt zu entwerfen bedeutet, die Vielfalt der Designgeschichten zu erkennen und zu respektieren.

Schließlich sollten wir fragen, für wen postkosmopolitisch designte Dinge ‚gut' sein werden? Wie wird die Politik des Zugangs zum Design aussehen, und wird sie weniger gleichberechtigt sein, stärker vermittelt durch die Frage, wer dazugehört? Nicht alle Menschen stehen zeitlich auf gleicher Stufe. Menschen, die ‚Zeitarbeiter', Touristen, Mieter usw. sind, beschlagnahmen Zukünfte nicht in gleichem Ausmaß. Da sie für ein zukunftsorientiertes Design weniger sichtbar sind, werden sie in einem solchen Ansatz womöglich auch nicht Teil der „a-whereness" des Designs. Und doch ist eine solche Zeitweiligkeit für die Mehrheit der Menschen in der Gesellschaft wohl zunehmend eine soziale Bedingung. Als sozialer Mechanismus zur Etablierung der Rechtmäßigkeit von Menschen in bestimmten Kontexten übernehmen postkosmopolitisch designte Dinge die schwerwiegende Rolle, ein legitimes soziales Leben überhaupt erst zu ermöglichen. Im Postkosmopolitismus kann der Zugang zum Design nicht dadurch vermittelt werden, dass man an einem Ort ist, sondern dadurch, dass man dort hingehört.

Literatur

Appadurai, Arjun. 1986. Introduction: commodities and the politics of value. In *The Social Life of Things*, Hrsg. Arjun Appadurai, 3–63. Cambridge: Cambridge University Press.

Appadurai, Arjun. 2006. The Thing Itself. *Public Culture* 18: 1.

Attfield, Judy. 2000. *Wild Things. The Material Culture of Everyday Life*. London: Berg.

Drazin, Adam. 2012. The Social Life of Concepts in Design Anthropology. In *Design Anthropology. Theory and Practice*, Hrsg. Wendy Gunn, Ton Otto und Rachel Charlotte Smith, 33–50. London: Bloomsbury.

Drazin, Adam. 2014. The Problematic Decision to Live. Irish-Romanian Home-Making and the Anthropology of Uncertainty. In *Love Objects. Emotion, Design and Material Culture*, Hrsg. Anna Moran und Sorcha O'Brien, 125–136. London: Bloomsbury.

Drazin, Adam, Robert Knowles, Isabel Bredenbröker und Anais Bloch. 2016. Collaboratively Cleaning, Archiving and Curating the Heritage of the Future. In *Design Anthropological Futures*, Hrsg. Rachel Charlotte Smith, Kasper Tang Vangkilde, Mette Gislev Kjaersgaard, Ton Otto, Joachim Halse und Thomas Binder, 199–214. London: Bloomsbury.

Dunne, Anthony und Fiona Raby. 2013. *Speculative Everything. Design, Fiction and Social Dreaming*. Cambridge, Mass.: The MIT Press.

Dunne, Anthony. 2005. *Hertzian Tales*. Cambridge, Mass.: The MIT Press.

Fry, Tony. 2008. *Design Futuring. Sustainability, Ethics and New Practice*. London: Bloomsbury.

Fry, Tony. 2012. *Becoming Human by Design*. London: Bloomsbury.

Gregory, Chris. 2014. On Religiosity and Commercial Life. Toward a Critique of Cultural Economy and Posthumanist Value Theory. *Hau* 4(3): 45–68.

Hannerz, Ulf. 1990. Cosmopolitans and Locals in World Culture. *Theory, Culture and Society* 7: 237–251.

Kideckel, David A. 1993. *The Solitude of Collectivism. Romanian Villagers to the Revolution and Beyond*, Ithaca: Cornell University Press.

Kligman, Gail. 1988. *The Wedding of the Dead*. Berkeley: University of California Press.

Murphy, Keith M. 2013. *Swedish Design. An Ethnography*. Ithaca: Cornell University Press.

Ringel, Felix. 2018. *Back to the Postindustrial Future. An Ethnography of Germany's Fastest-Shrinking City*. New York: Berghahn Books.

Robbins, Joel. 2002. On the Critical Uses of Difference. *Social Analysis* 46(1): 4–11.

Rosenberg, Daniel und Susan Harding, Hrsg. 2005. *Histories of the Future*. Durham: Duke University Press.

Rubin, Eli. 2014. *Synthetic Socialism. Plastics and Dictatorship in the German Democratic Republic*. Chapel Hill: The University of North Carolina Press.

Suchman, Lucy. 2011. Anthropological Relocations and the Limits of Design. *Annual Review of Anthropology* 40(1): 1–18.

Taussig, Michael. 2014. *Mimesis und Alterität. Eine eigenwillige Geschichte der Sinne*. Konstanz: Konstanz University Press.

Thrift, Nigel. 2006. Space. *Theory, Culture and Society* 23(2–3): 139–155.

Verdery, Katherine. 1996. *What Was Socialism and What Comes Next?* Princeton: Princeton University Press.

Wagner, Roy. 1985. *The Invention of Culture*. Chicago: University of Chicago Press.

Werbner, Pnina, Hrsg. 2008. *Anthropology and the New Cosmopolitanism*. London: Berg.

Autor

Adam Drazin ist Dozent für Anthropologie am UCL (University College London). Dort koordiniert er das Masterstudium Material and Visual Culture und unterrichtet Designanthropologie. Seine Beiträge wurden in Zeitschriften wie *Ethnos, Social Anthropology* und dem *Journal of Design History* veröffentlicht. Er ist Mitherausgeber der Zeitschrift *Home Cultures* und hat 2015 den Band *The Social Life of Materials* über die anthropologische Bedeutung von Materialien herausgegeben. Er hat bei HP Labs und Intel im Bereich Design gearbeitet und ist Mitglied des Kreativclusters *Business of Fashion, Textiles and Technology*. Sein Buch *Design Anthropology in Context* erscheint in Kürze bei Routledge.

Ethische Dinge und ästhetische Vergemeinschaftung im Zeichen des Global und Postcolonial Turn

Elke Gaugele

Globalisierung und Dekolonisierung als jene zwei miteinander verbundenen historischen Energien, die James Clifford[1] zufolge das letzte halbe Jahrhundert weltweit gesehen am wirkmächtigsten waren, haben nicht nur das Design des 21. Jahrhunderts neu politisiert, sondern gleichzeitig auch den Fokus neu auf die ethische, ökologische und soziale Verfasstheit der Dinge im Anthropozän – der Zeit, in der der Mensch zum wichtigsten Einflussfaktor auf Natur, Klima und Umwelt wurde – gelenkt. Design soll heute neue Werte erzeugen, und Dinge sollen die sozialen, ökonomischen und ökologischen Zusammenhänge und Beziehungen von Menschen im Kontext globaler Hierarchien neu begründen. Die Sozialität und Soziabilität der Dinge werden hierbei im Hinblick auf politische, ökonomische und ökologische Umbrüche der Gesellschaft und die daraus erwachsenden sozialen Krisen neu perspektiviert.[2]

Diskursformierende Ausstellungen wie „Design for the other 90 %" (2007), „Design with the Other 90 %: Cities" (2013), „Making Africa" (2015), „WEtransFORM" (2016), „Social Design" (2018) und „Connecting Afro Futures" (2019) haben gezeigt, dass Globalisierungskritik und die Arbeit an Lösungen für die daraus erwachsenen sozialen, ökologischen und humanitären Probleme mehr und mehr aus der Position von Designer*innen und Akteur*innen der Social-Design-Bewegung heraus neuformuliert wurden.[3] Social Design, fasst Claudia Banz zusammen,

---

1 James Clifford. 2013. *Returns. Becoming indigenous in the twenty-first century.* Cambridge, Mass.: Harvard University Press, S. 8.

2 Claudia Banz, Hrsg. 2016. *Social Design.* Bielefeld: Transcript, S. 7.

3 Cynthia E. Smith. 2007. *Design for the Other 90 %.* Chicago: The University of Chicago Press und Cynthia E. Smith. 2011. *Design with the Other 90 %.* New York: Cooper Hewitt&Smithsonian; Mateo Kries und Amalie Klein, Hrsg. 2015. *Making Africa. A Continent of Contemporary Design.* Weil am Rhein: Vitra Design Museum; Eva Kraus und Martina

© Springer Fachmedien Wiesbaden GmbH, ein Teil von Springer Nature 2020
M. Fineder und J. Lang (Hrsg.), *Zwischenmenschliches Design*,
https://doi.org/10.1007/978-3-658-30269-6_14

benennt heute eine „neue alte Form der Heterotopie: Wandel der Gesellschaft durch Gestaltung"[4]. Im globalen Norden der 2000er-Jahre fand parallel dazu Design Thinking als Methodik und Denkansatz zur Freisetzung kreativen Potenzials nicht nur Einzug in die Unternehmensführung, sondern avancierte darüber hinaus zur neuen Leitidee für Regierungsstrategien. Damit kommt Design auch auf gouvernementaler Ebene die Rolle zu, jene gesellschaftlichen Spaltungen zu reparieren, die durch die Ökonomisierung des Staates und dessen Rückzug aus dem Sozialen produziert worden sind.[5] Eine Facette dieser Entwicklung ist, dass sich Bottom-up und Bottom-down Prozesse in der Gestaltung des ‚Sozialen' einander angeglichen haben. Designer*innen wurden zunehmend eher als politische Entscheider*innen und Entscheidungsträger*innen wahrgenommen denn als Designer*innen.[6] In Bottom-up-Prozessen entwarfen Bürgerbewegungen, NGOs und andere Initiativen Social-Design-Toolkits als Prototypen des sozialen Gestaltens, um Entscheidungsträger*innen in politischen Gremien und öffentlichen Verwaltungsinstitutionen zu überzeugen und ihnen Handlungsmöglichkeiten aufzuzeigen. Dabei trugen sie aber auch dazu bei, diese zu Bottom-down-Strategien zu transformieren.[7] So kam es im letzten Jahrzehnt zu einer zunehmenden Annäherung von Design und Politik und einer Vernetzung von Akteur*innen, bei der immer mehr Designer*innen in regierungsnahen Positionen eingestellt wurden und politische Aktionspläne nach designerischen Methoden und Praktiken gestaltet wurden.[8] Diese zunehmende Verzahnung von Design und Politik hat zu neuen Figurationen ästhetischer Politiken geführt.

Ein Aspekt dessen ist, dass sich parallel dazu die Dynamik einer ästhetischen Politik verstärkt, die Jacques Rancière (2006) als Metapolitik definiert.[9] Das Projekt der Metapolitik, das für Rancière Ausgangspunkt der Verschränkung von Ästhetik und Politik ist, besteht darin, „das zu realisieren, was die Politik nur dem Schein nach

---

Fineder. 2016. *WEtransFORM. Kunst und Design zu den Grenzen des Wachstums*, Hrsg. Das Neue Museum – Staatliches Museum für Kunst und Design Nürnberg. Nürnberg: Verlag für Moderne Kunst; Museum für Gestaltung Zürich und Angeli Sachs. 2018. *Social Design. Partizipation und Empowerment*. Zürich: Lars Müller Publishers; Claudia Banz, Cornelia Lund und Beatrace Angut Oola, Hrsg. 2019. *Connecting Afro Futures. Fashion x Hair x Design*, Hrsg. Kunstgewerbemuseum, Staatliche Museen zu Berlin, Preußischer Kulturbesitz. Berlin: Kerber.

4   Banz 2016, S. 8.
5   Ebd..
6   Ebd., S. 22.
7   Ebd., S. 12.
8   Ebd., S. 22.
9   Jaques Rancière. 2006a. Die Politik der Ästhetik. *archpuls* 178: 94–98.

realisiert: die Formen des konkreten Lebens zu ändern und nicht nur – worauf sich die Politik beschränkt – die Gesetze und Formen des Staates"[10]. Aus der Perspektive des Designs betrachtet, bedeutet Metapolitik, dass sich Vergemeinschaftung – über die Gestaltung der Dinge und die ästhetischen Beziehungen der Menschen zu und durch Dinge – als sinnliche Konfiguration realisiert.

Dies geschieht im Rahmen einer Politik der Ästhetik, die spezifische Welten produziert, indem sie Gegenstände als gemeinsame definiert, während sie andere von dieser Form der Vergemeinschaftung und damit auch aus der Gesellschaft ausschließt.[11] Rancière definiert Politik hier als den „Konflikt um die Frage, welche Gegenstände diesem Raum angehören und welche nicht, welche Subjekte daran teilhaben oder nicht"[12]. Diese spezifische Politik der Ästhetik entfaltet ihre Wirkmacht auf der Ebene der Sozialität und Soziabilität von Dingbeziehungen. Wie von Rancière für den Bereich der Kunst beschrieben, kann diese auch auf die Ästhetik und Gestaltung von Dingen sowie auf den menschlichen Umgang mit diesen transferiert werden, denn auch diese ist „in erster Linie dadurch politisch, dass sie ein raum-zeitliches Sensorium schafft, durch das bestimmte Weisen des Zusammen- oder Getrenntseins, des Innen- oder Außen, Gegenüber- oder In-der-Mitte-Seins festgelegt werden"[13]. Zum einen wirken Kunst und Gestaltung also in diesem Sinne insofern politisch vergemeinschaftend, als sie „eine spezifische Form der Sichtbarkeit, eine Veränderung der Beziehungen zwischen den Formen des Sinnlichen und den Regimen der Bedeutungszuweisung, zwischen unterschied-lichen Geschwindigkeiten, aber auch und vor allen zwischen den Formen der Gemeinsamkeit oder der Einsamkeit"[14] schaffen. Zum andern gilt für das Design dasselbe wie für die Kunst, die „dadurch politisch [ist], dass sie einen bestimmten Raum und eine bestimmte Zeit aufteilt, und dass die Gegenstände, mit denen sie diesen Raum bevölkert, und die Rhythmen, in die sie diese Zeit einteilt, eine spezifische Form der Erfahrung festlegen, die mit anderen Formen der Erfahrung übereinstimmt oder mit ihnen bricht."[15]

---

10 Rancière 2006a, S. 96.
11 Jaques Rancière. 2008. *Ist Kunst widerständig?* Berlin: Merve.
12 Rancière 2006a, S. 94.
13 Ebd.
14 Ebd.
15 Ebd.

Ethik, Ästhetik und Politiken zeitgenössischer Mode im Kontext von Global Governance

Das Konzept der ästhetischen Metapolitik entfaltet sich zurzeit im Kontext von Globalisierungsprozessen. Im Hinblick darauf hat Rancière 2006 in seinem Essay „Die ethische Wende in Ästhetik und Politik" für die ersten Dekade des 21. Jahrhunderts einen Umschlag der Ästhetik in Ethik diagnostiziert.[16] Parallel zum Aufstieg der Ethik in Kunst und Politik lässt sich beobachten, dass das Ethische insbesondere im Feld des Produkt- und Modedesigns einen Aufschwung erlebte. Seit Ende der 1990er-Jahre lässt sich in der Mode etwa ein Wandel hin zur Social Fashion, Sustainable Fashion, Eco Fashion, Sweatshop-free Fashion oder auch Planet-friendly Fashion verfolgen. Nachdem zunächst lediglich viele kleinere Modelabels als Social Entrepreneurs mit alternativen Produktions-, Handels- und Materialstrategien durch Upcycling, Cradle to Cradle, ökologischen Textilien, veganer Kleidung, Do-it-Yourself oder Angeboten für Prosumer gestartet waren, zogen große Modekonzerne nach. Auf Gründungen von Fashion Brands wie People Tree (1991), Misericorida (2002), Veja (2004), Edun (2005) oder Armedangles (2007) folgte die Einführung der H&M Conscious Collection (2009), und nach dem Einsturz der Textilfabriken im Rana Plaza Gebäude in Sabhar (2013) rückten selbst Modekonzerne wie Primark, C&A, G-Star oder Lewis die Entwicklung von Ethical Fashion ins Rampenlicht. Im letzten Jahrzehnt ist eine neue internationale Arena der Ästhetik und Politik entstanden, in der Designer*innen wie Vivienne Westwood, Stella McCartney oder Bruno Pieters und selbst Luxusmarken wie Dior, Gucci und Prada im Wettbewerb als Aktivist*innen gegen den Klimawandel, ökologische und humanitäre Katastrophen, Massenkonsum und die Ausbeutung von Arbeitskräften auftreten. Auf Vivienne Westwoods Auftritt als Eco Warrior (London Fashion Week 2012) und ihr Climate Revolution Shirt folgte zwei Jahre später ihr Diktum „Climate Change not fashion is now my prority"[17], und darüber hinaus kündigten im November 2019 die beiden weltweit größten Luxuskonzerne, die in Paris ansässige Kering-Gruppe und LVMH (Louis Vitton Moet Hennesy), an, ihren CO2-Fußabdruck und ihren Wasserverbrauch zu reduzieren, Rohstoffe besser zu schonen und das Abfallmanagement zu verbessern.

---

16 Jacques Rancière. 2007. Die ethische Wende in Ästhetik und Politik. In ders. *Das Unbehagen an der Ästhetik*, 125–154. Wien: Passagen.

17 Vivienne Westwood. 2014. Climate Change not fashion, is my priority. *The Guardian* 8.2.2014. https://www.theguardian.com/lifeandstyle/2014/feb/08/vivienne-westwood-arctic-campaign. Zugegriffen: 30. März 2020.

Mode, so lässt sich dabei beobachten, wird als Produzentin sozialer Gerechtigkeit gelabelt und darüber hinaus als Trägerin von Emotionen, Werten und Tugenden wie Ehrlichkeit oder Vertrauen konzipiert. Eco-Labeling, Öko-Design, ethische Moden sowie die Performance und Promotion nachhaltiger Lebensstile sind dabei gleichermaßen ins Zentrum unternehmerischer wie regierungstechnischer Politiken gerückt und zielen konkret darauf ab, „das sinnliche Sein" der Lebensumstände und damit die Gesellschaft zu verändern.[18] Durch die Sozialität der Dinge werden globale Hierarchien, Ökonomien und Klassenverhältnisse strategisch wirksam. Gestaltung realisiert dabei – wie oben in Anlehnung an Rancière beschrieben – gerade dadurch politische Wirkkraft, dass Dinge spezifische Räume, Rhythmen und Zeiten schaffen und darüber hinaus sinnlich neue Erfahrungen und Gemeinschaften erzeugen können.[19] Teil dieser zunehmenden Verzahnung von Design, Ökonomie und unterschiedlichen Politikebenen ist ein ethisches Regime der Gestaltung, das sich „direkt an die Seinsweisen einer Gemeinschaft"[20] assimiliert. Die übergeordnete, metapolitische Strategie in der Politik, über Design und Mode, Bilder und Objekte Programmatiken der globalen Gemeinschaft zu erzeugen, wird dann aktiv, wenn etwa die Ethical Fashion Initative (EFI) als Flagship-Programm des International Trade Centre in Zusammenarbeit zwischen der UN und der Welthandelsorganisation Modeschauen wie „Generation Africa" (2016) oder „Constellation Africa" (2015) produziert. Mode wird hier als ein Medium eingesetzt, das gouvernementale Normen, Regeln und Prinzipien der globalen Gesellschaft, globaler Migration und nachhaltiger Unternehmenskooperationen vermitteln soll.

Als Schnittmenge unternehmerischer Strategien und internationaler Politik hat der Ethical Turn, wie Gayatri Spivak ausgeführt hat, neue Dominanzverhältnisse geschaffen, bei denen das Unterrichten von Menschlichkeit, Ethik, Nachhaltigkeit sowie die Haltung, als ‚Helfer' aufzutreten, eine zentrale Rolle spielen.[21] In der Zeit, in der der Ethikbegriff in Design und Politik auf nationalstaatlicher Ebene ökonomisiert wurde, wurde er im Kontext der Global Governance auf supranationaler Ebene durch die UN neu besetzt. Bereits die Millenniumserklärung der UN zielte auf neue Kooperationsformen mit NGOs und der Wirtschaft zur Armutsbekämpfung und Entwicklungsarbeit ab.[22] Beiden wurden nun größere

---

18 Rancière 2006a, S. 97.
19 Ebd., S. 94.
20 Rancière 2008, S. 37.
21 Gyatri Chakravorty Spivak. 2008. *Writing Wrongs. Unrecht richten.* Zürich: diaphanes, S. 22.
22 Tanja Brühl und Elvira Rosert. 2014. *Die UNO und Global Governance.* Wiesbaden: Springer VS, S. 90.

Mitwirkungsmöglichkeiten eingeräumt, und insbesondere NGOs wurden noch intensiver in globale Normsetzungsprozesse eingebunden.[23] So hat die Stärkung der NGOs als Akteure bei internationalen Konferenzen, insbesondere im Bereich der Entwicklungspolitik, zwar einerseits Forderungen nach einer gerechteren Weltwirtschaftsordnung forciert. Andererseits wurde dies jedoch seitens der sogenannten Entwicklungsländer als Angriff auf ihre Autonomie gewertet und führte selbst bei den NGOs zu einem Nord-Süd-Gefälle. Unter dem Schirm der Zivilgesellschaft entstand insbesondere beim Einsatz für Umweltanliegen eine Allianz zwischen den Regierungen der Industrieländer und den westlichen NGOs, die deren Marktlogik beförderte.[24] Auf der Ebene globaler Regierungsstrategien spielen Verfahren des ‚Designing and implementing‘ und designspezifische Methoden wie etwa Toolkits eine zentrale Rolle, wenn es darum geht, Gesellschaftstransformationen global, national und lokal politisch zu steuern, wie es etwa das United Nations Environment Programme formuliert: um „die Art und Weise zu verändern, wie wir sozialisieren, austauschen, teilen, erziehen und Identitäten aufbauen"[25]. Ein Beispiel hierfür ist die Installierung von sieben Taskforces für nachhaltigen Konsum und nachhaltige Produktion in Afrika durch die Agenda 21. Diese begann im Jahr 2003 mit dem Marrakesch-Prozess und mit Bestrebungen, weltweit nachhaltige Lebensstile sowie als Teil dessen auch die Produktion von Ökozertifizierungen in Afrika zu implementieren.[26] Als nachhaltigen Lebensstil definierte die Task Force Sustainable Lifestyles unter Leitung der schwedischen Regierung das Umdenken in der Lebensweise, im Einkauf und in der Alltagsorganisation in Bezug auf Energieverbrauch, Verkehr, Ernährung, Abfall, Kommunikation und Solidarität, damit Bürger*innen zukünftig in Harmonie mit der natürlichen Umwelt leben könnten.[27] Verfolgt wurde dies vor allem in den Bereichen Bildung, Marketing und Unternehmensentwicklung.

‚Diplomatie für Nachhaltigkeit‘ ist mit der Agenda 2030 der UN auch in Deutschland zur strategischen Zielsetzung des Ministeriums für Außenpolitik avanciert. Der Nationale Aktionsplan Wirtschaft und Menschenrechte (NAP) unter Federführung des Auswärtigen Amts und mit den fünf Ps People, Planet, Prosperity, Peace and

---

23 Brühl und Rosert 2014, S. 292.

24 Ebd., S. 298.

25 United Nations Enviroment Programme. 2011. Paving the Way for Sustainable Consumption and Production. The Marrakesh Process Progress Report. New York: UNEP. https://sustainabledevelopment.un.org/content/documents/947Paving_the_way_final.pdf, S. 43. Zugegriffen: 30. März 2020.

26 United Nations. 2013. The Marrakech Process. Issues – Sustainable Lifestyles & Education for Sustainable Consumption. http://esa.un.org/marrakechprocess/pdf/Issues_Sus_Lifestyles.pdf vom 7. Juli 2013.

27 United Nations Environment Programme 2011, S. 43.

Partnership (Menschen, Planet, Wohlstand, Frieden und Partnerschaft) – sind auf ein global nachhaltiges Lebens- und Wirtschaftsmodell ausgerichtet, bei dem menschenwürdige Arbeitsbedingungen, nachhaltiges Wirtschaftswachstum sowie verantwortungsvolle Konsum- und Produktionsmuster im Mittelpunkt stehen.[28] Damit gehen Erwartungen an Unternehmen einher, ihren menschenrechtlichen Sorgfaltspflichten nachzukommen sowie ihre Maßnahmen zum Schutz der Menschenrechte entlang globaler Wertschöpfungsketten zu verbessern.

Unter dem Gebot des Humanitären, schreibt Rancière, seien nach dem 11. September 2001 Räume für Dissens zugunsten der Logiken einer „Hard ethics", die im Kampf gegen das „infite evil" den Einschluss aller verfolge, geschrumpft.[29] Der Ethical Turn ist für Rancière hier ein Indikator für einen Wandel hin zu einer symbolischen Gesellschaftsstruktur, in der politische Strukturen wie etwa die Spannung zwischen Opposition und Konsens, die historisch das politische Subjekt konstituierten, verschwinden.[30] In dieser ethischen Gemeinschaft würden ‚andere' zu ‚Radikal anderen' gemacht, die jede*n von uns subjektiv bedrohten.[31]

Design und Gesellschaft im Zeichen des Global und des Postcolonial Turn

Vor dem Hintergrund dieser Strukturen ist für die Theorie und Geschichte des Designs im Kontext des Global Turn notwendig an einer epistemologischen Wende zu arbeiten, die neue globale und zugleich dekolonisierende Theorien und Perspektiven des Designs entwickelt und damit auch neue Blickwinkel auf die Sozialität und Soziabilität der Dinge. Auch soziologische Theorien, die Dinge als Akteure und das Soziale als ein Netzwerk von Körpern und Dingen, von Menschen und Artefaktsystemen fassen, sind davon nicht ausgenommen.[32] Werden ästhetische

---

28 https://www.auswaertiges-amt.de/de/aussenpolitik/themen/agenda2030. Zugegriffen: 30. März 2020.

29 Jacques Rancière. 2006b. The ethical turn of aesthetics and politics. *Critical Horizons* 7,1: 1–20, S. 1.

30 Ebd., S. 9.

31 Ebd..

32 Zum Beispiel Andreas Reckwitz. 2015. Ästhetik und Gesellschaft. Ein analytischer Bezugsrahmen. In *Ästhetik und Gesellschaft. Grundlagentexte*, Hrsg. Andreas Reckwitz, Sophia Prinz und Hilmar Schäfer, 13–52. Frankfurt am Main: Suhrkamp, S. 30 oder Bruno Latour. 2007. *Eine neue Soziologie für eine neue Gesellschaft. Einführung in die Akteur-Netzwerk-Theorie*. Frankfurt am Main: Suhrkamp.

Praktiken, Lebensformen und damit verbundene Mensch-Ding-Beziehungen in spezifischen Milieus, Klassen, Gendern, Ethnizitäten und Subkulturen als Subjektivierungsformen und Gegenstände sozialer Konflikte, dynamischer Kräfteverhältnisse und von Kämpfen um gesellschaftliche Hegemonien verhandelt, so geschieht dies überwiegend vor dem Schema moderner, post- oder hypermoderner Gesellschaftsanalysen.[33] Stuart Hall zufolge liegt demgegenüber die theoretische Stärke postkolonialer Perspektiven darin, dass sie den Wandel globaler Beziehungen in Bezug auf jene kolonialen Machtdispositionen beleuchten, die vom Zeitalter des Imperialismus über die Bewegungen nach der Unabhängigkeit hin zu denen der Postdekolonisierung wirksam sind.[34] Dass sich alle Disziplinen mit zeitgenössischen und historischen Globalisierungsprozessen befassen sollten und an einer grundlegenden disziplinären Neuausrichtung ihrer modernistischen Perspektiven, Analysemethoden und Grundauffassungen arbeiten, wie etwa Eve Darain Smith und Philip McCarthy (2017) in *The Global Turn* argumentieren, scheint für die Beziehungen von Design und Gesellschaft und für zutiefst mit (post)modernistischem Denken verschränkte Perspektiven besonders virulent.[35] Einen Vorstoß dazu macht die von Glenn Adamson, Giorgio Riello und Sarah Teasley (2011) herausgegebene *Global Design History*, indem sie das Globale paradigmatisch als Bedingung, Ansatz und auch als Problem zum Ausgangspunkt erklären.[36] Sie fordern dazu auf, den Boden der eurozentrischen Perspektiven, dass Design sowohl ‚modern‘ als auch ‚industriell‘ sei, zu verlassen und die Narrative großer Fortschrittserzählungen wie etwa das der ‚Designevolution‘ hinter sich zu lassen.[37] Wir sollten endlich den fragmentierten Zustand der Art und Weise, wie wir „Design als Teil des Seins in der Welt erleben und inszenieren"[38], erkennen und die Designforschung durch eine Multiplizität an Perspektiven und eine Vielzahl stationärer Ansätze verändern, so ein zentraler Grundsatz. Der ‚Global Turn‘ in der Designgeschichte bezieht sich dabei nicht auf eine erweiterte Geografie des Designs, sondern unternimmt den Versuch einer globalen Geschichtsschreibung,

33 Reckwitz 2015, S. 30.
34 Stuart Hall. 1996. When Was ‚the Post-colonial‘? Thinking at the Limit. In *The Postcolonial Question. Common Skies, Divided Horizons*, Hrsg. Iain Chambers und Lidia Curti, 242–261. London: Routledge, S. 246.
35 Eve Smith-Darain und Philip McCarthy. 2017. *The Global Turn. Theories, Research Designs, and Methods for Global Studies*. Berkely: University of California Press, S. 2.
36 Glenn Adamson, Giorgio Riello und Sarah Teasley, Hrsg. 2011. *Global Design History*. London: Routledge, S. 3.
37 Adamson, Riello und Teasley 2011, S. 6.
38 Ebd., S. 1.

die dominante einseitige Repräsentation der Designgeschichte unter post- und dekolonialen Perspektiven zu korrigieren.[39] Design genauso wie die Soziabilität der Dinge stärker innerhalb der Struktur globaler Netzwerke zu verstehen und die damit verbundenen politischen Implikationen analysieren zu können, ist eine weitere Quintessenz dessen. Nicht zuletzt deshalb, weil Menschen und Dinge im Zustand ihrer Interkonnektivität in globalen Netzwerken von asymmetrischen Machtgefügen und den dadurch geprägten gegenläufigen Dynamiken von Mobilität, Austausch, Ausschluss und Kontrolle geprägt sind. Denn, so schreiben Adamson, Riello und Teasley: „Während globale Schrecken wie Terrorismus, Finanzkollaps und Pandemien uns genau daran erinnern, wie eng wir miteinander verbunden sind und sich der Verkehr von Menschen, Informationen, Kapital und Gütern über nationale und geografische Grenzen hinweg beschleunigt, sehen wir Versuche, den Verkehr durch Einwanderungskontrollen, Zölle und andere Handelshemmnisse, Browser-Blockierungssoftware und strengere Kontrollen von Bankgeschäften zu blockieren.“[40]

Zwei Stränge aus den kulturanthropologisch geprägten Material Culture Studies werden hier zueinander in Beziehung gesetzt, um sie für die Designtheorie neu zu positionieren: der Diskurs um die Globalisierungsprozesse materieller Kulturen sowie der um postkoloniale Theorien und Perspektiven der materiellen Kulturforschung.[41] Während von Arjun Appadurais (1996) *Modernity at Large* ausgehend zwar grundsätzlich beide Perspektiven ineinandergreifen, ist die materielle Kulturforschung jedoch stärker auf den Kontext der globalen Wirtschaft und ihrer Warenzirkulation fokussiert und dabei grundlegend von Netzwerkkonzepten geprägt. Im Rahmen von Global-Commodity-Chain-Analysen werden Waren und die ungleichmäßigen Verteilungen, Wertschöpfungen und Beziehungen zwischen den Zentren und den Peripherien des Weltsystems untersucht.[42] Die Global Design History transferiert daher zudem den methodischen Ansatz der Multisite-Research

---

39 Um auf die wachsende Bedeutung der Designgeschichte als globalisierte Disziplin aufmerksam zu machen und die Entwicklung einer globalen Designgeschichte durch postkoloniale Ansätze und Themen zu fördern, fand 2013 die erste Konferenz der Design History Society außerhalb Europas am National Institute of Design im indischen Ahmedabad statt.

40 Adamson, Riello und Teasley 2011, 1.

41 Vgl. dazu Robert J. Foster. 2006. Tracking Globalization. Commodities and Values in Motion. In *Handbook Material Culture*, Hrsg. Christopher Y. Tilley, 185–302. London: SAGE und Peter van Dommelen. 2006. Colonial Matters. Material Culture and Postcolonial Theory in Colonial Situations. In *Handbook Material Culture*, Hrsg. Christopher Y. Tilley, 104–124. London: SAGE.

42 Foster 2006, S. 288.

aus der Kulturanthropologie in die globale Designforschung: an verschiedenen
Orten nach Pfaden, Fäden und Verbindungen zwischen diesen zu suchen und/
oder unterschiedliche Lokalitäten nach ihren Differenzen, Hierarchien und unterschiedlichen Dynamiken zu befragen.[43]

Der postkoloniale Diskurs um die Geschichte und Gegenwart kolonialer Verhältnisse und die (neo)koloniale Verfasstheit materieller Kulturen knüpft wiederum
perspektivisch stärker an Theoretiker*innen aus den Postcolonial Studies seit den
1970er-Jahren an, insbesondere Edward Said, Gayatri Spivak, Homi K. Bhabha
oder Robert Young. Im Sinne der Dezentrierung westlicher Perspektiven greifen
postkolonial geprägte Ansätze stärker alternative Formen der ethnografischen
Geschichtsschreibung auf und rekurrieren auf dekolonisierende und indigene
Perspektiven und Methoden.[44] Dabei liefert Mary Louise Pratts Konzept der Kon-
taktzone ein Modell, Gemeinschaft zu überdenken und materielle Kultur – und
damit auch die Sozialität und Soziabilität durch Dinge – als sozialen Raum höchst
asymmetrischer Machtverhältnisse und Kämpfe zu fassen, die auf Kolonialismus,
Sklaverei und deren Folgen zurückgehen und heute in vielen Teilen der Welt gelebt
werden.[45] Da Dinge – genauso wie deren Gestaltungen, Beziehungen, Ökonomien
und soziale Gefüge – historisch wie gegenwärtig den kolonialen Alltag, koloniale
Interaktionen und Achsen prägen, hat eine Ausrichtung der materiellen Kultur-
und Designforschung auf postkoloniale wie dekolonionisierende Perspektiven eine
wichtige Bedeutung.[46]

Dies hat in den 2010er-Jahren durch die Gründung der Decolonizing Design
Group zu einer Politisierung der Designforschung geführt, die sich als Plattform
für die Stimmen der an den Rändern des hegemonialen Designdiskurses Margi-
nalisierten und Unterdrückten versteht. Ihre Agenda zielt darauf ab, die heutigen
globalen Machtverhältnisse an den Schnittstellen von Materialität und Kultur,

---

43 Ebd., S. 286.
44 Wenn auch nicht ohne mit der Debatte der postkolonialen Theorie als westliche Perspek-
    tive mit Wurzeln im westlichen (Neo)Kolonialismus selbst streng ins Gericht zu gehen,
    siehe dazu Dommelen 2006, S. 108. Zu dekolonisierenden und indigenen Perspektiven
    siehe Linda Tuhiwai Smith. 1999. *Decolonizing Methodologies. Research and Indigenous
    People*. London: Zed books.
45 Mary Louise Pratt. 1991. Arts of the Contact Zone. *Profession* 1991, 33–40. *JSTOR*, www.
    jstor.org/stable/25595469, S. 34.
46 Dommelen 2006, S. 112; Jean Comaroff und John L. Comaroff. 1991. *Of Revelation and
    Revolution. Christianity, Colonialism, and Consciousness in South Africa*, Bd. 2. Chicago:
    The University of Chicago Press, S. 274–278; vgl. Pratt 1991; Clifford 2013.

Postkolonialität, Dekolonialität, Gender- und Rassismusforschung zu analysieren, zu hinterfragen und herauszufordern.[47]

Teil der Arbeit, die oben ausgeführten theoretischen Perspektiven und Methoden für eine kritische Designforschung im Zuge des Global Turn auszuloten und zueinander neu in Beziehung zu setzen, ist auch der Diskurs um einen ‚Migratory Turn' in Kunst und Design.[48] Angesichts dessen, dass Flucht und Zwangsmigration, legal und illegal organisierte Arbeitsmigration zu Beginn des 21. Jahrhunderts dazu führten, dass die Zahl der weltweiten Migration von 173 Millionen im Jahr 2000 auf 244 Millionen im Jahr 2015 angestiegen ist, fragt der von Burcu Dogramaci und Kerstin Pinther (2019) herausgegebene Band *Design Dispersed*, wie Design und Designer*innen auf die Herausforderungen von Migration, Flucht und Vertreibung reagieren, und fordert zudem eine breitere historische Perspektive, die das Verhältnis von Design, Mobilität, Migration und Vertreibung von Menschen in den Blick nimmt.[49] Dadurch entstehen neue Fragen an die Designforschung wie etwa nach der Geschichte von Designobjekten und Architekturen für und von Geflüchteten und Migrant*innen; danach wie sich Migrations-, Flucht- und Exilerfahrungen von Designer*innen in Objekten widerspiegeln; oder wie sich Design- und Alltagspraktiken im Kontext der globalen Migration verändern.[50]

---

47 http://www.decolonisingdesign.com/statements/2016/editorial/. Zugegriffen: 30. März 2020.

48 Burcu Dogramaci und Birgit Mersmann. 2019. *Handbook of Global Art and Migration. Theories, Practices and Challenges*. Berlin: De Gruyter; Burcu Dogramaci. 2019. Toward a migratory turn. In *Handbook of Global Art and Migration. Theories, Practices and Challenges*, Hrsg. Burcu Dogramaci und Birgit Mersmann, 17–37. Berlin: De Gruyter. Burcu Dogramaci und Kerstin Pinther. 2019. *Design dispersed. Forms of Migration and Flight*. Bielefeld: Transcript.

49 Dogramaci und Pinther 2019, S. 11; Unter dem Titel *Design Dispersed* ist 2016 bereits eine Sondernummer des *Journal of Design History* erschienen, die die Beziehungen zwischen Designgeschichte, Designpraxis und Kulturanthropologie beleuchtet: Special Issue: Dispersed. Design History, Design Practice and Anthropology, s. Pauline Garvey und Adam Drazin. 2016. Design Dispersed. Design History, Design Practice and Anthropology *Journal of Design History* 29,1: 1–7. https://doi.org/10.1093/jdh/epv054.

50 Dogramaci und Pinther 2019, S. 14 f.

Fiktion und materielle Umordnung

Als ästhetische Metapolitik stellt Design ein Sensorium her, das die Grundlage für die Neugestaltung von Erfahrung entwirft und Räume für Formen der politischen Subjektwerdung schafft, die gemeinsame Erfahrung neu gestalten können.[51]

Dieses enorme Potenzial zur Materialisierung und das ästhetische Vermögen, Imaginationsräume für die Subjektwerdung und für die Entstehung von Gemeinschaften im Kontext globaler Migration und postkolonialer Migrationsgesellschaften zu schaffen, wird aktuell in Mode und Design in zwei Bereichen sichtbar: im zeitgenössischen Kontext des Afrofuturismus und den Entwürfen des Postmigrantischen. Wenn Modedesigner*innen wie Selly Raby Kane, Ikiré Jones oder Duro Olowu in ihren Kollektionen Visionen panafrikanischer Gemeinschaft, Verwandtschaft und Subjekte neu entwerfen und sich parallel dazu eine neue Landschaft aus digitalen Modemedien wie etwa Naatal und Mode- und Musikvideos entwickelt hat, entstehen neue (gesellschafts-)geografische Räume und Fiktionen einer postkolonialen politischen Subjektwerdung.[52] In Deutschland arbeiten die Berliner Modedesigner Benjamin Alexander Huseby und Serhat Isik an der Idee der postmigrantischen Gesellschaft. Mit der Namensgebung GmbH füllen der norwegisch-pakistanische Fotograf und der deutsch-türkische Modedesigner den sperrigen bürokratischen, ökonomischen und juristischen Terminus und Inbegriff deutscher Bürokratie mit neuer Bedeutung. Die GmbH, die vor allem mit Models aus dem Nahen Osten und aus arabischen Ländern arbeitet, stellt sich als postmigrantische auf und inszeniert sich als sich emotional zugewandte, freundschaftlich verbundene Gemeinschaft. Designer und Models erscheinen als Clique von Freunden, als urbaner clubkultureller Tribe und queere Gruppe, die durch Solidarität und Nähe miteinander verbunden ist. Dabei gestaltet GmbH das Bild einer neuen urbanen Gemeinschaft, die der Diskurs über Postmigration als „Transtopien", neue Lebensweisen oder „teilweise verwirklichte Utopien in einer von Mobilität geprägten Welt" umrissen hat.[53]

Kunst, Design und Politik sind mit Formen des Wissens gleichzusetzen, die Fiktionen produzieren, die materielle Umordnungen nach sich ziehen können: indem sie die Bezüge zwischen Schein und Wirklichkeit, zwischen Bildern und

---

51 Rancière 2006a, S. 97.

52 Vgl. hierzu auch Banz, Lund und Oola 2019 und die in der Ausstellung gezeigten Positionen von Ken Aicha Sy, Daniel Obasi, Bajol, Lamula Anderson, Bull Doff und Tondo Clothing.

53 Erol Yildiz und Marc Hill. 2017. In-Between as Resistance. The Post-Migrant Generation between Discrimination and Transnationalization. In *Transnational Social Review* 7, 3: 273–286. doi 10.1080/21931674.2017.1360033, S. 279.

Bedeutungen, Sichtbarem und Sagbarem, dem Getanen und dem, was getan werden könnte, verändern.[54] Die vergemeinschaftende Kraft der Dinge und des Designs liegt hierbei darin, dass sie die entsprechenden ethischen und politischen Vorstellungen, Zugehörigkeiten und Handlungen entwerfen und sie konsumierbar, zeigbar, verkörperbar und teilbar machen.

Literatur

Adamson, Glenn, Giorgio Riello und Sarah Teasley, Hrsg. 2011. *Global Design History*. London: Routledge.

Banz, Claudia, Hrsg. 2016. *Social Design*. Bielefeld: Transcript.

Banz, Claudia, Cornelia Lund und Beatrace Angut Oola, Hrsg. 2019. *Connecting Afro Futures. Fashion x Hair x Design*, Hrsg. Kunstgewerbemuseum, Staatliche Museen zu Berlin, Preußischer Kulturbesitz. Berlin: Kerber.

Brühl, Tanja, und Elvira Rosert. 2014. *Die UNO und Global Governance*. Wiesbaden: Springer VS.

Clifford, James. 2013. *Returns. Becoming indigenous in the twenty-first century*. Cambridge, Mass.: Harvard University Press.

Comaroff, Jean, und John L. Comaroff. 1991. *Of Revelation and Revolution. Christianity, Colonialism, and Consciousness in South Africa*, Bd. 2. Chicago: The University of Chicago Press.

Dogramaci, Burcu, und Birgit Mersmann. 2019. *Handbook of Global Art and Migration. Theories, Practices and Challenges*. Berlin: De Gruyter.

Dogramaci, Burcu. 2019. Toward a migratory turn. In *Handbook of Global Art and Migration. Theories, Practices and Challenges*, Hrsg. Burcu Dogramaci und Birgit Mersmann, 17–37. Berlin: De Gruyter.

Dogramaci, Burcu, und Kerstin Pinther. 2019. *Design dispersed. Forms of Migration and Flight*. Bielefeld: Transcript.

Dommelen, Peter van. 2006. Colonial Matters. Material Culture and Postcolonial Theory in Colonial Situations. In *Handbook Material Culture*, Hrsg. Christopher Y. Tilley, 104–124. London: SAGE.

Foster, Robert J. 2006. Tracking Globalization. Commodities and Values in Motion. In *Handbook Material Culture*, Hrsg. Christopher Y. Tilley, 185–302. London: SAGE.

Garvey, Pauline, und Adam Drazin. 2016. Design Dispersed. Design History, Design Practice and Anthropology *Journal of Design History* 29,1: 1–7. https://doi.org/10.1093/jdh/epv054.

Hall, Stuart. 1996. When Was ‚the Post-colonial‘? Thinking at the Limit. In *The Post-colonial Question. Common Skies, Divided Horizons*, Hrsg. Iain Chambers und Lidia Curti, 242–261. London: Routledge.

---

54 Rancière 2008, S. 39.

Kraus, Eva, und Martina Fineder. 2016. *WEtransFORM. Kunst und Design zu den Grenzen des Wachstums*, Hrsg. Das Neue Museum – Staatliches Museum für Kunst und Design Nürnberg. Nürnberg: Verlag für Moderne Kunst.

Kries, Mateo, und Amalie Klein, Hrsg. 2015. *Making Africa. A Continent of Contemporary Design*. Weil am Rhein: Vitra Design Museum.

Latour, Bruno. 2007. *Eine neue Soziologie für eine neue Gesellschaft. Einführung in die Akteur-Netzwerk-Theorie*. Frankfurt am Main: Suhrkamp.

Museum für Gestaltung Zürich und Angeli Sachs. 2018. *Social Design. Partizipation und Empowerment*. Zürich: Lars Müller Publishers.

Pratt, Mary Louise. 1991. Arts of the Contact Zone. *Profession* 1991, 33–40. JSTOR, www.jstor.org/stable/25595469.

Rancière, Jaques. 2006a. Die Politik der Ästhetik. *archpuls* 178: 94–98.

Rancière, Jacques. 2006b. The ethical turn of aesthetics and politics. *Critical Horizons* 7,1: 1–20.

Rancière, Jacques. 2007. Die ethische Wende in Ästhetik und Politik. In ders. *Das Unbehagen an der Ästhetik*, 125–154. Wien: Passagen.

Rancière, Jaques. 2008. *Ist Kunst widerständig?* Berlin: Merve.

Reckwitz, Andreas. 2015. Ästhetik und Gesellschaft. Ein analytischer Bezugsrahmen. In *Ästhetik und Gesellschaft. Grundlagentexte*, Hrsg. Andreas Reckwitz, Sophia Prinz und Hilmar Schäfer, 13–52. Frankfurt am Main: Suhrkamp.

Smith, Cynthia E. 2007. *Design for the Other 90 %*. Chicago: The University of Chicago Press.

Smith, Cynthia E. 2011. *Design with the Other 90 %*. New York: Cooper Hewitt&Smithsonian.

Smith-Darain, Eve, und Philip McCarthy. 2017. *The Global Turn. Theories, Research Designs, and Methods for Global Studies*. Berkely: University of California Press.

Spivak, Gyatri Chakravorty. 2008. *Writing Wrongs. Unrecht richten*. Zürich: diaphanes.

Tuhiwai Smith, Linda. 1999. *Decolonizing Methodologies. Research and Indigenous People*. London: Zed books.

United Nations. 2013. The Marrakech Process. Issues – Sustainable Lifestyles & Education for Sustainable Consumption. http://esa.un.org/marrakechprocess/pdf/Issues_Sus_Lifestyles.pdf vom 7. Juli 2013.

United Nations Enviroment Programme. 2011. Paving the Way for Sustainable Consumption and Production. The Marrakesh Process Progress Report. New York: UNEP. https://sustainabledevelopment.un.org/content/documents/947Paving_the_way_final.pdf. Zugegriffen: 30. März 2020.

Westwood, Vivienne. 2014. Climate Change not fashion, is my priority. *The Guardian* 8.2.2014. https://www.theguardian.com/lifeandstyle/2014/feb/08/vivienne-westwood-arctic-campaign. Zugegriffen: 30. März 2020.

Yildiz, Erol, und Marc Hill. 2017. In-Between as Resistance. The Post-Migrant Generation between Discrimination and Transnationalization. In *Transnational Social Review* 7, 3: 273–286. doi 10.1080/21931674.2017.1360033.

Autorin

Elke Gaugele ist empirische Kulturwissenschaftlerin und Professorin an der Akademie der bildenden Künste in Wien für den Studienbereich Gestaltung im Kontext. Sie ist Projektleiterin des Austrian Center for Fashion Research (ACfFR) und Forscherin im DFG-Netzwerk „Entangled Histories of Art and Migration. Forms, Visibilities, Agents" (2018–2021). Zu ihren Publikationen zählen u. a. *Fashion and Postcolonial Critique* (2019, Hrsg. mit Monica Titton); *Critical Studies. Kultur- und Sozialtheorie im Kunstfeld* (2016, Hrsg. mit Jens Kastner) und *Aesthetic Politics in Fashion* (2014, Hg.).

The manufacturer's authorised representative in the EU is Springer
Nature Customer Service Centre GmbH, Europaplatz 3, 69115 Heidelberg,
Germany. If you have any concerns regarding our products, please
contact ProductSafety@springernature.com

Printed and bound by CPI Group (UK) Ltd, Croydon, CR0 4YY
24/04/2026
02096340-0005